高职高专"十三五"规划教材·财会专业

U0661047

# 财务管理

主 编 印永龙 顾 娟

轻松下载教学资源
电子书在手，时时学

南京大学出版社

## 内容简介

本书按照我国近几年颁布的财务制度、法规的基本要求,结合我国企业财务管理的新情况,借鉴了国内外现代企业行之有效的理财理论和方法,特别强调了货币时间价值、风险报酬、资金成本和利率四个理财的重要因素,并与以财务决策为中心的理财方法体系相结合,形成贯穿全书的主线。既考虑到全国统一财务制度规定的要求,又考虑到财务制度深化改革的新精神,使内容具有新颖性;力求理论联系实际,贴近企业实务,具有较强的实务性;在突出重点、难点的同时,通过具体案例,力求深入浅出、通俗易懂,增强了可操作性。

本书既可作为高职高专经济管理类专业教材,也可作为经管专业成人教育教材及会计人员岗位培训和自学用书。

### 图书在版编目(CIP)数据

财务管理 / 印永龙,顾娟主编. —南京:南京大学出版社,2018.1

高职高专"十三五"规划教材. 财会专业

ISBN 978 - 7 - 305 - 19890 - 8

Ⅰ. ①财⋯ Ⅱ. ①印⋯ ②顾⋯ Ⅲ. ①财务管理—高等职业教育—教材 Ⅳ. ①F275

中国版本图书馆 CIP 数据核字(2018)第 018009 号

出版发行　南京大学出版社
社　　　址　南京市汉口路 22 号　　　　邮编　210093
出 版 人　金鑫荣

丛 书 名　高职高专"十三五"规划教材. 财会专业
书　　名　财务管理
主　编　印永龙　顾娟
责任编辑　尤　佳　　　　　编辑热线 025 - 83592123

照　　排　南京理工大学资产经营有限公司
印　　刷　南京人民印刷厂
开　　本　787×1092　1/16　印张 18.5　字数 427 千
版　　次　2018 年 1 月第 1 版　　2018 年 1 月第 1 次印刷
ISBN　978 - 7 - 305 - 19890 - 8
定　　价　46.00 元

网　　址:http://www.njupco.com
官方微博:http://weibo.com/njupco
官方微信号:njupress
销售咨询热线:(025)83594756

＊版权所有,侵权必究
＊凡购买南大版图书,如有印装质量问题,请与所购
　图书销售部门联系调换

# 前　　言

　　财务管理是当今经济管理学科中蓬勃发展的学科之一,它已经为我们用经济的观点理解世界做出了巨大贡献。财务管理理论正在指导实践,解释现实,被世界诸多财务管理者用来创造和管理巨额财富。

　　近年来,随着市场经济的深入发展和加入 WTO 后的需要,我国陆续颁布了一系列的财务制度和法规,企业的财务关系因此而变得越来越复杂,企业的财务管理也显得越来越重要。

　　本书体现了近几年我国企业财务管理的新情况,借鉴了国内外现代企业行之有效的理财理论和方法,并结合高职高专的教学特点和培养目标,在阐述财务管理基本理论、基本方法的基础上,突出了以下几个方面:

　　1. 简明实用。教材将读者群定位于高职高专会计专业的学生和企事业单位从事实际工作的财会人员,在内容上更贴近在校学生和在职人员学习的实际知识水平,力求避免冗长的理论描述和烦琐的公式推导。

　　2. 内容突出对高职学生实践能力的训练,做到"适用、够用",同时又充分考虑了高职教育对理论知识学习的需要。

　　3. 与时俱进。教材紧扣会计专业应用性强的特点,在会计实务方面以财政部最新颁布的会计准则和会计制度为蓝本;在公司理财方面以现代企业筹资决策、投资决策、营运资本管理、预算管理和分配决策为主线;在审计鉴证方面以中国注册会计师协会制定的独立审计准则为向导,力求体现最新的财会法规和企业理财实践。

　　4. 突出实例。教材在广泛借鉴国外教材编写方法和编写思路的基础上,充分考虑国内读者的阅读习惯和思维方式,突出实例在书本知识和财会实践两者之间的桥梁作用,力求通过案例提高学生运用所学知识解决实际问题的能力。

　　本书由印永龙教授、顾娟副教授担任主编。参加编写的人员分工如下(按章节排序):第 1、10 章由顾娟编写,第 2、3、4 章由张志花编写,第 5 章由印永龙编写,第 6、7 章由程钰轩编写,第 8、9 章由黄金编写。最后由钟山职业技术学院印永龙教授负责总纂。

　　由于编者水平有限,书中难免有不足之处,恳请读者批评指正。

编　者
2017 年 12 月

# 目　　录

# 第1章 总 论

## 学习目标

初步学习财务管理的基础知识,包括财务管理的概念和特点、财务管理的整体目标和具体目标、财务管理的外部环境和内部环境、财务管理的方法。

## 学习要求

↻ 了解:财务管理的概念,财务管理目标的特点,财务管理的环境,财务管理的方法。
↻ 掌握:企业财务活动,企业财务关系,财务管理的特点,财务管理的整体目标和具体目标。

现代经济生活中,财务管理关乎企业生存与发展。财务管理是一项技术性很强的工作,是组织企业财务活动、处理财务关系的一项经济管理活动。

## 1.1 财务管理概述

财务管理是商品经济条件下企业最基本的管理活动。特别是在现代市场经济中,企业生产经营规模不断扩大,经济关系日益复杂,竞争也日趋激烈,财务管理更成为企业生存和发展的重要环节。市场经济越发展,财务管理越重要。

### 1.1.1 财务管理的概念

财务管理是组织企业财务活动、处理财务关系的一项经济管理工作。因此,要了解什么是财务管理,必须先分析企业的财务活动和财务关系。

1. 企业财务活动

企业财务活动是以现金收支为主的企业资金收支活动的总称。

在商品经济条件下,商品具有两重性,是使用价值和价值的统一体。与此相联系,企业的再生产过程也具有两重性:一方面表现为使用价值的生产和交换过程,即劳动者利用劳动手段作用于劳动对象,生产出产品并进行交换;另一方面表现为价值的形成和实现过程,即劳动者将生产中所消耗的生产资料的价值转移到产品或服务中去,并且创造出新的价值,并通过出售实物商品或提供服务,使转移价值和新创造的价值得以实现。使用价值的生产和交换过程是有形的,是商品的实物运动过程;价值的形成和实现过程则是无形的,是商品物资的价值运动过程。

在企业生产经营过程中,实物商品或服务不断地变化,它们的价值形态也不断地发生变化,由一种形态转化为另一种形态,周而复始,不断循环,形成了资金运动。所以,企业的生产经营过程,一方面表现为实物商品或服务的运动过程,另一方面表现为资金的运动过程。资金运动不仅以资金循环的形式存在,而且伴随生产经营过程的不断进行,资金运动也表现为一个周而复始的周转过程。资金运动是企业生产经营过程的价值方面,它以价值形式综合反映着企业的生产经营过程。企业的资金运动,构成企业生产经营活动的一个独立方面,具有自己的运动规律,这就是企业的财务活动。企业财务活动可以分为以下四个方面:

(1) 企业筹资引起的财务活动

商品经济条件下,企业要想从事经营,首先必须筹集一定数量的资金。企业通过发行股票和债券、吸收直接投资等方式筹集资金,表现为企业资金的流入。企业偿还借款,支付利息、股利以及付出各种筹资费用等,则表现为企业资金的流出。这种因企业资金筹集而产生的资金收支,便是由企业筹资而引起的财务活动。

(2) 企业投资引起的财务活动

企业筹资的目的是为了投资,以取得赢利,不断增加企业价值。投资有广义和狭义之分。广义的投资是指企业将筹集的资金投入使用的过程,包括对内投资(如企业内部购置流动资产、固定资产、无形资产等)和对外投资(如投资购买其他企业的股票、债券,与其他企业联营等)。狭义的投资仅指对外投资。无论企业购买内部所需各种资产,还是购买各种证券,都需要支出资金。而当企业变卖其对内投资所形成的各种资产或收回其对外投资时,都可能产生资金的收入。这种因企业投资而产生的资金收支,便是由企业投资而引起的财务活动。

(3) 企业经营引起的财务活动

企业在日常生产经营过程中,需要采购材料或商品,还要支付工资和其他营业费用等,以从事生产和销售活动。当企业把产品或服务售出后,便可取得收入,收回资金;如果企业现有资金不能满足企业经营的需要,还要采取短期借款方式来筹集所需资金,这些活动都会产生企业资金的收支。这种因企业营运活动而产生的资金收支,便是由企业经营而引起的财务活动。

(4) 企业分配引起的财务活动

企业通过投资和资金的营运活动可以取得相应的收入,并实现资金的增值。企业取得的各种收入在补偿成本、缴纳税金后,还应依据有关法律对剩余收益进行分配。一般来讲,首先要弥补以前年度亏损,其次要提取公积金,最后要向投资者分配利润。这种因企业利润分配而产生的资金收支,便是由企业分配而引起的财务活动。

上述财务活动的四个方面,不是相互割裂、互不相关的,而是相互联系、相互依存的。正是上述既相互联系又有一定区别的四个方面,构成了完整的企业财务活动。相应地,企业财务活动的四个方面也就是企业财务管理的基本内容,即企业筹资管理、企业投资管理、营运资金管理、利润及其分配的管理。

2. 企业财务关系

企业财务关系是指企业在组织财务活动过程中与各有关方面发生的经济关系。也就是说,企业在筹资活动、投资活动、经营活动和分配活动中与企业上下左右各方面有着广泛的财务关系,这些财务关系主要包括以下几个方面:

(1) 企业同其投资者之间的财务关系

这主要指企业的投资者向企业投入资金,企业向其投资者支付投资报酬所形成的经济关系。企业投资者主要有四类:国家、法人单位、个人和外商。企业的投资者要按照投资合同、协议、章程的约定履行出资义务,以及时形成企业的资本金。企业利用资本金进行经营,实现利润后,应按出资比例或合同、章程的规定,向其投资者分配利润。企业同其投资者之间的财务关系,体现着经营权和所有权的性质,是受资和投资的关系。

(2) 企业同其被投资单位的关系

这主要是指企业以购买股票或直接投资的形式向其他企业投资所形成的经济关系。随着经济体制改革的深化和横向经济联合的开展,这种关系将会越来越广泛。企业向其他单位投资,应按约定履行出资义务,参与被投资单位的利润分配。企业同其被投资单位之间的关系,是体现所有权性质的投资与受资的关系。

(3) 企业同其债权人之间的财务关系

这主要是指企业向债权人借入资金,并按合同规定支付利息和归还本金所形成的经济关系。企业的债权人主要有四类:债券持有人、贷款机构、商业信用提供者、其他出借资金给企业的单位或个人。企业利用债权人的资金后,要按约定的利息率,及时向债权人支付利息,债务到期时,要合理调度资金,按时向债权人归还本金。企业同其债权人之间的财务关系,是债务与债权的关系。

(4) 企业同其债务人之间的财务关系

这主要是指企业将其资金以购买债券、提供借款或商业信用等形式出借给其他单位所形成的经济关系。企业将资金借出后,有权要求其债务人按约定的条件支付利息和归还本金。企业同其债务人之间的关系,是债权与债务的关系。

(5) 企业同其供货商、客户之间的财务关系

这主要是指企业购买供货商的商品或接受其服务,以及企业向客户销售商品或提供服务过程中所形成的经济关系。随着人际关系的日益复杂、竞争的日益激烈,这种关系将会越来越重要。企业同其供货商、客户之间的财务关系,是合作服务的关系。

(6) 企业同政府之间的财务关系

这主要是指企业要按税法的规定依法纳税而与政府税务机关所形成的经济关系。政府作为社会管理者,为实现其职能,凭借政治权利无偿参与企业收益的分配,企业必须按照税法规定及时、足额地缴纳各种税金,这是企业对国家的贡献,也是应尽的社会义务。企业同政府之间的财务关系,是体现强制和无偿的税费缴收关系。

(7) 企业内部各单位之间的财务关系

这主要是指企业内部各单位之间在生产经营各环节中相互提供产品或劳务所形成的经济关系。在实行内部经济核算制的条件下,企业供、产、销各部门以及各单位之间,相互提供产品和劳务应进行计价结算。企业内部各单位之间的财务关系,是资金结算的利益关系。

（8）企业同职工之间的财务关系

这主要是指企业向职工支付劳动报酬过程中所形成的经济利益关系。职工为企业价值的创造付出了劳动,企业应用自身的产品销售收入,向职工支付工资、津贴、奖金等,按照职工提供的劳动数量和质量支付职工的劳动报酬。企业同职工之间的关系,是职工参与企业劳动成果的分配关系。

上述财务关系广泛存在于企业财务活动中,体现了企业财务活动的实质,从而构成了企业财务管理的另一重要内容,即通过正确处理和协调企业与各有关方面的财务关系,努力实现企业与其他各种财务活动当事人之间经济利益的均衡。

### 1.1.2　财务管理的特点

企业财务管理是企业管理的一个组成部分,它与企业其他方面的管理工作互相联系、密切配合,具有其自身的特点。

1. 财务管理的本质是一项价值管理

企业的其他管理工作,如生产管理、销售管理等,主要是侧重于对使用价值和劳动的管理;而财务管理侧重于价值管理,通过资金、成本、利润等的管理,对价值的形成、实现和分配进行分析、控制和决策。价值管理是财务管理与企业其他管理工作最根本的区别。

2. 财务管理具有广泛性

在企业中,一切涉及资金的收支活动都与财务管理有关。财务管理的触角,常常伸向企业生产经营的各个角落:企业里每一个部门都会通过资金的使用与财务部门发生联系;每一个部门也都要在合理使用资金、节约资金支出等方面接受财务部门的指导,受到财务制度的约束,以此来保证企业经济效益的提高。因此,企业几乎所有的部门都与资金发生着收支联系,财务管理广泛存在于企业各个部门的各个方面。

3. 财务管理具有综合性

企业管理涉及生产经营活动的方方面面,在实行分工、分权的过程中形成了一系列各有侧重的专业管理:侧重于价值的财务管理、侧重于使用价值的生产管理、侧重于劳动要素的人事管理等。市场经济的发展,要求将企业的一切物质条件、经营过程和经营结果都以价值的形式合理地加以规划和控制,以达到企业效益不断提高、企业价值不断增加的目的。因此,侧重于价值的财务管理虽然只是企业管理的一个方面,但它贯穿于企业活动的各个方面,是一项综合性的管理工作。

4. 财务管理具有互动性

资金、成本和利润等财务指标以价值形式综合反映企业生产经营的物质条件、生产经营中的耗费和收回、生产经营成果形成及其分配等情况。通过这些财务指标的综合反映,可以及时掌握企业再生产活动的进展情况和资金利用情况、经营管理中存在的问题以及生产经营的经济效果。同样,财务部门根据企业的实际情况合理地组织财务管理工作,可以促进企业各方面管理水平的提高,最终必然影响到生产经营的各个方面,形成良性循环。

## 1.2  财务管理目标

根据系统论,正确的目标是系统良性循环的前提条件,企业财务管理的目标对企业财务管理系统的运行也具有同样意义。

### 1.2.1  财务管理目标的概念及特点

财务管理的目标,又称理财目标,是企业财务活动所希望实现的结果。它是评价企业理财活动是否合理有效的基本标准,是企业财务管理工作的行为导向,是财务人员工作实践的出发点和归宿。财务管理目标制约着财务工作运行的基本特征和发展方向,是财务运行的一种驱动力。不同的财务管理目标,会产生不同的财务管理运行机制。所以,科学地设置财务管理目标,对优化理财行为、实现财务管理的良性循环,具有重要意义。

财务管理目标具有以下几个特点:

1. 财务管理目标具有相对稳定性

任何一种财务管理目标的出现,都是一定的政治、经济环境的产物。随着环境因素的变化,财务管理目标也可能发生变化。例如,西方财务管理目标就曾经历了"筹资数量最大化""利润最大化"和"股东财富最大化"等多种提法。在我国,对财务管理目标的认识也是不断深化的。凡是符合财务管理基本环境和财务活动基本规律的财务管理目标,就能为人们所公认,否则就被摈弃,但在一定时期或特定条件下,财务管理的目标是保持相对稳定的。

2. 财务管理目标具有多元性

所谓多元性,是指财务管理目标不是单一的,而是适应多因素变化的综合目标群。现代财务管理是一个系统,其目标也是一个多元的有机构成体系。在这个多元目标中,有一个处于支配地位、起主导作用的目标,称为主导目标;其他一些处于被支配地位、对主导目标的实现有配合作用的目标,称为辅助目标。例如,企业在努力实现"企业价值最大化"的主导目标的同时,还要努力实现履行社会责任、加速企业成长、提高企业偿债能力等一系列辅助目标。

3. 财务管理目标具有层次性

所谓层次性,是指财务管理目标是由不同层次的系列目标所组成的目标体系。财务管理目标之所以具有层次性,主要是由于财务管理的具体内容可以划分为若干层次。如企业财务管理的基本内容可以划分为筹资管理、投资管理、营运资金管理、利润及其分配的管理等方面,而每一个方面又可以再进行细分,如投资管理可以再分为研究投资环境、确定投资方式、做出投资决策等方面。财务管理目标的这种层次性和细分化,使财务管理目标成为一个由整体目标和具体目标两个层次构成的层次体系。

整体目标是指整个企业财务管理所要达到的目标,它决定着整个财务管理过程的发展方向,是企业财务活动的出发点和归宿。具体目标是指在整体目标的制约下,进行某一部分财务活动所要达到的目标,一般包括筹资管理目标、投资管理目标、营运资金管理目标和利润及其分配的管理目标等方面。

　　财务管理目标多元性中的所谓主导目标和财务目标层次性中的所谓整体目标,都是指整个企业财务管理工作所要达到的最终目的,是同一事物的不同提法。所以,这两个目标是同一的、一致的,对企业财务活动起着决定性的影响,可以统称为财务管理的基本目标。基本目标在财务管理体系中具有极其重要的地位,当人们谈到财务管理目标时,通常就是指的基本目标。

　　财务管理目标的稳定性、多元性和层次性是财务管理目标的基本特征,研究这三个特征对确定财务管理目标体系具有重要意义。

　　(1)财务管理目标的稳定性特征要求在财务管理工作中注意财务管理目标的适时性,要把不同时期的经济形势、外界环境的变化与财务管理的内在规律结合起来,适时提出并坚定不移地抓住企业财务管理的基本目标,防止忽左忽右、忽冷忽热。

　　(2)财务管理目标的多元性特征要求在财务管理工作中注意协调多个财务管理目标,既要了解各目标之间的统一性,又要了解各目标之间的差别性,以主导目标为中心,协调各目标之间的矛盾。

　　(3)财务管理目标的层次性特征要求在财务管理工作中注意财务管理目标的系统性,要把财务管理的共性与财务管理具体内容的个性结合起来,以整体目标为中心,做好各项具体工作。

　　总之,根据财务管理目标的基本特点,可以建立一种协调不同时间、不同系列、不同层次的财务目标体系,以完善企业财务理论,指导企业财务管理实践。

### 1.2.2　财务管理的整体目标

1. 含义和种类

　　财务管理的整体目标是企业全部财务活动需要实现的最终目标,它是企业开展一切财务活动的基础和归宿。财务管理的整体目标既要与企业生产和发展的目的保持一致,又要直接、集中反映财务管理的基本特征,体现财务活动的基本规律。根据现代财务管理理论和实践,最具有代表性的财务管理目标有以下几种:

　　(1)利润最大化目标

　　利润最大化目标认为,利润代表企业新创造的财富,利润越多则说明企业的财富增加得越多,越接近企业的目标。

　　以利润最大化作为财务管理目标,有其合理的一面。企业追求利润最大化,就必须讲求经济核算、加强管理、改进技术、提高劳动生产率、降低产品成本等,这些措施都有利于资源的合理配置,有利于经济效益的提高。

　　但把利润最大化作为财务管理目标也存在以下主要缺陷:没有考虑利润实现的时间,没有考虑资金时间价值;没有反映利润与投入的资本之间的关系,不利于不同规模的企业或同一企业不同期间之间的比较;没有考虑风险因素,高额利润往往要承担过大的风险;片面追求利润最大化可能导致企业短期行为,即只顾实现眼前的最大利润;没有考虑微观效益与宏观效益的关系。

　　应该说,将利润最大化作为企业财务管理的目标,只是对经济效益的浅层次认识,存在一定的片面性,因而不能将其视为财务管理的最优目标。

（2）每股收益最大化目标

每股收益是指归属于股东的净利润与发行在外的普通股股数的比值，它的大小反映了投资者投入资本获得回报的能力。每股收益最大化的目标认为，将企业实现的利润额与投入的资本或股本数进行对比，能够说明企业的赢利水平，可以在不同资本规模的企业或同一企业的不同期间之间进行对比，揭示其赢利水平的差异。

将每股收益最大化作为财务管理的目标，可以有效克服利润最大化目标不能反映企业利润与投入资本之间关系的缺陷，但该指标仍然没有考虑资金时间价值和风险因素，也不能避免企业的短期行为，可能会导致与企业的战略目标相背离，因而也不能将其视为财务管理的最优目标。

（3）企业价值最大化目标

企业价值就是企业的市场价值，是企业所能创造的预计未来现金流量的现值，反映了企业潜在的或预期的获利能力和成长能力。因为未来现金流量的预测包含了不确定性和风险因素，而现金流量的现值又是以资金时间价值为基础对现金流量进行折现计算得出的，所以未来现金流量的现值这一概念，包含了资金时间价值和风险价值两个方面的因素。

以企业价值最大化作为财务管理目标的优点主要有：考虑了资金时间价值和风险价值，有利于统筹安排长短期规划、合理选择投资方案、有效筹措资金、合理制定股利政策等；反映了对企业资产增值保值的要求，从某种意义上说，股东财富越多，企业市场价值就越大；有利于社会资源的合理配置，社会资源通常流向企业价值最大化的企业或行业；有利于克服管理上的片面性和短期行为；有利于实现社会效益最大化。

当然，以企业价值最大化作为财务管理的目标也存在一些问题，主要表现为：为了控股或稳定购销关系，现代企业不少采用环形持股的方式，相互持股，法人股东对股票市价的敏感程度远不及个人股东，对股票价值的增加没有足够的兴趣；对于股票上市企业，股票价格的变动能在一定程度上揭示企业价值的变化，但是股价受多种因素的影响，具有极大的波动性，特别是在资本市场效率低下的情况下，股票价格很难真实地反映企业所有者权益的价值；对于非股票上市企业，只有对企业进行专门的评估才能真正确定其价值，而在评估企业资产时，由于受评估标准和评估方式的影响，这种估价不易做到客观和准确，也导致企业价值确定的困难性。

应当注意的是，现代企业是多边契约关系的总和。股东作为所有者在企业中承担着最大的权利、义务、风险和报酬，地位也理所当然的最高，但是债权人、职工、客户、供应商和政府也因为企业而承担了相当的风险。例如，20 世纪 50 年代以前，企业的资产负债率一般较低，很少有超过 50%的，但现代企业的资产负债率一般都较高，多数国家的平均资产负债率都超过 60%，有的国家的企业还接近甚至超过 80%（如日本、韩国、中国等），举债比例和规模的空前扩大，使得债权人所承担的风险大大增加。又如，在社会分工日益细化的今天，简单的体力劳动越来越少，复杂的脑力劳动越来越多，职工上岗之前必须有较好的学历教育和职业培训，一旦在一家企业失去工作，很难再找到类似的工作，必须经过再学习或再培训才能再就业，这使得职工承担的风险大大增加。再如，随着市场竞争和经济全球化的影响，企业与顾客以及企业与供应商之间不再是简单的买卖关系，更多情况下是长期的伙伴关系,处于一条供应链上并共同参与同其他供应链的竞争,创造多赢的局面。而政府,不论是作为国有企业的出资人还是监管机构,其风险也是与企业各方的风险相关联的。因此,企业在确定财务管理目标时,不能忽视上述相关利益群体的利益,忽视了任何一方,都可能会给企业带来危害,甚至是致命的伤害。

总之,企业价值最大化目标是在权衡企业相关者利益的约束下实现所有者或股东权益的最大化,它综合说明了企业获利的水平及其时间价值和风险,更能揭示市场认可的企业价值,通常被认为是目前最优的一个较为合理的财务管理整体目标。

2. 利益冲突的协调

将企业价值最大化目标作为企业财务管理最优目标的首要任务就是要协调相关利益群体的关系,化解他们之间的利益冲突。一般认为,协调的原则是:力求企业相关利益者的利益分配均衡,即减少各相关利益群体之间的利益冲突所导致的企业总体收益和价值的下降,使利益分配在数量上和时间上达到动态的协调平衡。

(1) 所有者与经营者的矛盾与协调

企业价值最大化直接反映了企业所有者的利益,经营者由于一般不拥有占支配权地位的股权,只是企业所有者的代理人,因而企业价值最大化与其没有直接的利益关系。对所有者来说,他所放弃的利益也就是经营者所得到的利益。因此,所有者和经营者的主要矛盾就是所有者和股东希望以较小支出带来更高的企业价值或股东财富,而经营者则希望在提高企业价值和股东财富的同时,能得到更多的报酬收益。为了解决这一矛盾,应采取让经营者的报酬与绩效相联系的办法,并辅之以一定的监督措施。一般有以下三种:

① 解聘,是一种通过所有者约束经营者的办法。所有者对经营者予以监督,若经营者未能使企业价值达到最大,就解聘经营者,经营者因害怕被解聘而被迫实现财务管理目标。

② 接收,是一种通过市场约束经营者的办法。若经营者经营决策失误、经营不善,未能采取一切有效措施使企业价值提高,该公司就可能被其他公司强行接收或吞并,相应经营者也会因此而被解聘。经营者为了避免这种接收,必须采取一切措施提高股东财富和企业价值。

③ 激励,是将经营者的报酬与绩效挂钩,以使经营者自觉采取能满足企业价值最大化的措施。激励通常有两种基本方式:一是股票期权方式,即允许经营者以固定的价格购买一定数量的公司股票,当股票的市场价格高于固定价格时,经营者所得的报酬就越多,经营者为了获取更大的股票涨价好处,必然主动采取能提高股票价格的行动;二是绩效股形式,即公司运用每股收益、资产收益率等指标来评价经营者的业绩,视其业绩大小给予经营者数量不等的股票作为报酬,若公司的经营业绩未能达到预定目标,经营者也将部分丧失原先持有的绩效股。绩效股形式,使得经营者不仅为了多得绩效股而不断采取措施提高公司的经营业绩,而且为了使每股市价最大化,也要采取各种措施使股票市价稳定上升,从而增加股东财富和企业价值。

(2) 所有者与债权人的矛盾与协调

所有者的财务目标可能与债权人期望实现的目标发生矛盾。例如,所有者可能未经债权人同意而要求经营者投资于比债权人预计风险更高的项目,这会增大偿债的风险,债权人的负债价值也会实际降低。而高风险的项目一旦成功,额外的利润被所有者独享;但若失败,债权人却要与所有者共同负担失败造成的损失。对债权人来说,风险与收益是不对等的。又如,所有者或股东可能未征得现有债权人同意而要求经营者发行新债或举借新债,致使旧债券或老债券的价值降低(因为相应的偿债风险加大了)。

为协调所有者与债权人的上述矛盾,通常可采用以下两种方式:一是限制性借债,即在借款合同中加入某些限制性条款,如规定借款的用途、借款的担保条款和借款的信用条件等;二是收回借款或停止借款,即当债权人发现公司有侵蚀其债权价值的意图时收回债权和不给予公司增加放款,从而保护自身权益。

3. 财务管理目标的社会性

实现企业价值最大化只是财务管理目标的企业属性,财务管理目标还应具有社会属性,即致力于履行社会责任,维护企业形象,因为企业是社会的一部分。

财务管理目标的企业属性和社会属性,既有一致的方面,也有矛盾的方面。企业追求自己目标的时候,会满足社会的需求,增加职工人数,解决社会就业问题;企业为了获利,必须提高劳动生产率,改进产品质量,改善服务质量,从而提高社会生产率和公众生活质量。这是财务管理目标的企业属性和社会属性相一致的方面。另一方面,企业为了获利,可能生产伪劣产品,不顾工人的健康和利益,造成环境污染,损害其他企业的利益等,这是财务管理目标的企业属性和社会属性相矛盾的方面。针对这种矛盾,政府颁布了一系列保护公众利益的法律,维护所有公民的正当权益。但法律不可能解决所有问题,况且目前我国的法制尚不够健全,企业有可能在合法的情况下从事不利于社会的事情。所以,企业还应受到商业道德的约束,接受政府有关部门的行政监督及社会公众的舆论监督,以保证财务管理目标的企业属性和社会属性的统一。

## 1.2.3　财务管理的具体目标

财务管理的具体目标是为实现财务管理整体目标而确定的企业各项具体财务活动所要达到的目的。

1. 筹资管理的目标

任何企业为了保证生产的正常进行或扩大再生产的需要,必须有一定数量的资金。企业的资金可以从多种渠道、用多种方式来筹集,而不同来源的资金,其可使用时间的长短、附加条款的限制和资金成本的大小都不相同。这就要求企业在筹资时不仅需要从数量上满足生产经营的需要,而且要考虑到各种筹资方式给企业带来的资金成本的高低和财务风险的大小,以便选择最佳筹资方式,实现财务管理的整体目标。可将企业筹资管理的目标概括为:以较低的筹资成本和较小的筹资风险,获取同样多或较多的资金。

2. 投资管理的目标

企业筹来的资金应尽快用于生产经营,以获得赢利,但是任何投资决策都带有一定的风险性,所以投资时必须认真分析影响投资决策的各种因素,科学地进行可行性研究。对于新增的投资项目,一方面要考虑项目建成后给企业带来的投资报酬,另一方面也要考虑投资项目给企业可能带来的风险。应在风险与报酬之间进行权衡,以不断提高企业价值,实现企业财务管理的整体目标。可将企业投资管理的目标概括为:以较小的投资额与较低的投资风险,获取同样多或较多的投资报酬。

3. 营运资金管理的目标

企业的营运资金,是为满足企业日常营运活动的要求而垫支的资金。营运资金的周转与生产经营周期具有一致性。在一定时期内资金周转越快,就越是可以利用相同数量的资金,生产出更多的产品,取得更多的收入,获得更多的报酬。所以,加速资金周转是提高资金利用效果的重要措施。可将企业营运资金管理的目标概括为:合理使用资金,加速资金周转,不断提高资金的利用效率。

4. 利润及其分配管理的目标

企业进行生产经营活动,要发生一定的生产消耗,并取得一定的生产成果,获得利润。企业财务管理必须努力挖掘企业潜力,促使企业合理使用人力和物力,以尽可能少的耗费取得尽可能多的经营成果,增加企业赢利,提高企业价值。企业实现利润,应合理进行分配,因为这关系着国家、企业、企业所有者和企业职工的经济利益。分配时,一定要从全局出发,正确处理国家、企业、企业所有者和企业职工四者利益之间可能发生的矛盾,要统筹兼顾,合理安排,而不能只顾一头,有失偏颇。可将企业利润及其分配管理的目标概括为:采取各种措施,努力提高企业利润水平,合理分配企业利润。

总之,企业财务管理的整体目标制约着其具体目标,具体目标必须服从或受制于整体目标,具体目标如果偏离了基本目标,也就失去了其存在的意义。

## 1.3 财务管理环境

财务管理环境,又称理财环境,是指对企业财务活动和财务管理产生影响作用的企业内外各种条件的统称。

企业的财务活动是在一定的财务管理环境下进行的,财务管理环境的变化在很大程度上会制约企业的财务活动,如生产、技术、供销、市场、物价、金融、税收等因素,对企业财务活动都有重大的影响。必须认真分析研究各种财务管理环境的变动趋势,判明其对企业财务活动可能造成的影响,并据以采取相应的财务对策。

这里主要从企业内外两方面来介绍对企业财务管理影响较大的环境因素。

### 1.3.1 财务管理的外部环境

财务管理的外部环境是指企业外部影响财务活动的各种因素,涉及的范围很广,其中最重要的是经济环境、法律环境和金融环境。

1. 经济环境

财务管理的经济环境是指企业进行财务活动的宏观经济状况,主要包括经济发展状况、通货膨胀、利息率波动、政府的经济政策和竞争五个方面。

(1)经济发展状况

经济发展状况对财务管理的影响,主要表现为经济发展的速度、经济发展的波动对财务管理的影响两方面。

经济发展的速度对企业理财有重大影响。近几年,我国经济发展速度一直在8%左右,增长较快,企业为了跟上这种发展并保持在同行业中的地位,企业的发展速度就应与经济发展速度保持同步,即不能低于8%。为此,企业要相应增加厂房、机器、存货、工人、专业人员等,而这种增长,需要大规模地筹措资金,并在企业发展管理上倾注精力。

经济发展的波动,即有时繁荣有时衰退,也对企业财务管理有极大影响。市场经济条件下,经济发展与运行往往呈现出一段时间的"过热"和一段时间的"调整",企业财务管理必须适应这种波动,并有足够的准备在这种波动中调整自己的生产经营。

（2）通货膨胀

通货膨胀不仅对消费者不利,也给企业理财带来很大困难。企业面对通货膨胀,为了实现预期的报酬率,必须加强收入和成本管理。同时,使用套期保值等办法减少损失,如提前购买设备和存货、买进现货卖出期货等。

（3）利息率波动

银行贷款利率的波动,以及与此相关的证券价格的波动,既给企业以机会,也是对企业的挑战。

例如,在为企业过剩资金选择投资方案时,利用这种波动机会可以获得营业以外的额外收益:购入长期债券后,由于市场利率下降,按固定利率计息的债券价格上涨,企业可以出售债券获得较预期更多的现金流入;反之,企业则会蒙受损失。

又如,在选择筹资来源时,也会出现类似情况:预期利率将持续上升时,以当前较低的利率发行长期债券,可以节省资金成本;反之,企业则要承担比市场利率更高的资金成本。

（4）政府的经济政策

我国政府具有较强的调控宏观经济的职能,政府制定的国民经济发展规划、国家产业政策、经济体制改革措施、政府行政法规等,都对企业的财务活动有重大影响。

国家对某些地区、行业、经济行为的优惠、鼓励和倾斜构成政府政策的主要内容。从反面来看,政府政策也是对另外一些地区、行业和经济行为的限制。企业在进行财务决策时,应认真研究政府政策,按政策导向行事,才能扬长避短。

（5）竞争

竞争广泛存在于市场经济中,任何企业都不能回避。企业之间、各产品之间、现有产品和新产品之间的竞争,涉及设备、技术、人才、推销、管理等各个方面。竞争能促使企业用更好的方法来生产更好的产品,对经济发展起推动作用。但对企业而言,竞争既是机会,也是威胁。为了改善竞争地位,企业往往需要大规模投资,成功之后企业能增加赢利,但若投资失败,则竞争地位会更为不利。

总之,竞争是"商业战争",体现了企业的综合实力和智慧,经济增长、通货膨胀、利率波动等带来的财务问题,以及企业的相应对策都会在竞争中体现出来。

2. 法律环境

财务管理的法律环境是指企业和外部发生经济关系时所应遵守的各种法律、法规和规章。市场经济条件下,企业总是在一定的法律前提下从事各项业务活动。一方面,法律提出了企业从事各项业务活动必须遵守的规范或前提条件,从而对企业行为进行约束;另一方面,法律也为企业依法从事各项业务活动提供了保护。

在市场经济中,通常要建立一个完整的法律体系来维护市场秩序。从企业的角度来看,这个法律体系涉及企业的设立、运转、合并和分立及破产清理。其中,企业运转又分为对企业从事生产经营活动的法律规定和企业从事财务活动的法律规定。一般而言,企业设立、合并和分立是通过《中华人民共和国公司法》(以下简称《公司法》)和《中华人民共和国企业法》(以下简称《企业法》)进行规范的;企业破产清理是通过《中华人民共和国破产法》(以下简称《破产法》)进行规范的;企业生产经营活动主要通过《经济合同法》《产品质量监督条例》《技术监督条例》《消费者权益保护法》《环境保护法》《反暴利法》《反垄断法》等进行规范的。企业财务活动是通过《税法》《证券法》《票据法》《结算法》《银行法》《会计法》《财务通则》等进行规范的。

另外,在企业设立、合并、分立及破产的有关法律规定中,其主要内容都直接与财务活动相联系。将这些内容与对财务活动运行过程进行规定的法律结合起来,就形成了一个完整的有关财务活动的法律体系,它对财务管理会产生直接的影响和制约作用,而有关企业生产经营活动的法律规定也会对财务管理产生间接的影响和制约作用。可将法律环境对财务管理的影响和制约概括为以下四个方面:

(1) 在企业筹资活动中,国家通过法律规定了筹资的最低规模和结构,规定了筹资的前提条件和基本程序。

(2) 在企业投资活动中,国家通过法律规定了投资的基本前提、投资的基本程序和应履行的手续。

(3) 在企业经营活动中,国家规定的各项法律也会引起财务安排的变动,或者说在财务活动中必须予以考虑。

(4) 在企业分配活动中,国家通过法律规定了企业分配的类型和结构、分配的方式和程序、分配过程中应履行的手续,以及分配的数量。

总之,财务管理的法律环境比较复杂,财务人员应熟悉相关法律规范,在守法的前提下完成财务管理职能,实现企业的财务管理目标。

3. 金融环境

企业总是需要资金从事投资和经营活动,而资金的取得,除了自有资金外,主要从金融机构和金融市场取得。金融政策的变化必然影响企业的筹资、投资和资金运营活动。所以,金融环境是企业最主要的环境因素。影响财务管理的金融环境因素主要有四个,即金融机构、金融工具、金融市场和利率。

(1) 金融机构

社会资金从资金供应者手中转移到资金需求者手中,往往要通过金融机构。金融机构包括银行金融机构和其他金融机构。银行金融机构是指经营存款、放款、汇兑、储蓄等金融业务,承担信用中介的金融机构,其主要职能是充当信用中介、充当企业之间的支付中介、提供信用工具、充当投资手段和充当国民经济的宏观调控手段。我国银行机构主要包括中央银行、各种商业银行及政策性银行。其中,商业银行包括国有商业银行(如中国工商银行、中国农业银行、中国银行、中国建设银行等)和其他商业银行(如交通银行、广东发展银行、招商银行、光大银行等);政策性银行主要包括中国进出口银行、国家开发银行和中国农业发展银行三个。其他金融机构主要包括金融资产管理公司、信托投资公司、财务公司和金融租赁公司等。

（2）金融工具

金融工具是能够证明债权债务关系或所有权关系并据以进行货币资金交易的合法凭证，如各种票据、证券等，它对于交易双方所应承担的义务与享有的权利均具有法律效力。

金融工具一般具有期限性、流动性、风险性和收益性四个基本特征。期限性，是指金融工具一般规定了偿还期，即规定债务人必须全部归还本金之前所经历的时间。流动性，是指金融工具在必要时迅速转变为现金而不致遭受损失的能力。风险性，是指购买金融工具的本金和预定收益遭受损失的可能性，一般包括信用风险和市场风险两个方面。收益性，是指持有金融工具所能够带来的一定收益。

按期限不同可将金融工具分为货币市场工具和资本市场工具两类，前者主要有商业票据、国库券、可转让大额定期存单、回购协议等；后者主要是股票和债券等。不同金融工具用于不同的资金供求场合，具有不同的法律效力和流通功能。企业为不同金融工具而承担的风险和要付出的成本不同，必须选择适合自身情况的金融工具进行资金交易，以相对降低风险和成本。

（3）金融市场

金融市场是指资金供应者和资金需求者双方通过某种形式融通资金的场所，是政府进行金融宏观调控的对象。金融市场可以分成不同的类型，如图1-1所示。

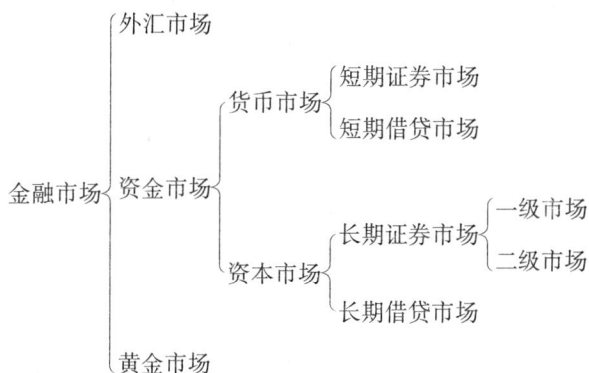

**图1-1 金融市场分类**

市场主体、金融工具、交易价格和组织方式构成金融市场的四要素。其中，市场主体，即参与金融市场交易活动而形成买卖双方的各经济单位；金融工具，即借以进行金融交易的工具；交易价格，反映的是在一定时期内转让货币资金使用权的报酬；组织方式，即金融市场的交易采用的方式。

金融市场的功能主要有五项：① 转化储蓄为投资；② 改善社会经济福利；③ 提供多种金融工具并加速流动，使中短期资金凝结为长期资金的功能；④ 提高金融体系竞争性和效率；⑤ 引导资金流向。

从总体上看，建立金融市场，有利于广泛地积聚社会资金，有利于促进地区间的资金协作，有利于开展资金融通方面的竞争、提高资金使用效益，有利于国家调控信贷规模和调节货币流通。从企业财务管理角度来看，金融市场作为资金融通的场所，是企业向社会筹集资金必不可少的条件。财务管理人员必须熟悉金融市场的各种类型和管理规则，有效地利用金融市场来组织资金的筹措和进行资本投资等活动。

（4）利率

利率，也称利息率，是利息占本金的百分比指标，是衡量资金增值程度的数量指标。从资金的借贷关系来看，利率是一定时期内运用资金资源的交易价格。资金作为一种特殊的商品，以利率作为价格标准，实质上是资源通过利率实行的再分配。所以，利率在资金分配及企业财务决策中起着重要作用。

在金融市场上，利率是资金使用权的价格。一般而言，金融市场上资金的购买价格，可用下面公式表示：

$$利率＝纯粹利率＋通货膨胀附加率＋风险附加率 \qquad (1-1)$$

其中，纯粹利率是指没有风险和通货膨胀情况下的平均利率，一般将无通货膨胀时的国库券的利率视为纯粹利率。通货膨胀附加率，是指由于持续的通货膨胀会不断降低货币的实际购买力，为补偿其购买力损失而要求提高的利率，又称通货膨胀贴水。风险附加率，是指投资者因冒风险而获得的超过时间价值率的那部分额外报酬率，又称风险报酬率或风险收益率。风险收益率又包括违约风险收益率、流动性风险收益率和期限风险收益率三种。违约风险收益率，是指为了弥补因债务人无法按时还本付息而带来的风险，由债权人要求提高的利率；流动性风险收益率，是指为了弥补因债务人资产流动性不好而带来的风险，由债权人要求提高的利率；期限风险收益率，是指为了弥补因偿债期长而带来的风险，由债权人要求提高的利率。

### 1.3.2　财务管理的内部环境

财务管理的内部环境是指企业内部影响财务活动的各种要素，主要有采购环境、生产环境和销售环境。

1. 采购环境

采购环境是指企业在市场上采购物资时涉及采购数量和采购价格的有关条件。

企业采购环境按物资供应是否充裕，可分为稳定的采购环境和波动的采购环境。稳定的采购环境，材料资源相对较为充足运输条件也较为正常，基本能保证生产经营的经常性需要，企业可以少储备物资，不必过多占用资金。波动的采购环境，物资相对较为紧缺，运输也不大正常，有时不能如期供货，企业应设置物资的保险设备，占用较多资金。

采购环境还可按采购价格的变动趋势，分为价格可能上升的采购环境、价格平稳的采购环境和价格可能下降的采购环境。对价格可能上升的物资，企业应提前进货，投入较多的资金；对价格可能下降的物资，则可在保证生产需要的情况下推迟采购，节约资金。

2. 生产环境

生产环境是指主要由人力资源、物质资源、技术资源所构成的生产条件和企业产品的寿命周期。

就生产条件而言，企业可分为劳动密集型、技术密集型和资源开发型企业。劳动密集型企业所需工资费用较多，长期资金的占用较少；技术密集型企业需要使用较多的先进设备，所用人力则较少，企业需要筹集较多的长期资金；资源开发型企业则需要投入大量资金用于勘探、开采,资金回收期较长。

产品的寿命周期,一般可分为试产期、成长期、成熟期和衰退期四个阶段。无论是就整个企业来说,还是就个别产品来说,在不同寿命周期的阶段,收入多少、成本高低、收益大小、资金周转快慢,都有很大差异。企业进行财务决策,不仅要针对现实所处的阶段采取适当的措施,更要瞻前顾后,有预见性地进行投资,使企业的生产经营不断更新换代,保持一贯的旺盛生命力。

3. 销售环境

企业所处的销售环境,按其竞争程度可分为四种:

(1) 完全竞争市场,在这种市场中,生产者、消费者众多,商品差异不大,企业无法控制市场价格,而只能接受市场形成的价格。

(2) 不完全竞争市场,在这种市场中,同一种商品由许多厂家生产,但型号、规格、质量有较大差异,一些名牌企业可在一定程度上影响销售市场。

(3) 寡头垄断市场,在这种市场中,少数几个厂家处于控制市场的地位,它们对产品供应数量、销售价格等起着举足轻重的影响作用。

(4) 完全垄断市场,在这种市场中,那些关乎国计民生或具有战略意义的行业,由政府组建企业或实行专卖,这种独家经营的企业可在国家宏观指导下决定商品的数量和价格。

针对上述四种类型的销售环境,企业应分别采取相应的财务管理策略:处于完全竞争市场的企业,产品价格和销售量常常出现波动,风险较大,应慎重利用债务资金;处于完全垄断市场的企业,往往产品销售顺畅,价格波动不大,利润稳定,风险较小,资金占用量相对较少,可以较多利用债务资金;处于不完全竞争市场和寡头垄断市场的企业,则应在产品开发、推销、售后服务等方面投入较多的资金,尽快创出名牌产品。

财务管理活动总是依存于一定的财务管理环境,不论是财务管理的外部环境,还是财务管理的内部环境,都不是一成不变的。每一个财务主体必须随时关注其具体财务管理环境的变化。只有这样,企业才能在变幻莫测的财务管理环境中运营自如、游刃有余。当然,财务管理活动对财务管理环境,特别是对具体财务管理环境也有一定的反作用,科学的财务管理应不断改善财务管理环境,以更有利于财务主体财务目标的实现。

# 1.4　财务管理方法

财务管理的方法是指为了实现财务管理目标,完成财务管理任务,在进行理财活动时所采用的各种技术和手段。习惯上,一般按财务管理的环节,将财务管理的方法分为财务预测、财务决策、财务预算、财务控制和财务分析。

## 1.4.1　财务预测

财务预测,即财务人员根据历史资料,依据现实条件,运用特定的方法对企业未来的财务活动和财务成果所作出的科学预计和测算。其作用在于:是财务决策的基础,是编制财务计划的前提,是组织日常财务活动的必要条件。

财务预测的工作过程一般包括：明确预测的对象和目的、搜集和整理有关信息资料、选用特定的预测方法进行预测。

财务管理中常用的预测方法可概括为两种：定性预测法和定量预测法。

1. 定性预测法

定性预测法主要是利用直观材料，依靠个人经验的主观判断和综合分析能力，对事物未来的状况和趋势做出预测的一种方法。由于这种方法属于主观方法，未经过严密的计算，一般是在企业缺乏完备、准确的历史资料的情况下采用。

定性预测法的预测过程一般是：由熟悉企业财务和生产经营情况的专家根据过去积累的经验进行分析判断，进而提出预测的初步意见；再通过召开座谈会或发出各种表格等形式，对初步意见进行修正补充；这样经过几轮反复后，最后得出较为一致的意见即为最终结果。

2. 定量预测法

定量预测法是根据变量之间存在的数量关系如时间关系、因果关系等，建立数学模型来进行预测的方法，又可分为趋势预测法和因果预测法。

（1）趋势预测法，是按时间顺序排列历史资料，根据事物发展的连续性来进行预测的一种方法，又称时间序列预测法。趋势预测法又可细分为算术平均法、加权平均法、指数平滑法、直线回归预测法、曲线回归预测法等。

（2）因果预测法，是根据历史资料，并通过足够的分析，找出要预测因素与其他因素之间明确的因果关系，建立数学模型来进行预测的一种方法。因果预测法中的预测关系有的较为简单，有的则较为复杂，必须合理地找出变量之间的因果关系，才能科学地进行预测。

定量预测法属于客观方法，往往经过严密的计算，结果较能被人们接受和信服，但对数据等资料的要求较高。

可见，定性预测法和定量预测法各有优缺点，在实际工作中应将两者结合使用，既进行定性分析，又进行定量分析。

## 1.4.2　财务决策

财务决策，即财务人员在财务目标的总体要求下，从若干个可以选择的财务活动方案中选择最优方案的过程。在市场经济条件下，财务决策是财务管理的核心，财务预测是为财务决策服务的，决策关乎企业的兴衰成败。

财务决策的工作过程一般包括：根据财务预测的信息提出问题；确定解决问题的备选方案；分析、评价、对比各种方案；拟定择优标准，选择最佳方案。

财务管理中常用的财务决策方法通常有以下几种：

1. 优选对比法

优选对比法是把各种不同方案排列在一起，按其经济效益的好坏进行优选对比，进而做出决策的方法，是财务决策的基本方法。按对比方式的不同，又可将优选对比法分为总量对比法、差量对比法、指标对比法等。

（1）总量对比法，是将不同方案的总收入、总成本、总利润进行对比，以确定最佳方案的一种方法。

(2) 差量对比法,是将不同方案的预期收入之间的差额与预期成本之间的差额进行比较,求出差量利润,进而做出决策的方法。

(3) 指标对比法,是把反映不同方案经济效益的指标进行对比,以确定最优方案的方法。

2. 数学微分法

数学微分法是根据边际分析原理,运用数学上的微分方法,对具有曲线联系的极值问题进行求解,进而确定最优方案的一种方法。

在用数学微分法进行财务决策时,凡以成本为判别标准时,一般是求极小值;凡以收入或利润为判别标准时,一般是求极大值。财务管理中,在进行最优资本结构、现金最佳余额、存货经济批量等财务决策时都要用到数学微分法。

3. 线性规划法

线性规划法是根据运筹学原理,对具有线性联系的极值问题进行求解,进而确定最优方案的一种方法。

在有若干约束条件(如资金供应、人工工时数量、产品销售数量等)的情况下,这种方法能帮助管理人员对如何合理组织人力、物力、财力等做出最优决策。

4. 概率决策法

概率决策法是进行风险决策的一种主要方法。所谓风险决策,是指未来情况虽不十分明了,但可以预知各有关因素的未来状况及其概率的决策。因为现代财务决策几乎都与风险有关,所以决策时,常常用概率法来计算各个方案的期望值和标准离差,进而做出决策。因为具体运用时常常把各个概率分枝用树形图表示出来,所以也将概率决策法称为决策树法。

5. 损益决策法

损益决策法是在不确定性情况下进行决策的一种方法。所谓不确定性决策,是指在未来情况很不明了的情况下,只能预测各有关因素可能出现的状况,但不可预测其概率的决策。不确定性情况下进行决策十分困难,财务管理中一般是采用最大最小收益值法或最小最大后悔值法来进行决策,统称为损益决策法。

最大最小收益值法,又称小中取大法,是先计算各个方案的最小收益值,再取其最大者;最小最大后悔值法,又叫大中取小法,是先计算各个方案的最大损失值,再取其最小者。

### 1.4.3 财务预算

财务预算,即运用科学的技术手段和数量方法,对目标进行综合平衡,制定主要的计划指标,拟定增产节约措施,协调各项计划指标。财务预算是以财务决策确立的方案和财务预测提供的信息为基础编制的,是财务预测和财务决策的具体化,是控制财务活动的依据。

财务预算的工作过程一般包括:根据财务决策的要求,分析主、客观条件,全面安排计划指标;对需要与可能进行协调,实现综合平衡;调整各种指标,编制出预算表格。

编制财务预算的过程,实际上就是确定计划指标并对指标进行平衡的过程。确定财务计划指标的方法通常有以下几种:

### 1. 平衡法

平衡法是利用有关指标客观存在的内在平衡关系来计算确定计划指标的方法。例如,在确定一定时期现金期末余额时,就可利用下面这个平衡公式:

$$现金期末余额＝期初余额＋计划期增加额－计划期减少额 \qquad (1-2)$$

平衡法具有便于分析计算、工作量不大、结果较为准确明了的优点,适合那些具有平衡关系的计划指标的确定。但具体运用时应注意,具有平衡关系的每一个指标因素不能发生重复或遗漏,而且计算的口径也要一致。

### 2. 因素法

因素法是根据影响某项指标的各种因素来推算该指标计划数的方法。这种方法计算出的结果较为准确,但计算过程较为复杂。

### 3. 比例法

比例法是根据企业历史已经形成且较为稳定的各项指标之间的比例关系来计算计划指标的方法。例如,在推算一定时期的资金占用量时,可根据历史上的资金占用额占销售收入的比例和计划期销售收入来进行计算确定。

比例法具有计算简便的优点,但比例的使用必须恰当,以免出现偏差。

### 4. 定额法

定额法是以定额作为计划指标的一种方法,又称预算包干法。

在定额管理基础较好的企业时,采用定额法确定的计划指标不仅切合实际,而且有利于定额管理和计划管理相结合,但需经常注意根据实际情况的变化不断修改定额,使其切实可行。

## 1.4.4 财务控制

财务控制,即在财务管理过程中,利用有关信息和特定手段,对企业的财务活动施加影响或调节,以便实现预算指标、提高经济效益的过程。实行财务控制是落实预算任务、保证预算实现的有效措施。

财务控制的工作过程一般包括:制定控制标准、执行标准、记录数据、分析和消除差异、考核奖惩。

财务管理中常用的财务控制方法通常有以下几种:

### 1. 防护性控制

防护性控制是在财务活动发生前,先制定一系列制度和规定,把可能产生的差异予以排除的一种控制方法,又称排除干扰控制。例如,为了保证现金的安全和完整,事先规定好现金的使用范围,制定好内部牵制制度。

防护性控制是最彻底的控制方法,但排除干扰要求对被控制对象有绝对的控制能力,这通常难以做到。财务管理中,各种事先制定的标准、制度、规定都可看作是排除干扰的方法。

### 2. 前馈性控制

前馈性控制是通过对实际财务系统运行的监视,运用科学预测可能出现的偏差,采取一定措施,使差异得以消除的一种控制方法,又称补偿干扰控制。例如,在控制企业的短期偿债能力时,应密切注意流动比率(即流动资产与流动负债的对比关系),预测这一比率的发展趋势,当预测到这一比率将变得不合理时,就要采用相应方法对流动资产或流动负债进行调整,使流动比率保持在合理水平上。

前馈性控制也是一种较好的控制方法,但要求掌握大量的信息,并要进行准确的预测,否则不能达到补偿干扰的目的。

3. 反馈性控制

反馈性控制是在认真分析的基础上,发现实际与计划之间的差异,确定差异产生的原因,采取切实有效的措施,调整实际财务活动或调整财务计划,使差异得以消除或避免今后出现类似差异的一种控制方法,又称平衡偏差控制。

反馈性控制控制的都是实际产生的偏差,因而具有时滞的缺点,而且在平衡偏差的过程中,还可能会造成新的偏差。但反馈性控制运用起来较为方便,一般不需要太多信息,因为它是根据实际偏差随时调节的。当干扰不能预计或发生很频繁时,反馈性控制便是控制的典型方法。而财务活动受外部环境的干扰较重,反馈性控制就成为最常用的财务控制方法。

## 1.4.5  财务分析

财务分析,即根据有关信息资料,运用特定方法,对企业财务活动过程及其结果进行分析和评价的一项工作。通过财务分析,可以掌握各项财务计划的完成情况,评价财务状况,研究和掌握企业财务活动的规律性,改善财务预测、决策、预算和控制,改善企业管理水平,提高企业经济效益。

财务分析的工作过程一般包括:确立题目,明确目标;收集资料,掌握情况;运用方法,揭示问题;提出措施,改进工作。

财务管理中常用的财务分析方法通常有以下几种:

1. 比较分析法

比较分析法是通过把有关指标进行比较来分析企业财务状况的一种方法。这种方法需对同一指标的不同方面进行比较,从数量上确定差异,为进一步查找差异原因提供依据。例如,通过与计划数的比较,可以查明该项指标完成计划的程度;通过与历史时期有关数字的比较,可以发现有关财务指标的变动趋势;通过与同类企业之间的有关指标的比较,可以发现先进和落后之间的差距。

比较分析法是一种较好的方法,具有适应面广、分析过程简单、揭示问题清楚等优点,但不是所有的事物之间都一定具有可比性,所以具体运用时,必须注意各种指标之间是否可比。

2. 比率分析法

比率分析法是将有关指标进行对比,用比率来反映它们之间的财务关系,以揭示企业财务状况的一种分析方法。根据分析的不同内容和要求,可以计算各种不同的比率进行对比,其中最主要的比率有以下三种:

(1) 相关指标比率,是根据财务活动存在的相互依存、相互联系的关系,将两个性质不同但又相关的指标数值相比,求出比率,以便从财务活动的客观联系中进行研究,更深刻地认识企业的财务状况。例如,将资金指标与销售指标、利润指标进行对比,便可求出资金周转率、资金利润率,以便更深入地揭示企业财务状况和经营成果。

(2) 构成比率,是先计算某项指标的各个组成部分占总体的比重,分析其构成内容的变化,从而掌握该项活动的特点与变化趋势。例如,将负债资金与全部资金进行对比,求出负债比率,便可揭示财务风险的大小。

(3) 动态比率,是将某项指标不同时期的数值相比,求出比率,观察财务活动的动态变化程度,分析有关指标的发展方向和增减速度。

比率分析法是一种较为重要的财务分析方法,具有简明扼要、通俗易懂的优点。通过各种比率的计算和对比,基本上能反映出一个企业的偿债能力、赢利能力、资金周转状况和盈余分配情况,因而此法很受各种分析人员的欢迎。

3. 综合分析法

综合分析法是将有关财务指标和影响企业财务状况的各种因素都有序地排列在一起,综合分析企业财务状况和经营成果的一种方法。进行综合分析时,具体可以采用财务比率综合分析法、因素综合分析法和杜邦体系分析法等。

综合分析法也是一种较为重要的财务分析方法,因为任何对单一指标、因素的分析,都不能全面评价企业的财务状况及其发展变动趋势,只有综合分析法可以全面、系统、综合地评价企业的财务状况,但综合分析法一般较为复杂,所需资料较多,工作量较大。

## 复习思考题

**一、单选题**

1. 财务管理是企业管理的重要组成部分,财务管理是对企业(　　)进行的管理。
   A. 营销活动　　　　B. 生产活动　　　　C. 财务活动　　　　D. 人事活动

2. 财务管理是组织企业财务活动,处理各方面财务关系的一项(　　)。
   A. 人文管理工作　　B. 社会管理工作　　C. 物资管理工作　　D. 经济管理工作

3. 财务关系是企业在组织财务活动过程中与有关方面所发生的(　　)。
   A. 往来关系　　　　B. 协作关系　　　　C. 责任关系　　　　D. 经济利益关系

4. 通常被认为较为合理的财务管理目标为(　　)。
   A. 利润最大化　　　　　　　　　　　B. 每股利润最大化
   C. 产量最大化　　　　　　　　　　　D. 企业价值最大化

5. 在市场经济条件下,财务管理的核心是(　　)。
   A. 财务预测　　　　B. 财务决策　　　　C. 财务控制　　　　D. 财务预测

6. 企业财务关系中最为重要的关系是(　　)。
   A. 股东与经营者之间的关系
   B. 股东与债权人之间的关系
   C. 股东、经营者、债权人之间的关系
   D. 企业与政府有关部门、社会公众之间的关系

7. 下列说法中不正确的是(　　)。
   A. 财务管理的核心是财务分析

B. 财务预测是为财务决策服务的

C. 财务预算是控制财务活动的依据

D. 财务控制是对企业财务活动所施加的影响或进行的调节

8. 以企业价值最大化作为财务管理目标存在的问题有(  )。

A. 没有考虑资金的时间价值　　　　B. 没有考虑投资的风险价值

C. 企业的价值难以评定　　　　　　D. 容易引起企业的短期行为

## 二、多选题

1. 财务管理的基本内容包括(  )。

A. 筹资管理　　　B. 投资管理　　　C. 资金营运管理　　D. 分配管理

2. 企业财务活动包括(  )。

A. 投资活动　　　B. 筹资活动　　　C. 分配活动　　　　D. 资金营运活动

3. 以每股利润最大化作为企业财务管理目标,其优点有(  )。

A. 考虑了资金时间价值和风险因素

B. 避免了短期行为

C. 反映了企业的盈利水平

D. 便于不同资本规模的企业之间的比较

4. 为确保企业财务目标的实现,下列各项中可用于协调所有者与经营者矛盾的措施有(  )。

A. 所有者解聘经营者　　　　　　　B. 所有者向企业派遣财务总监

C. 公司被其他公司接收或吞并　　　D. 所有者给经营者以“股票期权”

5. 企业的财务关系包括(  )。

A. 企业与政府之间的财务关系　　　B. 企业与投资者之间的财务关系

C. 企业与债务人之间的财务关系　　D. 企业内部各单位之间的财务关系

6. 影响财务管理的主要金融环境因素有(  )。

A. 金融工具　　　C.宏观经济政策　　B. 金融市场　　　D. 金融机构

## 三、判断题

1. 以企业价值最大化作为财务管理目标,有利于社会资源的合理配置。　　　(  )

2. 企业财务活动是指企业在生产经营过程中客观存在的资金运动,包括筹资活动、投资活动、资金运营活动和资金分配活动。　　　(  )

3. 当风险所造成的损失不能由该项目可能获得的收益抵消时,应当放弃该项目,以减少风险。　　　(  )

4. 如果企业现有资金不能满足企业经营的需要,还要采取短期借款的方式来筹集所需资金,这样会产生企业资金的收付,这属于筹资活动。　　　(  )

5. 企业的资金运动,即表现为钱与物的增减变动,又体现了人与人之间的经济利益关系。　　　(  )

6. 通货膨胀期间,企业应当与客户签订短期购货合同,以减少物价波动造成的损失。　　　(  )

# 第 2 章　财务管理观念

**学习目标**

学习财务管理的两个基础观念:资金时间价值和风险价值,具体包括资金时间价值的概念和计算、风险价值的概念和计算。

**学习要求**

▷ 了解:单利终值和现值的计算,风险的概念。

▷ 掌握:资金时间价值和风险价值的概念,复利终值和现值的计算,年金终值和现值的计算,利率的计算,风险的类别,单项资产和证券组合投资风险价值的计算,投资期望报酬率的计算。

为了有效地组织财务管理工作,实现财务管理的目标,企业财务管理人员必须树立一些基本的财务管理观念。资金时间价值和风险价值,是现代财务管理的两个基础概念。无论是筹资管理、投资管理、营运资金管理,还是利润及其分配的管理,都必须考虑资金时间价值和风险价值问题。

## 2.1　资金时间价值

时间价值是客观存在的经济范围,任何企业的财务活动,都是在特定的时空中进行的。离开了时间价值因素,就无法正确计算不同时期的财务收支,也无法正确评价企业盈亏。资金时间价值原理正确揭示了不同时点上资金之间的换算关系,是财务决策的基本依据,有"理财第一原则"之称,可见其重要性。财务人员必须熟悉资金时间价值的概念和计算方法。

### 2.1.1　资金时间价值的概念

资金时间价值是资金在周转使用中由于时间因素而形成的增值,也称为货币时间价值。

商品经济中,有这样一种现象:现在的1元钱与1年后的1元钱的经济价值不等,现在的1元钱要比1年后的1元钱经济价值大一些,即使不存在通货膨胀也会如此。例如,将 10 万元存入银行,假设存款利率为 10％,1 年后共可取出 11 万元。这 10 万元经过 1 年时间的投资增加了 1 万元,便是资金的时间价值。那么资金时间价值是怎样产生的呢? 这是因为资金使用者把资金投入生产经营后,劳动者借以生产新的产品,创造新的价值,再将产品销售出去,获得利润,实现增值。资金周转使用的时间越长,所获得的利润越多,实现的增值额就越大。应该说,资金时间价值的实质就是资金周转使用后的增值额。

从量的规定性来看,资金时间价值被认为是没有风险和没有通货膨胀条件下的社会平均资金利润率,这是利润平均化规律作用的结果。由于资金时间价值的计算方法与利息的计算方法相同,人们常常会将资金时间价值与利息混为一谈。实际上,利率不仅包括时间价值,也包括风险价值和通货膨胀因素。只有在购买国库券时几乎没有风险,若此时通货膨胀率很低的话,可将国库券的利率视为资金时间价值。

一般来说,资金时间价值有两种表示形式:一种是绝对数形式,一种是相对数形式。其中,绝对数形式即一定量的资金在经历一定时间的周转使用后的增值额,如前面例子中增加的 1 万元。相对数形式即以增值额除以存入资金而得到的百分比形式,如前面例子中 10％的存款利率。

## 2.1.2　资金时间价值的计算

根据资金具有时间价值的理论,不同时间的资金的价值不等,所以,不宜直接比较不同时间的资金收入,而需要先把它们换算到相同的时间基础上,然后才能进行大小比较和比率计算。由于资金随时间的增长过程与复利的计算过程在数学上相似,因此,在换算时广泛使用复利计算的各种方法。

1. 资金时间价值计算的相关概念

资金时间价值的计算有四个基本要素:终值、现值、计息期和利息率。所谓终值,是现在一定量的资金折算到未来某一时点所对应的金额,又称未来值,通常记作 $F$。对于不同类型的时间价值的计算,终值可以是一个,如一次性收付款终值;也可以是若干个,如系列收付款对于决策时点而言都是不同时点的终值。所谓现值,是未来某一时点上的一定量资金折算到现在所对应的金额,通常记作 $P$。所谓计息期,是计算利息的期间数,通常记作 $n$。终值的大小与计息期同方向变动,而现值的大小则与计息期反方向变动。所谓利率,是资金增值与投入资金的价值比,通常记作 $i$。终值的大小与利息率同方向变动,而现值的大小则与利息率反方向变动。

现值和终值是一定量资金在前后两个不同时点上对应的价值,其差额即为资金时间价值。现实生活中计算利息时所称本金、本利和的概念,即相当于资金时间价值理论中的现值和终值;利率可视为资金时间价值的一种具体表现;现值和终值对应的时点之间可以划分为 $n$ 期,即相当于计息期。

2. 一次性收付款项终值和现值的计算

一次性收付款项是指在某一特定时点上一次性收取(或支付),经过一段时间后再一次性支付(或收取)的款项。如,年初存入银行 1 年期存款 1 万元,年利率为 10％,年末取出 11 000 元,即为一次性收付款项。

（1）单利终值和现值的计算

单利即只有本金才能获得利息、利息不能生成利息的一种计息方法。目前,我国银行存款利息的计算一般采用单利的方法,实行月息制。

单利终值的计算公式为：

$$F=P(1+i \cdot n) \tag{2-1}$$

【例2-1】小王将5万元存入银行,存期为5年,年利率为10%,单利计息。计算:第5年末取出的本利和。

$$F=P(1+i \cdot n)=5 \times (1+10\% \times 5)=7.5(万元)$$

单利现值的计算公式为：

$$P=\frac{F}{(1+i \cdot n)} \tag{2-2}$$

【例2-2】已知年利率为10%,小王为了5年后从银行取出5万元,现在需要他一次性在银行存入多少钱?

$$P=\frac{F}{(1+i \cdot n)}=\frac{5}{(1+10\% \times 5)}=3.33(万元)$$

可见,单利终值和现值互为逆运算。

（2）复利终值和现值的计算

复利即不但本金要生成利息、利息也要生成利息的一种计息方法,俗称"利滚利"。这里所说的计息期,是指相邻两次计息的间隔如年、月、日等,一般除非特别说明,都是指年。

复利终值的计算公式为：

$$F=P(1+i)^n \tag{2-3}$$

式中,$(1+i)^n$为复利终值系数(见附表1),记作$(F/P,i,n)$,则上式就变为：

$$F=P(F/P,i,n) \tag{2-4}$$

【例2-3】小王将5万元存入银行,存期为5年,年利率为10%。一年复利一次。计算:第5年末取出的本利和。

$$F=P \cdot (F/P,10\%,5)=5 \times 1.611=8.05(万元)$$

若一年复利两次,则 $F=P(F/P,10\%,10)=5 \times 2.594=12.97(万元)$

复利现值的计算公式为：

$$P=F(1+i)^{-n} \tag{2-5}$$

式中,$(1+i)^{-n}$为复利现值系数(见附表2),记作$(P/F,i,n)$,则上式就变为：

$$P=F(P/F,i,n) \tag{2-6}$$

【例2-4】某企业4年末准备投资280万元,年利率是12%,年限是4年。计算:现在应存入银行的本金。

$$P=F \cdot (P/F,12\%,4)=280 \times (P/F,12\%,4)=177.94(万元)$$

可见,复利终值系数与复利现值系数互为倒数,复利终值和现值也互为逆运算。

3. 年金终值和现值的计算

年金是指在相同的时间间隔内收到或付出一系列相等金额的款项,属于等额定期的系列收支,通常记作 $A$。例如,折旧、利息、租金、保险费等通常就表现为年金的形式。

按每次收付发生的时点不同,可将年金划分为普通年金、即付年金、递延年金和永续年金四种。

(1) 普通年金

普通年金即每期期末有等额的收付款项的年金,又称后付年金。现实经济生活中,这种年金最常见,所以将其称为普通年金。本书后附录的年金的终值系数和现值系数也是按普通年金编制的。

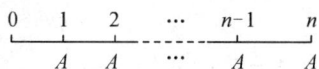

**图 2-1  $n$ 期普通年金**

① 普通年金终值的计算

普通年金的终值好比零存整取的本利和,如图 2-2 所示,它是一定时期内每期期末等额收付款项的复利终值之和,可用下式来表示:

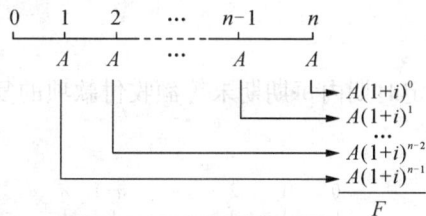

**图 2-2  $n$ 期普通年金的终值**

$$F = A + A(1+i)^1 + A(1+i)^2 + \cdots + A(1+i)^{n-1} \qquad (2-7)$$

将(2-7)式两边同时乘以$(1+i)$,得:

$$F(1+i) = A(1+i)^1 + A(1+i)^2 + A(1+i)^3 \cdots + A(1+i)^n \qquad (2-8)$$

将(2-8)式减去(2-7)式得:

$$F \cdot i = A \cdot (1+i)^n - A = A \cdot [(1+i)^n - 1]$$

则:

$$F = A \cdot \frac{(1+i)^n - 1}{i} \qquad (2-9)$$

式中,$\dfrac{(1+i)^n - 1}{i}$为年金终值系数(见附表3),记作$(F/A, i, n)$,则得普通年金终值的计算公式为:

$$F = A \cdot (F/A, i, n) \qquad (2-10)$$

【例 2-5】小张于每年年末存入银行 1 000 元,连续存五年,利率为 5%,第五年年末取出,计算小张能取出多少?

$$F = A \cdot (F/A, i, n) = 1\,000 \times (F/A, 5\%, 5) = 1\,000 \times 5.525\,6 = 5\,525.6(元)$$

② 年偿债基金的计算

偿债基金是指为了在约定的未来某一时点清偿某笔债务或积聚一定数额的资金而必须分次等额形成的存款准备金,即为使年金终值达到既定金额的年金数量(即已知 $F$,求 $A$)。

只需将(2-9)式演变一下,即可得到年偿债基金的计算公式:

$$A = F \cdot \frac{i}{(1+i)^n - 1} \tag{2-11}$$

式中,$\dfrac{i}{(1+i)^n - 1}$ 称为偿债基金系数,与年金终值系数互为倒数,记作$(A/F, i, n)$,则得年偿债基金的计算公式为:

$$A = F \cdot (A/F, i, n) \tag{2-12}$$

【例2-6】某企业进行为期三年的年末投资,投资额为150万元,银行存款年利率为8%,计算今后三年每年末应等额存入银行的资金。

$$A = F \cdot (A/F, 8\%, 3) = 150/3.246\,2 = 46.21 \text{万元}$$

可见,年金终值系数与偿债基金系数互为倒数,普通年金终值和偿债基金也互为逆运算。

③ 普通年金现值的计算

普通年金的现值是指一定时期内每期期末等额收付款项的复利现值之和,如图2-3所示,可用下式来表示:

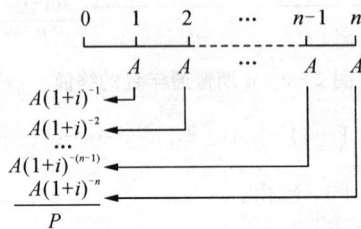

图2-3 $n$ 期普通年金的现值

$$P = A(1+i)^{-1} + A(1+i)^{-2} + A(1+i)^{-3} + \cdots + A(1+i)^{-n} \tag{2-13}$$

将(2-13)式两边同时乘以$(1+i)$,得:

$$P(1+i) = A + A(1+i)^{-1} + A(1+i)^{-2} + \cdots + A(1+i)^{-(n-1)} \tag{2-14}$$

将(2-14)式减去(2-13)式得:

$$P \cdot i = A - A \cdot (1+i)^{-n} = A \cdot [1 - (1+i)^{-n}]$$

$$则: P = A \cdot \frac{1 - (1+i)^{-n}}{i} \tag{2-15}$$

式中,$\dfrac{1 - (1+i)^{-n}}{i}$ 为年金现值系数(见附表4),记作$(P/A, i, n)$,则得普通年金现值

的计算公式为：

$$P=A \cdot (P/A,i,n) \tag{2-16}$$

【例 2-7】某企业未来 5 年每年年末等额从银行取 1 万元，为职工发奖金，年利率 3%，现在应该存入多少金额以保证未来 5 年每年末从银行等额提出 1 万元？

$$P=A \cdot (P/A,i,n) = 1 \times (P/A,3\%,5) = 1 \times 4.580 = 4.58(万元)$$

④ 年资本回收额的计算

年资本回收额，是指在约定年限内等额回收初始投入资本或清偿所欠债务的金额。即为使年金现值达到既定金额的年金数量（即已知 $P$，求 $A$）。

只需将(2-5)式演变一下，即可得到年资本回收额的计算公式：

$$A=P \cdot \frac{i}{1-(1+i)^{-n}} \tag{2-17}$$

式中，$\dfrac{i}{1-(1+i)^{-n}}$ 称为资本回收系数，与年金现值系数互为倒数，记作 $(A/P,i,n)$，则得年资本回收额的计算公式为：

$$A=P \cdot (A/P,i,n) \tag{2-18}$$

【例 2-8】某企业想生产一种产品，需要一台设备，准备从租赁公司租入一台设备，价值 1 万元，租期 5 年，年利率 5%，每年年末应付多少租金？

$$A=P \cdot (A/P,5\%,5) = 1/4.330 = 0.23(万元)$$

可见，年金现值系数与资本回收系数互为倒数，普通年金现值和年资本回收额也互为逆运算。

(2) 即付年金

即付年金即每期期初有等额的收付款项的年金，又称先付年金或预付年金。

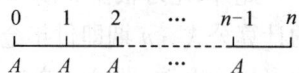

图 2-4　$n$ 期即付年金

① 即付年金终值的计算

即付年金的终值是指一定时期内每期期初等额收付款项的复利终值之和。

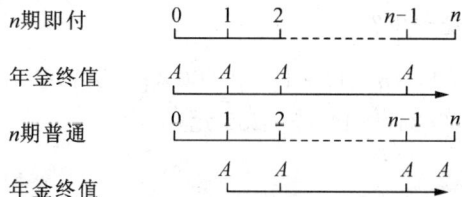

图 2-5　即付年金与普通年金终值的关系

从图 2-5 可以看出，$n$ 期即付年金与 $n$ 期普通年金的付款次数相同，但由于其付款时间不同，$n$ 期即付年金终值比 $n$ 期普通年金的终值多计算一期利息。所以，$n$ 期即付年金的终值的计算公式为：

$$F = A \cdot \frac{(1+i)^n - 1}{i} \cdot (1+i) = A \cdot \left[ \frac{(1+i)^{n+1} - 1}{i} - 1 \right] \qquad (2-19)$$

此外,还可根据 $n$ 期即付年金与 $(n+1)$ 期普通年金的关系推导出另一即付年金终值的计算公式。$n$ 期即付年金与 $(n+1)$ 期普通年金的计算期数相同,但比 $(n+1)$ 期普通年金少付一次款,即 $A$。这样,可将(2-19)演变为:

$$F = A \cdot (F/A, i, n+1) - A = A \cdot [(F/A, i, n+1) - 1] \qquad (2-20)$$

【例 2-9】某人每年年初存入银行 1 000 元,银行存款年利率为 8%,计算第 10 年末的本利和应为多少?

$$F = A \cdot [(F/A, i, n+1) - 1] = 1\,000 \times [(F/A, 8\%, 11) - 1] = 1\,000 \times (16.645 - 1)$$
$$= 15\,645(元)$$

② 即付年金现值的计算

即付年金的现值是指一定时期内每期期初等额收付款项的复利现值之和。

从图 2-6 可以看出,$n$ 期即付年金与 $n$ 期普通年金的付款次数相同,但由于其付款时间不同,$n$ 期即付年金现值比 $n$ 期普通年金的现值多计算一期利息。所以,$n$ 期即付年金的现值的计算公式为:

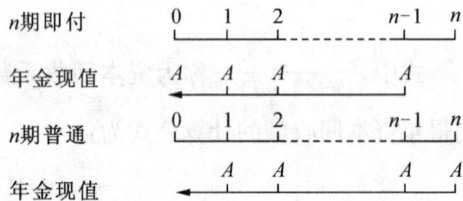

图 2-6 即付年金与普通年金现值的关系

$$P = A \cdot \frac{1 - (1+i)^{-n}}{i} \cdot (1+i) = A \cdot \frac{1 - (1+i)^{-(n-1)}}{i} + 1 \qquad (2-21)$$

此外,还可根据 $n$ 期即付年金与 $(n-1)$ 期普通年金的关系推导出另一即付年金现值的计算公式。$n$ 期即付年金与 $(n-1)$ 期普通年金的计算期数相同,但比 $(n-1)$ 期普通年金多付一次款,即 $A$。这样,可将(2-21)演变为:

$$P = A \cdot (P/A, i, n-1) + A = A \cdot [(P/A, i, n-1) + 1] \qquad (2-22)$$

【例 2-10】某企业租用一设备,在 10 年中每年年初要支付租金 5 000 元,年利息率为 8%,问这些租金的现值是多少?

$$P = A \cdot [(F/A, i, n-1) + 1] = 1\,000 \times [(F/A, 8\%, 9) + 1]$$
$$= 1\,000 \times (6.247 + 1) = 36\,235 \ 元$$

(3)递延年金

递延年金是指在最初若干期(假设为 $m$ 期,$m \geq 1$)没有收付款项的情况下,后面若干期(假设为 $n$ 期)发生的系列等额收付款项,可用图 2-7 来表示:

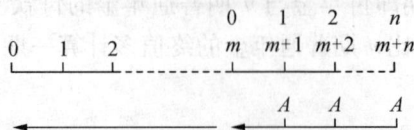

图 2-7 递延年金现值的计算示意图

递延年金是普通年金的特殊形式,凡不是从第一期开始的年金都是递延年金。

① 递延年金终值的计算

从图 2-3 可以看出,递延年金终值的大小与递延期无关,故其计算方法与普通年金的终值计算相同,只要注意期数即可。即:

$$F = A \cdot (F/A, i, n) \tag{2-23}$$

式中,$n$ 表示 $A$ 的个数,与递延期无关。

【例 2-11】某企业向银行借入一笔款项,银行贷款的年利息率为 8%,银行规定前 10 年不用还本付息,但从第 11 年至第 20 年每年年末偿还本息 1 000 元,计算这笔款项的终值应为多少?

$$F = A \cdot (F/A, 8\%, 10) = 1\ 000 \times 14.487 = 14\ 487(元)$$

② 递延年金现值的计算

递延年金现值的计算有三种方法:

方法一:先把递延年金视为 $n$ 期普通年金,求出递延年金在 $n$ 期期初或 $m$ 期期末的现值;再将它作为终值贴现至 $m$ 期的第一期期初即可。具体的计算公式为:

$$P = A \cdot (P/A, i, n) \cdot (P/F, i, m) \tag{2-24}$$

方法二:先把递延年金视为 $n$ 期普通年金,求出年金在 $n$ 期期末的终值;再将它作为现值贴现至 $m+n$ 期的第一期期初即可。具体的计算公式为:

$$P = A \cdot (F/A, i, n) \cdot (P/F, i, m+n) \tag{2-25}$$

方法三:先把递延年金视为 $(m+n)$ 期普通年金,求出年金的现值;再减去前 $m$ 期的普通年金的现值即可。具体的计算公式为:

$$P = A \cdot [(P/A, i, m+n) - (P/A, i, m)] \tag{2-26}$$

【例 2-12】某企业向银行借入一笔款项,银行贷款的年利息率为 8%,银行规定前 10 年不用还本付息,但从第 11 年至第 20 年每年年末偿还本息 1 000 元,计算这笔款项的现值应为多少?

方法一:$P = A \cdot (P/A, i, n) \cdot (P/F, i, m)$
　　　　$= 1\ 000 \times (P/A, 8\%, 10) \times (P/F, 8\%, 10)$
　　　　$= 1\ 000 \times 6.710 \times 0.463 = 3\ 106.73(元)$

方法二:$P = A \cdot (F/A, i, n) \cdot (P/F, i, m+n)$
　　　　$= 1\ 000 \times (F/A, 8\%, 10) \times (P/F, 8\%, 20)$
　　　　$= 1\ 000 \times 14.487 \times 0.215 = 3\ 114.71(元)$

方法三:$P = A \cdot [(P/A, i, n+m) - (P/A, i, m)]$
　　　　$= 1\ 000 \times [(P/A, 8\%, 20) - (P/A, 8\%, 10)]$
　　　　$= 1\ 000 \times (9.818 - 6.710) = 3\ 108(元)$

(4) 永续年金

永续年金是指无限期限等额收付的特殊年金,即期限趋于无穷的普通年金。西方有些债券为无期限债券,这些债券的利息可视为永续年金;优先股因为有固定的股利又无到期日,也可视为永续年金;期限长、利率高的年金现值,也可按计算永续年金的公式求其近似值。

由于永续年金没有期限,即没有终止的时间,所以没有终值,只有现值。通过普通年金现值的计算,可以推导出永续年金现值的计算公式为:

$$P = A \times \sum_{t=1}^{\infty} \frac{1}{(1+i)^t} \tag{2-27}$$

当 $t \rightarrow +\infty$ 时,则 $P = \dfrac{A}{i}$。

【例 2-13】某项永久性奖学金,每年计划颁发 50 000 元奖金。若年复利率为 8%,该奖学金的本金应为多少?

$P = A/i = 50\ 000/8\% = 625\ 000$(元)

4. 利率的计算

(1) 复利计息方式下的利率计算

复利计息方式下,利率与终值(或现值)系数之间存在一定的数量关系,已知终值(或现值)系数,可以通过内插法计算对应的利率,具体的计算公式为:

$$i = i_1 + \frac{B - B_1}{B_2 - B_1} \times (i_2 - i_1) \tag{2-28}$$

式中,$i$ 为所求利率;$B$ 为 $i$ 对应的终值(或现值)系数;$B_1$、$B_2$ 为终值(或现值)系数表中与 $B$ 相邻的系数;$i_1$、$i_2$ 为与 $B_1$、$B_2$ 相对应的利率。

典型的复利计息方式下的利率计算一般有以下几种:

① 已知复利终值(或现值)系数 $B$ 及期数 $n$,通过查"复利终值(或现值)系数表",找出与 $B$ 相邻的两个系数及其对应的利率,再按内插法公式来计算利率。

【例 2-14】某人向银行存款 10 000 元,期限 5 年。计算:银行利率为多少时,5 年后能够得到 15 000 元?

15 000 = 10 000 × $(F/P, i, 5)$

则:$(F/P, i, 5) = 1.5$

设终值系数 1.5 对应的利率为 $X$,查复利终值系数表,运用插值法有:

| 8% | 1.469 3 |
|---|---|
| $X$ | 1.5 |
| 9% | 1.538 6 |

$$\frac{9\% - X}{9\% - 2\%} = \frac{1.538\ 6 - 1.5}{1.538\ 6 - 1.469\ 3}$$

解得,$X = 8.44\%$。

② 已知年金终值(或现值)系数 $B$ 及期数 $n$,通过查"年金终值(或现值)系数表",找出与 $B$ 相邻的两个系数及其对应的利率,再按内插法公式来计算利率。

【例 2-15】某投资项目原始投资额为 100 000 元,期限为 6 年,每年年末收回投资

20 000元,计算该项投资的回报率。

20 000 · $(P/A,i,6)$＝100 000

则：$(P/A,i,6)$＝5

设$(P/A,i,6)$为$Y$,查年金现值系数表,运用插值法,

5%　　5.076

$Y$　　　5

6%　　4.917

$$\frac{5\%-Y}{6\%-5\%}=\frac{5.076-5}{4.917-5.076}$$

解得,$Y$＝5.48%。

③ 永续年金的利率可通过公式 $i=\dfrac{A}{P}$ 求得。

【例 2-16】某人存入 625 000 元拟作为永久性奖学金,每年计划颁发 50 000 元奖金,计算年利率。

$$i=\frac{625\ 000}{50\ 000}=8\%$$

即当利率不低于 8% 时才能把该笔款项作为永久性奖学金。

(2) 名义利率与实际利率

前面我们接触的利率都是指的年利率,即每年复利一次。但实际上,复利的计息期不一定是 1 年,还有可能是按短于 1 年的计息期来计算复利,如按季度、月份、日等。当利息在 1 年内的复利次数超过一次时,这样的年利率叫名义利率;而 1 年内只复利一次的年利率叫实际利率。

对于 1 年内复利多次的情况,一般可采用两种方法来计算资金时间价值。

方法一:将名义利率换算为实际利率,再按实际利率计算资金时间价值,具体的换算公式为:

$$i=\left(1+\frac{r}{m}\right)^{m}-1 \tag{2-29}$$

式中,$i$ 为实际利率;$r$ 为名义利率;$m$ 为 1 年内的复利次数。

【例 2-17】如果现在向银行存入 10 000 元,年名义利率为 12%,每季度计算一次利息。求 5 年后能取出多少钱。

$$i=\left(1+\frac{12\%}{4}\right)^{4}-1=12.55\%$$

$$F=10\ 000\times(1+12.55\%)^{5}=18\ 060.41(元)$$

方法二:不计算实际利率,直接调整有关指标,即利率调整为 $\dfrac{r}{m}$,期数调整为 $m\times n$,再求资金时间价值。

【例 2-18】同【例 2-17】

$$F=10\ 000\times\left(F/P,\frac{12\%}{4},4\times5\right)$$

$$=10\ 000\times(F/P,3\%,20)$$
$$=10\ 000\times1.806$$
$$=18\ 060(元)$$

## 2.2 风险价值

企业的财务管理工作,几乎都是在存在风险和不确定情况下进行的。离开了风险因素,就无法正确评价企业报酬的高低。风险价值原理,正确地揭示了风险和报酬之间的关系,是财务决策的基本依据,财务人员必须了解风险价值的概念及其计算方法。

### 2.2.1 风险价值的概念

风险广泛存在于企业的财务活动中,且对企业实现其财务目标有重要影响,既然风险难以避免,投资者冒风险,就必须要求得到额外收益,否则就不值得去冒风险。投资者由于冒风险进行投资而获得的超过资金时间价值的额外收益就是投资的风险价值,也称风险报酬、风险收益等。

#### 1. 风险的概念

风险是个较难掌握的概念,其定义和计量也有很多争议。一般而言,风险是指在一定条件下和一定时期内可能发生的各种结果的变动程度。例如,在预计一个投资项目的报酬时,不可能十分精确,也没有百分之百的把握,因为有些事情的未来发展事先是不能确知的,如价格、销量、成本等都可能发生预想不到且无法控制的变化,这就是风险。

风险是事件本身的不确定性,具有客观性。例如,企业或个人投资于国库券的收益的不确定性都较小;但若投资于股票,则收益的不确定性要大得多。当然,在什么时间、投资于哪种股票、投资多少等,风险是不一样的。但一旦决定了投资的时间、对象、数量等时,风险大小也就定了。也就是说,风险是"一定条件下的风险",特定投资的风险大小是客观的,而是否要冒风险及冒多大风险,又是可以选择的,是主观决定的。

风险的大小会随时间延续而变化,是"一定时期内的风险"。例如,人们对一个投资项目的成本的事先估计通常很不准确,但当项目越接近完工时,估计往往会越准确。即随时间延续,事件的不确定性在逐渐减少,当事件完成时,结果也就完全肯定了。因此,风险是"一定时期内的风险"。

风险虽具有不确定性,但严格说来,风险与不确定性不能完全等同。不确定性是指事先只知道采取某种行动可能形成的各种结果,但不知道它们的概率(即出现的可能性),或者两者都不知道,而只能做些粗略的估计。例如,企业开采矿藏,事先只能肯定地质勘探后出现有开采价值和无开采价值两种结果,但并不知道这两种结果的概率。风险是指事先可以知道所有可能的结果及每种结果的概率。例如,某公司将 100 万元投资于 A 股票,已知 A 股票在经济繁荣时能获得 20%的收益;在经济状况一般时能获得 10%的收益;在经济萧条时只能获得 5%的收益。同时,根据各种资料分析得出:明年经济繁荣的概率为 30%,经济状况一般的概率为 40%,经济萧条的概率为 30%。实践中,大多数决策都是在不确定的情况下做出的,很难对风险和不确定这两个概念加以区分:风险问题的概率往往不能准确知道;不确定性问题也可以估计其概率。所以在实务领域,把不确定性视同风险加以计量,以便进行定量分析。财务管理中的风险,可能指的是确切意义上的风险,也可能是不确定性,两者不作区分。

2. 风险的类别

(1) 按投资主体的不同,可将风险划分为系统风险和非系统风险

系统风险是指那些对所有企业产生影响的因素引起的风险,又称市场风险或不可分散风险,如战争、自然灾害、通货膨胀、经济衰退、利率调整等。这类风险涉及所有的投资对象,不能通过多元化投资来加以分散,即一旦发生这种风险,任何一个企业都无法幸免。

非系统风险是指发生于个别企业的特有事件造成的风险,又称公司特有风险或可分散风险,如罢工、新产品开发失败、没有争取到重要合同、诉讼失败、失去销售市场等。这类风险是随机发生的,可以通过多元化投资来加以分散,即发生于一家企业的风险可以被其他企业的有利事件所抵消。

(2) 按形成的原因不同,可将公司特有风险再细分为经营风险和财务风险

经营风险,是指生产经营的不确定性带来的风险,它是任何商业活动都有的,也称商业风险。企业生产经营的许多方面都会受到来源于企业内外部诸多因素的影响,具有很大的不确定性。一般主要来自以下几个方面:① 生产成本,原料的供应和价格、工人和机器的生产率、工人的工资和奖金等都是不确定因素,因而产生风险;② 生产技术,设备事故、产品发生质量问题、新技术的出现等难以预见,因而产生风险;③ 市场销售,市场需求、市场价格、企业可能生产的数量等不确定,尤其是竞争使供产销不稳定,加大了风险,④ 其他,外部环境的变化,如天灾、经济不景气、通货膨胀、有协作关系的企业没有履约等,企业无法左右自己,因而产生风险。上述方面的经营风险使企业的收益变得不确定。

财务风险,是指因举债而增加的风险,是筹资决策带来的风险,也称筹资风险。企业适度举债经营,会提高其自有资金的赢利能力;但借入资金需要还本付息,这又加大了企业的风险,若企业经营不善,会使财务状况恶化,丧失支付能力,出现无法定期还本付息甚至招致破产的危险。那么要不要举债经营呢? 如果要,又该借入多少资金呢? 这些取决于风险的大小、冒风险预期能获得的报酬的大小及企业是否愿意冒风险。

## 2.2.2　风险价值的计算

风险具有不易计量的特性,下面分单项资产和证券组合两种情况来计算一定条件下的投资风险价值。

1. 单项资产的投资风险价值

单项资产的投资风险价值的计算,需要使用概率和统计方法,其过程较为复杂,下面结合实例分步加以说明。

(1) 确定概率分布

经济活动中,某一事件在相同的条件下可能发生也可能不发生,这类事件称为随机事件。概率就是某一随机事件发生可能性的大小程度。例如,一个企业的利润有 70% 的机会增长,有 30% 的机会减少。若将某一事件所有可能的结果都列示出来,并对每一事件

都给予一定的概率,便构成了概率分布。如表2-1所示。

表 2-1 概率分布表

| 可能出现的结果($i$) | 概率($P_i$) |
|---|---|
| 利润增长 | 70% |
| 利润减少 | 30% |
| 合计 | 100% |

概率分布必须符合以下两个条件:

条件一:所有的概率 $P_i$ 都介于 0~1 之间,即 $0 \leqslant P_i \leqslant 1$。当 $P_i = 0$ 时,表示该随机事件不发生,当 $P_i = 1$ 时,表示该随机事件肯定会发生。

条件二:所有结果的概率之和应等于 1,即 $\sum_{i=1}^{n} P_i = 1$,$n$ 为可能出现的结果的个数。

(2)计算期望收益(率)

期望收益(率)是各种可能的收益(率)按其概率进行加权平均得到的报酬率,也称期望报酬(率),它是反映集中趋势的一种量度。具体可按下列公式计算:

$$\overline{K} = \sum_{i=1}^{n} K_i P_i \tag{2-30}$$

式中,$\overline{K}$ 为期望收益(率);$K_i$ 为第 $i$ 种可能结果的收益(率);$P_i$ 为第 $i$ 种结果的概率;$n$ 为可能结果的个数。

【例2-19】某公司的一个投资项目有 A、B 两个方案,投资额均为 10 000 元,其收益的概率分布如表2-2所示。

表 2-2 收益的概率分布

| 经济情况 | 概率($P_i$) | 收益额(随机变量 $X_i$) | |
|---|---|---|---|
| | | A方案 | B方案 |
| 繁荣 | 0.2 | 2 000 | 3 500 |
| 一般 | 0.5 | 1 000 | 1 000 |
| 较差 | 0.3 | 500 | −500 |

根据表2-2中的数据,分别计算 A、B 两个方案的期望收益(率):

$\overline{K}_A = 2\,000 \times 0.2 + 1\,000 \times 0.5 + 500 \times 0.3 = 1\,050$(元)

$\overline{K}_B = 3\,500 \times 0.2 + 1\,000 \times 0.5 + (-500) \times 0.3 = 1\,050$(元)

本例中,A、B 两个方案的期望收益相等,都是 1 050 元,但 A 方案收益的概率分布比 B 方案收益的概率分布要集中,而 B 方案却较为分散。一般认为,在期望收益(率)相等的情况下,收益(率)的分布越分散的风险越大,越集中的风险越小,所以 A 方案的投资风险低于 B 方案的投资风险,可用图2-8来说明:

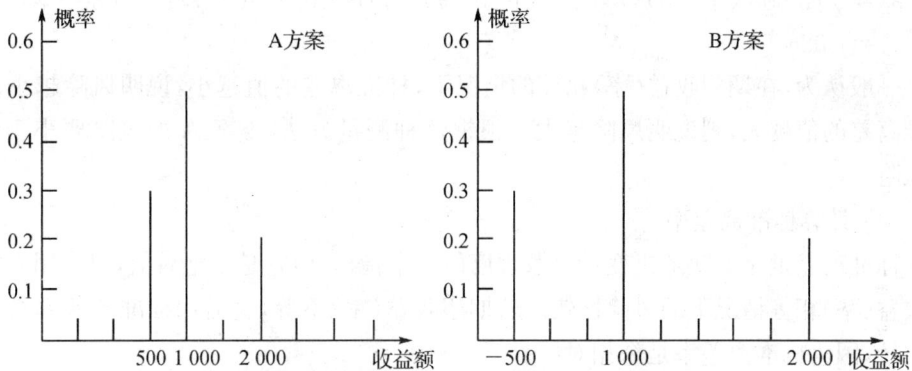

图 2-8 根据表 2-2 绘制的不连续概率分布

以上只是假设存在繁荣、一般和衰退三种经济情况。实践中,经济状况可能在极度衰退和极度繁荣之间发生无数种可能的结果。如果对每一可能的经济情况都给予相应的概率(当然概率的总和等于1),并对每一种情况都给予一个报酬率,把它们绘制在直角坐标系中,便可得到连续的概率分布,如图 2-9 所示:

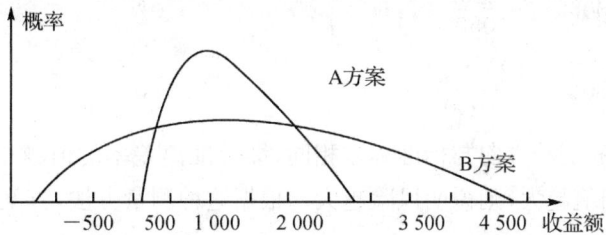

图 2-9 根据表 2-2 绘制的连续概率分布

图中,A 方案收益的概率分布比 B 方案收益的概率分布要集中,表明 A 方案的投资风险低于 B 方案的投资风险。因此,在作项目投资决策时,不仅要考察其预期收益率的高低,还要考察其风险程度的大小。

(3)计算标准离差

标准离差是各种可能的收益(率)偏离期望收益(率)的综合差异,是反映离散程度的一种量度。具体可按下列公式计算:

$$\delta = \sqrt{\sum_{i=1}^{n} (K_i - \overline{K})^2 \cdot P_i} \qquad (2-31)$$

式中,$\delta$ 为期望收益(率)的标准离差;$\overline{K}$ 为期望收益(率);$K_i$ 为第 $i$ 种可能结果的收益(率);$P_i$ 为第 $i$ 种结果的概率;$n$ 为可能结果的个数。

将例 2-19 中 A、B 两方案的资料代入上式即可求得两个方案的标准离差:

$$\delta_A = \sqrt{(2\,000 - 1\,050)^2 \times 0.2 + (1\,000 - 1\,050)^2 \times 0.5 + (500 - 1\,050)^2 \times 0.3}$$
$$= 522.02(元)$$

$$\delta_B = \sqrt{(3\,500-1\,050)^2\times0.2+(1\,000-1\,050)^2\times0.5+(-500-1\,050)^2\times0.3}$$
$$= 1\,386.54(元)$$

一般认为,在期望收益(率)相等的情况下,标准离差的值越小,说明风险越小;反之,标准离差的值越大,则说明风险越大。根据这种测量方法,方案 A 的风险要小于方案 B 的风险。

（4）计算标准离差率

标准离差虽是反映随机变量离散程度的一个指标,但它是个绝对值,只能用来比较期望收益(率)相等情况下的风险比较。若期望收益(率)不等,就需用标准离差率来进行风险比较,因为标准离差率是个相对量。

标准离差率是标准离差与期望收益(率)的比值,具体可按下列公式计算:

$$V = \frac{\delta}{\bar{K}} \times 100\% \tag{2-32}$$

式中,$V$ 为标准离差率;$\delta$ 为期望收益(率)的标准离差;$\bar{K}$ 为期望收益(率)。

将例 2-19 中 A、B 两方案的资料代入上式即可求得两个方案的标准离差率:

$$V_A = \frac{\delta_A}{\bar{K}_A} \times 100\% = \frac{522.02}{1\,050} = 0.50$$

$$V_A = \frac{\delta_B}{\bar{K}_B} \times 100\% = \frac{1\,386.54}{1\,050} = 1.32$$

标准离差率的变动方向与标准离差相同,即标准离差率的值越小,说明风险越小;反之,标准离差率的值越大,则说明风险越大。根据这种测量方法,方案 A 的风险要小于方案 B 的风险。

（5）计算投资风险价值

标准离差率虽然能正确评价投资风险程度的大小,但要计算具体的投资风险价值,还必须借助风险报酬系数。把对风险的评价转化为报酬率指标,这便是风险报酬系数。风险报酬率、风险报酬系数和标准离差率之间的关系可用公式表示如下:

$$R_R = bV \tag{2-33}$$

式中,$R_R$ 为风险报酬率;$b$ 为风险报酬系数;$V$ 为标准离差率。

风险报酬系数 $b$ 的确定,通常有三种方法:

方法一:根据历史数据,对有关投资项目的历史报酬率进行分析,进而得出其风险报酬系数,此方法必须在历史资料较为充分的情况下才能采用。

方法二:由企业主管部门会同有关专家,根据经验和对未来情况的分析共同商定。此方法在具体运用时,决策者对风险的态度会直接影响到所确定的风险报酬系数的高低。若企业敢于冒风险,往往会将风险报酬系数估计得偏低;若企业风险意识较强,较为稳健,往往会将风险报酬系数估计得较高些。

方法三:由国家有关部门或一些知名的大型咨询公司通过对历史数据和未来分析,公布不同行业、不同投资方向风险报酬系数,以供投资者参考。

若已知风险报酬系数为5%,将例2-19中A、B两方案的资料代入式(2-33)即可求得两个方案的风险报酬率:

A项目的风险报酬率为:

$$R_A = bV_A = 5\% \times 0.50 = 0.25\%$$

B项目的风险报酬率为:

$$R_B = bV_B = 5\% \times 1.32 = 6.6\%$$

2. 证券组合的投资风险价值

投资者在进行投资时,一般并不把其所有资金都投资于某一种证券,而是同时持有多种证券,这种同时投资于多种证券的投资就是证券的组合投资。投资组合理论认为,证券的投资组合能降低风险。银行、共同基金、保险公司和其他金融机构一般都持有多种有价证券,即使个人投资者,一般也持有证券组合,而不是投资于一家公司的股票或债券。为此,必须了解证券组合的投资风险价值。

(1) 证券组合的投资风险

证券组合的投资风险可以分为两种性质完全不同的风险,即可分散风险和不可分散风险,分别与前面所介绍的非系统风险和系统风险相对应。这里将其定位于证券组合投资的特殊环境,就其概念、衡量等作些介绍。

① 可分散风险,即某些因素对单个证券造成经济损失的可能性,又叫非系统性风险或公司特别风险。这种风险,可通过证券持有的多样化来抵消,因为投资者投资于多种不同性质的证券,当某一种证券的收益下降时,其他性质不同的证券收益可能上升,从而有效地抵消风险。

不同证券之间可分散风险的分散程度,要视证券之间的相关程度而定。一般用相关系数$r$来表示证券之间的相关程度。$r$的取值范围在$-1 \sim 1$之间,即$-1 \leqslant r \leqslant 1$。这里重点介绍三种特殊的情况:

当$r = -1$时,说明两种证券完全负相关,其投资收益的变化正好成相反的循环,即一种证券的收益上升时,另一种证券的收益下降相同的比例;反之亦然。这样的两种证券组成的投资组合能将所有的可分散风险都抵消掉。

当$r = 0$时,说明两种证券没有任何依存关系,其各自的变化是相互独立的。

当$r = 1$时,说明两种证券完全正相关,其投资收益将一起等比例上升或下降,这样的两种证券组成的投资组合将不能抵消任何风险。

可见,当$r$的值越接近于$-1$时,越倾向于能抵消掉所有的可分散风险;而当$r$的值越接近1时,则越倾向于不能抵消任何风险。

现举例说明如下:

假设A股票和B股票构成一证券组合,每种股票在证券组合中各占50%,它们的收益率和风险情况如表2-3所示:

表 2-3　完全负相关($r=-1$)的证券组合投资的收益情况

| 年　　份 | 甲股票($\overline{K}_A$) | 乙股票($\overline{K}_B$) | 甲乙的组合($\overline{K}_P$) |
|---|---|---|---|
| 2010 | 40% | -10% | 15% |
| 2011 | -10% | 40% | 15% |
| 2012 | 35% | -5% | 15% |
| 2013 | -5% | 35% | 15% |
| 2014 | 15% | 15% | 15% |
| 平均收益率($\overline{K}$) | 15% | 15% | 15% |
| 标准离差率($\delta$) | 22.6% | 22.6% | 0 |

　　根据表 2-3 的资料,可以绘制出两种股票以及由它们构成的证券组合的收益率的图示,如图 2-10 所示:

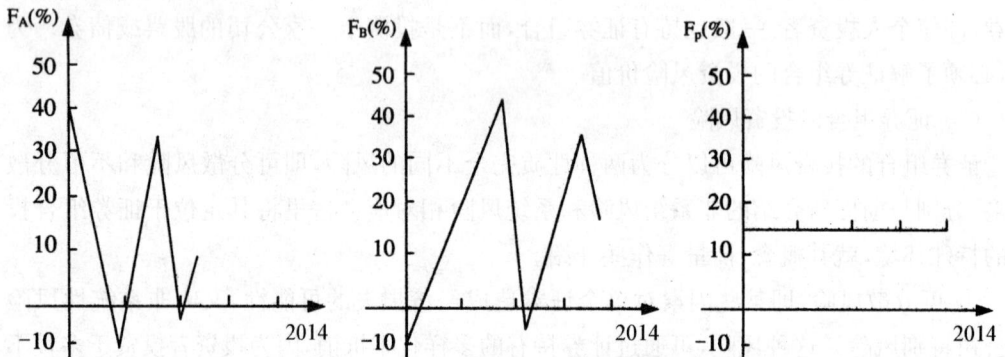

图 2-10　两种完全负相关股票的收益图

　　从表 2-3 和图 2-10 可以看出,若分别持有 A 或 B 股票,都有很大风险,但若将它们组成一个证券组合,则没有风险。原因就在于 A、B 两支股票的收益变化正好成相反的循环,即 $r=-1$,它们抵消掉了所有的可分散风险。

　　从理论上讲,若投资组合中证券的种类足够多,就能抵消掉大部分可分散风险;若投资组合中包括了证券市场上所有的证券,就能抵消全部的可分散风险。事实上,大部分股票都是正相关,但不是完全正相关。一般来说,随机取两只股票的相关系数为 0.6 左右的最多,而对绝大多数的两支股票而言,$r$ 的值位于 0.5~0.7。所以,将股票组合成证券组合能抵消风险,但不能抵消全部风险。不过,若股票种类较多时,能抵消掉大部分风险;而当股票种类足够多时,几乎能把所有的可分散风险都抵消掉。

　　② 不可分散风险,即某些因素给市场上所有的证券都带来经济损失的可能性,又叫系统风险或市场风险。这种风险不能通过证券持有的多样化来抵消,因此,不可分散风险对所有的企业都有影响,但影响程度不同。

　　不可分散风险的程度,通常用 $\beta$ 系数来计量。所谓 $\beta$ 系数,即反映个别证券相对于市场上全部证券的平均收益的变动程度。$\beta$ 系数有多种计算方法,实际计算过程非常复杂,所以一般不需投资者自己计算,而由一些投资服务机构定期计算并公布。

一般认为,作为整体的证券市场的 $\beta$ 系数为 1。若某种证券的 $\beta$ 系数大于 1,说明该证券的风险大于整个证券市场的风险;若某种证券的 $\beta$ 系数等于 1,说明该证券的风险情况与整个证券市场的风险情况一致;若某种证券的 $\beta$ 系数小于 1,说明该证券的风险小于整个证券市场的风险。

个别证券的 $\beta$ 系数可以通过一些专门的机构定期提供,那么证券组合投资的 $\beta$ 系数该如何计算呢? 证券组合投资的 $\beta$ 系数是单个证券 $\beta$ 系数的加权平均,权数为各证券在证券组合中所占的比重。具体可按下列公式计算:

$$\beta_p = \sum_{i=1}^{n} x_i \beta_i \qquad (2-34)$$

式中,$\beta_p$ 为证券组合的 $\beta$ 系数;$x_i$ 为证券组合中第 $i$ 种证券所占的比重;$\beta_i$ 为第 $i$ 种证券的 $\beta$ 系数;$n$ 为证券组合中证券的数量。

至此,可将上面的分析总结如下:

A. 一种证券的风险由两部分组成,即可分散风险和不可分散风险。

B. 可分散风险可通过证券组合来抵减,大部分投资者正是这样做的。不同证券之间可分散风险的分散程度,要视证券之间的相关程度而定。一般用相关系数 $r$ 来表示证券之间的相关程度。

C. 证券的不可分散风险由市场变动而产生,它对所有的证券都有影响,不能通过证券组合而抵消。不可分散风险是通过 $\beta$ 系数来测量的。

(2) 证券组合的投资风险价值

投资者进行证券组合投资与进行单项投资一样,都要求对承担的风险进行补偿,证券的风险越大,要求的补偿就越高。但与单项投资不同的是,证券组合投资要求补偿的风险只是不可分散风险,而不要求对可分散风险进行补偿。因为,若可分散风险的补偿存在,善于科学地进行组合投资的投资者就只买这部分证券,并抬高其价格,其最后的期望收益率还是只反映不可分散的风险。所以,证券组合的风险报酬就是指投资者因承担不可分散风险而要求的、超过资金时间价值的那部分额外报酬。具体可按下列公式计算:

$$R_p = \beta_p(K_m - R_F) \qquad (2-35)$$

式中,$R_p$ 为证券组合的风险报酬率;$\beta_p$ 为证券组合的 $\beta$ 系数;$K_m$ 为市场报酬率,即由市场上所有证券组成的证券组合的报酬率;$R_F$ 为无风险报酬率,一般用国库券的利息率来衡量。

【例 2-20】某公司持有 3 种股票构成的证券组合,3 种股票的 $\beta$ 系数分别为 1.6,1.0 和 0.8,它们在证券组合中所占的比重依次是 20%,40%,40%,已知市场报酬率为 12%,无风险报酬率为 10%,计算该证券组合的风险报酬率。

$\beta_p = 20\% \times 1.6 + 40\% \times 1.0 + 40\% \times 0.8 = 1.04$

$R_p = 1.04 \times (12\% - 10\%) = 2.08\%$

当然计算出风险报酬率后,便可根据投资额和风险报酬率计算出风险报酬的具体数额。例如,若例 2-20 的投资额为 100 万元,则具体的风险报酬额为:

1 000 000×2.08％＝20 800(元)

从上述计算可以看出，通过调整各种证券在证券组合中的比重 $x_i$，即可改变证券组合的风险、风险报酬率和风险报酬额。

### 复习思考题

**一、单项选择题**

1. 预付年金终值系数与普通年金终值系数的不同之处在于（　　　）。
   A. 期数要减 1　　　　　　　　　　　B. 系数要加 1
   C. 期数要加 1,系数要减 1　　　　　D. 期数要减 1,系数要加 1

2. A 方案在 3 年中每年年初付款 500 元,B 方案在 3 年中每年年末付款 500 元,若利率为 10％,则两个方案第 3 年年末时的终值相差（　　　）元。
   A. 105　　　　　B. 165.5　　　　　C. 655.5　　　　　D. 505

3. 关于递延年金,下列说法中不正确的是（　　　）。
   A. 递延年金无终值,只有现值
   B. 递延年金终值计算方法与普通年金终值计算方法相同
   C. 递延年金终值大小与递延期无关
   D. 递延年金的第一次支付是发生在第一期期末的若干期以后

4. 某人拟向银行贷款 200 000 元购买一套住房,每年末等额偿还 20 000 元,偿还期限为 2 年,向银行贷款利率应为（　　　）。
   A. 10.594　　　　B. 7.420 3　　　　C. 6.579 6　　　　D. 9.590 3

5. 企业发行债券,在名义利率和实际利率相同的情况下,对其比较有利的复利计息期是（　　　）。
   A. 一个季度　　　B. 半年　　　　　C. 1 年　　　　　D. 1 个月

6. 下列指标中不能反映单项资产的风险只能反映单项资产报酬的是（　　　）。
   A. 预期值　　　　B. 概率　　　　　C. 标准差　　　　D. 方差

7. 甲乙两方案的预计投资报酬率均为 25％,甲方案标准差小于乙方案标准差,则下列说法正确的是（　　　）。
   A. 甲方案风险大于乙方案风险　　　B. 甲方案风险小于乙方案风险
   C. 甲、乙方案风险相同　　　　　　D. 甲、乙方案风险不能比较

8. 已知甲方案投资收益率的期望值为 15％,乙方案投资收益率的期望值为 12％,两个方案都存在投资风险。比较甲、乙两方案风险大小应采用的指标是（　　　）。
   A. 方差　　　　　B. 净现值　　　　C. 标准离差　　　D. 标准离差率

**二、多项选择题**

1. 就货币的时间价值而言,下列表述中正确的有（　　　）。
   A. 货币的时间价值由"时间"创造
   B. 时间价值的相对数是指扣除风险报酬和通货膨胀补偿以后的平均资金利润率或平均报酬率

  C. 时间价值的绝对数是资金在生产经营过程中带来的真实增值额

  D. 随着时间的推移,货币总量在循环周转中,按几何级数增长,使得货币具有时间价值

2. 永续年金具有的特点为(　　)。

  A. 没有终值　　　　　　　　　　B. 没有期限

  C. 每期不等额支付　　　　　　　D. 每期等额支付

3. 货币的时间价值是在没有风险和通货膨胀条件下的(　　)。

  A. 利息率　　　　　　　　　　　B. 额外收益

  C. 社会平均资金利润率　　　　　D. 收益率

4. 下列表述中,正确的是(　　)。

  A. 复利终值系数与复利现值系数互为倒数

  B. 普通年金终值系数与普通年金现值系数互为倒数

  C. 普通年金终值系数与偿债基金系数互为倒数

  D. 普通年金现值系数与偿债基金系数互为倒数

5. 两个投资项目预期收益的标准差相同,而期望值不同,下列说法中不正确的有(　　)。

  A. 这两个项目预期收益相同　　　B. 这两个项目标准差系数相同

  C. 这两个项目预期收益不同　　　D. 这两个项目未来风险报酬相同

6. 有甲、乙两个投资方案,若甲方案的期望值高于乙方案的期望值,且甲方案的标准差小于乙方案的标准差,下列说法中不正确的有(　　)。

  A. 甲方案的风险小,应选择甲方案

  B. 乙方案的风险小,应选择乙方案

  C. 甲方案的风险与乙方案的风险相同

  D. 难以确定甲方案与乙方案的风险大小

## 三、判断题

1. 用来代表货币时间价值的利率中包含着风险因素。　　　　　　　　　　(　　)

2. 普通年金终值系数的倒数称为普通年金现值系数。　　　　　　　　　　(　　)

3. 即付年金终值系数,它和普通年金终值系数相比,可以通过期数减 1,系数加 1 的方法查得。　　　　　　　　　　　　　　　　　　　　　　　　　　　　(　　)

4. 递延年金终值系数的大小与递延期无关。因此,递延年金终值的计算可采用普通年金终值的计算方法进行。　　　　　　　　　　　　　　　　　　　　　(　　)

5. 标准离差反映风险的大小,可以用来比较各种不同投资方案的风险程度。(　　)

6. 根据风险与收益对等的原理,高风险的投资项目必然获得高收益。　　(　　)

## 四、计算分析题

1. 有一项年金,前 4 年无流入,后 5 年每年年初流入 400 万元,假设年利率为 10%,其现值为多少?

2. 某公司拟置购一条生产线,供货方提出两种付款方案:

(1) 从现在起,每年年初支付 20 万元,连续支付 10 次,共 200 万元。

(2) 从第 3 年开始,每年年初支付 25 万元,连续支付 10 次,共支付 250 万元。

假设该公司的资金成本率(即最低报酬率)为 10%,你认为该公司应选择哪个方案。

3. 某公司对一项长期投资进行决策,现有以下两种方案可供选择:

甲方案:投资报酬率为 40%的概率为 0.3;投资报酬率为 25%的概率为 0.4;投资报酬率为 10%的概率为 0.3;

乙方案:投资报酬率为 80%的概率为 0.2;投资报酬率为 30%的概率为 0.5;投资报酬率为 20%的概率为 0.3。

要求:

(1) 计算甲、乙两种方案的预期投资报酬率。

(2) 衡量甲、乙两种方案的风险程度。

(3) 对甲、乙两种方案进行分析评价。

# 第3章　筹资管理

## 学习目标

学习筹资管理的基本知识，资金需要量的预测，权益和负债两类资金的筹集以及资金结构决策的有关内容。具体包括企业筹资的含义与分类、筹资渠道与筹资方式、筹资基本原则、定性预测法和定量预测法、权益资金和负债资金筹集方式的相关内容、资金成本、杠杆利益以及资金结构决策的相关内容。

## 学习要求

◇ 了解：筹资基本原则，定性预测法。
◇ 掌握：企业筹资的含义与分类，筹资渠道与筹资方式，定量预测法，权益和负债资金筹集方式的相关内容，资金成本，杠杆利益，资金结构决策的相关内容。

## 3.1　筹资管理概述

筹资活动是企业生存与发展的基本前提，没有资金，企业将难以生存，也不可能发展。从企业资金运动的过程及财务活动的内容看，筹资管理是企业财务管理工作的起点，关系到企业生产经营活动的正常开展和企业经营成果的获取，所以，企业应科学合理地进行筹资活动。

### 3.1.1　企业筹资的含义与分类

1. 企业筹资的含义

企业筹资是指企业作为筹资主体根据其生产经营、对外投资和调整资本结构等需要，通过一定的筹资渠道，采取适当的筹资方式，经济有效地获取所需资金的一种行为。企业筹资活动是企业的一项基本财务活动，企业筹资管理是企业财务管理的一个主要内容。

2. 企业筹资的分类

企业从不同渠道和采用不同筹资方式筹集的资金，可按不同的标准进行分类，主要分类如下：

（1）按资金的来源渠道的不同，可将企业筹资划分为权益资金的筹集和负债资金的筹集权益资金的筹集,是指企业通过发行股票、吸收直接投资、内部积累等方式筹集资金,又称为自有资金的筹集。企业采用吸收自有资金的方式筹来的资金,属于企业的所有者权益,一般不用还本,财务风险小,但因出资者期望得到的必要报酬率较高,且要在税后支付股利,所以付出的资金成本相对较高。

负债资金的筹集,是指企业通过发行债券、向银行借款、融资租赁等方式筹集的资金,又称为借入资金的筹集。企业采用借入资金的方式筹来的资金,属于企业的负债,到期要归还本金和支付利息,一般需承担较大的风险,但因出资者期望得到的报酬率较低,且在税前支付利息,所以付出的资金成本相对较低。

(2)按所筹资金使用期限的长短,可将企业筹资划分为短期资金的筹集和长期资金的筹集

短期资金,是指使用期限在1年以内或一个营业周期以内的资金。短期资金的筹集,是企业在生产经营过程中由于短期性的资金周转需要而引起的,主要投资于现金、应收账款、存货等,一般在短期内即可收回。短期资金主要采用商业信用、短期银行借款、短期融资券、应收账款转让等方式来筹集。

长期资金,是指使用期限在1年以上或一个营业周期以上的资金。长期资金的筹集,是企业长期、持续、稳定地进行生产经营的前提和保证,主要投资于新产品的开发和推广、生产规模的扩大、厂房和设备的更新等,一般需要几年甚至十几年才能收回。长期资金通常采用吸收直接投资、发行股票、发行债券、长期借款、融资租赁和利用留存收益等方式来筹集。

(3)按是否通过金融机构,可将企业筹资划分为直接筹资和间接筹资

直接筹资,是指不通过金融中介机构而直接向资金供应者借入,或通过发行股票、债券等方式进行筹资。常用的形式有出让控股权、联合经营、融资租赁等。

间接筹资,是指借助银行等金融中介机构进行的筹资活动。常用的形式有银行借款、非银行金融机构借款等。间接筹资是我国企业最为重要的筹资途径。

### 3.1.2　筹资渠道与方式

企业筹集资金需要通过一定的渠道并采用适当的方式来完成。

1. 筹资渠道

筹资渠道,是指客观存在的筹措资金的来源的方向与通道,体现着资金的来源与流量。认识筹资渠道的种类及每种筹资渠道的特点,有助于企业充分拓宽和正确利用筹资渠道。现阶段,我国企业筹集资金的渠道主要有:

(1)银行信贷资金

银行对企业的各种贷款,是我国目前各类企业最为重要的资金来源。我国为企业提供贷款的银行主要是各种商业银行及政策性银行两类。其中,商业银行包括国有商业银行(如中国工商银行、中国农业银行、中国银行、中国建设银行等)和其他商业银行(如交通银行、广东发展银行、招商银行、光大银行等);政策性银行主要包括中国进出口银行、国家开发银行和中国农业发展银行三个。商业银行以赢利为目的从事信贷资金的投放,主要为企业提供各种商业贷款;政策性银行主要为特定企业提供政策性贷款。

（2）其他金融机构资金

其他金融机构主要指信托投资公司、保险公司、金融租赁公司、证券公司、财务公司等，它们也可以为企业提供一定的资金来源。其他金融机构所提供的金融服务一般包括信贷资金投放、物资的融通、为企业承销证券等。

（3）其他企业资金

企业在生产经营过程中，往往会形成部分暂时闲置的资金，并为一定的目的而进行相互投资。另外，企业间可以利用商业信用方式来完成购销业务，从而形成企业间的债权债务关系，形成债务人对债权人的短期信用资金占用。这种企业间的相互投资和商业信用的存在，使得其他企业资金也成为企业资金的重要来源。

（4）国家资金

国家对企业的直接投资是国有企业特别是国有独资企业获得资金的主要渠道之一。据统计，我国现有国有企业的资金来源中，其资本大多是由国家财政以直接拨款的方式形成的；还有些是国家对企业税前还贷或减免各种税款而形成的。不管是何种形式形成的，从产权关系上看，它们都属于国家投入的资金，产权归国家所有。

（5）企业自留资金

企业自留资金是企业内部形成的资金，主要包括提取的盈余公积金、公益金和未分配利润等。这类资金无须企业通过一定的方式去筹集，而直接由企业内部自动生成或转移。

（6）居民个人资金

作为游离于银行及非银行金融机构等之外的个人资金，企业职工和城乡居民个人的结余货币，可用于对企业进行投资，形成民间资金来源渠道，从而为企业所用。

（7）外商资金

外商资金是指外国投资者以及我国港、澳、台地区投资者投入的资金。这类资金是外商投资企业的重要资金来源。随着国际经济业务的拓展，利用外商资金已成为企业筹资的一个新的重要来源。

2. 筹资方式

筹资方式，是指企业筹集资金时所采用的具体形式，体现着资金的属性。与筹资渠道的客观性相对应，企业对具体筹资方式的选择属于主观能动行为。目前，我国企业的筹资方式主要有：吸收直接投资、发行股票、利用留存收益、银行借款、利用商业信用、发行债券、融资租赁等。总之，选择适宜的筹资方式并进行有效的组合，以降低成本，提高筹资效益，是企业筹资管理的重要内容。

3. 筹资渠道与筹资方式的对应关系

筹资渠道解决的是资金来源的问题，筹资方式则解决企业如何取得资金的问题，二者之间存在一定的对应关系，既相互独立又密不可分。一定的筹资方式可能只适用于某一特定的筹资渠道；而同一渠道的资金往往可以采用不同的方式取得；同一筹资方式又往往适用于不同的筹资渠道。因此，企业筹资时，应实现筹资渠道和筹资方式的密切配合，两者的配合情况可用表 3-1 来表示：企业筹资时，可参考以合理配合使用。

表 3 - 1　筹资渠道与筹资方式的对应关系

| | 吸收直接投资 | 发行股票 | 利用留存收益 | 银行借款 | 利用商业信用 | 发行债券 | 融资租赁 |
|---|---|---|---|---|---|---|---|
| 银行信贷资金 | | | | √ | | | |
| 其他金融机构资金 | √ | √ | | √ | | √ | |
| 其他企业资金 | √ | √ | | | √ | √ | √ |
| 国家资金 | √ | √ | | | | √ | |
| 企业自留资金 | √ | | √ | | | | |
| 居民个人资金 | √ | √ | | | | √ | √ |
| 外商资金 | √ | √ | | | | | √ |

### 3.1.3　筹资基本原则

企业筹资是一项重要而又复杂的工作,为了提高筹资效率、降低筹资风险和筹资成本,必须对影响企业筹资活动的各种因素进行分析,并遵循下列基本原则:

(1) 规模适当原则

企业的筹资规模应与资金需要量相一致,既要避免因资金筹集不足而影响企业生产经营的正常进行,又要防止资金筹集过多,造成资金闲置。

(2) 筹措及时原则

企业在不同时点上的资金需要量不尽相同,企业财务人员应全面掌握资金需要的具体情况,并熟知资金时间价值的原理和计算方法,合理安排资金的筹集时间,适时获取所需资金。既要避免过早筹集资金形成资金投放前的闲置,又要防止取得资金时间滞后而错过资金投放的最佳时机。

(3) 来源合理原则

不同来源的资金,对企业的收益、成本和风险有不同的影响,企业应认真研究资金来源渠道和资金市场,合理选择资金来源。

(4) 方式经济原则

企业筹集资金必然要付出一定的代价和承担相应的风险,而不同筹资方式条件下的资金成本和财务风险有所不同,企业应对各种筹资方式进行分析、对比,选择经济可行的筹资方式,以降低综合资金成本,最大限度地避免和分散财务风险。

## 3.2　资金需要量的预测

企业合理筹集资金的前提是科学地预测资金需要量,因此,企业在筹资之前,应采用一定的方法预测资金需要量。只有这样,才能使筹集的资金既能保证满足企业生产经营的需要,又不会有太多闲置。

预测企业资金需要量的方法很多,下面介绍两种常用的预测方法。

### 3.2.1　定性预测法

定性预测法,是指利用直观的资料,依靠预测者个人的经验、主观分析和判断能力,对企业未来时期资金的需要量进行估价和推算的方法。其具体过程一般是:首先由熟悉财务情况和生产经营情况的专家,根据过去所积累的经验进行分析判断、提出预测的初步意见;然后通过召开座谈会或发出各种表格等形式,对上述预测的初步意见进行修正补充。这样,经过一次或数次以后,得出预测的最终结果。

定性预测法是一种综合性很强的预测方法,凡是影响到企业资金需要量的有关因素都可以考虑进去,进行综合分析。但这种方法由于缺乏完整的历史资料,且不能揭示资金需要量与有关因素之间的数量关系,预测结果的准确性和可行性较差,一般只作为预测的辅助方法。

### 3.2.2　定量预测法

定量预测法,是指以历史资料为依据,采用数学模型对企业未来时期资金的需要量进行预测的方法。这种方法预测的结果较为科学准确,可行性强,但计算较为复杂,对历史资料的要求也较高。实践中,企业常使用以下两种定量方法来预测资金需要量。

#### 1. 销售百分比法

销售百分比法是以资金与销售额的比率为基础,来预测企业未来资金需要量的一种方法,是目前最流行的预测企业资金需要量的方法。

应用销售百分比法预测资金需要量时,必须建立在以下两个假设之上:

(1) 企业的部分资产和负债与销售额同比例变化;

(2) 企业各项资产、负债与所有者权益结构达到最优。

应用销售百分比法预测资金需要量的具体步骤如下:

(1) 预计销售额增长率。

(2) 确定随销售额变动而变动的资产和负债项目。

在资产负债表中,有些项目会随销售额的增长而相应增加,如现金、应收账款、存货、应付账款、应付费用和其他应付款等,因为较多的销售量需要占用较多的现金、存货等,发生较多的应收账款、应付账款、应付费用和其他应付款等;有些项目一般不会随销售额的增长而增加,如对外投资、固定资产净值、短期借款、长期负债、实收资本等,因为随着销售的增加,它们不会自动增加。

(3) 确定需要增加的资金数额。

(4) 根据有关财务指标的约束确定对外筹资需要量,具体按以下公式来计算:

$$对外筹资需要量 = \frac{A}{S_1}(\Delta S) - \frac{B}{S_1}(\Delta S) - PE(S_2) \qquad (3-1)$$

$$或:对外筹资需要量 = \frac{\Delta S}{S_1}(A - B) - PE(S_2) \qquad (3-2)$$

式中,$A$ 为随销售额变化的资产,简称变动资产;$B$ 为随销售额变化的负债,简称变动负债;$S_1$ 为基期销售额;$S_2$ 为预测期销售额;$\Delta S$ 为销售的变动额;$P$ 为销售净利率;$E$ 为留存收益比率;$\dfrac{A}{S_1}$ 为变动资产占基期销售额的百分比;$\dfrac{B}{S_1}$ 为变动负债占基期销售额的百分比。

【例 3 - 1】已知双龙公司 2016 年的销售收入为 100 000 元,现在固定资产还有剩余生产能力,假定销售净利率为 10%,股利支付率为 60%,如果 2017 年的销售收入提高到 120 000 元,问需要筹集多少资金?

表 3 - 2　资产负债表

2016 年 12 月 31 日

| 资产 | | 负债和所有者权益 | |
|---|---|---|---|
| 货币资金 | 6 000 | 应付费用 | 8 000 |
| 应收账款 | 20 000 | 应付账款 | 15 000 |
| 存货 | 35 000 | 短期借款 | 30 000 |
| 固定资产净值 | 39 000 | 公司债券 | 12 000 |
| | | 实收资本 | 22 000 |
| | | 留存收益 | 13 000 |
| 资产合计 | 100 000 | 负债和所有者权益合计 | 100 000 |

（1）预计销售额增长率

销售额增长率＝(120 000－100 000)/100 000＝20%

（2）确定变动资产和变动负债

变动资产 A＝(6 000＋20 000＋35 000)＝61 000(元)

变动负债 B＝(8 000＋15 000)＝23 000(元)

（3）确定留存收益的增加额

留存收益的增加额＝120 000×10%×(1－60%)＝4 800(元)

（4）确定对外筹资需要量

对外筹资需要量＝(61 000－23 000)×20%－4 800＝2 800(元)

2. 资金习性预测法

资金习性预测法是根据资金习性预测企业未来资金需要量的方法。

所谓资金习性,是指资金的变动与产销量的依存关系。按照资金习性,可将资金划分为不变资金、变动资金和半变动资金。不变资金,是指在一定的产销量范围内,不受产销量变动的影响而保持固定不变的那部分资金,即产销量在一定范围内变动,这部分资金保持不变。不变资金一般包括厂房及机器设备等固定资产占用的资金,原材料的保险储备、必要的成品储备、为维持营业而占用的最低数额的现金等。变动资金,是指随产销量的变动而同比例变动的那部分资金,一般包括直接构成产品实体的原材料、外购件等占用的资金。此外,在最低储备以外的现金、存货、应收账款等也具有变动资金的性质。半变动资金,是指虽然受产销量变动的影响,但不与其成同比例变动的资金,如一些辅助材料占用的资金等。半变动资金可采用一定的方法区分为不变资金和变动资金两部分。

进行资金习性分析后,将企业的总资金划分为不变资金和变动资金两大类,从数量上掌握了资金同产销量之间的规律性,然后再通过建立数学模型来进行企业资金需要量的预测。具体的数学模型如下:

设产销量为自变量 $x$,资金占用量为因变量 $y$,它们之间的关系可用下式表示:

$$y=a+bx \tag{3-3}$$

式中,$a$ 为不变资金;$b$ 为单位产销量所需的变动资金,其数值可采用高低点法或回归分析法求得。

(1) 高低点法

高低点法即根据企业一定期间资金占用的历史资料,按照资金习性原理和直线方程式 $y=a+bx$,选用最高收入期和最低收入期的资金占用量之差,除以最高销售量与最低销售量之差,先求出 $b$ 的值,再代入原直线方程求出 $a$ 的值,从而估计推测资金的发展趋势。具体的计算公式如下:

$$b=\frac{最高收入期资金占用量-最低收入期资金占用量}{最高销售量-最低销售量} \tag{3-4}$$

$$a=最高收入期资金占用量-b\times最高销售量 \tag{3-5}$$

$$或=最低收入期资金占用量-b\times最低销售量$$

【例 3-2】某企业 2012—2016 年的产销量和资金需要数量的历史资料如表 3-3 所示,该企业 2017 年的预计产销量为 86 000 件。试确定 2017 年的资金需要量。

表 3-3　某企业 2012—2016 年的产销量和资金需要数量

| 年度 | 产销量($x$)(万件) | 资金占用量($y$)(万元) |
|---|---|---|
| 2012 | 8.0 | 650 |
| 2013 | 7.5 | 640 |
| 2014 | 7.0 | 630 |
| 2015 | 8.5 | 680 |
| 2016 | 9.0 | 700 |

$b=(700-630)\div(9.0-7.0)=35$(元/件)

由 $y=a+bx$ 代入 2014 年数据,求得 $a=y-bx=630-35\times7.0=385$(万元)

建立预测资金需要量的数学模型: $y=3850 000+35x$

预测 2017 年产销量为 86 000 件时的资金需要量为:

$3 850 000+35\times86 000=6 860 000$(元)

(2) 回归分析法

回归分析法即根据企业过去若干期业务量和资金占用的历史资料,运用最小平方法原理计算出单位销售额变动资金($b$)和不变资金($a$),并据以预测计划期间企业资金需要量的一种方法。具体的计算公式如下:

$$b = \frac{n\sum xy - \sum x\sum y}{n\sum x^2 - (\sum x)^2} \qquad (3-6)$$

$$a = \frac{\sum y - b\sum x}{n} \qquad (3-7)$$

【例3-3】承【例3-2】,根据回归分析法的计算公式,计算企业2017年资金需要量。根据表3-2资料,计算整理结果见表3-4。

表3-4 某企业回归分析法计算表

| 年度 | 产销量($x$)(万件) | 资金占用量($y$)(万元) | $xy$ | $X^2$ |
|---|---|---|---|---|
| 2012 | 8.0 | 650 | 5 200 | 64 |
| 2013 | 7.5 | 640 | 4 800 | 56.25 |
| 2014 | 7.0 | 630 | 4 410 | 49 |
| 2015 | 8.5 | 680 | 5 780 | 72.25 |
| 2016 | 9.0 | 700 | 6 300 | 81 |
| 合计($n=5$) | 40 | 3 300 | 26 490 | 322.5 |

将表中数据代入方程式可得:

$a=(322.5\times3\,300-40\times26\,490)/(5\times322.5-40^2)=372$(万元)

$b=(5\times26\,490-40\times3\,300)/(5\times322.5-40^2)=36$(元/件)

则 $y=3\,720\,000+36x$

预计2017年产销量为86 000件时的资金需要量为:

$3\,720\,000+36\times86\,000=6\,816\,000$(元)

通过两种方法预测的该企业2017年资金需求量有一定的差异,差额为44 000元。其原因是高低点法只考虑了2014年和2016年的情况,而回归分析法考虑了各年的情况。一般而言,回归分析法的测算结果要比高低点法精确,但其计算比较复杂。

## 3.3 权益资金的筹集

权益资金,是企业依法筹集并长期拥有、自主调配使用的资金来源,又称主权资金或自有资金。权益资金的筹集方式主要有吸收直接投资、发行股票、利用留存收益等。

### 3.3.1 吸收直接投资

吸收直接投资,是指企业以合同、协议等形式吸收国家、其他企业、个人和外商等主体直接投入的资金,形成企业权益资金的一种筹资方式。

吸收直接投资不以股票为媒介,适用于非股份制企业,是非股份制企业筹措权益资金的一种基本方式。吸收直接投资中的出资者都是企业的所有者,对企业拥有经营管理权。企业经营状况与各方利益挂钩,在企业经营状况良好并获取赢利时,各方按出资额的比例分享利润;反之则按比例承担损失。

1. 吸收直接投资的种类

(1) 按投资者的不同,可将吸收直接投资分为吸收国家直接投资、吸收法人投资和吸收个人投资

① 吸收国家直接投资,是指有权代表国家投资的政府部门或者机构以国有资产投入企业形成的资本,是国有企业筹集自有资金的主要方式。吸收国家直接投资一般具有三个特点:产权归属国家;资金的运用和处置受国家约束较大;广泛适用于国有企业。

② 吸收法人投资,是指吸收企业、事业单位等法人以其依法可支配的资产投入企业,形成法人资本。吸收法人投资一般也具有三个特点:发生在法人单位之间;以参与企业利润分配为目的;出资方式灵活多样。

③ 吸收个人投资,是指企业内部职工和社会个人以个人合法财产投入企业,形成个人资本。吸收个人投资一般也具有三个特点:参加投资的人员较多;每人投资的数额相对较少;以参与企业利润分配为目的。

(2) 按投资者出资形式的不同,可将吸收直接投资分为吸收现金投资和吸收非现金投资

① 吸收现金投资,是指企业吸收投资者投入的货币资金,是吸收投资中最主要的一种形式。企业有了现金,便可获取其他物质资源,如购置资产、支付费用等;且各国的法律法规对现金在企业资本总额中的比例均有一定的规定,所以,企业一般争取投资者以现金方式出资。至于吸收投资中所需投入现金的数额,取决于投入的实物、工业产权之外尚需多少资金来满足建厂的开支和日常周转需要。

② 吸收非现金投资,是指企业吸收投资者投入的实物资产、工业产权、土地使用权等非现金资产。

吸收实物资产投资,即投资者以房屋、建筑物、设备等固定资产或原材料、库存商品等流动资产作价投资。一般而言,企业吸收的实物资产应符合以下三个条件:确为企业科研、生产、经营所需;技术性能较好;作价公平合理。

吸收工业产权投资,即以专有技术、商标权、专利权等无形资产所进行的投资。一般而言,企业吸收的工业产权应符合以下五个条件:能帮助研究和开发出新的高科技产品;能帮助生产出适销对路的高科技产品;能帮助改进产品质量,提高生产效率;能帮助大幅度降低各种消耗;作价较为合理。另外,吸收工业产权投资的风险较大,企业在具体操作时应特别谨慎,应认真进行技术时效性分析和财务可行性研究,因为以工业产权投资实际上是把有关技术资本化了,把技术的价值固定化了,而技术具有时效性,即技术会不断老化而导致价值不断减少甚至完全丧失。

土地使用权,是按有关法规和合同的规定使用土地的权利。吸收土地使用权投资,即投资者用土地使用权来进行投资。一般而言,企业吸收的土地使用权应符合以下三个条件:是企业科研、生产、销售活动所需要的;交通、地理条件较为适宜;作价公平合理。

2. 吸收直接投资的程序

企业吸收直接投资,一般应遵循以下几个步骤:

(1) 确定吸收直接投资的资金数额

企业吸收的直接投资属于所有者权益,其份额达到一定规定时,就会对企业的经营控

制权产生影响,对此企业必须高度重视。因此,对于吸收直接投资的资金数额,一方面要考虑投资需要;另一方面应考虑对投资者投资份额的控制。

（2）确定吸收直接投资的具体形式

企业各种资产的变现能力是不同的,要提高资产的营运能力,就必须使资产达到最佳配置,如流动资产与固定资产的搭配、现金资产与非现金资产的搭配等。

（3）签署合同或协议等文件

吸收直接投资的合同或协议应明确双方的权利与义务,具体包括投资人的出资额、出资形式、资产交付期限、资产违约责任、投资收回、收益分配或损失分摊、控制权分割、资产管理等内容,最关键的是实物资产、无形资产投资的作价问题,因为吸收直接投资中,投资的报酬、风险的承担都是以确定的出资额为依据的。双方应按公平合理的原则协商定价,如争议较大可聘请有关资产评估机构来评定。

（4）取得资金来源

吸收直接投资中,被投资企业应督促投资者按时缴付出资,以便及时办理有关资产验证、注册登记等手续。

3. 吸收直接投资的成本

吸收直接投资的成本是指企业因吸收直接投资而支付给直接投资者的代价,其计算除不需考虑筹资费用外,与普通股筹资成本的计算基本相同。

4. 吸收直接投资的优缺点

（1）吸收直接投资的优点

① 有利于增强企业信誉。吸收直接投资所筹集的资金属于自有资金,能增强企业的资信和借款能力,对扩大企业经营规模、壮大企业实力具有重要作用。

② 有利于尽快形成生产能力。吸收直接投资可以直接接受实物投资,直接获取投资者的先进设备和技术,快速形成生产能力,满足生产经营的需要,尽快开拓市场。

③ 有利于降低财务风险。吸收直接投资可以根据企业经营状况的好坏向投资者支付报酬:企业经营状况好,可向投资者多支付一些报酬;企业经营状况不好,则可不向投资者支付报酬或少支付报酬。报酬支付的灵活,使得企业承担的财务风险较小。

（2）吸收直接投资的缺点

① 资金成本较高。吸收直接投资所筹集的资金属于自有资金,一般而言,投资者期望得到的必要报酬率较高,且要在税后支付股利,所以付出的资金成本相对较高。

② 容易导致企业控制权分散。采用吸收直接投资方式筹集资金,投资者一般要求获得与投资数量相适应的经营管理权,这是企业接受外来投资的代价之一。当企业接受外来投资较多时,投资者会有相当大的管理权,甚至会对企业完全控制。

### 3.3.2　发行普通股票

股票是股份有限公司为筹措股权资本而发行的有价证券,是持股人拥有公司股份的凭证。股票代表持股人在公司中拥有所有权,股票持有人即为公司的股东。公司股东作为出资人按投入公司的资本额享有所有者的资产受益、公司重大决策和选择管理者的权利,并以其所持股份为限对公司承担责任。

发行股票筹资是股份有限公司筹措股权资本的基本方式。通常情况下，股份有限公司只发行普通股。

1. 股票的分类

（1）按股东权利和义务的不同，可将股票分为普通股票和优先股票

普通股票，简称普通股，是股份公司依法发行的代表着股东享有平等的权利、义务，不加特别限制，股利不固定的股票。普通股具备股票的最一般特征，是股份公司资本的最基本部分。

优先股票，简称优先股，是股份公司发行的优先于普通股股东分取股利和公司剩余财产的股票。从法律上讲，企业对优先股不承担法定的还本义务，是企业自有资金的一部分，其股利的分配比例是固定的，这与债券利息相似。所以，优先股是一种具有双重性质的证券，既属于权益资金，又兼有债券性质。

普通股与优先股的区别主要在于二者的权利和义务不同，具体可归纳为四点：① 在收益的分配上，普通股股东可按其持有股份或出资比例获得企业分配的利润，其获利水平随企业赢利水平的变动而变动，且一般高于优先股股东；优先股股东可享有较固定的股息，公司有利润时可优先于普通股股东得到支付，公司利润达到一定水平时也可能享受剩余利润，但较普通股股东的权利要小些。② 在剩余财产的分配上，当企业转入清算时，普通股股东对企业剩余财产的分配顺序在优先股股东之后。③ 在应享有的公司权利上，普通股股东可参与企业经营管理，对企业经营活动有表决权，且当股份公司增发新股时，普通股股东享有优先认股权；优先股股东则没有这些权利。④ 在应承担的义务上，当公司出现经营亏损或发生破产清算时，普通股股东需按出资额或所占股份承担公司的经营损失和经济责任；优先股股东则一般没有这些义务，但优先股股东也可能要承担收不回本金的风险。

（2）按股票票面是否记名，可将股票分为记名股票和无记名股票

记名股票，是指在股票上载有股东姓名或名称并将其记入公司股东名册的股票。记名股票要同时附有股权手册，只有同时具备股票和股权手册，才能领取股息和红利。记名股票的转让、继承都要办理过户手续。

无记名股票，是指在股票上不记载股东姓名或名称，也不将股东姓名或名称记入公司股东名册的股票，公司只记载股票数量、编号及发行日期。无记名股票的转让、继承无须办理过户手续，只要将股票交给受让人，就可发生转让效力，实现股权的转移。

我国《公司法》规定，公司向发起人、国家授权投资的机构、法人发行的股票，应为记名股票；向社会公众发行的股票，可以为记名股票，也可以为无记名股票。

（3）按股票票面是否标明金额，可将股票分为面值股票和无面值股票

面值股票，是指在股票的票面上记载每股金额的股票。持这种股票的股东，对公司享有的权利和承担义务的大小，依其所持有的股票票面金额占公司发行在外的股票总面值的比例确定。

无面值股票，是指股票票面不记载每股金额的股票。无面值股票仅表示每一股在公司全部股票中所占有的比例，即这种股票只在票面上注明每股占公司全部净资产的比例，其价值随公司财产价值的增减而增减。

（4）按发行对象和上市地区，可将股票分为 A 股、B 股、H 股和 N 股

A 股，是供我国个人或法人买卖的、以人民币标明票面金额并以人民币认购和交易的股票；B 股、H 股和 N 股，是专供外国和我国港澳台地区的投资者买卖的、以人民币标明票面金额但以外币认购和交易的股票（2001 年 2 月 19 日起，B 股开始对境内居民开放）。其中，B 股在深圳、上海上市，H 股在香港上市；N 股在纽约上市。

（5）按投资主体的不同，可将股票分为国家股、法人股、个人股和外资股

国家股，是指有权代表国家投资的部门或机构以国有资产向公司投入而形成的股份。国家股由国务院授权的部门或机构持有，并向公司委派股权代表。

法人股，是指企业法人依法以其可支配的资产向公司投入而形成的股份，或具有法人资格的事业单位和社会团体以国家允许用于经营的资产向公司投入而形成的股份。

个人股，是指为社会个人或本公司职工以个人合法财产投入公司而形成的股份。

外资股，是指外国和我国港澳台地区投资者购买的人民币特种股票（B 股）。

（6）按发行时间的先后，可将股票分为始发股和新股

始发股，是指设立时发行的股票；新股，是指公司增资时发行的股票。始发股和新股发行的具体条件、目的、价格不尽相同，但股东的权利、义务是一致的。

2. 股票的发行

股份有限公司在设立时要发行股票。此外，公司设立之后，为了扩大经营、改善资本结构，也会增资发行新股。股票的发行，实行公平、公正的原则，必须同股同权、同股同利。同次发行的股票，每股的发行条件和价格应当相同。任何单位或个人所认购的股份，每股应支付相同的价款。同时，发行股票还应接受国务院证券监督管理机构的管理和监督。股票发行具体应执行的管理规定，主要包括股票的发行条件、发行程序、发行方式、发行价格和销售方式等。

（1）股票的发行条件

按照我国《公司法》和《证券法》的有关规定，股份有限公司发行股票，应符合下列条件：

① 每股金额相等。同次发行的股票，每股的发行条件和价格应当相同。

② 股票发行价格可以按票面金额，也可以超过票面金额，但不得低于票面金额，即我国不允许折价发行股票。

③ 股票应当载明公司名称、公司登记日期、股票种类、票面金额及代表的股份数、股票编号等主要事项。

④ 向发起人、国家授权投资的机构、法人发行的股票应当为记名股票；对社会公众发行的股票，可以为记名股票，也可以为无记名股票。

⑤ 公司发行记名股票的，应当置备股东名册，记载股东的姓名或者名称、住所、各股东所持股份、各股东所持股票编号、各股东取得其股份的日期；发行无记名股票的，公司应当记载其股票数量、编号及发行日期。

⑥ 公司发行新股，应具备下列四个条件：

第一，具备健全且运行良好的组织结构；

第二，具有持续赢利能力，财务状况良好；

第三，最近 3 年财务会计文件无虚假记载，无其他重大违法行为；

第四，证券监督管理机构规定的其他条件。

⑦ 公司发行新股，应由股东大会做出下列有关事项的决议：新股种类及数额；新股发行价格；新股发行的起止日期；向原有股东发行新股的种类及数额。

（2）股票的发行程序

股份有限公司在设立时发行股票与增资发行新股，程序上有所不同。

① 设立时发行股票的程序：

第一，提出募集股份申请；

第二，公告招股说明书，制作认股书，签订承销协议和代收股款协议；

第三，招认股份，缴纳股款；

第四，召开创立大会，选举董事会、监事会；

第五，办理设立登记，交割股票。

② 增资发行新股的程序：

第一，股东大会做出发行新股的决议；

第二，由董事会向国务院授权的部门或省级人民政府申请并经批准；

第三，公告新股招股说明书和财务会计报表及附属明细表，与证券经营机构签订承销合同，定向募集时向新股认购人发出认购公告或通知；

第四，招认股份，缴纳股款；

第五，改组董事会、监事会，办理变更登记并向社会公告。

（3）股票的发行方式

股票的发行方式，即公司通过何种途径发行股票。一般将股票的发行方式概括为公开间接发行和不公开直接发行两种。

公开间接发行，是指通过中介机构，公开向社会公众发行股票。例如，我国股份有限公司采用募集方式向社会公开发行新股时，必须由证券经营机构承销的做法，就属于股票的公开间接发行。公开间接发行具有发行范围广、发行对象多，易于足额募集资本；股票的变现性强，流通性好；有助于提高发行公司的知名度并扩大其影响力等优点。但也具有手续繁杂、发行成本较高等不足。

不公开直接发行，是指不公开对外发行股票，只向少数特定的对象直接发行，因而不需经中介机构承销。例如，我国股份有限公司采用发起设立方式和以不向社会公开募集的方式发行新股的做法，就属于不公开直接发行。不公开直接发行具有弹性较大、发行成本较低等优点。但也具有发行范围较小、股票变现性较差等不足。

（4）股票的发行价格

股票的发行价格，是股份公司发行股票时，将股票出售给投资者所采用的价格，即投资者认购股票时所支付的价格。股票发行价格通常由发行公司根据股票面额、股市行情和其他有关因素来决定。在以募集设立方式设立公司首次发行股票时，由发起人决定；在公司成立以后再次增资发行新股时，由股东大会或董事会决定。

股票的发行价格可以和股票的面额一致，但多数情况下不一致，一般有三种发行价格：

① 等价，即以股票的面额为发行价格，也称平价。等价发行股票一般比较容易推销，

但发行公司不能取得溢价收入。在股票市场不甚发达的情况下设立公司首次发行股票时，一般选用等价发行以确保及时足额地募集资本。

② 时价，即以本公司股票在流通市场上买卖的实际价格为基准确定的股票发行价格，也称市价。选用时价发行股票，考虑了股票的现行市场价值，可促进股票的顺利发行。纵观世界股市的现状与趋势，时价发行股票已颇为流行：美国已完全推行时价发行，德国、法国也经常采用，日本正在步美国后尘。

③ 中间价，即以时价和等价的中间值确定的股票发行价格。例如，某种股票的现行时价为 70 元，每股面额为 60 元，若发行公司按每股 65 元的价格增发该股票，即为按中间价发行。可见，中间价兼具等价和时价的特点。

选择时价或中间价发行股票，股票价格可能会高于或低于股票面额。按超过股票面额的价格发行股票是溢价发行；按低于股票面额的价格发行股票是折价发行。如果溢价发行，则发行公司所获得的溢价款应列入资本公积金。

按照国际惯例，股票通常采取溢价或等价发行，而很少采取折价发行。即使在特殊情况下折价发行，也要施加严格的折价幅度和时间等限制条件。我国《公司法》规定，股票发行价格可以等于票面金额（即等价），也可以超过票面金额（即溢价），但不得低于票面金额（即折价）；在美国，很多州规定折价发行股票为非法；英国公司法规定，只有在特殊情况下，公司可以折价发行股票，但必须经过公司全体股东会议通过，并需经法院批准，且增发新股决议必须限定折价的最大幅度，必须自公司开业后至少 1 年以后方可折价发行股票。

一般而言，股份公司在确定股票的发行价格时应考虑以下几个因素：

第一，市盈率，即股票的每股市价与每股赢利的比值。它用于体现股票的风险，反映投资人获取收益的水平，是进行股票估价的重要参数，通常可把每股净利与市盈率的乘积作为发行价格。

第二，每股净值，即股票的每一股份所代表的公司净资产数额。一般认为，股票的每股净值越高，股票的价格可定得越高。

第三，公司的市场地位。市场地位较高的公司，其经营水平、赢利能力和发展前景等一般都较好，其股票的发行价格一般也较高。

第四，证券市场的供求关系及股价水平。证券市场的供求关系对股票价格有着重要影响，当供过于求时股价一般较低；反之，供不应求时一般较高。一般认为，股票价格不宜与股票市场的总体水平背离太多，否则容易使投资者持怀疑观望的态度。

第五，国家的有关政策规定。例如，我国禁止折价发行股票，且规定股票的发行价格在同一次中不能改变等，这些股票发行的相关规章制度必须熟悉执行。

（5）股票的销售方式

股票的销售方式，是指股份有限公司向社会公开发行股票时所采取的股票销售方法，这关系到股票的发行成功与否。

股份公司公开向社会发行股票，其推销方式不外乎两种：自销和委托承销。

自销，即发行公司自行直接将股票出售给投资者，而不经过证券经营机构承销。自销方式可由发行公司直接控制发行过程，实现发行意图，并可节约发行成本；但筹资时间长，且发行公司要承担全部发行风险。所以，这种销售方式并不普遍采用，一般仅适用于发行风险小、手续较为简单、数额不多的股票发行。一般主要由知名度高、有实力的公司向现有股东推销股票时采用。

委托承销，即发行公司将股票销售业务委托给证券承销机构代理。证券承销机构是指专门从事证券买卖业务的金融中介机构，在我国主要为证券公司、信托投资公司等；在美国一般是投资银行；在日本是称为"干事公司"的证券公司。委托承销方式是发行股票所普遍采用的推销方式。我国《公司法》规定，股份有限公司向社会公开发行股票，必须与依法设立的证券经营机构签订承销协议，由证券经营机构承销。具体地又可将委托承销细分为包销和代销两种。所谓包销，是根据承销协议商定的价格，由证券经营机构一次性全部购进发行公司公开募集的全部股份，再以较高的价格出售给社会上的认购者。这种方式对发行公司而言，可及时募足资本，免于承担发行风险（股款未募足的风险由承销商承担）。但股票以较低的价格售给承销商会损失部分溢价，且实际付出的发行费用也较高。所谓代销，是证券经营机构代替发行公司代售股票，并由此获取一定的佣金，但不承担股款未募足的风险。

根据我国有关股票发行法规的规定，公司拟公开发行股票的面值总额超过人民币 3 000 万元或者预期销售总金额超过人民币 5 000 万元的，应当由承销团承销。承销团由两个以上承销机构组成，一般包括总承销商、副总承销商、分销商。总承销商由发行公司按照公开竞争的原则，通过竞标或协商办法来确定。

3. 股票的上市

股票上市，是指股份有限公司公开发行的股票，符合规定条件，经过申请批准后在证券交易所进行挂牌交易。经批准在交易所上市交易的股票称为上市股票，其股份有限公司称为上市公司。

（1）股票上市的意义

股份有限公司申请股票上市，基本目的是为了增强本公司股票的吸引力，形成稳定的资本来源，能在更大范围内筹措大量资本。

对上市公司而言，股票上市主要有以下意义：① 提高公司所发行股票的流动性和变现性，便于投资者认购、交易，从而增强公司的融资能力；② 促进公司股权的社会化，防止股权过于集中，同时还可利用股票收购其他公司；③ 提高公司的知名度，扩大公司市场占有份额；④ 有助于确定公司增发新股的发行价格；⑤ 便于评价公司价值，以利于促进公司实现财富最大化目标；⑥ 利用股票股权和期权可有效激励员工，尤其是企业关键人员，如营销、科技、管理等方面的人才。

当然，股票上市也可能对公司造成不利影响，主要是：① 各种"公开"的要求可能会暴露公司的商业秘密；② 股市的人为波动可能歪曲公司的实际情况，损害公司的声誉；③ 可能分散公司的控制权；④ 公开上市需要很高的费用，如资产评估费用、股票承销佣金、律师费、注册会计师费、材料印刷费等。因此，有些公司即使已符合上市条件，也可能因为种种原因而宁愿放弃上市机会。

（2）股票上市的条件

股票上市条件，也称股票上市标准，是对申请上市公司所做的规定或要求。按照国际惯例,股票上市的条件一般包括开业时间、资产规模、股本总额、持续赢利能力、股权分散程度、股票市价等方面。这里仅介绍我国股份有限公司申请股票上市必须符合的条件。

我国《证券法》规定,股份有限公司申请其股票上市,必须符合下列条件:

① 股票经国务院证券监督管理机构核准已向社会公开发行。

② 公司股本总额不少于人民币 3 000 万元。

③ 公开发行的股份达到公司股份总数的 25% 以上;公司股本总额超过人民币 4 亿元的,其向社会公开发行股份的比例为 10% 以上。

④ 公司在最近 3 年内无重大违法行为,财务会计报告无虚假记载。

此外,公司股票上市还应符合证券交易所规定的其他条件。

4. 普通股融资的优缺点

(1)普通股融资的优点

① 普通股股本没有固定的到期日,无须偿还,是公司的永久性资本,除非公司清算时才予以偿还。这对于保证公司对资本的最低需要、维持公司长期稳定发展具有重要意义。

② 发行普通股筹资没有固定的股利负担,股利的支付与否和支付多少,要视公司有无赢利和经营需要而定,因此,经营波动给公司带来的财务负担相对较小。且没有固定的到期还本付息的压力,发行普通股的筹资风险也较小。

③ 普通股股本以及由此产生的资本公积金和盈余公积金等是公司最基本的资金来源,反映了公司的实力,可作为其他筹资方式的基础,尤其可为债权人提供保障,增强公司的举债能力。

④ 由于普通股的预期收益较高,并可一定程度地抵消通货膨胀的影响(通常在通货膨胀期间,不动产升值时普通股也随之升值),因此普通股筹资容易吸收资金。

(2)普通股融资的缺点

① 资本成本较高。一般而言,普通股筹资的成本要高于债权资本,这主要是由于投资于普通股风险较高,相应地投资者就要求较高的报酬。而且对于筹资公司而言,普通股股利应从税后利润中支付,而债务筹资的利息是在税前支付的,因而普通股筹资不具有抵税作用。此外,普通股的发行成本较高。一般来说,发行证券费用最高的是普通股,其次是优先股再次是公司债券,最后是长期借款。

② 利用普通股筹资,出售新股票,增加新股东,可能会分散公司的控制权,削弱原有股东对公司的控制。

③ 发行新股,可能会导致股票价格的下跌。因为新股东对公司已积累的盈余具有分享权,从而降低普通股的每股净收益,引起普通股市价的下跌。

至于优先股融资,由于许多国家的法律都规定只能在特殊情况下,如公司增发新股或清偿债务时方可发行,我国也是如此。前面也对优先股的概念、特点等作了介绍,这里仅将其与普通股融资进行对比,简单介绍一下优先股融资的优缺点。

优先股融资与普通股融资的相同点是:都没有固定到期日,不用偿还本金;都属于公司自有资金,有利于增强公司信誉,增强公司的借款能力;都是从税后净利润中支付股利,成本较高。

与普通股相比,利用优先股筹资的优势主要是,能增强公司的筹资弹性和保持股东控制权。因为优先股的种类较多(主要有累积优先股和非累积优先股、参与优先股和非参与优先股、可赎回优先股和不可赎回优先股等),公司可根据自身情况调整股本数额,改善资本结构,从而加大筹资弹性;优先股一般无权参与企业经营管理,发行优先股既可为企业筹得长期资金,又不影响前期普通股的控制权,还因其股利较固定可产生杠杆作用,从而提高普通股的每股收益。当然,优先股融资也有缺陷,主要是当公司大量发行优先股时会给公司形成较大的股息偿付负担,影响正常偿债,若延期支付又会对公司形象造成不利影响。此外,发行优先股的限制通常也较多。

### 3.3.3　利用留存收益

利用留存收益也是自有资金的一种来源。留存收益来源于企业的自留资金,是企业内部形成的资金,主要包括提取的盈余公积金、公益金和未分配利润等。这种筹资方式的优点是不需要专门进行筹资活动,无须筹资费用也能增强企业的信誉;缺点是受公司股利政策的影响,不太稳定。

## 3.4　负债资金的筹集

负债资金,是企业依法筹集并依约使用、按期偿还的资金,又称借入资金或债务资金。负债资金的筹集方式主要有银行借款、商业信用、发行债券、融资租赁等。

### 3.4.1　银行借款

银行借款,是由企业根据借款合同从银行或非银行金融机构借入所需资金的一种筹资方式,是我国各类企业最为重要的一种筹资方式。

1. 银行借款的种类

银行借款可按不同标准进行分类,常见的分类有以下两种:

(1) 按借款的条件,可将银行借款分为信用借款、担保借款和票据贴现

信用借款,即以借款人的信誉为依据而获得的借款,企业取得这种借款无须以财产做抵押;担保借款,即以一定的财产做抵押或一定的保证人做担保为条件所取得的借款;票据贴现,即企业以持有的未到期的商业票据向银行贴付一定的利息而取得的借款。在担保借款中,通常作为抵押品的财产主要是不动产,如房屋、机器设备、原材料、库存商品等。若借款企业到期无力归还贷款,银行则有权取消企业对抵押品的赎回权,并有权做出变卖抵押品等处理,以取得款项抵还贷款。

(2) 按借款的期限,可将银行借款分为短期银行借款和长期银行借款

短期银行借款,即借款期限在 1 年以内(含 1 年)的借款;长期银行借款,即借款期限在 1 年以上的借款。其中短期银行借款,按照目的和用途的不同,可细分为生产周转贷款、临时贷款、结算贷款等;按照偿还方式的不同,可细分为一次性偿还贷款和分期偿还贷款;按照利息支付方法的不同,可细分为收款法借款、贴现法借款和加息法借款。长期银行借款,按照用途不同,可细分为固定资产投资借款、更新改造借款、科技开发和新产品试制借款等;按照提供贷款的机构不同,可细分为政策性银行贷款、商业银行贷款等;按照有

无担保,可细分为信用贷款和抵押贷款。

2. 银行借款的程序

(1)企业提出借款申请

企业向银行借入资金,必须向银行提出申请,填写包括借款金额、借款用途、偿还能力以及还款方式等主要内容的《借款申请书》,并提供相关资料。

(2)银行审查借款申请

银行接到企业的借款申请后,应对借款人的信用等级进行相关调查:对借款的合法性、安全性和赢利性等情况进行调查;核实抵押品、保证人等情况;测定贷款的风险等等,以决定是否对企业提供贷款。

(3)双方签订借款合同

为了维护借贷双方的合法权益,保证资金的合理使用,企业向银行借入资金时,双方需签订借款合同。借款合同主要由基本条款和限制条款构成。其中基本条款是合同的基本内容,主要包括:贷款种类、借款用途、借款金额、借款利率、借款期限、还款资金来源及还款方式、保证条款和违约责任等。限制条款,是要求借款人接受基本条款以外的其他限制性条款,用于保证款项能顺利归还,一般包括:持有一定的现金及其他流动资产,保持合理的流动性及还款能力;限制现金股利的支付;限制资本支出的规模;限制借入其他长期债务;定期向银行报送财务报表;及时偿付到期债务;限制资产出售;禁止应收账款出售或贴现;违约责任等。

(4)企业取得借款

双方签订借款合同后,银行应按合同的规定按期发放贷款,企业便可取得相应借款。若银行不按合同约定按期发放贷款,应偿还违约金;同样,企业若不按合同约定用款,也应偿付违约金。

(5)企业还本付息

企业应按借款合同的规定按时足额归还借款本息。若企业不能按期归还借款,应在借款到期之前,向银行申请贷款展期。但是否展期,由贷款银行根据具体情况而定。

3. 银行借款的信用条件

按照国际惯例,银行发放贷款时,往往会涉及一些信用条件,主要有以下几个:

(1)信贷额度

信贷额度,是借款人与银行在协议中规定的允许借款人借款的最高限额,也称贷款限额。一般来讲,企业在批准的信贷额度内,可随时使用银行贷款,但若超过规定限额仍继续向银行借款,银行则停止办理;若企业信誉恶化,即使银行曾经同意按信贷额度提供贷款,企业也可能得不到借款,这时银行不会承担法律责任。

(2)周转信贷协定

周转信贷协定,是银行从法律上承诺向企业提供不超过某一最高限额的贷款协定。在协定的有效期内,只要企业的贷款总额未超过最高限额,银行必须满足企业任何时候提出的贷款要求。但企业享有周转信贷协定,通常要对贷款限额的未使用部分付给银行一笔承诺费。

【例3-4】某企业与银行周转信贷协定为1 000万元,承诺费率为0.5%,借款企业年

度内使用了 800 万元,余额为 200 万元,则借款企业应向银行支付承诺费的金额为:

承诺费＝200×0.5％＝1(万元)

可见,承诺费就是银行向企业提供贷款的一种附加条件。

(3) 补偿性余额

补偿性余额,是银行要求借款人在银行中保持按贷款限额或实际借用额的一定百分比(通常为 10％～20％)计算的最低存款余额。补偿性余额有助于银行降低贷款风险,补偿其可能遭受的风险。但对借款企业来说,补偿性余额提高了贷款的实际利率,加重了企业的利息负担。

【例 3-5】某企业按年利率 6％向银行借款 1 000 万元,银行要求保留 20％的补偿性余额,企业实际可动用的借款只有 800 万元。则该借款的实际利率为:

$$\frac{1\ 000 \times 6\%}{1\ 000 \times (1-20\%)} = 7.5\%$$

(4) 借款抵押

银行向财务风险较大、信誉不好的企业发放贷款时,往往需要有抵押品担保,以减少自己蒙受损失的风险。充当抵押品的通常是借款企业的应收账款、存货、股票、债券以及房屋、机器、设备等。银行接受抵押品后,根据抵押品的账面价值来决定贷款金额,一般为抵押品账面价值的 30％～50％。这一比率的高低取决于抵押品的变现能力和银行的风险偏好。由于银行通常只向信誉好的客户提供非抵押贷款,将抵押贷款视为一种风险贷款而收取较高的利息;加之银行管理抵押贷款往往比非抵押贷款困难而收取手续费,所以抵押贷款的资金成本通常要高于非抵押贷款。

(5) 偿还条件

贷款的偿还有到期一次偿还和在贷款期内定期(如每月、每季等)等额偿还两种方式。一般来讲,企业不希望采用后一种偿还方式,因为这样会提高借款的实际利率;而银行则不希望采用前一种偿还方式,因为这样企业的财务负担较重,企业的拒付风险加大,同时相比于后一种偿还方式利率降低了。

除了上述主要信用条件外,银行有时还要求企业为取得借款而做出其他承诺,如及时提供财务报表、保持适当的财务水平(如保持特定的流动比率等)等。若企业违背其做出的承诺,银行可要求企业立即归还全部贷款。

4. 银行借款的成本

通常人们将银行借款的利率视为银行借款的成本。短期银行借款和长期银行借款的成本,由于本息偿付方式、期限、条件等方面的不同而不同。

(1) 短期银行借款的成本

短期银行借款一般采用固定利率,银行在确定贷款利率时又根据不同的企业分别采用优惠利率和非优惠利率。所谓优惠利率,是银行向财力雄厚、经营状况好的企业贷款时收取的名义利率;所谓非优惠利率,是银行向一般企业贷款时收取的高于优惠利率的利率。一般是在优惠利率的基础上加一定的百分比即为非优惠利率,所加百分比的高低由借款企业的信誉、与银行的往来关系等因素决定。

由于短期银行借款的本息偿付方式及其他附加条件的影响,常常使借款的实际利率与名义利率发生差异。因此,考虑短期银行借款的成本必须结合本息偿付及其他附加条件,才能做出正确的评价。

① 收款法下的短期银行借款成本

收款法,是在借款到期时企业向银行一次性清偿本息的一种计息方法,又叫利随本清法。采用这种方法,借款的名义利率与实际利率相等,但若有其他附加条件,则需另行加以考虑。

② 贴现法下的借款成本

贴现法,是银行向企业发放贷款时,先从本金中扣除利息部分,而到期时借款企业再偿还全部本金的一种计息方法。采用这种方法,借款的实际利率与名义利率不一致。

【例 3-6】某企业按年利率 6% 向银行借款 1 000 万元,采用贴现法支付利息。则该借款的实际利率为:

$$\frac{1\ 000 \times 6\%}{1\ 000 \times (1-6\%)} = 6.38\% > 6\%$$

可见,贴现法下,借款的实际利率高于名义利率。

③ 加息法下的借款成本

加息法,是银行发放分期等额偿还贷款时采用的利息收取方法。在分期等额还贷的情况下,银行把根据名义利率计算的利息加到贷款本金上,计算出贷款的本息和,要求企业在贷款期内分期偿还本息之和的金额。由于贷款分期均衡偿还,借款企业实际上只平均使用了贷款本金的一半,却支付全额利息。这样,企业所负担的实际利率就高于名义利率一倍。

【例 3-7】某企业按年利率 6% 向银行借款 1 000 万元,若分 12 个月等额偿还本息(即采用加息法支付利息)。则该借款的实际利率为:

$$\frac{1\ 000 \times 6\%}{1\ 000 \div 2} \times 100\% = 12\%$$

(2) 长期银行借款的成本

长期银行借款的利息率通常高于短期银行借款。但信誉好或抵押品流动性强的借款企业,仍然可以争取到较低的长期借款利率。长期借款利率有固定利率和浮动利率两种。其中,固定利率与短期银行借款的固定利率类似;浮动利率通常有最高、最低限,并在借款合同中明确。对于借款企业来讲,若预测市场利率将上升,应与银行签订固定利率合同;反之,则签订浮动利率合同。

在长期银行借款中,除了利息之外,银行还会向借款企业收取其他费用,如实行周转信贷协定所收取的承诺费、要求借款企业在本银行中保持补偿余额所形成的间接费用等。这些费用都会加大长期银行借款的成本。

长期银行借款的偿还方式也有多种:定期支付利息、到期一次性偿还本金的方式,定额等期偿还方式,平时逐期偿还小额本金和利息、期末偿还余下大额部分的方式。其中,第一种方式会加大企业借款到期时的还款压力,而第二种又会提高企业使用贷款的实际利率。长期银行借款成本的具体计算与短期银行借款类似,这里便不再举例介绍了。

5. 银行借款筹资的优缺点

(1) 银行借款筹资的优点

① 筹资速度快,手续简便。向银行借款,通常只需银行审批,而无须其他行政管理部门或社会中介机构的参与,只要具备条件,即可在较短的时间内,花较少的费用取得。

② 资本成本较低。银行借款属于借入资本,利息可在税前扣除,且银行借款的利率一般低于债券的利率,加之借款是在企业与银行之间直接协商确定,不存在交易成本,因此其资本成本相对较低。

③ 弹性较大。由于只要双方同意即可修改借款合同的内容,因此,当企业在借款期内发生财务困难或其他影响偿债能力的事项而不能按期还本付息时,可通过与银行协商修改借款合同以缓解财务困难,扩大筹资弹性。

(2) 银行借款筹资的缺点

① 筹资风险较大。企业向银行借款,必须按期还本付息,在企业经营不利、财务困难的情况下,可能会产生不能偿付的风险,使企业陷入困境,甚至导致破产。

② 限制条款较多。如前所述,银行借款通常附加许多限制条件,特别是长期银行借款,如定期报送相关报表、不得改变借款用途等,这些条款都可能会影响企业未来的经营活动。

③ 筹资数量有限。银行虽财力雄厚,但出于各方面的考虑,银行不可能将资金过分集中地投资于某一家企业,若与股票、债券等筹资方式相比,银行借款的资金量通常要少得多。

## 3.4.2　商业信用

商业信用,是企业之间的一种直接信用关系,即商品交易中的延期付款或延期交货所形成的借贷关系。商业信用是商品交易中钱与货在时间和空间上的分离而产生的,其形式多样,范围广泛,是所谓的"自发性筹资",已成为企业筹集资金的重要方式。

1. 商业信用的形式

商业信用是企业短期资金的重要来源,其形式主要有以下三种:

(1) 应付账款

应付账款,是企业购买货物暂未付款即赊购而欠对方的账款。赊购商品是一种最典型、最常见的商业信用形式。在此种情况下,买卖双方发生商品交易,买方收到商品后不立即支付现金,而是延期到一定时间再付款。这时,账款的支付便主要依赖于卖方的信用条件。若卖方想促使买方及时付款,一般会给对方一定的现金折扣。如"2/10,$n$/30"即表示货款若在 10 天内付清,可以享受货款金额 2% 的现金折扣;30 为信用期限,即在 10 天以后但不超过 30 天内付款,则需付全额货款。

应付账款可以分为三种信用:免费信用,即买方企业在规定的折扣期内享受折扣而获得的信用,如前例中的 10 天内的信用;有代价信用,即买方企业放弃折扣付出代价而获得的信用,如前例中的 10 天以后但不超过 30 天内的信用;展期信用,即买方企业超过规定的信用期推迟付款而强制获得的信用,如前例中的 30 天以后的信用。这样,买方通过商业信用筹资的数量与是否享有折扣有关。一般认为,企业相应地存在三种可能:第一,享有现金折扣,从而在现金折扣期内付款,其占用卖方货款的时间短,信用筹资相对较少;第二,不享有现金折扣,而在信用期内付款,其筹资量大小取决于对方提供的信用期长短;第三,超过信用期的逾期付款,即拖欠货款,这样筹资量最大,但对企业信用的伤害也最大,成本也最高,企业一般不宜以拖欠货款来筹资,现举例计算应付账款的成本。

【例3-8】某企业每年向供应商购入100万元的商品,该供应商推出的现金折扣条款为"1/10,n/30",假设银行的贷款利率为10%,则该企业应该做出怎样的决策?

$$放弃现金折扣成本率 = \frac{折扣率}{(1-折扣率)} \times \frac{360}{(信用期-折扣期)}$$
$$= \frac{1\%}{1-1\%} \times \frac{360}{30-10}$$
$$= 18.18\%$$

因为放弃现金折扣的成本率大于银行贷款利率,所以,该企业应该享用现金折扣,在第10天付款99万元。

（2）应付票据

应付票据,是企业进行延期付款商品交易时,开具的反映债权债务关系的票据。根据承兑人不同,可将应付票据分为商业承兑汇票和银行承兑汇票。所谓商业承兑汇票,是指由收款人开出,经付款人承兑,或由付款人开出并承兑的汇票。所谓银行承兑汇票,是指由收款人或承兑申请人开出,由银行审查同意承兑的汇票。

不管承兑人是谁,最终的付款人仍是购货人。从应付票据的期限看,一般为1~6个月,最长不超过9个月。应付票据可以带息也可以不带息。应付票据的利率通常比银行借款的利率低,且不用保持相应的补偿余额和支付协议费,所以应付票据的筹资成本低于银行借款的筹资成本。但应付票据到期必须归还,若延期需交付罚金,因而风险较大,一般在卖方对买方的信用状况不了解,买方信用不佳、不被卖方信任,贷款较多的大宗交易等情况时采用。

（3）预收账款

预收账款,是卖方企业在交付货物之前向买方预先收取部分或全部货款的信用形式。

对卖方而言,预收账款相当于向买方借用资金后用货物抵偿,通常对于紧俏商品或是生产周期长、售价高的商品(如轮船、飞机等),卖方企业乐意采取预收账款的形式。预收账款一般在卖方不了解买方的信用状况,或已知买方的信用不佳,或卖方的商品在市场上供不应求等情况下使用。

此外,企业在生产经营活动中往往还形成一些应付费用,如应付工资、应交税金、应付利息、应付水电费等。这些费用项目的发生受益在先,支付在后,支付期晚于发生期,属于"自然筹资"的范围。由于这些应付项目的支付具有时间规定性,数额也较为稳定,因此,企业习惯上称之为"定额负债"或"视同自有资金"。

2. 商业信用筹资的优缺点

（1）商业信用筹资的优点

① 简便易行。商业信用与商品买卖同时进行,属于一种自然性融资,不需作特殊安排,也不需事先计划,随时可以随着购销行为的产生而得到该项资金。

② 筹资成本较低。大多数商业信用都是由卖方免费提供的,若没有现金折扣,或企业不放弃现金折扣,则利用商业信用筹资没有实际成本。

③ 限制条件较少。在资金的其他筹集方式中,资金的出借者往往对企业提出若干条件,施加种种限制,而商业信用则很少有这些条件和限制。

(2) 商业信用筹资的缺点

① 商业信用的时间一般较短,若企业想享受现金折扣,则时间更短。

② 若企业放弃现金折扣,则要承担较高的成本,尤其是当企业支付能力不足、不能按期付款而拖欠货款时,会发生失去信用的危险。

### 3.4.3　发行债券

债券是经济主体为筹集资金而发行的,用以记载和反映债权债务关系的有价证券。发行债券是企业筹集债权资本的重要方式。我国非公司企业发行的债券称为企业债券。按照我国《公司法》和国际惯例,股份有限公司和有限责任公司发行的债券称为公司债券,习惯上又称公司债。公司发行债券通常是为其建设大型项目而筹集大笔长期资金。

1. 债券的分类

(1) 按债券上是否记有持券人的姓名或名称,可将债券分为记名债券和无记名债券

记名债券,是在券面上记有持券人的姓名或名称。对于这种债券,公司只对记名人偿本,持券人凭印鉴支取利息。记名债券的转让,由债券持有人以背书等方式进行,并要求发行公司将受让人的姓名或名称载于公司债券存根簿。

无记名债券,是不在券面上记载持券人的姓名或名称。对于这种债券,还本付息以债券为凭,一般实行剪票付息。无记名债券的转让,由债券持有人将债券交付给受让人后即发挥效力。

(2) 按有无特定的财产担保,可将债券分为抵押债券和信用债券

抵押债券,是指发行公司以特定财产作为担保品的债券,又称担保债券。按照担保品的不同,可将抵押债券细分为:一般抵押债券、不动产抵押债券、设备抵押债券和证券信托债券;按照抵押品的先后担保顺序,可将抵押债券细分为:第一抵押债券和第二抵押债券。其中,一般抵押债券,是以公司产业的全部作为抵押品而发行的债券;不动产抵押债券,是以公司的不动产为抵押而发行的债券;设备抵押债券,是以公司的机器设备为抵押而发行的债券;证券信托债券,是将公司持有的股票证券以及其他担保证书交付给信托公司作为抵押而发行的债券。公司解体清算时,只有在第一抵押债券持有人的债权已获清偿后,第二抵押债券持有人才有权索偿剩余的财产,因而后者要求的利率相对较高。

信用债券,是指发行公司没有抵押品担保,完全凭信用发行的债券,又称无担保债券。这种债券通常是由信誉良好的公司发行,利率一般略高于抵押债券。

(3) 按利率的不同,可将债券分为固定利率债券和浮动利率债券

固定利率债券,是指债券发行时确定的券面利率在债券有效期内不能改变的债券。

浮动利率债券,是指在债券发行时只规定一个利率最低水平,实际付息则按某一标准(如政府债券利率、银行存款利率、市场利率等)的变化同方向调整的债券。

（4）按是否参与公司的盈余分配，可将债券分为参与公司债券和非参与公司债券

债权人除享有到期向公司请求还本付息的权利外，还有权按规定参与公司的盈余分配。参与公司债券的持有人除可获得预先规定的利息外，还享有一定程度参与公司盈余分配的权利，其参与分配的方式与比例必须事先规定。实际中，这种债券一般较少。非参与公司债券的持有人则没有参与公司盈余分配的权利。公司债券大多为非参与公司债券。

（5）按能否上市，可将债券分为上市债券和非上市债券

按照国际惯例，公司债券与股票一样，也有上市与非上市之分。上市债券是经有关机构审批，可以在证券交易所挂牌交易的债券；反之则为非上市债券。上市债券信用度高，价值高，且变现速度快，容易吸引投资者。但上市条件较为严格，并要承担较高的上市费用。

（6）按偿还方式，可将债券分为到期一次债券和分期债券

发行公司于债券到期日一次集中清偿本息的，为到期一次债券；一次发行而分期、分批偿还的债券为分期债券。分期债券的偿还又有不同办法，这里不再作具体介绍。

（7）按能否转换为公司股票，可将债券分为可转换债券和不可转换债券

若公司债券能转换为本公司股票，即为可转换债券；反之则为不可转换债券。一般而言，可转换债券的利率低于不可转换债券的利率。

（8）按其他特征，可将债券分为收益公司债券、附认股权债券、附属信用债券等

收益公司债券，是指只有当公司有税后收益可供分配时，才支付利息的一种公司债券。这种债券对发行公司而言，不必承担固定的利息负担；对投资者而言，收益较高，但风险也较大。

附认股权债券，是指附带允许债券持有人按特定价格认购公司股票权利的一种公司债券。这种认股权通常随债券发放，具有与可转换债券类似的属性。附认股权债券的票面利率，与可转换债券一样，通常低于一般的公司债券。

附属信用债券，是指当公司清偿时，受偿权排列顺序低于其他债券的一种公司债券。为了补偿较低受偿顺序可能带来的损失，附属信用债券的利率通常高于一般的债券。

2. 债券的发行

企业为其生产经营需要筹集债权资本时，可以发行债券。发行债券应遵循相关的规章制度，具体包括债券的发行资格、发行条件、发行程序和发行价格等。

（1）债券的发行资格

根据我国《公司法》的规定，股份有限公司、国有独资公司和两个以上的国有企业或者其他两个以上的国有投资主体投资设立的有限责任公司，为筹集生产经营资金，可以发行公司债券。上述规定对发行资格的限制包括两方面：一是发行主体必须符合要求；二是所筹资金的用途必须符合要求，即公司发行债券筹集的资金，必须用于审批机关批准的用途，不得用于弥补亏损和非生产性支出。

（2）债券的发行条件

按照国际惯例，发行债券必须符合规定的条件，一般包括发行债券最高限额、发行公司自有资本的最低限额、公司获利能力、债券利率水平等。

我国《证券法》规定，公开发行公司债券的公司必须具备以下条件：

① 股份有限公司的净资产额不低于人民币 3 000 万元,有限责任公司的净资产额不低于人民币 6 000 万元;

② 累计债券总额不超过公司净资产额的 40%;

③ 最近 3 年平均可分配利润足以支付公司债券 1 年的利息;

④ 所筹集资金的投向符合国家产业政策;

⑤ 债券的利率不得超过国务院限定的利率水平;

⑥ 国务院规定的其他条件。

若发行可转换债券,还应符合股票发行的条件。

发行公司发生下列情形之一的,不得再次发行公司债券:

① 前一次发行的公司债券尚未募足的;

② 对已发行的公司债券或者其他债务有违约或者延迟支付本息的事实,且处于继续状态的。

(3) 债券的发行程序

① 做出发行债券的决议。公司在实际发行债券之前,必须做出发行债券的决议,以具体决定公司债券的发行总额、票面金额、发行价格、募集办法、债券利率、偿还日期及方式等内容。根据我国《公司法》的规定,股份有限公司、有限责任公司发行公司债券,由董事会制定方案,股东会作出决议;国有独资公司发行公司债券,由国家授权投资的机构或者国家授权的部门做出决定。在国外,公司发行债券一般需经董事会通过决议,由 2/3 以上董事出席,且超过出席董事的半数通过。

② 提出发行债券的申请。按照国际惯例,公司发行债券需向主管部门提交申请,未经批准,公司不得发行债券。我国规定,公司申请发行债券由国务院证券管理部门批准,同时应提交以下文件资料:公司登记证明、公司章程、公司债券募集办法、资产评估报告和验资报告。

③ 公告债券的募集办法。发行公司债券的申请得到批准后,发行公司应向社会公告债券的募集办法。我国规定,公司债券的募集办法中应载明以下主要事项:公司名称、本次发行债券的总额和债券面额、债券利率、还本付息的期限与方式、债券发行的起止日期、公司净资产额、已发行而尚未到期的公司债券总额、公司债券的承销机构等。

④ 发行公司债券。公司债券的发行方式一般有私募发行和公募发行两种。私募发行,是指由发行公司将债券直接发售给投资者。这种方式因受限制,极少采用。公募发行,是指发行公司通过承销团向社会发售债券。这种方式下,发行公司要与承销团签订承销合同。承销团一般由数家证券公司或投资银行组成。承销团的承销方式有代销和包销两种。所谓代销,是由承销团代为推销债券,在约定期限内未售出的余额将退还发行公司,承销团不承担发行风险。所谓包销,是由承销团先购入发行公司拟发行的全部债券,然后再售给社会上的投资者,若在约定期限内未能全部售出,余额要由承销团负责认购。公募发行是世界各国通常采用的公司债券发行方式。美国甚至强制要求某些债券,如电力、制造业公司债券,必须公募发行。我国有关法律法规也有公募发行债券的要求。

⑤ 交付债券,收缴债券款,登记债券存根簿。发行公司公开发行公司债券,由证券承销机构发售时,投资者直接向承销机构付款购买,承销机构代理收取债券款,交付债券;然

后,发行公司向承销机构收缴债券款并结算预付的债券款。

我国《公司法》规定,公司发行的公司债券,必须在债券上载明公司的名称、债券面额、债券利率、偿还期限等事项,并由董事长签名,公司盖章。

公司发行的债券,还必须在公司债券存根簿中登记。对于记名债券,应载明以下事项:债券持有人的姓名(或名称)及住所;债券持有人取得债券的日期及债券的编号;债券总额、债券票面金额、债券利率、债券还本付息的期限及方式;债券的发行日期等。对于无记名债券,应载明债券总额、利率、偿还期限与方式、发行日期及债券编号等事项。

(4) 债券的发行价格

债券的发行价格是债券发行时使用的价格,也就是投资者向发行公司认购债券时实际支付的价格。公司在发行债券之前,应参考有关因素,运用一定的方法,确定债券的发行价格。

公司债券的发行价格通常有三种:

① 平价,即以债券的票面金额为发行价格,也称等价。多数公司债券选用平价发行。

② 溢价,即以高出债券面额的价格为发行价格。

③ 折价,即以低于债券面额的价格为发行价格。

溢价或折价发行债券,主要是由于债券的票面利率与市场利率不一致所造成的。债券的票面利率在债券发行前即已参照市场利率确定下来了,并标于债券票面,无法改变,但市场利率则经常发生波动。在债券发售时,若票面利率与市场利率不一致,就需要调整发行价格(即溢价或折价),以调节债券购销双方的利益,即:当票面利率高于市场利率时,以溢价发行债券;当票面利率低于市场利率时,以折价发行债券;当票面利率与市场利率一致时,则以平价发行债券。

债券的发行价格具体可按下列公式来计算:

$$债券发行价格 = \frac{债券面额}{(1+市场利率)^n} + \sum_{t=1}^{n} \frac{债券面额 \times 票面利率}{(1+市场利率)^t} \qquad (3-8)$$

式中,$n$ 为债券期限;$t$ 为付息期数;市场利率为债券发行时的市场利率。

从资金时间价值的原理来分析,按上式计算的债券发行价格由两部分组成:一部分是债券到期的还本面额按市场利率折现的现值;一部分是债券各期利息(年金形式)的现值。现举例说明不同情况下公司债券发行价格的计算方法。

【例 3-9】某公司发行面值 10 000 元的 10 年期债券,票面年利率为 10%,每年付息一次,发行时市场利率有以下三种不同情况:

市场利率与票面利率一致,都是 10%,则:

$$债券价格 = \frac{10\ 000}{(1+10\%)^{10}} + \sum_{t=1}^{10} \frac{10\ 000 \times 10\%}{(1+10\%)^t} = 10\ 000(元)$$

此时,发行价格与面值相同,为平价发行。

市场利率为 12% 时,高于票面利率,则

$$债券价格 = \frac{10\ 000}{(1+12\%)^{10}} + \sum_{t=1}^{10} \frac{10\ 000 \times 10\%}{(1+12\%)^t} = 8\ 870(元)$$

此时,发行价格低于面值,为折价发行。

市场利率为 8% 时,低于票面利率,则

$$债券价格 = \frac{10\ 000}{(1+8\%)^{10}} + \sum_{t=1}^{10} \frac{10\ 000 \times 10\%}{(1+8\%)^t} = 11\ 342(元)$$

此时,发行价格高于面值,为溢价价发行。

一般而言,公司债券发行价格的高低主要取决于以下几个因素:

① 债券面额。债券的票面金额是决定债券发行价格的最基本因素。债券发行价格的高低,从根本上取决于债券面额的大小。通常认为,债券面额越大,发行价格越高;反之则越低。

② 票面利率。通常认为,债券的票面利率越高,发行价格也越高;反之则越低。

③ 市场利率。市场利率是债券发行时的重要参考系数,它经常与债券的票面利率不一致。通常认为,市场利率越高,债券的发行价格越低;反之则越高。

④ 债券期限。债券的期限越长,债权人所担的风险就越大,要求的利息报酬也就越高。所以,通常认为,债券期限越长,债券的发行价格越低;反之则越高。

发行公司在确定债券的发行价格时应结合上述四个因素来考虑。

3. 债券的信用等级

公司公开发行债券通常由债券评信机构评定等级。债券的信用等级表示债券质量的优劣,反映债券偿本付息能力的强弱和债券投资风险的高低,直接影响公司发行债券的效果和投资者的投资选择。

债券的评级制度最早源于美国,后逐渐形成评级制度,为许多国家所采用。实际上,各国并不强制债券发行者必须取得债券评级,但在发达的证券市场上,没有经过评级的债券往往不被广大的投资者接受而难于推销。所以,发行债券的公司一般都自愿向债券评级机构申请评级。

我国的债券评级工作正在开展,但尚无统一的债券等级标准和系统评级制度。根据中国人民银行的有关规定,凡是向社会公开发行的企业债券,需要由中国人民银行认可的资信评级机构进行评级。

国际上流行的债券信用等级,一般分为三等九级:

AAA,最高级,表示债券的还本付息能力最强,投资风险最低;

AA,高级,表示债券有很强的还本付息能力,但保证程度略低于、投资风险略高于 AAA 级的债券;

A,上中级,表示债券有较强的还本付息能力,但可能受环境和经济条件的不利影响;

BBB,中级,表示债券有足够的还本付息能力,但经济条件或环境的不利变化可能导致偿付能力的削弱;

BB,中下级,表示债券本息的支付能力有限,具有一定的投资风险;

B,投机级,表示债券为投机性债券,风险较高;

CCC,完全投机级,表示债券为完全投机性债券,风险很高;

CC,最大投机级,表示债券为投机性最大的债券,风险最高;

C,最低级,表示债券为最低级债券,一般不能还本付息。

经中国人民银行认可的债券资信评级机构,一般依据企业素质、财务质量、项目状况、项目前景和偿债能力等,对发行债券的企业进行上述级别的评定。通常是先由发行公司提出评级申请,再由评级机构进行相关调查后进行评定,最后评级机构还要对发行公司从债券发售直至清偿的整个过程进行追踪检查,以确定是否需要做出修正,若需要修正,应事先通知发行公司并予以公告。

4. 债券筹资的优缺点

(1)债券筹资的优点

① 资本成本较低。发行债券筹来的资金属于借入资金,利息可在所得税前支付,这样发行公司可以享受抵税好处。加之债券的发行费用较低,一般低于发行股票的费用。

② 有利于保障所有者权益。债券持有人无权参与企业的经营管理,也无权分享企业利润,因而不会改变所有者对企业的控制权,也不会损失所有者原有的收益。

③ 发挥财务杠杆作用。无论发行公司的赢利多少,债券持有人一般仅收取固定的利息,而更多的收益可分配给股东,或留归公司,从而增加股东和公司的财富。

④ 有利于调整资本结构。当企业发行可转换债券或可提前赎回债券时,可增强企业的财务弹性,便于企业调整资金结构。

(2)债券筹资的缺点

① 筹资风险较高。债券有固定的到期日,并需定期支付利息,发行公司必须承担按期还本付息的义务。即使在公司经营不景气时,也必须向债券持有人还本付息,这会给企业带来更大的财务困难,甚至导致企业破产。

② 限制条件较多。发行债券的限制条件通常要比银行借款、融资租赁等筹资方式的多且严格,这可能会影响企业的正常发展和以后的筹资能力。

③ 筹资数量有限。公司利用债券筹资有一定的限度,因为当公司的负债比率超过一定程度时,债券的成本会迅速上升,有时甚至会使债券无法发行。为此,多数国家都对债券筹资的限额作了规定,我国《证券法》就规定,发行公司流通在外的债券累计总额不得超过公司净资产的40%。

# 3.5　资金结构决策

## 3.5.1　资金成本

1. 资金成本的概念、作用及表示

资金成本,是企业为筹集和使用资金而付出的代价,又称资本成本。从绝对量的构成来看,资金成本包括筹资费用和用资费用两部分内容。筹资费用,是指企业在筹措资金过程中,为获取资金而支付的费用,例如,向银行支付的借款手续费、股票或债券的发行费等。筹资费用通常是在筹资时一次性全部支付,在获得资金后的用资过程中不再发生,属于固定性的资金成本,可视作对筹资额的一项扣除。用资费用,是指企业在生产经营和对外投资活动中因使用资金而支付的费用,例如,向股东支付的股利、向债权人支付的利息等。用资费用是构成资金成本的主要内容,是经常性的,并随使用资金数量的多少和时间的长短而变动,属于变动性的资金成本。

资金成本是企业筹资管理的一个重要概念,对于企业筹资管理、投资管理,乃至整个财务管理和经营管理都有重要的作用。

(1) 资金成本是企业筹资决策的主要依据。资金成本的高低是决定筹资活动的首要因素,因为在不同的资金来源和筹资方式下,资金成本各不相同。为了提高筹资效果,应分析各种筹资方式资金成本的高低,并进行合理配置,以使资金成本尽可能降到最低。

(2) 资金成本是评价投资项目的重要标准。一般而言,一个投资项目,只有当其投资收益率高于其资金成本率时,在经济上才是合理的;否则,该项目将无利可图,甚至会发生亏损。所以,国际上通常将资金成本率视为是否采纳一个项目的“取舍率”。

(3) 资金成本可以作为衡量企业整个经营业绩的尺度。企业的整个经营业绩可以用企业全部投资的利润率来衡量,并将其与企业全部资本的成本率比较。若利润率高于成本率,则认为企业的经营业绩好;反之,则认为经营业绩欠佳。

资金成本有绝对数、相对数两种表示方法,财务管理中,一般是用相对数表示,即表示为每年的用资费用与实际筹得资金(即筹资总额与筹资费用之差)的比率,用公式表示为:

$$资金成本 = \frac{每年的用资费用}{筹资总额 - 筹资费用} \tag{3-9}$$

**2. 资金成本的计算**

(1) 个别资金成本的计算

个别资金成本,是指各种筹资方式的成本,主要包括普通股成本、优先股成本、留存收益成本、银行借款成本和债券成本。其中,前三者统称为权益资金成本,后两者统称为负债资金成本。

一般而言,个别资金成本用相对数个别资金成本率来表示,即企业每年的用资费用与实际筹得资金的比率,用公式表示为:

$$K = \frac{D}{P - f} \tag{3-10}$$

其中,$K$ 为个别资金的资金成本率;$D$ 为每年的用资费用;$P$ 为筹资总额;$f$ 为筹资费用。

① 普通股成本的计算

普通股成本的计算较为复杂,按照资金成本率实质上是投资必要报酬率的思路,普通股的资金成本率就是普通股投资的必要报酬率,一般采用股利折现模型来计算。股利折现模型的基本形式为:

$$P_0 = \sum_{t=1}^{\infty} \frac{D_t}{(1 + K_c)^t} \tag{3-11}$$

式中,$P_0$ 为普通股融资净额,即发行价格($P_c$)扣除发行费用($f_c$);$D_t$ 为普通股第 $t$ 年的股利;$K_c$ 为普通股的资金成本率。

运用上列模型计算普通股的资金成本率时会因企业具体的股利政策而有所不同。

若公司采用固定股利政策,即每年分派现金股利 $D$ 元,则普通股的资金成本率可按下式计算:

$$K_c = \frac{D}{P_0} = \frac{D}{P_c - f_c} \qquad (3-12)$$

【例 3-10】某企业发行普通股,每股发行价为 10 元,每股每年支付股利 1 元,发行费用率为 2%,计算其资金成本:

$$K_c = \frac{D}{P_0(1-f)} = \frac{1}{10(1-2\%)} = 10.20\%$$

通常,公司的股利都是逐年增长的,若股利年增长率为 $G$,则普通股的资金成本率可按下式计算:

$$K_c = \frac{D_1}{P_0} + G = \frac{D_1}{P_c - f_c} + G \qquad (3-13)$$

式中,$D_1$ 为第 1 年的股利。

【例 3-11】某企业发行普通股每股发行价为 8 元,第一年支付股利 1 元,发行费用率为 2%,预计股利增长率为 5%,计算其资金成本:

$$K_c = \frac{1}{8(1-2\%)} + 5\% = 17.76\%$$

② 优先股成本的计算

优先股的股利通常是固定的,公司利用优先股筹资也需花费一定的发行费用,所以,优先股成本的计算与普通股类似,具体可按下式来计算:

$$K_P = \frac{D}{P_0} = \frac{D}{P_P - f_P} \qquad (3-14)$$

式中,$K_p$ 为优先股的资金成本率;$D$ 为优先股的每股年股利;$P_0$ 为优先股融资净额,即发行价格($P_P$)扣除发行费用($f_P$)。

【例 3-12】某企业发行优先股,每股发行价为 8 元,每股每年支付股利 1 元,发行费用率为 2%,计算其资金成本:

$$K_p = \frac{D}{P_0(1-f)} = \frac{1}{8(1-2\%)} = 12.76\%$$

③ 留存收益成本的计算

一般企业不会把全部收益都以股利形式分给股东,因此,留存收益也是企业资金的一种重要来源。由于留存收益不需像其他筹资方式那样直接从市场取得,而是将利润再投资,因此不会产生筹资费用。但留存收益也存在资金成本,因为投资者若将其用于购买股票、存入银行或其他方面的投资可以获得相应的投资收益,但投资者却将其留在企业,并期望从中取得更高的投资回报,所以留存收益也要计算成本,其计算与普通股基本相同,只是不考虑筹资费用。具体可用下式来计算留存收益的资金成本率:

$$K_e = \frac{D}{P_C} \tag{3-15}$$

式中，$K_e$ 为留存收益的资金成本率；$D$ 为普通股每年的固定股利；$P_C$ 为普通股的现值，即发行价格。

若股利以 $G$ 逐年增长，则留存收益的资金成本率为：

$$K_e = \frac{D_1}{P_C} + G \tag{3-16}$$

式中，$D_1$ 为第 1 年的股利。

普通股、优先股和留存收益都属于所有者权益，企业破产后，股东的求偿权位于最后，且应在税后扣除股利。与其他投资者相比，普通股股东所承担的风险最大，所以，普通股的报酬也应最高。所以，在各种资金来源中，普通股的资金成本最高。

④ 银行借款成本的计算

银行借款成本是指借款利息和筹资费用。由于借款利息记入税前成本费用，可以起到抵税的作用，所以，银行借款的资金成本率可按下式来计算：

$$K_l = \frac{I_l(1-T)}{L(1-f_l)} \tag{3-17}$$

$$= \frac{L \times i \times (1-T)}{L(1-f_l)} \tag{3-18}$$

式中，$K_l$ 为银行借款的资金成本率；$I_l$ 为银行借款的年利息；$T$ 为所得税税率；$L$ 为银行借款的筹资总额；$f_l$ 为银行借款的筹资费用率；$i$ 为银行借款的年利息率。

【例 3-13】某企业取得长期借款 100 万元，年利率 8%，期限为 5 年，每年付息一次，到期一次还本，筹措借款的费用率为 0.2%，企业所得税率为 25%，计算其资金成本：

$$K_l = \frac{L \cdot i(1-T)}{L(1-f)} = \frac{i(1-T)}{1-f} = \frac{8\%(1-25\%)}{1-0.2\%} = 5.61\%$$

由于银行借款的手续费很低，(3-17) 式和 (3-18) 式中的 $f_l$ 常常可以忽略不计，则可将银行借款资金成本的计算公式简化为：

$$K_l = i \times (1-T) \tag{3-19}$$

⑤ 债券成本的计算

债券成本是指债券利息和筹资费用。由于债券利息在税前支付，具有抵税作用，所以，债券的资金成本率可按下式来计算：

$$K_b = \frac{I_b \times (1-T)}{B_0(1-f_b)} = \frac{B \times i \times (1-T)}{B_0(1-f_b)} \tag{3-20}$$

式中，$K_b$ 为债券的资金成本率；$I_b$ 为债券的年利息；$T$ 为所得税税率；$B_0$ 为债券筹资额；$B$ 为债券面值；$f_b$ 为债券的筹资费用率；$i$ 为债券的票面利率。

【例 3-14】某企业发行面值 1 000 元的债券 1 000 张，票面利率 8%，期限为 5 年，每年付息一次，发行费用率为 2%，企业所得税率为 25%，债券按面值发行，计算其资金成本：

务杠杆系数越大,表明财务杠杆作用越大,财务风险也越大;反之,则表明财务杠杆作用越小,财务风险也越小。一般用下式来计算财务杠杆系数:

$$DFL=\frac{\Delta EPS/EPS}{\Delta EBIT/EBIT} \tag{3-25}$$

式中,$DFL$ 为财务杠杆系数;$\Delta EPS$ 为普通股每股收益的变动额;$EPS$ 为变动前的普通股每股收益;$\Delta EBIT$ 为息税前利润的变动额;$EBIT$ 为变动前的息税前利润。

为了方便利用财务杠杆进行预测,可推导出只需用基期(即变动前)数据计算的财务杠杆系数的计算公式,推导过程如下:

设 $I$ 为债务利息,$T$ 为所得税税率,$D$ 为优先股股利,$N$ 为普通股股利,

$\because EPS=\dfrac{(EBIT-I)(1-T)-D}{N}$,且由于资本结构不变,则利息费用、优先股股利都相对不变

$\therefore \Delta EPS=\dfrac{\Delta EBIT(1-T)}{N}$

则(3-25)式就演变为:

$$DFL=\frac{EBIT}{EBIT-I-\dfrac{D}{1-T}} \tag{3-26}$$

若企业没有优先股,则上式可简化为:

$$DFL=\frac{EBIT}{EBIT-I} \tag{3-27}$$

【例3-17】根据【例3-16】的资料,假定该企业2016年发生的利息费用20 000元,每年需要支付30 000元的优先股股利,流通在外的普通股股数为10 000股,所得税率为25%。计算该企业2017年的财务杠杆系数。

$$2017年的财务杠杆系数=\frac{800\ 000}{800\ 000-20\ 000-\dfrac{30\ 000}{1-25\%}}=1.08$$

该企业的财务杠杆系数是1.08,说明该企业的息税前利润增加(减少)1个单位时,其每股盈余就会增加(减少)1.08个单位。

总之,负债比率是可以控制的,财务杠杆系数是企业资金结构决策的又一重要因素。企业一般可以通过合理安排资金结构、适度负债,使财务杠杆利益抵消财务风险增大所带来的不利影响。

3. 总杠杆利益与风险

如前所述,由于存在固定成本,产生了经营杠杆效应,使得产销量的变动对息税前利润有扩大的作用;由于存在固定财务费用,产生了财务杠杆效应,使得息税前利润的变动对普通股每股收益有扩大的作用。若两种杠杆共同起作用,则产销量的细微变动就会使普通股每股收益产生更大的变动。这种由于固定成本和固定财务费用的共同存在而导致的普通股

每股收益的变动率大于产销量的变动率的杠杆效应,被称为总杠杆,也叫复合杠杆。

总杠杆作用的程度,可用总杠杆系数(DTL)来表示,它是经营杠杆系数和财务杠杆系数的乘积,可用下式来表示:

$$DTL = DOL \times DFL = \frac{\Delta EPS/EPS}{\Delta Q/Q} \qquad (3-28)$$

也可根据前面 DOL 和 DFL 的诸多计算公式,推导出下列两个 DTL 的计算公式:

$$DTL = \frac{Q(P-V)}{Q(P-V)-F-I} = \frac{S-VC}{S-VC-F-I} \qquad (3-29)$$

【例 3-18】根据【例 3-16】和【例 3-17】的资料,计算该企业 2017 年的总杠杆系数。

2017 年的总系数＝1.25×1.08＝1.35

该企业的财务杠杆系数是 1.35,说明该企业的销售额增加(减少)1 个单位时,其每股盈余就会增加(减少)1.35 个单位。其次,在于能反映出经营杠杆与财务杠杆之间的相互关系,即为了达到某一总杠杆系数,经营杠杆与财务杠杆可以有很多不同的组合。如经营杠杆系数较高的公司可以在较低程度上使用财务杠杆,而经营杠杆系数较低的公司则可以在较高程度上使用财务杠杆,等等。

### 3.5.3　资金结构决策

1. 资金结构的概念

资金结构,是指企业各种资金的构成及其比例关系,也称资本结构。资金结构是企业筹资决策的核心问题,企业应综合考虑相关因素,运用适当的方法确定最佳资金结构,并在以后的追加筹资中继续保持。

在企业的资金结构决策中,合理利用债务筹资,安排负债资金的比例,对企业有重要影响。因为一方面利用负债资金可以降低企业的资金成本,另一方面可以获得财务杠杆利益。所以,资金结构决策主要是确定负债资金的比例,即确定负债资金在企业全部资金中所占的比重。

2. 最优资金结构

最优资金结构,是指企业在一定时期内,使企业综合资金成本最低、企业价值最大的资金结构。其判断标准有三个:① 有利于最大限度地增加企业所有者财富,能使企业价值最大化;② 企业综合资金成本最低;③ 企业资产保持适宜的流动,并使资金结构具有弹性。

3. 确定最优资金结构的方法

确定企业的最优资金结构,一般可以采用比较资金成本法、每股收益无差别点法和因素分析法。其中,前两种是定量方法,最后一种是定性方法。

(1) 比较资金成本法

比较资金成本法,是指通过计算不同资金组合的综合资金成本,并以其中资金成本最低的组合为最优资金结构的一种方法。其决策程序为:首先,确定各筹资方案的资金结

① 企业财务状况

企业获利能力越强、财务状况越好、变现能力越强，就越有能力负担财务上的风险，其负债筹资就越有吸引力。衡量企业财务状况的指标主要有流动比率、利息周转倍数、固定费用周转倍数、投资收益率等。

② 企业资产结构

企业资产结构会以多种方式影响企业的资金结构，主要有以下几种情况：

第一，拥有大量固定资产的企业，主要通过长期负债和发行股票筹集资金；

第二，拥有较多流动资产的企业，更多依赖流动负债来筹集资金；

第三，资产适用于抵押贷款的公司举债额通常较多，如房地产公司的抵押贷款就较多；

第四，以研发为主的公司负债通常很少。

③ 企业产品的销售情况

若企业的销售较为稳定，其获利能力通常也相对稳定，则企业负担固定财务费用的能力相对较强；若企业的销售具有较强的周期性，则企业将冒较大的财务风险。

④ 企业投资者和管理人员的态度

若企业的股权较为分散，企业所有者并不担心控制权旁落，因而会更多地采用发行股票的方式来筹集资金；若企业被少数股东控制，为了保证股东的绝对控制权，多采用优先股或负债方式来筹集资金。

喜欢冒险的财务管理人员，可能会安排较高的负债比例；而持稳健态度的财务管理人员，则倾向于使用较少的债务。

⑤ 贷款人和信用评级机构的影响

一般而言，企业在决定其资金结构之前都会与贷款人和信用评级机构商讨，并充分尊重他们的意见。而大部分贷款人都不希望企业的负债比例太大；同样，若企业债务太多，信用评级机构可能会降低企业的信用等级，从而影响企业的筹资能力。

⑥ 行业因素

不同行业的资金结构差别很大，财务人员应考查本企业所处行业，掌握本企业所处行业的资金结构的一般水准，作为确定本企业资金结构的参考，分析本企业与同行业其他企业的差别，以确定本企业的最优资金结构。

⑦ 所得税税率的高低

企业利用负债可以获得抵税利益，所以，所得税税率越高，负债的抵税作用越大；反之，则采用负债筹资方式的抵税作用就不显著。

⑧ 利率水平的变动趋势

若财务管理人员认为利息率只是目前暂时较低，不久的将来可能会上升的话，便可能大量发行长期债券，从而在若干年内把利率固定在较低水平上。

以上各因素从不同方面、不同角度对企业资金结构产生着不同的影响，实际工作中应将定量方法与定性方法结合使用，以合理确定企业的最优资金结构。

## 复习思考题

### 一、单项选择题

1. 下列权利中,不属于普通股东权利的是( )。
   - A. 公司管理权
   - B. 分享盈余权
   - C. 优先认股权
   - D. 优先分配剩余财产权

2. 相对于股票筹资而言,银行借款的缺点是( )。
   - A. 筹资速度慢
   - B. 筹资成本高
   - C. 借款弹性差
   - D. 财务风险大

3. 采用销售百分率法预测资金需要量时,下列项目中被视为不随销售收入的变动而变动的是( )。
   - A. 现金
   - B. 存货
   - C. 应收账款
   - D. 公司债券

4. 下列筹资活动不会加大财务杠杆作用的是( )。
   - A. 增发普通股
   - B. 增发优先股
   - C. 增发公司债券
   - D. 增加银行借款

5. 按照资金来源渠道不同,可将筹资分为( )。
   - A. 直接筹资和间接筹资
   - B. 内源筹资和外源筹资
   - C. 权益筹资和负债筹资
   - D. 短期筹资和长期筹资

6. 某企业按年利率4.5%向银行借款200万元,银行要求保留10%的补偿性余额,则该项借款的实际利率为( )。
   - A. 4.95%
   - B. 5%
   - C. 5.5%
   - D. 9.5%

7. 丧失现金折扣的机会成本的大小与( )。
   - A. 折扣百分比的大小呈反向变化
   - B. 信用期的长短呈同向变化
   - C. 折扣百分比的大小、信用期的长短均呈同向变化
   - D. 折扣期的长短呈同向变化

8. 某公司股票目前的股价为每股2元,股利按6%的比例固定递增,据此计算出的资金成本为15%,则该股票目前的市价为( )元。
   - A. 23.56
   - B. 24.66
   - C. 28.78
   - D. 32.68

9. 某公司的经营杠杆系数为1.8,财务杠杆系数为1.5,则该公司销售额每增长1倍,就会造成每股利润增加( )。
   - A. 1.2倍
   - B. 15倍
   - C. 0.3倍
   - D. 2.7倍

### 二、多项选择题

1. 相对权益资金的筹资方式而言,长期借款筹资的缺点主要有( )。
   - A. 财务风险较大
   - B. 筹资成本较高
   - C. 筹资数额有限
   - D. 筹资速度较慢

2. 下列各项中,属于"吸收直接投资"与"发行普通股"筹资方式所共有缺点的有( )。
   - A. 限制条件
   - B. 财务风险

要求：

（1）计算确定甲方案的加权平均资金成本。

（2）计算确定乙方案的加权平均资金成本。

（3）确定长生公司应该采用的筹资方案。

6．万通公司年销售额为1 000万元，变动成本率60%，息税前利润为250万元，全部资本500万元，负债比率40%，负债平均利率10%。要求：

（1）计算万通公司的经营杠杆系数、财务杠杆系数和复合杠杆系数。

（2）如果预测期万通公司的销售额估计增长10%，计算息税前利润及每股利润的增长幅度。

# 第4章 流动资产管理

**学习目标**

学习企业持有现金的动机和管理目的,应收账款的管理成本及管理要求,企业信用政策的制定以及存货的管理目标和管理方法。

**学习要求**

▷ 了解:现金管理的目的、内容及日常控制方法,应收账款日常控制的各种方法,存货规划及日常控制的基本方法。

▷ 掌握:确定最佳现金余额的基本方法,应收账款的信用成本,信用政策的内容,存货的成本,存货经济批量模型。

流动资产,是指企业可以在一年内或超过一年的一个营业周期内变现或者耗用的资产。因此,流动资产是企业生产经营过程中短期置存的资产,包括现金、应收账款、存货、短期投资等。其中现金、应收账款和存货属于生产经营性资产,而短期投资则属于金融性资产。

## 4.1 流动资产管理概述

### 4.1.1 流动资产的概念及分类

1. 流动资产的概念

流动资产,是指能够在一年或超过一年的一个营业周期内变现或耗用的资产,主要包括现金、银行存款、短期投资、应收账款、存货以及预付账款等。

实际中,财务人员通常将大量的时间用于流动资产投资管理上,许多企业,特别是那些大型生产企业,财务人员每天都要处理有关流动资产的经济业务,这些业务占用了财务人员绝大多数的时间和精力;流动资产的实物形态占全部资产的比重通常超过 $50\%$ ,投资额大且容易变化;流动资产管理对于小型企业更为重要,这类企业可以将厂房、设备等固定资产降到最低限度,但无法回避现金、应收账款和存货方面的投资;营业收入的增长与流动资金的需要密切相关,财务人员需要随时关注两者的变化,等等。所有这些都说明

业的风险呈多样化且难以回避，但是可以预防。因此，企业在其可选择的融资渠道中，应注意分析资金结构和风险分布，尽量保持流动资产与流动负债之间的平衡，加强对流动比率、速动比率等财务指标的监控，从而降低企业无力偿还到期债务的风险程度。

### 3. 充分的流动性

加速流动资金的周转速度，提高流动资金的使用效率，即要保持营业用的资金具有充分的流动性，以便应付日常经营的需要。而营运资金流动性的高低，在很大程度上取决于企业对流动资产和流动负债的控制能力。

### 4.1.4　流动资产的投资程序

#### 1. 根据企业生产经营状况，提出有关投资项目

流动资产的项目繁多，每个项目在企业的生产经营过程中都具有一定的作用，各种流动资产之间往往保持一定的比例关系。企业流动资产各项目投资数额的多少，一般应根据企业的生产经营状况来确定。例如，若企业想扩大销售，一般可能会在应收票据和应收账款上加大投资，而其他项目（如现金）也会根据一定的比例关系相应增加投资。

#### 2. 分析投资的成本与收益，做出决策

实际中，企业必须进行一定水平的最低流动资产投资，从某种程度上而言，流动资产投资似乎是被动的。但在某些情况下，流动资产投资又是主动的，例如，在应收账款投资决策、现金持有量以及原材料的采购批量问题上，就必须先进行成本效益分析，然后再做出决策。

#### 3. 搞好投资信息反馈，为今后继续投资收集信息、总结经验

流动资产投资往往投资数额较小，发生频繁，具有较强的重复性和相似性，所以，在流动资产的投资过程中，应及时反馈和收集信息，这样，一方面便于发现和掌握流动资产投资的规律性；另一方面可以为今后的流动资产投资决策积累经验。

## 4.2　现金管理

现金，是指可直接作为支付手段的资产，是在生产过程中暂时停留在货币形态的资金，包括现金、银行存款和其他货币资金等。现金是流动性最强的资产，它可以直接用于支付各种费用以及偿还各种到期债务。同时，现金也是所有资产当中收益率最低的资产。对于库存现金而言，其收益率为零，即使是银行存款，其收益率也是非常低的。

### 4.2.1　企业持有现金的动机

既然现金是企业所有资产中收益率最低的一种资产，那么企业为什么还要持有现金呢？一般来说，企业持有必要的现金主要有以下三个动机：

#### 1. 交易动机

交易动机，即企业在正常经营秩序下应当保持的现金支付能力。企业为了组织日常生产经营活动，必须保持一定数额的现金余额，用于购买原材料、支付工资、缴纳税款、偿付到期债务、派发现金股利以及其他业务开支等。由于企业每天的现金流入量与现金流

出量在时间与数额上通常存在一定程度的差异,因此,企业持有一定数量的现金余额以应付频繁支出是十分必要的,它是企业正常业务活动不致中断的基本保证。

一般认为,企业满足交易动机而持有的现金数量,取决于企业的销售水平。因为在正常的经营情况下,企业经营活动所带来的现金收入和支出以及它们的差额,一般同销售量呈正比例变化。其他现金的收支,如买卖有价证券、购入机器设备、偿还借款等,较难预测,但随着销售量的增加,一般都有增加的倾向。

2. 预防动机

预防动机,即企业为应付意外紧急情况而需要保持的现金支付能力。由于市场行情的瞬变性以及其他各种不测因素的存在,使企业通常难以对未来现金流入量与流出量做出非常准确的预期。一旦企业对未来现金流量的预期与实际情况发生偏离,必然对企业的正常经营秩序产生极为不利的扰乱。因此,在正常业务活动现金需要量的基础上,追加一定数量的现金余额以应付未来现金流入和流出的随机波动,是企业在确定必要现金持有量时应当考虑的重要因素。

一般来说,企业对未来现金流量的预期越准确,需要的预防性现金持有量就越少,反之则越多;若企业在现金突然发生短缺时有能力立即加以融通,也可以相对减少该类现金准备的数额。此外,企业满足预防动机而持有的现金数量还与企业的风险偏好有关,通常稳健型的企业会留有足够的现金来预防不测。

3. 投机动机

投机动机,即企业为了抓住各种瞬息即逝的市场机会获取较大利益而准备的现金余额。例如,利用证券市场大幅度跌落购入有价证券,以期价格反弹时卖出证券获取高额资本利得(价差收入);伺机购买质高价廉的原材料或其他资产等。但就一般企业而言,其持有现金的目的主要不是为了投机,投机动机只是企业确定现金持有量时应考虑的较为次要的因素。

企业除以上三种原因持有现金外,也会基于满足将来某一特定要求或者为在银行维持补偿性余额等其他原因而持有现金。企业在确定现金余额时,一般应综合考虑各方面的持有动机。但要注意的是,由于各种动机所需现金可以调节使用,企业持有的现金总额并不等于各种动机所需现金余额的简单相加,前者通常小于后者。另外,上述各种动机所需保持的现金,并不要求是货币形态,也可以是能够随时变现的有价证券,以及能够随时转变成现金的其他各种存在形态。

### 4.2.2  现金的成本

现金的成本通常由以下四个部分组成:

1. 管理成本

现金的管理成本,是指企业因保留一定的现金余额而发生的管理费用。企业保留现金就会发生一些管理费用,如管理人员工资与安全措施费用等。管理费用在一定范围内与现金持有量的多少关系不大,具有固定成本的性质,属于决策无关成本。

2. 机会成本

现金的机会成本,是指企业因保留一定的现金余额而丧失的再投资收益。现金的再投资收益,一般是指将现金投资于有价证券所能获得的收益,是持有现金的机会成本,因此,通常可将现金的再投资收益称为现金的机会成本。现金的机会成本属于变动成本,一般认为它与现金的持有量存在正比例关系,即现金持有量越大,机会成本越高,反之就越小。因此,现金的机会成本属于决策相关成本。一般按下式来计算现金的机会成本:

$$现金的机会成本＝现金持有量×有价证券收益率 \tag{4-1}$$

3. 转换成本

现金的转换成本,是指企业用现金购入有价证券以及转让有价证券换取现金时付出的交易费用,即现金与有价证券之间相互转换的成本,如委托买卖佣金、委托手续费、证券过户费、实物交割手续费等。通常假定,有价证券的每次转换成本相同,则转换成本总额与证券变现次数呈线性关系,用公式表示为:

$$转换成本总额＝有价证券变现次数×每次的转换成本 \tag{4-2}$$

证券转换成本与现金持有量的关系是:在现金需要总量既定的前提下,现金持有量越少,进行证券变现的次数越多,相应的转换成本就越大;反之,现金持有量越多,证券变现的次数就越少,需要的转换成本开支也就越小。

4. 短缺成本

现金的短缺成本,是指企业现金持有量不足而又无法及时通过有价证券变现加以补充而给企业造成的损失,包括直接损失和间接损失。所谓直接损失,是指由于现金的短缺而使企业的生产经营及投资受到影响而造成的损失,例如,由于现金短缺无法购进急需的原材料,从而使企业的生产经营及投资中断而给企业造成的损失。所谓间接损失,是指由于现金的短缺而给企业带来的无形损失,例如,由于现金短缺而未能按期支付货款或未能按期偿还贷款,这将给企业的信用和形象造成损害。

一般认为,现金的短缺成本随现金持有量的增加而下降,随现金持有量的减少而上升,即现金的短缺成本与现金持有量负相关。

### 4.2.3 现金管理的内容和目标

1. 现金管理的内容

企业现金管理的内容主要包括:

(1)编制现金收支计划(将在第八章中详细介绍,本章不再涉及),以便合理地估计未来的现金需求;

(2)对日常的现金收支进行控制,力求加速收款,同时在允许的情况下,尽量延缓付款;

(3)采用一定的方法确定企业的最佳现金持有量,当企业实际的现金持有量与最佳的现金持有量不一致时,采用短缺融资、归还借款或投资于有价证券等策略来达到理想状况。

2. 现金管理的目标

现金是满足正常经营开支、清偿债务本息、履行纳税义务的重要保证。因此,企业能否保持足够的现金持有量,对于降低或避免经营风险与财务风险具有十分重要的意义。但同时现金又是一种非营利性资产,持有量过多,势必给企业造成较大的机会成本,降低整体资产的获利能力。因此,如何在现金的流动性和收益性之间做出合理的选择,即在保证企业高效、高质地开展经营活动的情况下,尽可能地保证最佳现金持有量是现金管理的目标。

### 4.2.4　最佳现金持有量的确定

鉴于前面的分析,企业确定最佳现金持有量具有重要意义。确定最佳现金持有量的方法很多,主要有成本分析模式和存货模式、因素分析模式和现金周转模式四种。

1. 成本分析模式

成本分析模式,是根据现金有关成本,分析预测其总成本最低时现金持有量的一种方法。该模式只考虑持有一定的现金而产生的管理成本、机会成本及短缺成本,而不考虑转换成本。如前所述,现金的管理成本具有固定成本的性质,与现金持有量没有明显的线性关系;现金的机会成本为现金持有量与有价证券收益率的乘积,与现金持有量成正比例关系;现金的短缺成本则与现金持有量负相关。以上关系可用图 4-1 来表示。

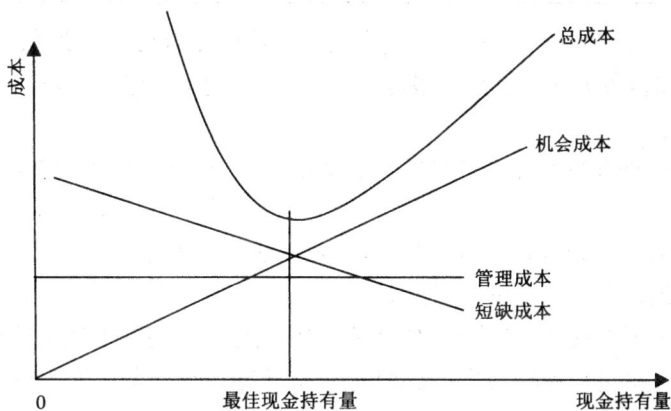

**图 4-1　成本分析模式示意图**

从图 4-1 可以看出,由于各项成本与现金持有量的关系不同,使得总成本曲线呈抛物线型,抛物线的最低点,即为成本最低点,该点所对应的现金持有量便是最佳现金持有量,此时总成本最低。

运用成本分析模式确定最佳现金持有量的步骤为:

(1) 根据不同现金持有量测算并确定有关成本数值;

(2) 按照不同现金持有量及有关成本资料编制最佳现金持有量测算表;

(3) 从测算表中找出总成本最低时的现金持有量,即为最佳现金持有量。

【例 4-1】某企业有四种现金持有量方案,各方案有关成本资料如下表:

**表 4-1 现金持有量及相关成本表**

| 方 案 | 甲 | 乙 | 丙 | 丁 |
|---|---|---|---|---|
| 现金持有量 | 15 000 | 25 000 | 35 000 | 45 000 |
| 管理成本 | 5 000 | 5 000 | 5 000 | 5 000 |
| 资金成本率 | 10% | 10% | 10% | 10% |
| 短缺成本 | 8 500 | 4 000 | 3 500 | 0 |

根据表 4-1,可采用成本分析模式编制该企业的最佳现金持有量测算表,如表 4-2 所示:

**表 4-2 最佳现金持有量测算表**

| 方案及现金持有量 | 机会成本 | 管理费用 | 短缺成本 | 总成本 |
|---|---|---|---|---|
| 甲 | 1 500 | 5 000 | 8 500 | 15 000 |
| 乙 | 2 500 | 5 000 | 4 000 | 11 500 |
| 丙 | 3 500 | 5 000 | 3 500 | 12 000 |
| 丁 | 4 500 | 5 000 | 0 | 9 500 |

通过分析比较上表中各方案的总成本可知,丁方案的总成本最低,因此企业持有 45 000 元的现金时,各方面的总代价最低,45 000 元为现金最佳持有量。

2. 存货模式

存货模式是根据存货的经济批量模型的基本原理,通过分析现金持有量的影响因素而进行的。

运用存货模式确定最佳现金持有量时,有很多的假设条件:

(1) 预算期内现金需要总量可以预测;

(2) 企业所需要的现金可通过证券变现取得,且证券变现的不确定性很小;

(3) 现金的支出过程比较稳定、波动较小,而且每当现金余额降为零时,均可以通过部分证券变现得以补足;

(4) 证券的利率或报酬率以及每次固定性的交易费用可以获悉。

如果这些条件基本得到满足,企业便可以利用存货模式来确定最佳现金持有量。

对上述(2)、(3)假设条件,现用图 4-2 加以说明。假设企业原有的现金是 $Q$,在 $t_1$ 时刻全部耗用完,此时企业出售 $Q$ 元有价证券补充现金,使企业的现金持有量重新回到 $Q$。随后当 $t_2$ 时刻现金再次耗用完时,再次出售 $Q$ 元有价证券补充现金,使企业的现金持有量又重新回到 $Q$。如此不断重复。

存货模式的着眼点也是现金的总成本最低。在这些成本中,现金的管理成本因其相对稳定,同现金持有量的关系不大,因此在存货模式中将其视为决策无关成本而不予考虑。由于现金是否会发生短缺、短缺多少、概率多大以及各种短缺情形发生时可能的损失如何,都存在很大的不确定性和无法计量性。因此,在利用存货模式计算最佳现金持有量时,对现金的短缺成本也不予考虑。这样,在存货模式中只对现金的机会成本和转换成本予以考虑。现金的机会成本与现金持有量成正比,而现金的转换成本通常视为与现金持有量成反比。这就要求企业必须对现金和有价证券的分割比例进行合理安排,从而使现金的机会成本与转换成本保持最佳组合。也就是说,能使现金的机会成本与转换成本之和保持最低的现金持有量,就是最佳的现金持有量。

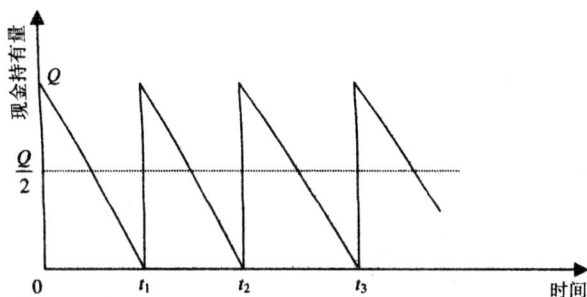

**图 4－2　确定现金持有量的存货模型**

设 $A$ 为预算期现金需要总量,$Q$ 为最佳现金持有量,$R$ 为有价证券利率或报酬率,$F$ 为平均每次证券变现的固定费用即转换成本,$TC$ 为现金总成本。

则:现金总成本＝机会成本＋转换成本

即:$TC = \dfrac{Q}{2} \times R + \dfrac{A}{Q} \times F$

现金总成本与机会成本、转换成本的关系可用图 4－3 来表示。

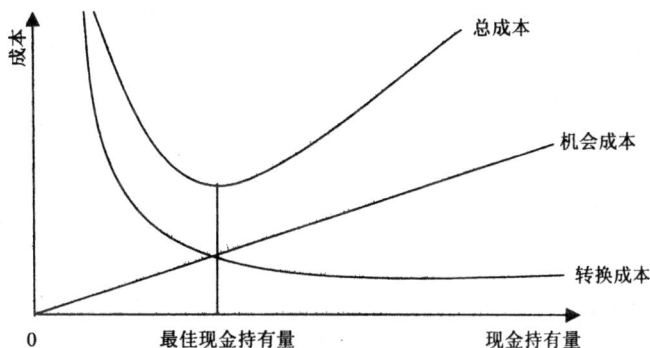

**图 4－3　存货模式示意图**

图 4－3 中,现金的总成本线是一条凹形曲线,可通过求导数求出最小值。

即:$TC' = \left(\dfrac{Q}{2} \times R + \dfrac{A}{Q} \times F\right)' = +\dfrac{R}{2} - \dfrac{AF}{Q^2}$

令:$TC' = 0$

则最佳现金持有量:$Q = \sqrt{\dfrac{2AF}{R}}$

　证券变现次数:$N = \dfrac{A}{Q}$

有价证券交易间隔期：$T=\dfrac{360}{N}$（预算期为一年）或 $T=\dfrac{30}{N}$（预算期为一个月）

【例 4-2】某企业全年所需现金为 62.5 万元，并且现金的收支比较稳定，每次有价证券转换成现金的成本为 50 元，有价证券的利率为 10%，则：

$$Q=\dfrac{\sqrt{2\times0.005\times62.5}}{10\%}=2.5（万元）$$

有价证券的转换次数（$T/Q$）= 62.5/2.5=25（次）

$$TC=\sqrt{2TFK}=\sqrt{2\times0.005\times62.5\times10\%}=0.25（万元）$$

存货模式可以较为准确地测算出最佳现金、成本最低额、最佳成本结构、证券变现次数及变现间隔时间等，这无疑对企业优化现金管理、提高现金使用效率具有一定的指导意义。但由于该模式使用前提的局限性，如该模式以货币支出均匀发生、现金持有成本和转换成本易于预测等为前提条件，因此，对于运用存货模式所得出的数据资料仅供企业决策参考，而不应机械地遵循。

3. 因素分析模式

因素分析模式，是根据上年现金占用额与有关因素的变动情况，来确定最佳现金持有量的一种方法，具体可按下式来计算：

最佳现金持有量＝（上年现金平均占有额－不合理占有额）×

(1±预计销售收入变化的百分比)　　　　　　　　(4-3)

【例 4-3】某企业 2016 年平均占用现金 100 万元，经分析，其中有 10 万元为不合理占用额，预计 2017 年的销售收入比 2016 年增长 6%。则 2017 年的最佳现金持有量为：

(100-10)×(1+6%)=95.4（万元）

因素分析模式考虑了影响现金持有量的最基本因素，计算也较为简单，但这种模式建立在现金需求量与营业量呈同比例变化的假设基础之上，而有时情况并非完全如此。所以，对于运用因素分析模式所得出的数据资料也仅供参考，不能机械遵循。

4. 现金周转模式

现金周转模式，是从现金周转的角度出发，根据现金的周转速度来确定最佳现金持有量的一种方法。现实中，一般用现金周转期或现金周转率来衡量现金的周转速动。

所谓现金周转期，是指从用现金购买原材料开始，到销售产品并最终收回现金的整个过程所消耗的时间。具体包括三个方面：

(1) 存货周转期，即将原材料转化成产成品并出售所需要的时间；

(2) 应收账款周转期，即将应收账款转化为现金所需要的时间；

(3) 应付账款周转期，即从收到尚未付款的原材料开始到以现金支付货款之间所需要的时间。

可用下式来表示，上述三个方面与现金周转期之间的关系：

现金周转期＝存货周转期＋应收账款周转期－应付账款周转期　　(4-4)

可根据下式计算出现金周转率：

$$现金周转率(或次数)＝360÷现金周转期 \qquad (4-5)$$

这样,便可确定最佳现金持有量了,具体的计算公式为:

$$最佳现金持有量＝\frac{预测期全年现金需要量}{现金周转率} \qquad (4-6)$$

【例 4-4】某企业的原料购买和产品销售都采取赊销方式,应付款的平均付款天数为 30 天,应收款的平均收款天数为 70 天。假设平均存货周转期限即企业从原料购买到产品销售的期限为 80 天,该企业每年的现金需求额为 540 万元。则:

企业的现金周转期＝80－30＋70＝120(天)

现金周转率(次)＝360/120＝3(次)

最佳现金持有量＝540/3＝180(万元)

现金周转模式较为简单,计算也不复杂,但这种模式建立在现金需要和现金供应不存在不确定因素的假设基础之上,这与现实很难完全吻合,所以,当上述假设不存在时,运用现金周转模式所求得的最佳现金持有量将发生偏差。

### 4.2.5　现金的日常管理

在对企业现金最佳持有量进行预测和编制现金收支计划的同时,企业现金管理的另一项主要工作就是现金的日常管理工作。现金日常管理工作是以现金最佳持有量的预测值为控制目标、以现金收支计划为参考依据进行的,主要包括以下几方面的工作。

1. 加速收款

尽快收款可以使现金周转速度加快,从而提高现金的使用效率。企业的尽快收款不仅要尽快将到期应收款收齐,而且还要尽可能将这些应收款转化为可用现金。为此,要求① 减少应收款的邮寄时间;② 减少企业收到的支票和支票兑现时间;③ 加快应收款进入企业往来银行的过程。为达到上述要求,企业可以采取以下具体措施:

(1) 集中银行法

集中银行法,是一种通过建立多个收款中心来加速现金流转的方法。在此方法下,企业根据销售分布情况,在各个地区分别设立收款中心,各地区的客户收到货物后,将支票寄送当地收款中心,收款中心收到顾客的支票后,委托当地银行收取款项。分散在各地的收款银行完成收账任务后,把多余的资金调拨给集中收款银行。

集中银行法主要有以下优点:① 缩短账单和货款的邮寄时间。由于分散的收款银行更加接近顾客,从而使邮寄账单和货款所需要的时间大大缩短,加速了货款的回收,减少了占用在这方面的资金量。② 缩短支票的兑现时间。由当地的付款银行对当地顾客汇到收款银行的支票进行兑现,这样所需要的时间要远远低于对集中收款银行收到的支票进行异地承兑所需要的时间。

采用集中银行法也有一些缺点,主要表现为:① 设立各地的收款中心需要增添人员和办公场所、设备等,这样就会增加开支费用;② 各地收款中心的委托收款银行都要求一定的补偿余额,每增加一个收款中心,补偿余额就会相应增加。而补偿余额又是对企业资金的一种占用,补偿余额越多,企业闲置的资金就越多。

因此在考虑使用集中银行法时,需要权衡这种方法的优缺点,综合分析由于加速收款和支票兑现造成的资金节约量与增加资金占用量的关系。

（2）锁箱系统法

锁箱系统法,又称邮政信箱法,是指企业通过租用邮政信箱来缩短从客户付款到存入当地银行所需时间的方法。企业可以在各主要城市租用专门的邮政信箱,并开立分行存款账户,授权当地银行每天开启信箱,在取得客户票据后立即予以结算,再通过电汇将货款汇到企业所在地银行。

在此方法下,客户将票据直接寄给客户所在地的邮箱而不是寄给企业总部。这样既缩短了票据邮寄时间,也免除了企业办理收账、货款存入银行等手续,因而缩短了票据邮寄以及在企业的停留时间。但采用这种方法成本较高,因为被授权银行除了要求保持一定的补偿余额外,还要收取办理额外服务的服务费,导致现金管理成本的增加。因此,是否采用锁箱系统法,需要视提前收回现金产生的收益与增加成本的大小而定。

除以上两种方法以外,企业还可以采取电汇、大额款项专人处理、企业内部往来多边结算、减少不必要的银行账户等方法加快现金回收。

2. 控制支出

在管理现金支出方面,企业应该在合理合法的前提下,尽量延缓现金的支出时间。延期支付货款的方法一般有以下几种:

（1）合理利用"浮游量"

所谓现金浮游量,是指企业账户上现金余额与银行账户上的现金余额之间的差额。有时,企业账户上的现金余额已经成为零或负数,而银行账户上该企业的现金余额还有很多,这是因为有些企业已经开出的付款票据尚处在传递中,银行尚未付款出账。如果能正确预测浮游量并加以利用,可以节约大量现金。例如,当一家公司在同一国家有多个银行存款户时,可选用一个能使支票流通在外的时间最长的银行来支付货款,以扩大现金浮游量。

（2）推迟支付应付款

在不影响企业信誉的情况下,尽可能推迟应付款的支付期,充分利用供货方的信用优惠。如遇企业急需现金,甚至可以放弃供货方提供的折扣优惠,在信用期的最后一天付款。

（3）采用汇票付款

在使用支票付款时,只要受票人将支票存入银行,付款人就要无条件地付款。但汇票不是"见票即付"的付款方式,在受票人将汇票送达银行后,银行要将汇票送交付款人承兑,并由付款人将一笔相当于汇款金额的资金存入银行,银行才会付款给受票人,这样就有可能合法地延期付款。

（4）改进工资支付方式

有的企业在银行单独开设一个账户专供支付职工工资。为了最大限度地减少这一存款余额,企业可预先估计出开出支付工资支票到银行兑现的具体时间。例如,某企业在每月5日支付工资,根据经验,5日、6日、7日及7日以后的兑现率分别为20％、25％、30％和25％。这样,企业就不需要在5日存足支付全部工资所需要的工资额,而可将节余下的部分现金用于其他投资。

3. 闲置现金投资管理

企业在筹资和经营时,会取得大量的现金,这些现金在用于资本投资或其他业务活动之前,通常会闲置一段时间。这些现金便可用于短期证券投资以及获取利息收入或资本利得,如果管理得当,可为企业增加相当可观的净收益。

企业现金管理的目的,首先是保证日常生产经营业务的现金需求,其次才是使这些现金获得最大的收益。这两个目的要求企业把闲置资金投入到流动性高、风险性低、交易期短的金融工具中,以期获得较多的收入。在货币市场上,财务人员通常会将闲置资金投入到国库券、可转让大额存单、回购协议等金融工具中。

4. 完善现金收支的内部管理制度

现金具有极强的流动性,容易存在弊端和发生差错,需严格的管理制度和办法才能保证其安全。一般而言,企业应在以下几个方面强化内部管理和制度的建设:

(1) 建立和健全严密的内部牵制制度

现金日常管理要做到钱账分管,使出纳人员与会计人员能互相制约、互相监督,对于任何形式的现金收支,都应坚持复核制度,以堵塞漏洞;采用定期换岗制度,当出纳人员调换时,应办理必要的交接手续,以明确责任。

(2) 及时进行现金清理

现金收支要做到日清月结,确保库存现金的实际金额与账面余额相符合,银行存款余额与银行对账单相符合,现金、银行存款日记账与其总账相符合,务必做到账实相符、账账相符。

(3) 严格库存现金的开支范围

企业需要严格执行国家有关制度对现金支付范围的规定,不得任意扩大开支范围。

(4) 加强库存现金限额管理

企业大额现金支付一般均通过银行办理结算,出纳人员手头现金不应太多。企业可根据生产经营规模及提现的难易程度,核定库存现金限额,一旦库存现金超过核定的限额,就应当及时送存银行。

# 4.3　应收账款管理

应收账款,是指企业因销售产品、材料或提供劳务等应向购货单位或接受劳务单位收取而未收取的款项。影响企业应收账款水平的主要因素有经济状况、产品定价、产品质量和企业的信用政策等。这些影响因素中除最后一项外,都不是企业财务部门所能控制的。因此,企业对应收账款的管理,主要就是通过对赊销风险与获利能力之间的权衡而制定适当的信用政策,以改变应收账款的水平。

## 4.3.1　应收账款的功能与成本

1. 应收账款的功能

应收账款在企业生产经营活动中所具有的作用叫作应收账款的功能。概括起来,主要有两大功能:

（1）增加销售

在市场激烈竞争的情况下，完全依靠现销方式是不现实的。在赊销方式下，企业在销售商品的同时，还向买方提供了可以在一定时间内无偿使用的资金，即商业信用资金，其数额等同于商品的售价，这对于购买方而言具有极大的吸引力。因此，赊销是促进销售的一种重要方式，对于企业销售产品、开拓并占有市场具有重要意义。在企业产品销售不畅、市场萎缩、竞争不力的情况下，或者企业在销售新产品，开拓新市场时，为适应竞争的需要，适时地采取有效的赊销方式，就尤为必要。

（2）减少存货

赊销可以加速产品销售的实现，加快产成品向销售收入的转化速度，从而对降低存货中的产成品数额有着积极的影响。这有利于缩短产成品的库存时间，降低产成品存货的管理费用、仓储费用和保险费用等各方面的支出。因此，当产成品存货较多时，企业可以采用较为优惠的信用条件进行赊销，尽快地实现产成品存货向销售收入的转化，变持有产成品存货为持有应收账款，从而节约各项存货支出。

2. 应收账款的成本

企业在采取赊销方式促进销售的同时，会因持有应收账款而付出一定的代价，这种代价就是应收账款的成本，主要包括机会成本、管理成本和坏账成本。

（1）机会成本

应收账款的机会成本，是指企业因资金投放在应收账款上而丧失的其他收入，如投资于有价证券便会有利息收入。这一成本的大小通常与企业维持赊销业务所需的资金数量（即应收账款投资额）、资金成本率有关，其计算公式为：

$$应收账款机会成本＝维持赊销业务所需要的资金×资金成本率 \qquad (4-7)$$

其中，资金成本率的取值一般按照有价证券的利息率计算；维持赊销业务所需要的资金数量则按下列步骤来计算：

① 计算应收账款周转率：

$$应收账款周转率＝360÷应收账款周转期 \qquad (4-8)$$

② 计算应收账款平均余额

$$应收账款平均余额＝赊销收入净额÷应收账款周转率 \qquad (4-9)$$

③ 计算维持赊销业务所需要的资金：

$$
\begin{aligned}
维持赊销业务所需要的资金 &＝应收账款平均余额×\frac{变动成本}{销售收入}\\
&＝应收账款平均余额×变动成本率\\
&＝赊销收入净额×\frac{变动成本率}{应收账款周转率} \qquad (4-10)
\end{aligned}
$$

在上述分析中，假设企业的成本水平保持不变（即单位变动成本不变，固定成本总额不变），因此，随着赊销业务的扩大，只有变动成本随之上升。

【例4-5】企业预测的年赊销额为2 000万元，应收账款平均收账天数为45天，变动成本率为 60％,资金成本率为 8％,求应收账款的机会成本。

应收账款平均余额＝2 000/360×45＝250(万元)

应收账款占用资金＝250×60％＝150(万元)

应收账款机会成本＝150×8％＝12(万元)

上述计算表明,企业投入 150 万元的资金可以维持 2 000 万元的赊销业务,相当于垫支资金的 13 倍还多。这一较高的倍数在很大程度上取决于应收账款的收账速度。一般情况下,应收账款收账天数越少,一定数量资金所维持的赊销额就越大;应收账款收账天数越多,维持相同赊销所需要的资金数量就越大。而应收账款的机会成本在很大程度上取决于企业维持赊销业务所需资金的多少。

(2) 管理成本

应收账款的管理成本,是指企业对应收账款进行日常管理的各项开支,主要包括对顾客信用状况进行调查的费用、收集各种信息的费用、账簿的记录费用、收账费用及其他费用等。

(3) 坏账成本

应收账款基于商业信用而产生,存在无法收回的可能性,由此而给应收账款持有企业带来的损失,就是坏账成本。一般情况是坏账损失与应收账款发生额成正比,而且不同行业其坏账平均损失率也有差别。为规避坏账成本给企业生产经营活动的稳定性带来的不利影响,企业应合理提取坏账准备,通常是按规定,以企业应收账款余额的一定比例来提取。

### 4.3.2　应收账款管理的目标与内容

#### 1. 应收账款管理的目标

商品与劳务的赊销与赊供,在强化企业竞争能力、扩大销售、增加收益、节约存货资金占用以及降低存货管理成本等方面,均有积极意义。但是相对于现销方式,赊销商品意味着企业应收账款增加,预计现金流入量与实际现金流入量在时间上产生差别,购货方拖欠甚至产生坏账损失的可能性增加。不仅如此,应收账款的增加,也造成企业资金成本和管理费用的增加。因此,企业应在发挥应收账款强化竞争、扩大销售功能的同时,尽可能降低应收账款的机会成本,减少坏账损失与管理成本,提高应收账款的收益,做出有利于企业的应收账款决策。

#### 2. 应收账款管理的内容

应收账款管理的核心是制定适当的信用政策。制定信用政策时,一方面应考虑到有利于扩大销售;另一方面应考虑到有利于降低应收账款占用的资金,缩短应收账款的回收期,防止发生坏账损失。具体可将企业应收账款管理的内容概括为以下几点:

(1) 制定合理的应收账款信用政策;

(2) 进行应收账款的投资决策;

(3) 做好应收账款的日常管理工作,防止坏账的发生。

### 4.3.3　信用政策的制定

赊销是企业促销的重要手段。但大量应收账款的存在,会引起资金短缺,影响资金的周转。企业应收账款的多少,一方面受市场经济环境的影响,另一方面受企业信用政策的影响。为了管理好应收账款,企业必须制定出一系列符合企业自身经营管理特点的信用政策。

信用政策,是指企业对应收账款进行规划和控制而确立的基本原则与行为规范,主要包括信用标准、信用条件和收账政策三个部分。

1. 信用标准

信用标准,是企业同意向顾客提供商业信用所要求的最低标准,通常以预计坏账损失率来表示。这是一个反指标,对信誉好的客户,给予较宽松的标准,即预计坏账损失率低;对于信誉差的客户,给予较严格的标准,即预计坏账损失率高。若企业制定的信用标准过于严格,只对信誉很好、预计会发生坏账损失可能性较低的顾客提供赊销,这样往往可以减少企业的坏账损失,减少应收账款的机会成本,但过于严格的信用标准,可能不利于扩大销售量甚至会减少销售量;与此相反,若放宽企业的信用标准,这样往往可以增加销售量,但同时又会促使坏账损失和应收账款的机会成本增加。因此,企业应根据具体情况进行权衡利弊,制定合理的信用标准和信用条件,使企业应收账款额度保持在适当水平,同时又满足了企业获得较大经济效益的目的。

(1) 信用标准的定性分析

企业在制定信用标准时,首先应进行定性分析,主要考虑三个基本因素:

一是同行业竞争对手的情况。若竞争对手实力很强,企业欲取得优势地位,就需要采取较低的信用标准;反之,可适当提高信用标准。

二是企业承担违约风险的能力。当企业具有较强的风险承担能力时,可以以较低的信用标准吸引顾客,扩大销售;否则,就只能选择严格的信用标准以降低违约风险的程度。

三是客户的信誉程度。企业在制定信用标准时,必须对客户的资信程度进行调查,判断客户的信用等级并决定是否给予其信用优惠。客户资信程度的高低通常取决于五个方面,即客户的品德、能力、资本、抵押品和情况,简称"5C"系统。

① 品德(Character),指顾客的信誉,即履行偿债义务的可能性。这是评价顾客信用品质的首要因素。企业应了解顾客以往付款的情况,判断顾客如期付款的可能性。顾客是否愿意尽自己最大的努力来归还货款,直接决定着账款的回收速度和数量。

② 能力(Capacity),指顾客偿还货款的能力,这主要依据顾客的资产特别是流动资产的数量、质量(变现能力)及其与流动负债的比例关系。一般而言,客户流动资产的数量越多,流动比率越大,表明其偿付债务的物质保证越雄厚;反之,则偿债能力越差。当然,对客户偿付能力的判断,还需要注意对其资产质量即变现能力以及负债的流动性进行分析。资产的变现能力越大,企业的偿债能力就越强;相反,资产的流动性越小,企业的偿债能力也就越弱。

③ 资本(Capital),指顾客的财务实力和财务状况。一般是根据有关的财务比率来分析客户的获利能力和偿债可能性,它是客户偿付债务的最终保证。

④ 抵押品(Collateral),指顾客为获得信用可能用作担保的资产,这对于不明底细及信誉较差的顾客来讲尤为重要。抵押品不仅对顺利收回货款较为有利,而且一旦客户违约,也可以变卖抵押品,挽回经济损失。

⑤ 条件(Conditions),指可能影响客户偿债能力的经济环境,例如,万一出现经济不景气,会对客户的付款能力产生什么影响、客户会如何做,等等,这需要了解客户在过去困

难时期的付款历史。

通过对客户以上五个方面的分析，就可以大致判断客户的信用状况。

（2）信用标准的定量分析

对信用标准的定量分析，旨在解决两个基本问题：一是确定客户拒付账款的风险，即确定坏账损失率；二是确定客户的信用等级，以此作为给予或拒绝信用的依据。在具体实行信用标准时，通常是首先对具体的客户的信用等级进行评定，再确定对客户提供商业信用时可能导致的坏账损失率。具体按以下三个步骤来操作：

① 设定信用等级的评价标准，即根据客户信用资料的调查分析，确定评价信用优劣的数量标准，以一组具有代表性、能够说明付款能力和财务状况的若干比率（如流动比率、速动比率、存货周转率等）作为风险指标，根据数年内最坏年份的情况，分别找出信用较好和信用较差两类客户的上述比率的平均值，以此作为比较其他客户的信用标准。

② 利用既有或潜在客户的财务报表数据，计算各自的指标值，并与上述标准进行比较。具体的比较方法是：若客户的某项指标等于或高于好的信用标准时，则视该客户的这一指标无拒付风险；若客户的某项指标介于好与差的信用标准之间，则该客户的拒付风险系数（即坏账损失率）增加 5 个百分点；若客户的某项指标等于或低于差的信用标准时，则该客户的拒付风险系数增加 10 个百分点。最后，将客户的各项指标的拒付风险系数累加，即可得到该客户发生坏账损失的总比率。

当然，企业为了能够更详尽地对客户的拒付风险做出准确的判断，也可以设置更多的指标数值。例如，将评价指标增为 20 项；各项指标最高的坏账损失率设为 5%；介于好与差两种信用标准之间的，每项指标增加 2.5% 的风险系数等。

③ 进行风险排队，并确定各有关客户的信用等级。依据上述风险系数的分析数据，先按照客户累计风险系数由小到大进行排序；再结合企业承受风险的能力及市场竞争的需要，具体划分客户的信用等级，例如累计拒付风险系数在 5% 以内的为 A 级客户，在 5%～10% 之间的为 B 级客户，在 10% 以上的为 C 级客户等；最后对于不同信用等级的客户，分别采取不同的信用政策，包括拒绝或接受客户信用订单，以及给予不同的信用优惠条件或附加某些限制条款等。

总之，对信用标准进行定量分析，有利于企业提高应收账款投资决策的效果，但由于实际情况错综复杂，不同企业的同一指标往往存在着很大差异，很难按照统一的指标进行衡量。这就要求企业的财务决策者必须在更加深刻地考察各指标内在质量的基础上，再结合以往经验来对各项指标进行具体地分析与判断，而不能机械地照搬照抄。

2. 信用条件

信用标准是企业评价客户等级，决定给予或拒绝客户信用的依据。一旦企业决定给予客户信用优惠时，就需要考虑具体的信用条件。

（1）信用条件的构成

信用条件，是指要求顾客支付赊销货款的条件，包括信用期限、折扣期限和现金折扣。其基本表现方式如"2/15,n/45"，表示：如果客户在发票开出后的 10 天内付款可以享受 2% 的现金折扣；如果客户不享受现金折扣，也必须在 45 天内付款。其中，45 天为信用期限，15 天为折扣期限，2% 为现金折扣率。信用条件是否优惠，对企业的产品销售具有很大的影响。

① 信用期限

信用期限,是指企业允许客户从购货到支付货款的时间间隔。企业销售量与信用期限之间存在着一定的依存关系。通常,延长信用期限可以在一定程度上扩大销售,增加销售收入,但不恰当的延长信用期限,会给企业带来不良后果:一是延长货款收账期,占用在应收账款上的资金相应增加,引起机会成本增加;二是引起坏账损失和收账费用的增加。因此,企业在延长信用期限的同时,要采取措施鼓励客户尽早付款。

② 折扣期限和现金折扣

为了缩短客户的实际付款时间,加速资金的周转,同时减少坏账损失,企业常常给客户提供一个折扣期限。若客户在折扣期限内付款,则企业可以按销售收入的一定比率给予其现金折扣。现金折扣实际上是对产品售价的扣减,企业提供一个什么样的折扣期限和现金折扣,要视提供现金折扣后所得的收益是否大于现金折扣的成本。

另外,企业还可采用阶段性的折扣期限和不同的现金折扣,如“2/10,1/20,$n/45$”,表示:在 10 天内付款,则给予 2% 的现金折扣;在 10～20 天内付款,则给予 1% 的现金折扣;如客户不享受现金折扣,也必须在 45 天内付款。

(2) 信用条件的选择

信用条件的选择与信用标准的选择相似,即先比较不同的信用条件的销售收入及相关成本,再计算出各自的净收益,并选择净收益最大的信用条件。

【例 4-6】某公司以前采用 30 天按照发票金额付款的信用政策,现拟将信用期限放宽至 60 天,仍按发票金额付款即不予折扣,设最低投资报酬率为 15%。

**表 4-3　某公司信用条件备选方案表**　　　　　　　　　　　　　　(单位:元)

| 项　　目 | 原方案($n/30$) | 新方案($n/60$) |
|---|---|---|
| 赊销量(件) | 100 000 | 120 000 |
| 赊销额(元)(单价 5 元) | 500 000 | 600 000 |
| 销售成本(元) | 450 000 | 530 000 |
| 变动成本(每件 4 元) | 400 000 | 480 000 |
| 固定成本(元) | 50 000 | 50 000 |
| 销售利润(元) | 50 000 | 70 000 |
| 可能发生的收账费用(元) | 3 000 | 4 000 |
| 可能发生的坏账损失(元) | 5 000 | 9 000 |

(1) 增加的收益＝增加的销售量×单位边际贡献＝20 000(元)

(2) 增加的应收账款机会成本

30 天信用期机会成本＝(500 000÷360)×(400 000÷500 000)×30×15%＝5 000(元)

60 天信用期机会成本＝(600 000÷360)×(480 000÷600 000)×60×15%＝12 000(元)

增加机会成本＝12 000－5 000＝7 000(元)

(3) 增加的收账费用和坏账损失

增加的收账费用＝4 000－3 000＝1 000(元)

增加的坏账损失＝9 000－5 000＝4 000(元)

（4）改变信用期限增加的净收益

增加的收益－增加的成本＝20 000－（7 000＋1 000＋4 000）＝8 000（元）

由于增加的收益大于增加的成本，所以应该采用 60 天的信用期

【例 4－7】继【例 4－6】，假设该企业在放宽信用期的同时，为了吸引顾客尽早付款，提出了"0.8/30，n/60"的现金折扣条件，估计会有一半的顾客（按照 60 天信用期所能实现的赊销额计算）将享受现金折扣优惠。假设采用"0.8/30，n/60"的信用条件后，收账费用和坏账损失仍保持在采用 n/60 信用条件时的水平。

（1）收益的增加＝20 000（元）

（2）应收账款机会成本的增加：

30 天信用期机会成本＝5 000（元）

60 天信用期并提供现金折扣的机会成本＝9 000（元）

机会成本增加＝9 000－5 000＝4 000（元）

（3）收账费用和坏账损失的增加：

收账费用的增加＝4 000－3 000＝1 000 元

坏账损失的增加＝9 000－5 000＝4 000 元

（4）现金折扣成本的变化：

现金折扣成本增加＝2 400（元）

（5）延长信用期限且提供现金折扣后的增量净收益

收益增加－成本费用增加＝20 000－（4 000＋1 000＋4 000＋2 400）＝8 600 元

应当放宽信用期至 60 天，并提供 0.8/30 的现金折扣条件。

3．收账政策

收账政策，是指当客户违反信用条件、拖欠甚至拒付账款时，企业所采取的收账策略与措施。

企业向客户提供商业信用时，必须考虑到三个问题：一是客户是否会拖欠或拒付货款，程度如何？二是怎样最大限度地防止客户拖欠货款？三是一旦货款遭到拖欠甚至拒付时，企业应采取怎样的对策？前两个问题主要依靠信用调查和严格审批制度（前面已作过介绍），第三个问题则必须通过制定完善的收账政策，采取有效的措施予以解决。

从理论上讲，履约付款是客户不容置疑的责任与义务，债权企业有权通过法律途径要求客户履约付款。但如果企业对所有客户拖欠或拒付账款的行为均付诸法律解决，往往并不是最有效的办法，因为企业解决与客户账款纠纷的目的，主要不是争论谁是谁非，而在于怎样最有成效地将货款收回。实际上，各个客户拖欠货款或拒付货款的原因是不尽相同的，许多信用品质良好的客户也可能因为某些原因而无法如期付款，此时如果企业直接向法院起诉，不仅需要花费相当数额的诉讼费，而且除非法院裁决客户破产，否则效果往往也不会很理想。所以，通过法院强行收回账款一般是企业不得已而为之的最后办法。基于这种考虑，企业如果能够同客户商量个折中的方案，也许能够将大部分账款收回。

通常的步骤是：当账款被客户拖欠或拒付时，企业应当首先分析现有的信用标准及信用审批制度是否存在纰漏；然后重新对违约客户的资信等级进行调查、评价。将信用品质恶劣的客户从信用名单中删除，对其所拖欠的款项可先通过信函、电讯或者派员前往等方

式进行催收,态度可以渐加强硬,并提出警告。当这些措施无效时,可考虑通过法院裁决。为了通过诉讼,可以与其他经常被该客户拖欠或拒付账款的企业联合向法院起诉,以增强该客户信用品质不佳的证据力。对于信用记录一向正常的客户,在去电、去函的基础上,不妨派人与客户直接进行协商,彼此沟通意见,达成谅解妥协,既可以密切相互间的关系,又有助于较为理想地解决账款拖欠问题,并且一旦将来彼此关系置换时,也有一个缓冲的余地。当然如果双方无法取得谅解,也只能付诸法律进行最后裁决。

当然,企业对拖欠的应收账款,无论采取何种方式进行催收,都要付出一定的代价,即收账费用,如邮电通讯费、人员差旅费和不得已时的诉讼费等。通常,企业为扩大销售,增强竞争力,都规定一个拖欠的宽限期。若收账政策过宽,会导致逾期未付款的客户增多,拖欠时间过长,对企业不利;若收账政策过严,催收过急,又会伤害无意拖欠的客户,影响企业的销售和利润。因此,企业在制定收账政策时,要权衡利弊,掌握好宽严界限。制定合理的收账政策就是要在增加的收账费用与减少的坏账损失、减少的应收账款机会成本之间进行权衡,若前者小于后者,则说明制定的收账政策是可取的。

【例4-8】已知某企业应收账款原有的收账政策和拟改变的收账政策如下表所示。假设企业资金利润率为10%。

表4-4　收账政策备选方案资料

| 项　　　目 | 现行收账政策 | 拟改变的收账政策 |
| --- | --- | --- |
| 年收账费用(万元) | 90 | 150 |
| 应收账款平均收账天数(天) | 60 | 30 |
| 坏账损失占赊销额的百分比(%) | 3 | 2 |
| 赊销额(万元) | 7 200 | 7 200 |
| 变动成本率(%) | 60 | 60 |

减少的坏账损失=72(万元)

减少的应收账款机会成本=36(万元)

增加的收账费用=150-90=60(万元)

采取新收账政策后取得的差量净收益=(72 + 36)-60=48(万元)

因此,改变收账政策的方案是可以接受的

### 4.3.4　应收账款的日常管理

对已经发生的应收账款,企业应进一步强化日常管理和监督,采取有力的措施进行分析、控制,以及时发现问题,提前采取措施。这些措施主要体现为以下几个方面的工作:

#### 1. 应收账款的追踪分析

应收账款一旦发生,赊销企业就必须考虑如何按期足额收回的问题。要达到这一目的,赊销企业就有必要在收账之前,对该项应收账款的运行过程进行追踪分析。

一般而言,企业的客户赊购了产品后,能否按期支付货款,主要取决于三个因素:一是客户的信用品质;二是客户的财务状况;三是客户是否可以实现该产品的价值转换或增值。其中,前两个因素在赊销之前就应注意分析,赊销之后,因为这两个因素有可能随时发生变化,所以仍要进行追踪分析。一旦发现客户的这两个因素有发生变化的可能,企业就应采取果断措施,尽快收回应收账款,哪怕是暂时先收回部分应收账款,同时对客户的信用记录进行相应调整。第三个因素对客户能否按时支付应收账款也具有重大的影响:若客户可以实现赊购产品的价值转换或增值,通常客户就会愿意及时付款,因为在有支付能力的情况下,客户大多是不愿以损失市场信誉为代价而拖欠应收账款的。正是从这个意义上来看,应收账款问题不应该仅是交易双方的问题,还常常会涉及第三方。在商品的流通过程中,任何一个环节出了问题,都可能会导致一系列的信用危机。因此,应收账款的追踪分析还应时刻关注客户及其交易伙伴上述三个因素的变化,以便及时做出决策。

当然,企业不可能也没有必要对全部的应收账款都进行追踪分析,而应将主要精力放在那些交易金额大、交易次数频繁或信用品质有问题的客户身上。

2. 应收账款的账龄分析

企业已发生的应收账款时间长短不一,有的尚未超过信用期,有的则已逾期拖欠。一般而言,逾期拖欠时间越长,账款催收的难度越大,成为坏账的可能性也越高。因此,进行账龄分析,密切关注应收账款的回收情况,是提高应收账款收现率的重要手段。

应收账款账龄分析就是研究应收账款的账龄结构。所谓账龄结构,是指分析各账龄应收账款的余额占应收账款总余额的比重。

【例 4-9】已知某企业的账龄分析表,如表 4-5 所示:

表 4-5　某企业应收账款账龄分析表

| 应收账款账龄情况 | 客户数量 | 欠款金额(千元) | 欠款金额在应收账款总额中所占的百分比(%) |
| --- | --- | --- | --- |
| 在信用期内的 | 120 | 120 | 40 |
| 超过信用期 1~20 天的 | 60 | 60 | 20 |
| 超过信用期 21~40 天的 | 30 | 30 | 10 |
| 超过信用期 41~60 天的 | 20 | 30 | 10 |
| 超过信用期 61~80 天的 | 10 | 30 | 10 |
| 超过信用期 81~100 天的 | 8 | 15 | 5 |
| 超过信用期 100 天以上的 | 13 | 15 | 5 |
| 合　计 | — | 300 | 100 |

表 4-5 表明,该企业应收账款余额中,有 120 万元尚在信用期内,占全部应收账款的 40%。过期数额 180 万元,占全部应收账款的 60%,其中逾期在 20、40、60、80、100 天内的,分别占 20%、10%、10%、10%、5%。另有 5% 的应收账款已经逾期 3 个月以上。此时企业应分析逾期账款具体是哪些客户,这些客户是否经常发生拖欠情况,发生拖欠的原因何在。一般而言,账款的逾期时间越短,收回的可能性越大,亦即发生坏账损失的程度相对较小;反之,收账的难度及发生坏账损失的可能性也就越大。

因此,对不同拖欠时间的账款及不同信用品质的客户,企业应采取不同的收账方法,制定出经济可行的不同收账政策;对可能发生的坏账损失,提前做出准备,估计其对企业经营的影响;对尚未逾期的应收账款,也不能放松监督与管理,以防发生新的拖欠。

通过应收账款账龄分析,不仅能提示财务管理人员应把逾期款项作为工作重点,而且有助于企业研究与制定新的信用政策。

# 4.4　存货管理

存货,是指企业在生产经营过程中为销售或者耗用而储备的物资,包括库存商品、材料、燃料、低值易耗品、在产品、半成品、产成品等。

存货是企业一项重要的资产,其内容广泛、形式繁杂,在流动资产中占有的比重较大。存货管理水平的高低,对企业生产经营的顺利与否具有直接的影响,并且会最终影响企业的收益、风险和流动性的综合水平,所以,存货管理在整个流动资产管理中具有重要的地位。

## 4.4.1　存货的功能与成本

### 1. 存货的功能

存货的功能,是指存货在企业生产经营过程中所具有的作用,主要有以下四个方面:

（1）防止停工待料

适量的原材料存货和在产品、半成品存货是企业生产经营正常进行的前提和保障。从企业外部来看,供货方由于某种原因,可能推迟或暂停企业所需材料的供应,从而影响企业材料的及时采购、入库和投产。从企业内部来看,拥有适量的存货储备,可以使各环节的生产调度更加合理,不至于因原料供应不足或等待半成品而影响生产。可见,适量的存货能有效防止停工待料事件的发生,维持生产的连续性。

随着自动化程度的提高,不少企业正在推行适时制(JIT),提出了"零存货"的口号,但从目前的情况来看,要真正做到这一点并非易事,有些行业甚至不可能做到"零存货"。

（2）适应市场变化

存货储备能增强企业在生产和销售上的机动性以及适应市场变化的能力。企业有了足够的库存产成品,能有效地供应市场,满足顾客的需要。如果某种畅销产品因库存不足,将失去良好的推销时机,甚至由此失去部分顾客。在通货膨胀时期,储存适量的原材料,也可使企业获得物价上涨带来的好处。

（3）降低进货成本

多数企业为扩大销售规模,往往对购买方提供优惠的商品折扣待遇,企业采取批量集中进货,可获得较多的商品折扣。此外,增加进货数量,可以减少采购次数,降低采购费用支出。即便在推崇"零存货"为管理目标的今天,仍有不少企业采取大批量购货方式,原因就在于这种方式有助于降低购货成本,只要购货成本的降低额大于因增加存货而导致的储存费用的增加额,批量采购便是可行的。

（4）维持均衡生产

对于生产季节性产品（如空调、羽绒服等）或者材料供应季节性变化较大的企业,适当储备一定的半成品或保持一定的原材料存货,可以维持均衡生产,降低生产成本。否则,这些企业若按照季节变动组织生产,难免会产生忙时超负荷运转、闲时生产能力得不到充分利用的情形,这也会导致生产成本的提高。其他企业在生产过程中,同样会因为各种原因导致生产水平的高低变化,拥有合理的存货可以缓冲这种变化对企业生产活动以及获利能力的影响。

(5) 有利产品销售

企业的产品通常是成批生产、成批销售的,对于客户而言,同样也有一个经济采购批量的问题,企业保持一定的产成品库存则会有利于企业的产品销售。否则,当碰到大订单的客户时,就可能丧失商机。

2. 存货的成本

要保持一定数量的存货,就必然会发生各项支出,这就是存货的成本,存货成本一般由以下几项构成:

(1) 进货成本

进货成本,是指存货的取得成本,主要由存货的进价成本和进货费用两个方面构成。其中,进价成本又称购置成本,是指存货本身的价值,等于采购数量与采购单价的乘积。在一定时期进货总量既定的条件下,无论企业采购次数如何变化,存货的进价成本通常是保持相对稳定的(假设物价不变且无数量折扣),因而属于决策的无关成本。进货费用又称订货成本,是指企业为组织进货而开支的费用,如与材料采购有关的办公费、差旅费、电话费、运输费、检验费、入库搬运费等支出。进货费用中有一部分与订货次数有关,如差旅费、电话费等,这类变动性进货费用与进货次数成正比例变动,属于决策的相关成本;进货费用中还有一部分与订货次数无关,如专设采购机构的基本开支等,这类固定性进货费用属于决策的无关成本。

(2) 储存成本

储存成本,是指企业为持有存货而发生的费用,主要包括存货资金占用的机会成本、仓储费、保险费、存货库存损耗等。其中,存货资金占用的机会成本,主要是指以现金购买存货而失去的其他投资机会可能带来的投资收益,一般用有价证券的投资收益来衡量。

与进货费用一样,储存成本按与储存数量的关系,可以分为变动性储存成本和固定性储存成本两类。变动性储存成本,如存货资金占用的机会成本、存货库存损耗、保险费等,这些成本与存货储存数量成正比例变动,平均库存量越多,变动性储存成本也就越高,属于决策的相关成本。因此,要降低变动性储存成本,就应减少每次的采购批量,降低平均库存量。固定性储存成本,如仓储人员的工资、仓库的折旧等,这类成本与存货储存数量没有直接的联系,属于决策的无关成本。

(3) 缺货成本

缺货成本,是指因企业存货不足而给企业造成的损失,主要包括由于原材料供应中断造成的停工损失、不能按期交货的信誉损失以及丧失市场机会的有形或无形损失等。缺货成本能否作为决策的相关成本,应视企业是否允许出现缺货的不同情况而定。如果企业允许缺货,则缺货成本与存货的储存数量反向相关,即存货储存数量越多,缺货成本越小,反之则缺货成本越大,这时缺货成本属于决策相关成本;如果企业不允许出现缺货情形,则缺货成本为零,不需考虑。

### 4.4.2 存货管理的目标与内容

1. 存货管理的目标

企业拥有充足的存货,不仅有利于生产过程的顺利进行,节约采购费用,而且能迅速满足客户的订货需要,扩大企业销售。然而,持有存货必然占用较多的资金,使企业付出较多的持有成本,影响企业的获利能力。所以,存货管理的目标,就是要在存货成本与功能之间进行权衡,在充分发挥存货功能的同时降低成本,增加收益,实现二者的最佳组合。

2. 存货管理的内容

(1) 根据企业生产经营的特点,制定存货管理的程序和办法;

(2) 合理确定存货的采购批量和储存期,降低各种相关成本;

(3) 对存货实行归口分级管理,使存货管理责任具体化;

(4) 加强存货的日常控制与监督,充分发挥存货的作用。

### 4.4.3 存货的决策

存货的决策涉及四项内容,即决定进货项目、选择供应单位、决定进货时间和决定进货批量。其中,前两项内容是销售部门、采购部门和生产部门的职责;后两项内容则是财务部门要做的。按照存货管理的目的,需要通过合理的进货批量和进货时间,使存货的总成本最低,这个批量叫作经济批量或经济订货量。有了经济批量,最适宜的进货时间也就很容易找到了。

与存货的总成本相关的因素很多,为了解决比较复杂的问题,有必要简化或舍弃一些因素,先研究解决简单的问题,再扩展到复杂的问题。这需要设立一些假设,以在此基础上建立存货经济批量的基本模型。

1. 存货经济批量的基本模型

经济批量的基本模型需要设立的假设条件有:

(1) 企业一定时期的进货总量可以较为准确地预测;

(2) 存货的耗用或销售较为均衡;

(3) 存货的价格稳定,且不考虑数量折扣;

(4) 不允许出现缺货情形;

(5) 进货日期完全由企业自行决定,且每当存货量降为零时,下一批存货均能马上一次到位,即不需要采购时间;

(6) 企业仓储条件及所需现金不受限制;

(7) 所需存货市场供应充足,并能集中到货。

根据上述假设,存货的买价和缺货成本都不是决策的相关成本,此时,考虑的就只有变动性的进货费用(简称相关进货费用)与变动性的储存成本(简称相关储存成本)两项内容,即:

$$存货的总成本 = 相关进货费用 + 相关储存成本$$

$$= \frac{存货进货总量}{每次进货批量} \times 每次进货费用 + \frac{每次进货批量}{2} \times 单位存货年储存成本$$

(4-11)

存货的总成本与相关进货费用和相关储存成本的关系可用图 4-4 来表示：

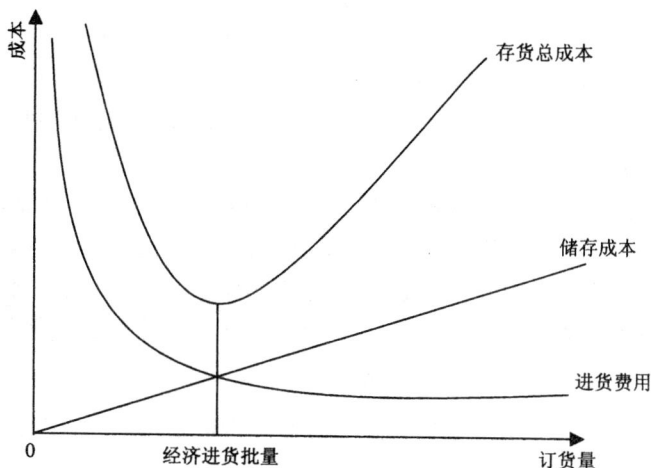

图 4-4　存货经济批量示意图

当相关进货费用与相关储存成本相等时,上述存货的总成本最低,此时的进货批量就是经济进货批量。

可用字母来表示上述关系：

$$TC = \frac{A}{Q} \times B + \frac{Q}{2} \times C \tag{4-12}$$

式中,$TC$ 为存货的总成本;$A$ 为某种存货的全年采购总量;$Q$ 为经济进货批量;$B$ 为每次进货费用;$C$ 为单位存货年储存成本;$P$ 为存货单价。

为了求出 $TC$ 的最小值,对上式进行求导演算,可得到：$Q = \sqrt{\dfrac{2AB}{C}}$

则：经济批量的存货总成本 $TC = \sqrt{2ABC}$

经济批量的资金平均占用额 $W = \dfrac{PQ}{2}$

最佳进货次数 $N = \dfrac{A}{Q} = \sqrt{\dfrac{AC}{2B}}$

采购存货的间隔期 $= \dfrac{360}{N}$

【例 4-10】某企业全年需用甲材料 1 620 吨,单位售价 10 元。根据历史经验预计,每次订货成本为 400 元,每吨存货年储存成本为 10 元,则每次进货的经济订货批量 $Q$ 为：

经济批量　$Q = \sqrt{2AB/C} = \sqrt{2 \times 1\,620 \times 400/10} = 360(吨)$

全年采购次数 $N = 1\,620/360 = 4.5(次)$

经济进货批量下的相关总成本　$TC = \sqrt{2 \times 1\,620 \times 400 \times 10} = 3\,600(元)$

甲材料平均占用资金 $= 360 \times 10/2 = 1\,800(元)$

采购甲材料的间隔期＝360/4.5＝90(天)

上述计算表明,当进货批量为 360 吨时,存货的总成本最低。

2. 基本模型的扩展

存货经济批量的基本模型是在前述各假设条件下建立的,但现实生活中能够同时满足这么多假设条件的情况非常少见。为使模型更接近现实,提高实用性,需放宽一些假设条件,扩展基本模型。

在上述经济批量基本模式分析中,假定价格不随批量的变动而变动。实际上,多数企业在销售时都有数量折扣,以吸引买方多多购买。此时,确定经济采购批量除了要考虑进货费用和储存成本外,还要考虑存货的进价成本。因为此时的进价成本与进货数量有直接关系,应属于决策的相关成本。也就是说,在经济批量基本模式其他假设条件均具备的前提下,存在数量折扣时得到的存货总成本应按下式来计算:

$$存货的总成本＝进价成本＋相关进货费用＋相关储存成本 \qquad (4-13)$$

具体可分下列四步来操作:

第一步,按照经济批量基本模式确定没有数量折扣情况下的经济批量;

第二步,计算按经济批量进货时的存货总成本;

第三步,计算按给予数量折扣的进货批量进货时的存货总成本;

若给予数量折扣的进货批量是一个范围,如进货数量在 2 000～2 999 千克之间可以享受 3% 的价格优惠,此时按给予数量折扣的最低进货批量,即按 2 000 千克计算存货的总成本。因为在给予数量折扣的进货批量范围内,无论进货量是多少,存货的进价成本总额都是相同的,而存货总成本的变动规律是:进货批量越小,存货的总成本就越低。

第四步,比较不同进货批量的存货的总成本,最低存货总成本对应的进货批量,即为有数量折扣情况下的最佳经济批量。

【例 4-11】某企业生产全年需用甲材料 9 000 公斤,该材料单价为 6 元/公斤,每公斤年储存成本为 3 元,每次订货成本为 60 元。供货商为了促销,决定按采购数量给予一定的购货折扣。当一次订货量达到 1 000 公斤以上时,可获 3% 的折扣,一次订货量在 3 000 公斤以上时,可获 5% 的折扣。要求为该企业选择最佳经济订货批量。

$Q=\sqrt{2\times9\,000\times60/3}=600(公斤)$

每次订货批量为 600 公斤时的存货总成本是

9 000×6 ＋9 000/600×60＋600/2×3＝55 800(元)

每次订货批量为 1 000 公斤时的存货总成本是

9 000×6×(1-3%)＋9 000/1 000×60＋1 000/2×3＝54 420(元)

每次订货批量为 3 000 公斤时的存货总成本是

9 000×6×(1-5%)＋9 000/3 000×60＋3 000/2×3＝55 980(元)

### 4.4.4　存货日常管理

存货日常管理目标是保证企业在生产经营正常进行的前提下尽量减少库存、防止积压。在实践中,常用的管理方法有存货的归口分级管理、存货挂签制度管理、存货 *ABC* 分类管理和存货储存期控制等。

**1. 存货的归口分级管理**

存货的归口分级管理,是存货日常管理的一种重要方法,主要包括以下三项内容:

(1) 在公司经理或厂长的领导下,财务部门对存货资金实行统一管理,促进供产销的相互协调,实现资金使用的综合平衡,加速资金周转

财务部门的统一管理主要包括以下几个方面:① 根据国家财务制度和企业具体情况,制定企业存货资金管理的各种制度;② 认真测算各种存货的资金占用额,汇总编制存货资金计划;③ 把有关计划指标进行分解,落实到各有关单位和个人;④ 对所属单位的存货资金运用情况进行检查和分析,统一考核存货资金的使用情况。

(2) 实行存货资金的归口管理

根据使用资金和管理资金相结合、物资管理和资金管理相结合的原则,每项资金由哪个部门使用,就由哪个部门管理。各项存货资金归口管理的分工一般为:① 原材料、燃料、包装物、辅助材料等资金归供应部门管理;② 在产品和自制半成品资金归生产部门管理;③ 产成品资金归销售部门管理;④ 修理用备件占用的资金归设备动力部门管理。

(3) 实行存货资金的分级管理

各归口的管理部门要根据具体情况将资金计划指标进行分解,分配给所属单位和个人,层层落实,实行分级管理。① 原材料资金计划指标可分配给计划供应、材料采购、仓储保管等业务班组管理;② 在产品资金计划指标可分配给各车间、半成品库管理;③ 产成品资金计划指标可分配给销售、仓储保管、成品发运等业务班组管理。

**2. 存货挂签制度管理**

存货挂签制度管理是一种传统的存货管理方法。具体管理时,对主要的存货都挂有一张记载永续盘存记录的标签,这种标签实际上是载明多种信息的卡片,在卡片上要记录存货的品名、编号、经济批量、收入、发出、结存等基本资料。表 4-6 就是这种卡片的典型形式。

表 4-6　永续盘存记录卡　　　　　数量单位:件

| 经济批量 | 500 件 |
| 订货点 | 250 件 |

| 编　　号 | 0153266 |
| 品　　名 | 丙材料 |

| 订　　货 | | 收　　入 | | 发　　出 | | 结　　余 | |
| 20××年 | | 20××年 | | 20××年 | | 20××年 | |
| 月 | 日 | 数量 | 月 | 日 | 数量 | 月 | 日 | 数量 | 月 | 日 | 数量 |
| 350 | 3 | 10 | 600 | 3 | 15 | 600 | 3 | 18 | 250 | 3 | 18 |

在采用存货挂签制度管理时,无论是存货的收入还是发出,都要逐笔记录到永续盘存记录卡上,并每日结出盘存量。当盘存量达到订货点时,便开始订货。

存货挂签制度管理法简单易行,能随时观察到存货的收、发、存的数量,在达到订货点时,能及时订货,有利于存货控制。但是,如果存货较多,收发频繁,则管理工作量就太大了。

### 3. 存货 ABC 分类管理

存货 ABC 管理法由意大利经济学家巴雷特于 19 世纪首创,以后经过不断发展和完善,现已广泛应用于存货管理、成本管理等各种管理活动之中。

就企业存货而言,小型企业也有数十件,大型企业的存货则有成千上万种,而这些存货中,有的价值较低,有的则很昂贵,有的数量庞大,有的数量较小,企业不可能都针对每一种存货进行周密的计划和控制,因此,有必要有效地对主要存货进行重点管理。存货 ABC 分类管理法即是针对这一问题而创造的重点管理方法。

所谓存货 ABC 分类管理,就是按照一定的标准,将企业存货分为 A、B、C 三类,分别实行分品种重点管理、分类别一般控制和按总额灵活掌握的存货管理方法。

(1) 存货 ABC 分类管理的分类标准

分类的标准主要有两个:一是金额标准,二是品种数量标准。其中金额标准是最主要的,品种数量标准仅作为参考。

A 类存货的特点是金额巨大,但品种数量较少;B 类存货金额一般,品种数量相对较多;C 类存货品种数量繁多,但价值金额却很少。好比一个拥有上万种商品的百货公司,家用电器、高档皮货、家具、摩托车、大型健身器材等商品的品种数量并不多,但价值额却相当大;大众化的服装、鞋帽、床上用品、布匹等商品品种数量比较多,但价值额相对于 A 类商品要小得多;至于各种小百货,如针线、纽扣、牙刷、文具及其他日杂用品等品种数量非常多,但所占金额却非常小。

一般而言,三类存货的金额比重大致为 A:B:C=0.7:0.2:0.1,而品种数量比重大致为 A:B:C=0.1:0.2:0.7。可见,A 类存货占用着企业绝大多数的资金,只要能控制好 A 类存货,基本上就不会出现较大的问题。同时,由于 A 类存货品种数量较少,企业完全有能力按照每一个品种进行管理。B 类存货金额相对较小,企业不必像对待 A 类存货那样花费太多精力。同时,由于 B 类存货的品种数量远远多于 A 类存货,企业通常没有能力对每一具体品种进行控制,因此可以通过划分类别的方式进行管理。C 类存货尽管品种数量繁多,但其所占金额却很小,对此,企业只要把握一个总金额就可以了。不过,在此需要提醒的是,由于 C 类存货大多与消费者的日常生活息息相关,虽然这类存货的直接经济效益对企业并不重要,但如果企业能够在服务态度、花色品种、存货质量、价格方面加以重视的话,其间接经济效益将是无法估量的。相反,企业一旦忽视了这些方面的问题,其间接的经济损失同样也是无法估量的。

(2) 存货 ABC 分类管理的操作步骤

一般情况下,运用 ABC 分类管理法进行存货管理,可按以下几个步骤进行:

① 计算每一种存货在一定时期内(一般为一年)的资金占用额;

② 计算每一种存货的资金占用额与全部存货资金总额的百分比,依大小顺序排列编成表格,并进行累加;

③ 当金额百分比累加到 70% 左右时,以上存货视为 A 类存货;百分比介于 70%～90% 之间的存货作为 B 类存货;其余则为 C 类存货。

【例 4-12】达成公司共使用 16 种材料,共占用资金 200 000 元,按占用资金多少的顺序排列,根据存货 ABC 分类管理法的原则划分为三类,如表 4-7 所示:

**表 4-7　达成公司材料情况表**

| 材料品种（编号） | 占用资金数额（元） | 类　别 | 存货种类 | | 存货资金 | |
|---|---|---|---|---|---|---|
| | | | 数量（种） | 比重（%） | 数量（种） | 比重（%） |
| 1 | 100 000 | A | 2 | 12.5 | 140 000 | 70 |
| 2 | 40 000 | | | | | |
| 3 | 22 000 | B | 4 | 25 | 44 000 | 22 |
| 4 | 13 000 | | | | | |
| 5 | 5 000 | | | | | |
| 6 | 4 000 | | | | | |
| 7 | 3 500 | C | 10 | 62.5 | 16 000 | 8 |
| 8 | 3 000 | | | | | |
| 9 | 2 000 | | | | | |
| 10 | 1 800 | | | | | |
| 11 | 1 600 | | | | | |
| 12 | 1 200 | | | | | |
| 13 | 1 000 | | | | | |
| 14 | 800 | | | | | |
| 15 | 600 | | | | | |
| 16 | 500 | | | | | |
| 合计 | 200 000 | —— | 16 | 100 | 200 000 | 100 |

总之,通过对存货进行 ABC 分类管理,可以使企业分清主次,采取相应的对策进行有效的管理、控制。例如,企业在组织经济批量、储存期分析时,对 A、B 两类存货可以分别按品种、类别进行,而对 C 类存货只需要加以灵活掌握即可,不必进行上述各方面的测算与分析。

## 复习思考题

**一、单项选择题**

1. 下列项目中,不属于现金持有动机中交易动机的是（　　）。

　　A. 支付工资　　　　B. 购买股票　　　　C. 缴纳所得税　　　　D. 派发现金股利

2. 与现金持有量没有明显比例关系的成本是（　　）。

　　A. 机会成本　　　　B. 资金成本　　　　C. 管理成本　　　　D. 短缺成本

3. 某公司每年(360 天)现金需求额为 400 万元,每次转换的交易成本为 20 万元,银行的存款利率为 10%,则该公司目标现金持有量为（　　）。

　　A. 200 万元　　　　B. 300 万元　　　　C. 400 万元　　　　D. 500 万元

4. 在下列费用中,属于应收账款机会成本的是（　　）。

　　A. 转换费用

　　B. 坏账损失

　　C. 收账费用

　　D. 投资于应收账款而丧失的再投资收益

5. 信用条件为"2/10，N/30"时，预计有 40% 的客户选择现金折扣优惠，则平均收账期的天数是(　　　)。

　　A. 16 天　　　　　　B. 28 天　　　　　　C. 26 天　　　　　　D. 22 天

6. 在企业应收账款管理中，明确规定了信用期限、折扣期限和现金折扣率等内容的是(　　　)。

　　A. 客户资信程度　　B. 收账政策　　　　C. 信用等级　　　　D. 信用条件

7. 下列属于缺货成本的是(　　　)。

　　A. 存货的保险费用

　　B. 存货残损霉变损失

　　C. 储存存货发生的仓储费用

　　D. 产品供应中断导致延误发货的信誉损失

8. 在确定经济进货批量基本模式下的进货批量时，应考虑的成本是(　　　)。

　　A. 进货成本　　　　　　　　　　　　B. 订货成本

　　C. 储存成本　　　　　　　　　　　　D. 进货费用和储存成本

## 二、多项选择题

1. 企业持有现金的动机有(　　　)。

　　A. 交易动机　　　　　　　　　　　　B. 预防动机

　　C. 投机动机　　　　　　　　　　　　D. 为在银行维持补偿性余额

2. 用存货模式分析确定最佳现金持有量时，要考虑的成本费用项目有(　　　)。

　　A. 现金管理费用　　　　　　　　　　B. 现金短缺成本

　　C. 持有现金的机会成本　　　　　　　D. 现金与有价证券的转换成本

3. 应收账款的成本包括(　　　)。

　　A. 机会成本　　　B. 坏账成本　　　C. 财务成本　　　D. 管理成本

4. 影响应收账款机会成本的因素有(　　　)。

　　A. 应收账款周转天数　　　　　　　　B. 变动成本率

　　C. 赊销收入净额　　　　　　　　　　D. 资金成本率

5. 信用政策的内容主要包括(　　　)。

　　A. 信用标准　　　B. 信用条件　　　C. 收账政策　　　D. 商业折扣

6. 存货的功能主要包括(　　　)。

　　A. 防止停工待料　　　　　　　　　　B. 适应市场变化

　　C. 降低进货成本　　　　　　　　　　D. 维持均衡生产

## 三、判断题

1. 企业营运资金余额越大，说明企业风险越小，收益率越高。　　　　　　　(　　　)

2. 现金持有成本是指企业持有现金所放弃的企业投资报酬率。　　　　　　　(　　　)

3. 通过应收账款账龄分析，编制账龄分析表，可以了解各客户的欠款金额、欠款期限和偿还欠款的可能时间。　　　　　　　　　　　　　　　　　　　　　　　　(　　　)

4. 企业在制定信用标准时不用考虑同行业的竞争对手的情况。　　　　　　　(　　　)

5. 企业的信用标准严格，给予客户的信用期很短，使得应收账款周转率很高，将有利

于增加企业的利润。　　　　　　　　　　　　　　　　　　　　　　　（　　）

6. 收账费用与坏账损失呈反向变化关系,收账费用发生得越多,坏账损失就越小,因此,企业应不断加大收账费用,以便将坏账损失降到最低。　　　　　　　（　　）

**四、计算分析题**

1. 某企业现金收支状况比较稳定,全年的现金需要量为 900 000 元,每次转换有价证券的固定成本为 450 元,有价证券的年利率为 10%。要求:

（1）计算最佳现金持有量。

（2）计算最低现金持有成本。

（3）计算最佳现金持有量的全年转换成本。

（4）计算最佳现金持有量的机会成本。

（5）计算有价证券的转换次数和转换间隔期。

2. A 公司是一个商业企业。由于目前的收账政策过于严厉,不利于扩大销售,且收账费用较高,该公司正在研究修改现行的收账政策。现有甲和乙两个放宽收账政策的备选方案,有关数据如下表:

| 项目 | 现行收账政策 | 甲方案 | 乙方案 |
|---|---|---|---|
| 销售额(万元/年) | 2 400 | 2 600 | 2 700 |
| 收账费用(万元/年) | 40 | 20 | 10 |
| 所有账户的平均收账期 | 2 个月 | 3 个月 | 4 个月 |
| 所有账户的坏账损失率(预计年度坏账损失和销售额的百分比) | 2% | 2.5% | 3% |

已知 A 公司的销售毛利率为 20%,应收账款投资要求的最低报酬率为 15%。假设不考虑所得税的影响。要求:该公司应否改变现行的收账政策? 如果要改变,应选择甲方案还是乙方案?

3. 方华公司预计年耗用某材料 80 000 公斤,单价 20 元/公斤,单位储存成本 10 元,平均每次进货费用为 40 元,该材料不允许缺货。要求:

（1）计算该材料的经济订货量。

（2）计算与经济订货批量有关的存货总成本。

（3）计算经济订货批量的平均占用资金。

（4）计算年度最佳进货批次。

4. B 企业全年需要甲种材料 2 000 公斤,每公斤买价 20 元,每次订货费用 50 元,单位储存成本为单位平均存货金额的 25%。该材料的供货方提出,若该材料每次购买数量在 1 000 公斤或 1 000 公斤以上,将享受 5% 的数量折扣。

要求:通过计算,确定该企业应否接受供货方提出的数量折扣条件。

# 第 5 章　固定资产管理

**学习目标**

初步学习固定资产投资的相关知识,包括固定资产的概念、特征、分类及管理要求,固定资产需要量的预测及确定方法,固定资产折旧政策,固定资产的投资决策,固定资产的日常管理等。

**学习要求**

➪ 了解:固定资产的概念、特征、分类及管理要求,固定资产投资的相关概念,固定资产折旧的意义。

➪ 掌握:固定资产的计价基础,固定资产需要量的预测及确定方法,固定资产折旧的计算及折旧政策的选择方法,固定资产投资项目的净现金流量,固定资产投资决策评价方法。

固定资产是企业的主要劳动资料,是企业从事生产经营活动的物质条件和基础,在一定程度上代表着企业生产经营的技术水平。与流动资产管理相比,固定资产管理涉及的期限更长,风险更大,因而更为复杂。

## 5.1　固定资产管理概述

### 5.1.1　固定资产的概念及分类

1. 固定资产的概念

固定资产,是指使用期限较长(超过 1 年)、单位价值在规定标准以上,并在使用过程中始终保持原有物质形态的资产。按现行财务制度的规定:不论单位价值大小,其使用年限在 1 年以上的房屋、建筑物、机器、机械、工具、器具、运输车辆等属于生产经营主要设备的物品均应视为固定资产;不属于生产经营主要设备的物品,单位价值在 2 000 元以上,并且使用年限超过两年的,也应视为固定资产。

2. 固定资产的分类

固定资产种类繁多,为了加强管理,必须按不同的标准,对其进行科学、合理、准确的分类。

(1) 按经济用途,可将固定资产分为经营用固定资产和非经营用固定资产

经营用固定资产,是指直接服务于企业生产经营过程的固定资产,如厂房、仓库、机器设备、工具设备、运输设备等。非经营用固定资产,是指不直接服务于生产经营过程的固定资产,如职工宿舍、食堂、托儿所、幼儿园、浴室、医务室等。

一般而言,经营用固定资产数量的增加,会增强企业的生产经营能力,带来直接收入和间接收入的增加;非经营用固定资产数量的增加,虽不能为企业带来收入的增加,但会提高企业职工的生产积极性或劳动效率,使企业的经营用固定资产达到最佳营运状态,最终影响企业的收入。

将固定资产按经济用途分类,可以归纳反映和监督两类固定资产之间的组成和变化情况,以便考核和分析企业固定资产的利用情况,促使企业合理配备资产,以充分发挥企业固定资产的效用。

(2) 按使用情况,可将固定资产分为使用中、未使用和不需用的固定资产

使用中固定资产,是指企业正在使用的各种固定资产,包括由于季节性和大修理等原因暂时停用以及存放在生产部门、销售部门、服务部门和科研开发部门等待使用的固定资产。未使用固定资产,是指尚未投入使用的新增固定资产和因进行改建、扩建停止使用的固定资产和因其他原因停止使用的固定资产。不需用的固定资产,是指企业不再使用、需要处理的固定资产。

将固定资产按使用情况分类,有利于反映和监督企业固定资产的使用情况及其比例关系,有利于分析和考核固定资产利用效率,挖掘固定资产的使用潜力,促使企业合理使用固定资产,提高使用效能。

(3) 按产权归属,可将固定资产分为自有固定资产和租入固定资产

自有固定资产,是指产权归企业自己所有的固定资产。租入固定资产,是指企业向外单位租入的,没有产权的固定资产。

将固定资产按产权归属分类,可以反映和监督企业固定资产的来源情况,分清计提固定资产折旧的界限。

(4) 按实物形态,可将固定资产分为房屋及建筑物、机器设备、电子设备、运输设备和其他设备

房屋及建筑物,是指企业拥有的供生产经营用和为职工生活福利服务的房屋、建筑物及其附属设备,如厂房、办公用房、仓库、食堂、宿舍等。机器设备,是指各类机械、机电、生产流水线及其配套设施。电子设备,是指集成电路、晶体管、电子管等元器件组成的设备和应用各种电子技术发挥作用的设备,如电子计算机等。运输设备,是指火车、轮船以外的其他运输工具,如汽车、摩托车、拖拉机、机帆船等。其他设备,是指不属于以上各类的固定资产。

另外,在实际工作中,为了便于管理,还可根据需要对固定资产进行综合分类,一般分为经营用、非经营用、租出、未使用、不需用、土地和融资租入的固定资产七类。其中,土地是指已估价单独入账的土地。

### 5.1.2 固定资产的特点

固定资产是企业的主要劳动资料,与流动资产相比,主要有以下几个特点:

1. 专用性强,技术含量高

固定资产是企业生产经营的主要劳动资料,一般都参与企业产品的生产和劳务的提供,是企业创造财富的主要手段。这些资产不易改变用途,因而出售困难,变现能力差。固定资产投资的不可逆转性和资产的专用性,要求固定资产投资决策必须科学谨慎,否则当资产闲置时,由于盘活困难,会增加企业整体资金运营的难度,降低整体资产的使用效益。

2. 收益能力高,风险较大

一般认为,固定资产具有其他资产不可比拟的创造财富的能力。固定资产的固定性不仅表现在其实物形态的长期不变,还表现为它所内含的技术形态的相对稳定,进而使其用途较为固定。固定资产在产生巨额收益的同时,也隐含着较大的风险。在科学技术迅速发展的时代,创新几乎成为财富的代名词,新工艺、新技术层出不穷,产品的更新换代越来越频繁,市场需求也在千变万化,固定资产的这些固定性会与市场的多变性产生矛盾,在以技术为竞争焦点的经济中遭到淘汰的可能性也会相应加大。当企业的生产方向、生产规模随市场需求不断调整时,企业往往会出现一些不再需用的闲置资产,加之固定资产自身价值较大的特点,一旦潜在的风险转变为现实,企业受到的损失将是巨大的。

3. 使用中价值双重存在

在企业生产经营过程中,随着固定资产价值的转移,其价值的一部分脱离实物形态,转化货币准备金,而其余部分则继续存在实物形态之中,直到固定资产丧失其全部功能。使用中固定资产价值的双重存在这一事实告诉我们:由于企业的各种固定资产折旧程度不同,实物更新时间不同,人们可以在某些固定资产需要更新以前,用原有固定资产所提折旧去购建新的固定资产,而用新获得的固定资产折旧去进行旧固定资产更新。这样,就可以利用一定数量的资金获得较多的固定资产,充分发挥资金的使用效能。

4. 价值补偿和实物更新相分离

固定资产的价值补偿是随着固定资产在相当长的时间内被使用而逐步完成的,而固定资产的实物更新,是在该项资产不能或不宜继续使用时,用逐渐积累起来的货币资金来实现的。所以,固定资产的价值补偿和实物更新在时间上是分离的。固定资产的价值补偿是实物更新的必要条件,而只有实现了固定资产的实物更新,积累的货币资金才能转化为固定资产,重新形成企业再生产所需的物质基础。固定资产的这一特点,要求企业必须正确计算和计提固定资产的折旧,加强固定资产的实物保管,以保证顺利实现固定资产的更新。

### 5.1.3 固定资产的管理要求

1. 正确核定固定资产的需要量

由于固定资产的变现能力较差,投资风险较大,企业应根据生产经营的任务、生产规模、生产能力等因素,科学预测各类固定资产的需用量,充分利用现有的固定资产,并加以合理配置,以尽可能少的固定资产满足企业生产经营的需要,也是进行科学的固定资产投资决策、搞好固定资产管理的一项基础工作。

2. 加强建设中固定资产的管理

企业的一些大型固定资产,如建筑物或大型生产线、生产设备等,其形成一般会有较长的建设期或安装期,因此对在建设及安装过程中资金与物料的消耗也要制定相应的制度和管理办法,监督工程进度和资金、物料的投放计划,控制各项支出,并且要加强对工程质量的监督,以保证完工固定资产的质量和日后固定资产的使用效率。

3. 正确计算和计提折旧

折旧的计算方法决定了企业会在多长的时间内收回投资,并在什么时候可对固定资产进行报废更新,因此,正确计算和计提折旧是保证固定资产再生产顺利进行的前提,必须充分考虑影响固定资产价值的各种因素,确定合理的折旧年限,采用科学的方法,编制固定资产折旧计划,以形成固定资产更新改造的资金来源,保证固定资产的再生产。

4. 科学制定固定资产投资决策

因固定资产价值较大、使用期限较长,固定资产投资需占用企业大量资金,所以在固定资产投入之前必须进行可行性分析。对于大型的生产设备,企业要在充分进行市场调查的基础上,使用适当的技术,使选用的设备技术尽可能带有超前性,以便投入设备所产生的产品技术领先,具备较强的竞争力。决策前必须对所投资固定资产后产生的效益、投资回收期等进行合理的预测。如有若干不同方案的,还应在不同的投资方案之间进行比较,以保证投资决策的科学性。对于一般性固定资产的采购,也应制定相应的采购审批程序,确保企业资金和资产的合理使用。

5. 做好固定资产的日常管理工作

固定资产投入正常使用后,就成为企业生产经营的物质基础,对维持企业正常的生产经营和日常管理发挥重要作用。因此要对使用中的固定资产做好日常的管理工作,组织好固定资产的收发、使用保养、维修、清理报废等各项工作,保证固定资产的安全和完整;同时建立和健全固定资产的"归口分级"管理责任制度。所谓"归口",就是把企业的固定资产按不同类别交由相应的部门负责管理。所谓"分级",就是在"归口"管理的基础上,将固定资产使用、保养、维修的责任,具体落实到各级使用单位或部门负责管理。"归口"管理主要是掌握固定资产的增减变化,便于安排固定资产的大修和更新改造;"分级"管理则主要是保持固定资产良好的技术状态,以达到合理使用的目的。

## 5.1.4　固定资产的投资程序

1. 提出投资项目

企业的各级领导者都可以提出新的固定资产投资项目。一般而言,企业大规模的战略性投资项目,多由企业的高层领导者(如总经理)提出,并由生产、市场、财务等各方面专家组成的专门小组拟订方案,以备决策参考;企业战术性的投资项目,多由企业的基层或中层领导者提出,并由主管部门组织人员拟订方案。

2. 评价投资项目

固定资产投资项目的评价一般涉及以下几项工作:① 将提出的投资项目进行分类,

为分析评价做好准备;② 做好投资项目现金流量的预测工作,正确预计有关项目的收入和成本;③ 运用各种投资评价指标,并将各项投资按可行性顺序进行排队;④ 完成评价报告,并递呈上级批准。

3. 决策投资项目

投资项目经评价后,由企业领导者作最后决策。一般而言,投资额较小的投资项目,由中层经理决策即可;投资额较大的投资项目,一般由总经理决策;投资额特别大的投资项目,需由董事会甚至股东大会投票表决。但不管最后由谁决策,一般都不外乎三种结果:① 接受这个投资项目,进行投资;② 拒绝这个投资项目,不投资;③ 发还给项目的提出部门,重新调查后,再做处理。

4. 实施投资项目

决定对某项目进行投资后,应积极筹措资金,实施投资。在投资项目的实施过程中,应对工程进度、工程质量、施工成本等加强控制,以使投资按预算规定保质如期完成。

5. 再评价投资项目

在投资项目的实施过程中,应注意原来做出的决策是否合理、正确。一旦出现新的情况,就要随时根据变化的情况做出新的评价。若情况发生重大变化,使得原来的投资决策已不合时宜,则应对投资决策是否需中止做出决策,以避免更大的损失。

## 5.2 固定资产需要量的预测

### 5.2.1 固定资产需要量预测的依据

1. 固定资产需要量预测的必要性

固定资产需要量的预测,是指企业根据预测生产任务、生产方向和扩大产品销路的可能性等因素,对企业计划期内各类固定资产的合理需要数量所进行的测算和分析工作。一般主要是指对生产用固定资产需要量的预测,非生产用固定资产一般是根据实际需要和可能条件来加以确定的。

正确预测固定资产需要量,是合理进行固定资产投资、提高固定资产利用效果的首要环节,它有利于确定企业固定资产的投资规模和投资方向;有利于挖掘企业资产潜力,节约投资资金,减少投资风险,降低投资成本,提高固定资产投资的效益。

2. 固定资产需要量预测的依据

企业一定时期固定资产需要量的预测,必须以企业预期的生产任务为基本出发点,并结合生产规模和生产发展的方向以及有关的技术经济指标等因素来制定。企业要结合对国内、国际市场的调查研究,清楚产品方向、生产规模、产品的竞争力和市场供求状况,还应清楚材料和能源等方面的供应情况,来预测固定资产的需要量。

在预测固定资产需要量时,要注意留有余地,并结合自身的实际情况。新建企业的生产计划和生产任务可按设计能力确定;老企业的计划生产任务超过计划生产能力的,按计划生产任务确定,生产任务不足的,按原设计能力确定;企业产品和生产任务变化较大,生产规模不定的,可根据当年的计划生产任务,并结合历史发展情况加以核定。同时,还要注意灵活处理未来的各种变化情况。生产任务如逐年上升，则应增加企业设备，确保生产任务顺利完成；对于暂时性增产的，不应盲目大规模购置固定资产，而应通过经营租赁、技术改造或提高设备利用率来完成生产任务。同样，对于连续减产的企业，则应将闲置的固定资产出租或调出，充分发挥其剩余利用率。但如果是临时性减产，还需要维持原有的生产能力，不要轻易做出大规模削减生产设备的决定，以免在将来恢复生产时影响企业的生产能力。

### 5.2.2　固定资产需要量预测的方法

#### 1. 直接查定法

直接查定法，是通过企业预测期生产任务与各种固定资产生产能力相平衡而直接确定固定资产需要量的方法。采用这种方法查定固定资产需要量，必须在彻底清查固定资产的数量、能力以及对现行生产设备分类排查摸底的基础上进行。由于企业固定资产种类多、数量大，查定时不可能详细地逐一计算各类固定资产的需要量，只能根据不同企业的生产技术和生产组织的特点，分清主次、抓住重点加以测算。一般来说，生产设备是企业进行生产经营活动的主要物质基础，是决定产品产量和质量的关键，应作为重点对其需要量进行预测，通常按其实物量逐项测定。在正确计算生产设备需要量的基础上，其他种类的设备可以根据生产设备的配套情况确定其合理的需要量。

测算生产设备需要量的基本方法是将企业预测年度的生产任务与单台设备的生产能力进行比较，具体的计算公式为：

$$某生产设备需要量＝预测生产任务÷单台设备生产能力 \qquad (5-1)$$

具体可按下列步骤和方法来进行测算：

（1）测算预测年度的生产任务

预测年度的生产任务可以用实物量表示，也可以用台时数表示，以实物量表示即为预测产量。在企业产品品种不多的情况下，可按不同产品品种的产量分别测算。若产品品种很多，难以按不同品种分别测算，则可以按产品结构或工艺过程进行适当归类，将同类产品折合为代表性产品进行测算。但如果企业产品品种很多，而且品种之间差异也较大，难以归类时，为了计算各类生产设备需要量，应将全年预测生产任务的实物量按单位产品定额台时换算成预测定额台时。具体的计算公式为：

$$预测定额总台时数 = \sum（预测产量 × 单位产品定额台时 × 定额改进系数）$$

$$(5-2)$$

式中，单位产品定额台时是指技术资料所规定的现行定额台时。但现行定额不是可以经常修改的，因此，考虑到技术改造和劳动生产率的不断提高，预测年度单位产品定额台时水平应较现行定额有所改进。测算年度改进后的定额为预计新定额。预计新定额占现行定额的百分比为定额改进系数。定额改进系数的大小，标志着预测年度采用技术措施使劳动生产率可能提高的程度。这是根据上年定额的完成情况并考虑预测年度可能达到的水平计算确定的，具体的计算公式为：

$$定额改进系数=\frac{预测年度估计新定额台时}{单位产品现定额台时}\times100\% \qquad (5-3)$$

【例5-1】某企业现行单位产品定额台时数为100,预测年度采取措施后估计新定额可压缩到95台时,则:

定额改进系数=95÷100×100%=95%

(2)测算单台生产设备的生产能力

单台设备的生产能力,是指单台设备所能生产的某种产品的最大年产量。单台设备生产能力的计量要与预测年度生产任务的计量相适应,既可以用实物生产量(台、件、公斤等)表示,也可以用全年有效台时表示。如果按实物量计算,就是单台设备的年产量,具体的计算公式为:

$$单台设备的年产量=全年计划工作日数\times每日开工班次\times台班产量 \qquad (5-4)$$

单台设备的生产能力如用台时数表示,即为单台设备全年有效台时,具体的计算公式为:

$$单台设备全年有效台时=全年计划工作日数\times每日开工班次\times每班工作台时数$$
$$(5-5)$$

式中,全年计划工作日数是指全年制度工作日数251天(251=365−104−10)扣除预计停机检修日数后的天数;每日开工班次是指一日24小时内的轮流班次;每班工作台时数是指每班实际工作时间扣除班前班后的交接及必要的休息时间,一般按8小时计算。

【例5-2】某机械厂加工车间计划年度生产甲、乙两种产品,两种均需车床加工。两种产品的计划产量及单位产品定额资料如表5-1所示:

**表5-1 两种产品的计划产量和单位产品定额台时资料表**

| 产 品 名 称 | 计 划 产 量 | 单位产品定额台时 | 定额改进系数(%) |
|---|---|---|---|
| 甲产品 | 100 | 60 | 80 |
| 乙产品 | 200 | 90 | 80 |

若该车间实行班制,每班工作时间为7小时,计划停机检修时间为10天。试测算计划年度该企业的车床需用量。

预测定额总台时数=(100×60+200×90)×80%=19 200(台时)

单台设备全年有效台时=(251−10)×2×7=3 374(台时)

车床需要量=19 200÷3 374≈6(台)

(3)计算生产设备需要量

根据预测生产任务定额台时和单台设备的全年有效台时资料,即可相除计算出生产设备需要量。生产设备需要量也可以用设备负荷系数乘以现用设备数量来计算。具体的计算公式为:

$$某设备需要量=该设备现有数量\times该设备的预测负荷系数 \qquad (5-6)$$

通过设备负荷系数的计算,可以了解预测年度各种设备的负荷程度,具体的计算公式为:

$$某设备预测负荷系数＝该设备预测定额总台时÷设备全年有效台时 \quad (5-7)$$

$$某设备全年有效台时＝该设备现有台数×单台设备全年有效台时 \quad (5-8)$$

【例 5-3】根据表 5-1 的资料,假定现有车床 4 台,按设备负荷系数计算预测年度的车床需要量。

设备负荷系数＝19 200÷(3 374×4)≈1.42

车床需要量＝4×1.42≈6(台)

生产设备需要量计算出来以后,应与现有设备数量进行比较,以确定是否不足或富余。具体的计算公式为:

$$某生产设备富余(＋)或不足(一)数量$$
$$＝某种生产设备现有数量－某种生产设备预测需要量 \quad (5-9)$$

其实,若设备负荷系数大于 1,就表明了设备不足,设备生产能力超负荷;若等于 1,则表明设备可满足需要;若小于 1,则表明设备有富余。

企业一般有很多车间,各车间的生产设备又有不同的类型,因而在实际工作中,确定设备需要量的方法也不一样。一般情况下,应按上述方法先确定主要车间的生产能力和设备需要量;然后再以主要车间为基础,平衡其他车间的生产能力和设备需要量;最后计算确定整个企业的固定资产需要量。根据固定资产需要量和固定资产的市场价格等资料,即可计算出固定资产的资金需要量。

通过上述测算、比较和平衡,可以了解企业各种设备能力的余缺情况,为调控设备、充分利用设备的生产能力指明方向。但是,当发现设备富余或不足之后,不能简单地直接根据测算结果决定增加或减少设备,而必须综合考虑各种因素后加以确定。一般来说,对于多余的生产设备或生产能力,应当编制多余生产能力利用计划,在原材料、燃烧动力等供应充足、产品适销对路的情况下,可以适当增加产量或扩大对外协作加工任务,以充分利用设备。在生产设备不足的情况下,不应盲目决定外购设备,而必须首先立足于充分挖掘企业内部潜力,在现有设备的基础上,压缩产品定额台时,进一步提高设备负荷,使之在不增加设备的前提下保证完成预定的生产任务。只有在采取了上述措施之后,设备仍有不足时,才能考虑进行固定资产的投资、购置设备满足企业生存和发展的需要。

2. 产值资产率法

对于生产条件及生产任务多变的企业,可以采用一种较为简便的测算方法——产值资产率法,即以预测年度前的某一正常生产年度按不变价格计算的产值固定资产率综合测算固定资产需要量,具体的计算公式为:

$$固定资产需要量＝预计年度工业总产值(不变价格)×正常年度产值固定$$
$$×(1－预测年度固定资产利用率提高％) \quad (5-10)$$

$$正常年度产值固定资产率＝\frac{正常年度固定资产平均总值}{正常年度实际工业总产值(不变价格)}×100\%$$
$$(5-11)$$

采用这种测算方法,工作量小,易于掌握,但测算结果不够准确,有时误差较大。

## 5.3 固定资产折旧

### 5.3.1 固定资产折旧概述

1. 固定资产折旧的含义

固定资产在使用过程中会不断发生损耗,使它的价值逐渐减少,逐渐转移到所生产的产品上,形成新的价值和使用价值。固定资产价值的转移,以折旧费形式,构成产品成本的一部分,再通过产品的销售活动,从销售收入中得到补偿。固定资产折旧,即是指固定资产因损耗而转移到产品上去的那部分价值。

固定资产的损耗包括有形损耗和无形损耗两种。有形损耗是物质损耗,包括使用损耗和自然损耗。其中,使用损耗是由于磨损、腐蚀等原因所造成的物质损耗;自然损耗是由于风吹、日晒、雨淋而生锈、腐烂、风化等因素形成的损耗。无形损耗是功能损耗,又称精神损耗,是由于科学技术进步和劳动生产率提高,或采用新设备而引起原有固定资产的贬值或提前更新造成的损失。可见,必须全面考虑有形损耗和无形损耗,以正确计提固定资产折旧。

2. 固定资产折旧的影响因素

在确定固定资产折旧额时通常会受到以下几个因素的影响:固定资产原始价值、固定资产预计的净残值和固定资产的预计使用年限。

原始价值,是固定资产取得时发生的实际支出。以固定资产原始价值作为计提折旧的基数可以保证收回投资时的全部资金。固定资产预计的净残值,是指固定资产在报废清理时可以收回的残余材料的价值减去清理费用后的净值,可以继续为企业利用,或出售给其他单位给企业带来一定收入,所以在计算折旧时一般预先估计固定资产的净残值,并从固定资产的原值中进行扣减。扣减后的固定资产的价值在使用过程中逐渐消耗殆尽,其消耗的价值应在整个使用期内进行补偿,因此固定资产使用年限的长短虽然对折旧总额没有影响,却决定了每一期折旧额的大小。而预计固定资产的使用年限,不仅要考虑固定资产的有形损耗,还应考虑到无形损耗对固定资产使用年限的影响。

3. 固定资产折旧的计提范围

现行财务制度规定,应计提折旧的固定资产有:① 房屋和建筑物;② 在用的机器设备、仪器仪表、运输工具、工具器具;③ 季节性停用及大修理停用的固定资产;④ 融资租入和以经营租赁方式租出的固定资产。

不计提折旧的固定资产有:① 除房屋、建筑物以外的未使用、不需用的固定资产;② 以经营租赁方式租入的固定资产;③ 已提足折旧仍继续使用的固定资产;④ 按规定单独估价作为固定资产入账的土地。

4. 固定资产折旧的计提时间

从理论上讲,固定资产折旧的计提,应从固定资产投入使用后开始,固定资产报废或停止使用后,应停止计提折旧。但实际工作中,为便于核算和管理,我国现行制度规定:企业固定资产折旧,必须按足月原价计提。也就是说,当月增加的固定资产,当月不提折旧,从下月起计提折旧;当月减少的固定资产,当月照提折旧,从下月起不提折旧;固定资产提足折旧后,不论能否继续使用,均不再计提折旧;提前报废的固定资产,也不再补提折旧。

### 5.3.2　固定资产折旧方法

根据我国企业会计制度的规定,企业应根据固定资产的性质和损耗方式,合理地确定固定资产的预计使用年限和预计净残值,并根据科技发展、环境及其他因素,选择合理的固定资产折旧方法,按照管理权限,经股东大会或董事会,或经经理会议或类似机构批准,作为计提折旧的依据。同时,按照法律、行政法规的规定报送有关各方备案,并备置于企业所在地,以供投资者等有关各方查阅。企业已经确定并对外报送,或备置于企业所在地的有关固定资产预计使用年限和预计净残值、折旧方法等,一经确定不得随意更改,如需变更,仍应按照上述程序,经批准后报送有关各方备案,并在会计报表附注中予以说明。

这里详细介绍以下几种固定资产折旧方法:

1. 平均年限法

平均年限法,是按照固定资产使用年限平均计算折旧额的一种方法,也称使用年限法或直线法。

平均年限法是最简单、最普遍使用的方法之一。其计算方法为:以固定资产原值减去固定资产预计净残值,再除以固定资产预计使用年限。固定资产的残值一般为固定资产原值的 3%~5%,若需要多留、少留或不留残值的,应报主管财政机关备案。固定资产预计使用年限应不低于国家规定的最短年限。

平均年限法的具体计算公式为:

$$\text{固定资产年折旧额} = \frac{\text{固定资产原值} - \text{预计净残值}}{\text{固定资产预计使用年限}} \qquad (5-12)$$

$$\text{固定资产月折旧额} = \text{固定资产年折旧额}/12 \qquad (5-13)$$

实际工作中,平均年限法的折旧额通常是按折旧率计算的。所谓固定资产折旧率,即固定资产在一定时期的占固定资产原值的比率,具体的计算公式为:

$$\text{固定资产年折旧率} = \frac{1 - \text{固定资产预计净残值率}}{\text{固定资产预计使用年限}} \qquad (5-14)$$

$$\text{固定资产月折旧率} = \text{固定资产年折旧率}/12 \qquad (5-15)$$

$$\text{固定资产月折旧额} = \text{固定资产原值} \times \text{固定资产月折旧率} \qquad (5-16)$$

【例 5-4】某企业某项固定资产原值为 100 000 元,预计净残值为 5 000 元,预计使用年限为 10 年,则年折旧额为:

$$\text{年折旧额} = \frac{100\,000 - 5\,000}{10} = 9\,500(\text{元})$$

$$\text{月折旧额} = 9\,500 \div 12 \approx 791.67(\text{元})$$

平均年限法计算较为简便,各年或各月折旧额相等,这使得企业产品成本稳定、有可比性,但缺陷是不能反映固定资产在各个时期使用强度的差异及无形损耗。

2. 工作量法

工作量法,是以固定资产能够提供的工作量或工作时间为单位计算折旧的一种方法,也称作业量法。

工作量法具体可分为下列三种情况来分别计算:

(1) 按行驶里程计算折旧,其计算公式为:

$$单位里程折旧额 = \frac{原值 \times (1 - 预计净残值率)}{总行驶里程} \tag{5-17}$$

(2) 按工作小时计算折旧,其计算公式为:

$$每工作小时折旧额 = \frac{原值 \times (1 - 预计净残值率)}{总工作小时} \tag{5-18}$$

(3) 按台班计算折旧,其计算公式为:

$$每台班折旧额 = \frac{原值 \times (1 - 预计净残值率)}{总工作台班数} \tag{5-19}$$

【例 5-5】某企业有卡车一辆,原始价值 100 000 元,预计净残值率为 3%,预计可行驶 1 000 000 千米,本月实际行驶 3 000 千米,则该卡车每千米的折旧额和月折旧额为:

$$单位里程折旧额 = \frac{100\,000 \times (1 - 3\%)}{1\,000\,000} = 0.097(元)$$

$$单位里程月折旧额 = 0.097 \times 3\,000 = 291(元)$$

工作量法适用于在使用过程中使用不甚均衡而其损耗与使用情况密切联系的生产设备,如建筑机械、大型专用设备等。

3. 加速折旧法

加速折旧法,是加速固定资产折旧计提的方法,也称快速折旧法。采用加速折旧法计提折旧,可以使固定资产在使用早期多提折旧,在使用后期少提折旧,整个折旧期间的折旧费用呈逐年递减走势,从而使固定资产的原始成本能在有效使用期内早日摊入成本。

加速折旧方法有很多,常用的主要有双倍余额递减法和年数总和法。

(1) 双倍余额递减法,也称加倍递减余额法,是在不考虑固定资产残值的情况下,用直线法折旧率的双倍去乘以固定资产在每一会计期间的期初账面净值,从而确定当期折旧额的一种方法,具体的计算公式为:

$$年折旧率 = \frac{2}{折旧年限} \times 100\% \tag{5-20}$$

$$月折旧率 = 年折旧率 \div 12 \tag{5-21}$$

$$月折旧额 = 固定资产账面净值 \times 月折旧率 \tag{5-22}$$

采用双倍余额递减法,未考虑残值的影响,最后计算的结果,只要固定资产在使用,其账面净值就不能小于残值。因此,采用双倍余额递减法时,应在固定资产折旧年限到期以前两年内,采用平均年限法,将固定资产净值扣除预计净残值后平均摊销,以使最后 1 年的账面净值与预计净残值相等。

【例 5-6】某企业一台专项设备账面原值为 160 000 元,预计净残值为 5 000 元,预计

使用年限为 5 年,则:

该项设备年折旧率＝2÷5×100％＝40％

其各年折旧额如表 5－2 所示:

表 5－2  固定资产折旧计算表

| 年次 | 期初账面净值(元) | 年折旧率 | 年折旧额(元) | 累计折旧额(元) | 期末账面净值(元) |
|---|---|---|---|---|---|
| 1 | 160 000 | 40％ | 64 000 | 64 000 | 96 000 |
| 2 | 96 000 | 40％ | 38 400 | 102 400 | 57 600 |
| 3 | 57 600 | 40％ | 23 040 | 125 440 | 34 560 |
| 4 | 34 560 | — | 14 780 | 140 220 | 19 780 |
| 5 | 19 780 | — | 14 780 | 155 000 | 5 000 |

由于第 4 年期初账面净值 34 560×40％＝13 824 小于(34 560－5 000)÷2＝14 780,因此,第 4 年后改用平均年限法,第 4、5 两年的折旧额计算为:(34 560－5 000)÷2＝14 780(元)。

(2) 年数总和法,也称变率递减法,是按各年不同的递减分数乘以折旧基数来计算各年折旧额的一种方法。采用这种方法,要用固定资产原值减去净残值后的净额乘以一个逐年递减的分数,这个分数的分子代表固定资产尚可使用的年数,分母代表使用年数的逐年数字总和,具体的计算方式为:

$$年折旧率＝\frac{折旧年限－已使用年数}{折旧年限×(折旧年限＋1)÷2}×100\% \tag{5－23}$$

$$月折旧率＝年折旧率÷12 \tag{5－24}$$

$$月折旧额＝(固定资产原值－预计净残值)×月折旧率 \tag{5－25}$$

【例 5－7】设某项固定资产原值为 190 000 元,预计使用 5 年,残值为 10 000 元,其各年的折旧额如表 5－3 所示:

表 5－3  固定资产折旧计算表

| 年次 | 原值－残值(元) | 年折旧率 | 年折旧额(元) | 累计折旧额(元) | 账面余额(元) |
|---|---|---|---|---|---|
| 0 |  |  |  |  | 190 000 |
| 1 | 180 000 | $\frac{5}{5×(5+1)÷2}=\frac{5}{15}$ | 60 000 | 60 000 | 130 000 |
| 2 | 180 000 | $\frac{5-1}{5×(5+1)÷2}=\frac{4}{15}$ | 48 000 | 108 000 | 82 000 |
| 3 | 180 000 | $\frac{5-2}{5×(5+1)÷2}=\frac{3}{15}$ | 36 000 | 144 000 | 46 000 |
| 4 | 180 000 | $\frac{5-3}{5×(5+1)÷2}=\frac{2}{15}$ | 24 000 | 168 000 | 22 000 |
| 5 | 180 000 | $\frac{5-4}{5×(5+1)÷2}=\frac{1}{15}$ | 12 000 | 180 000 | 10 000 |

从固定资产整个使用期间来看,无论采用哪种方法计提折旧,折旧总额都是不变的,

因而对企业在这段时间的净收益总额也无影响。但是采用加速折旧法,在固定资产使用前期计提的折旧多,而在使用的后期计提的折旧少,这使得企业在前期的净利润相对于后期有所增加,这样有利于企业加快资金收回,进行固定资产的更新换代,提高企业的技术装备水平,增强竞争力。

### 5.3.3 固定资产折旧政策

1. 固定资产折旧政策的概念和影响

固定资产的折旧政策分为国家折旧政策和企业折旧政策。国家折旧政策,是在计算折旧时,税法对固定资产折旧的计提范围、折旧分类、折旧方法、折旧年限等有关内容的具体规定。国家制定这些政策的目的是为了保证国家的税收、实现国家的财政目标,它具有普遍的适用性和相对的稳定性。企业的折旧政策,是企业根据自身财务状况及其变动趋势,就固定资产的折旧方法和折旧年限做出的选择。在会计准则中,一般允许企业在遵守国家折旧政策的前提下,报财政部门批准,在一个会计年度后调整折旧方法和折旧年限,并在财务报表中进行披露。

一般应从以下几个方面来把握固定资产折旧政策的概念:

(1) 折旧政策受企业财务状况及变动趋势的影响,企业折旧政策的选择必须依企业财务实力而定,同时,通过折旧政策的选择也可以调整和改善企业的财务状况;

(2) 折旧政策的中心内容是确定折旧方法和折旧年限,它们的确定对企业财务状况会产生重大影响;

(3) 折旧政策的选择应随财务状况的变动作相应调整,一般在一个会计年度末进行调整。

正如前面所言,折旧政策的中心内容是确定折旧方法和折旧年限,而企业在不同的折旧政策下,可运用的折旧方法不止一种。运用不同的折旧方法对某一期间的财务运作所产生的影响是不同的:其计算的结果会使每一个经营期所负担的折旧费用有所不同,这样会直接影响各期的产品成本,也会影响到企业产品的定价、企业的净收益,以及对国家应缴纳的税款等,同时也会影响企业固定资产的账面净值,以及企业用于购建和更新固定资产的资金积累,最终还会影响企业目前的收益和长远的发展规划。可将企业的折旧政策对企业财务的具体影响概括为以下几个方面:

(1) 对筹资的影响

折旧政策的选择,就某一具体的会计期间而言,折旧越多,就意味着企业预留的现金也就越多,或者说企业对于固定资产更新准备的现金越多。这样一来,企业自用的资金越多,企业向外筹资的金额就会减少,同时也使企业的筹资成本有所不同。假定某一固定资产采取两种折旧政策:其中一种折旧政策使第一个折旧年度的折旧额为 200 万元;另一种折旧政策使第一个折旧年度的折旧额为 300 万元,企业所得税税率为 33%,那么在第一种折旧政策下,会使企业的利润相对多出 100 万元,为此应多缴纳所得税 33 万元;在第二种折旧政策下,会使企业的利润相对减少 100 万元而少缴纳所得税 33 万元。相对于第一种折旧政策而言,企业采用第二种折旧政策时,实际可用的资金增加了 33 万元,这时企业的对外筹资额相对就减少了 33 万元。

（2）对投资的影响

首先，折旧政策的选择会影响某一具体会计期间的投资规模。因为固定资产计提折旧额的多少会影响企业留存的现金，留存越多可用于投资的资金也就越多。固定资产之所以能用于投资，主要是因为在固定资产更新未到期之前，不能让折旧准备金沉淀无用，因而可以用于生产经营的投入，这在经济上是完全合理有效的。但是要注意的是，在固定资产更新时间到来时，必须有足够的折旧基金可以保证固定资产的更新。其次，折旧政策的选择会影响固定资产的更新速度。采用加速折旧法，可以加快固定资产投资收回的速度，进而可以加快固定资产的更新速度。

（3）对分配的影响

折旧政策的选择直接影响着进入产品成本和劳务成本的折旧额的高低，在其他因素不变的情况下，折旧政策选择的结果如果是提高折旧成本，则企业可分配的利润就会减少；折旧政策选择的结果如果是降低折旧成本，则企业可分配的利润就会增加。

（4）对固定资产投资风险与收益关系的影响

固定资产的风险，是指固定资产投资因无法收回所带来的风险。固定资产的风险与其使用时间的长短有一定的联系，即使用的时间越长，固定资产所形成的产品和劳务市场的实现就越不肯定，一旦市场实现受阻，固定资产投资收回就会变得十分困难。因此，固定资产的折旧期限越长，固定资产投资收回的风险就越大。固定资产的收益，是指固定资产使用后所提供的净收入。固定资产的净收益与其折旧的方法和折旧年限有一定的联系，快速折旧法下，折旧年限缩短，年折旧成本增加，当期体现的净收益随之减少；相反，如果采用直线折旧法，折旧年限延长，年折旧成本减少，当期体现的净收益随之增加。如果将固定资产的风险和收益联系起来进行分析，可以得出以下结论：当采用快速折旧时，折旧年限越短，固定资产投资的风险也就越小，相应的年净收益也就越低；当采用直线折旧时，折旧年限较长，固定资产投资的风险也就越大，相应的年净收益也就较高。所以，固定资产折旧政策的改变，会自动调整固定资产投资的风险与收益之间的关系。

2. 影响固定资产折旧政策的因素

折旧政策实际上是企业的一种财务政策，会受到企业财务状况及其变动情况的影响。在制定折旧政策时，主要应考虑以下因素：

（1）固定资产的磨损情况

固定资产折旧反映的是固定资产磨损价值的补偿，在市场竞争日益激烈的当今世界，产品更新换代速度不断加快，固定资产的更新周期亦随之缩短，新技术不断涌现，这些都要求企业尽可能缩短固定资产折旧时间，加快周转速度。

（2）企业在一定时期现金流量的情况

企业在不同的经营时期，现金流量的变化不尽相同，有时可能现金流入量大于现金流出量，有时也可能现金流入量小于现金流出量，从而造成企业现金盈余或现金短缺，进而决定了折旧时间的长短与折旧速度的快慢。

（3）纳税考虑

因为折旧是作为成本在企业所得税前列支的，所以折旧有抵税的作用。折旧额的增加，会引起延期纳税，从而带来时间价值的节约。

（4）企业市场价值的大小

一定时期，企业利润分配水平的高低直接影响企业市场价值的大小，赢利水平越高，企业市场价值就越大。调整折旧方法可使赢利水平发生变动。

3. 固定资产折旧政策的种类和选择

一般认为有四种固定资产折旧政策：

（1）短时间快速折旧政策，是指折旧在较短的时间内计提完毕，而每期折旧数额的多少可以是各期相等，也可以是前期多后期少。

（2）长时间快速折旧政策，是指在折旧期限内，前期多计提折旧，后期少计提折旧，使固定资产大部分的投资额在使用前期较快收回，但并不缩短折旧期限。

（3）长时间慢速折旧政策，是指在较长的计提折旧的期限内，前期少计提折旧，后期多计提折旧，这样固定资产的投资收回的时间较长。

（4）长时间平均折旧政策，是指在较长的计提折旧的期限内，前后期计提折旧额是相等的，这样在整个折旧期限内固定资产的投资收回是均衡的。

折旧政策的选择，既不能使企业市场价值降低，也不能使企业各期的可分配收益减少，而应尽可能地实现企业特定时期的理财需要。基于以上考虑，在选择折旧政策时，应从提高企业赢利水平、增加现金流量、合理避税和规避投资风险等方面加以慎重考虑。

（1）当企业赢利水平不断提高时，可选择长时间慢速折旧和长时间平均折旧政策。这样就可以使各期可分配利润不至于下降，或者可以因企业赢利水平的提高，而使可分配利润上升。

（2）当企业赢利水平呈下降趋势或先高后低时，可选择短时间快速折旧和长时间慢速折旧政策。这样就可以使各期可分配利润不至于下降，或者可以因折旧减慢的速度超过赢利水平下降的程度，使各期可分配的利润略有上升。

这两种选择的结果都使折旧与企业的赢利水平同向变动，使折旧的增减与获利水平相匹配。这样，使得财务会计报表所揭示的利润与获利水平就会显示出稳定与稳步增长的趋势，企业市场价值也会趋向稳定和稳步增长。这实际上就是折旧政策与企业的财务目标有机结合的结果。

## 5.4　固定资产投资决策

通过前面的介绍，我们已经了解固定资产具有投入金额大、变现能力差等特点，这决定了固定资产投资收益虽高但风险亦较大，因而对于该项投资活动绝不能盲目进行、轻率行事，必须运用科学的方法进行决策分析，以确保固定资产投资正确、有效。

### 5.4.1　固定资产投资决策的现金流量

现金流量，是指与固定资产投资决策有关的现金流入和流出的数量，它是评价投资方案是否可行时必须事先计算的一个基础性指标。

现金流量包括现金流出量、现金流入量和现金净流量三个具体概念。现金流出量，是指固定资产投资方案所引起的企业现金支出的增加额；现金流入量，是指固定资产投资方案所引起的企业现金收入的增加额。现金净流量,是指一定时期内,现金流入量减去现金流出量以后的差额,其英文缩写为 NCF(net cash flow)。

需要强调的是,这里的"现金"是广义的现金,不仅包括各种货币资金,还包括投资项目需要企业所拥有的非货币资源的变现价值(或重置成本)。例如,一个项目需要使用原有厂房、设备和材料等,则相关流量是指它们的变现价值,而不是其账面价值。

1. 现金流量的构成

固定资产投资决策中的现金流量,一般由以下三个部分构成:

(1) 初始现金流量,即开始投资时发生的现金流量,一般包括固定资产投资、垫支的流动资金和投产前费用。这三项均需付出现金,构成现金流出,可用负号表示。有时在开始投资中,也会有现金流入,例如,固定资产更新时原有固定资产的变价收入,可用正号表示。

(2) 营业现金流量,即固定资产项目投入使用后,在其使用的寿命期间内,由生产经营所带来的现金流入和现金流出的数量。其中,营业现金流入量,是指因投资使企业增加的销售收入(或营业收入);营业现金流出量,是指为取得现金流入而发生的营业现金支出和缴纳的税金。营业现金支出也叫付现成本,是每年需要支付现金的销货成本,即不包括折旧的销货成本;折旧则是销货成本中不需要支付现金的部分,是非付现成本。可将上述关系用下面的公式来表示:

$$付现成本＝销货成本－折旧 \tag{5-26}$$

这样,营业净现金流量可通过下列公式来计算:

$$
\begin{aligned}
营业净现金流量(NCF) &＝销售收入－付现成本－所得税\\
&＝销售收入－(销货成本－折旧)－所得税\\
&＝销售收入－销货成本－所得税＋折旧\\
&＝税后净利＋折旧 \tag{5-27}
\end{aligned}
$$

实际工作中,通常以营业现金流入量减去营业现金流出量作为营业现金流量,且按年度来计算。若年营业现金流入量大于年营业现金流出量,则营业现金流量用正号表示;反之,则用负号表示。

(3) 终结现金流量,即固定资产投资项目终结时所发生的现金流量,主要包括以下几项:① 固定资产的残值收入或变价收入;② 原来垫支的流动资金的收回;③ 停止使用的土地的变价收入等。

终结现金流量一般为现金流入量,用正号表示。

2. 现金流量的计算

为了正确地评价投资项目的优劣,必须正确地计算现金流量。

【例 5-8】某公司有一投资项目,其相关资料如下:该项目需固定资产投资 12 000 元,投产一年后可以获得收益。另投产前需垫支流动资金 3 000 元。固定资产可使用 5 年,按直线法计算折旧,期末有残值收入为 2 000 元。根据市场调查和预测,投产后每年可实现销售收入 8 000 元,第一年的付现成本为 3 000 元,以后随着设备陈旧,逐年增加修理费 400 元,假设所得税率为 25%。根据上述资料,试计算该项目的现金流量。

为计算现金流量,必须先计算该项目每年的折旧额:

$$年折旧额 = \frac{12\,000 - 2\,000}{5} = 2\,000(元)$$

计算该项目的营业现金流量,如表5-4所示:

表5-4　营业现金流量计算表　　　　　　　　　单位:元

| 项　　　目 | 年　　　度 | | | | |
|---|---|---|---|---|---|
| | 1 | 2 | 3 | 4 | 5 |
| 销售收入 | 8 000 | 8 000 | 8 000 | 8 000 | 8 000 |
| 付现成本 | 3 000 | 3 400 | 3 800 | 4 200 | 4 600 |
| 折旧 | 2 000 | 2 000 | 2 000 | 2 000 | 2 000 |
| 税前净利 | 3 000 | 2 600 | 2 200 | 1 800 | 1 400 |
| 所得税 | 750 | 650 | 550 | 450 | 350 |
| 税后净利 | 2 250 | 1 950 | 1 650 | 1 350 | 1 050 |
| 营业现金流量 | 4 250 | 3 950 | 3 650 | 3 350 | 3 050 |

计算该项目的现金流量,如表5-5所示:

表5-5　现金流量计算表　　　　　　　　　　单位:元

| 项　　　目 | 年　　　度 | | | | | |
|---|---|---|---|---|---|---|
| | 0 | 1 | 2 | 3 | 4 | 5 |
| 固定资产投资 | −12 000 | | | | | |
| 流动资金垫支 | −3 000 | | | | | |
| 营业现金流量 | | 4 250 | 3 950 | 3 650 | 3 350 | 3 050 |
| 固定资产残值 | | | | | | 2 000 |
| 流动资金回收 | | | | | | 3 000 |
| 现金流量合计 | −15 000 | 4 250 | 3 950 | 3 650 | 3 350 | 8 050 |

表中年度0代表第一年初,1代表第一年末,依此类推。

3. 现金流量的使用原因

财务会计中,利润是按权责发生制确定的,即按权责发生制计算企业的收入和成本,并以收入减去成本后的利润作为收益,用来评价企业的经济效益。而现金流量是按收付实现制确定的,即在固定资产投资决策中,以现金流入作为项目的收入,以现金流出作为项目的支出,以净现金流量作为项目的净收益,并在此基础上评价投资项目的经济效益。投资决策之所以要以按收付实现制计算的现金流量作为评价项目经济效益的基础,主要有以下两方面的原因:

(1)采用现金流量有利于科学地考虑资金时间价值因素

科学的投资决策必须认真考虑资金的时间价值,这就要求在决策时必须弄清每笔预期收入款项和支出款项的具体时间,因为不同时间的资金具有不同的价值。采用现金流量的考核方法,可以确定每项支出款项和收入款项的具体时间,使运用资金时间价值判别投资方案的优劣成为现实。而利润的计算,并不考虑资金的收付时间,它是以权责发生制为基础的,在选择投资方案时,无法考虑资金的时间价值。

利润与现金流量的差异主要表现在以下几个方面:① 购置固定资产付出大量现金时不计入成本;② 将固定资产的价值以折旧的形式逐期计入成本时,却又不需要付出现金;③ 计算利润时不考虑垫支的流动资金的数量和回收的时间;④ 只要销售行为已经确定,就计算为当期的销售收入,尽管其中有一部分并未于当期收到现金。可见,要在投资决策中考虑时间价值的因素,就不能利用利润来衡量项目的优劣,而必须采用现金流量。

(2) 采用现金流量有利于客观地判别投资方案的优劣

应用现金流量能科学、客观地评价投资方案的优劣,而利润则明显地存在不科学、不客观的成分,这是因为:① 利润的计算没有一个统一的标准,在一定程度上要受存货估价、费用摊配和折旧计提方法的影响,因此,净利润的计算比现金流量的计算有更大的主观随意性,将其作为决策的主要依据不太可靠;② 利润反映的是某一会计期间"应计"的现金流量,而不是该期间实际发生的现金流量。若以未实际收到的现金收入作为收益,容易高估投资收益,使投资行为产生较大风险。可见,要在投资决策中更为科学、客观地评价投资方案的优劣,就必须采用现金流量。

### 5.4.2　固定资产投资决策的评价指标

固定资产投资决策在计算出项目或方案的现金流量并确定了资金成本之后,需要计算评价指标据以评价项目或方案的经济效益,决定项目或方案的取舍。一般按是否考虑资金时间价值,将固定资产投资决策的评价指标分为非贴现评价指标和贴现评价指标两种。所谓非贴现评价指标,是指不考虑资金时间价值的各种指标,又称为静态指标。这类指标主要有投资回收期和平均报酬率两个。所谓贴现评价指标,是指考虑了资金时间价值的指标,又称为动态指标。这类指标主要有净现值、获利指数和内部报酬率三个。

通常认为,非贴现评价指标计算简单,便于理解;贴现评价指标虽计算较为复杂,但因考虑了资金时间价值,更为科学合理。

1. 非贴现评价指标

(1) 投资回收期

投资回收期(payback period,PP),是指回收初始投资所需要的时间,一般以年为单位,是一种使用很久很广的投资决策指标。

采用投资回收期这一指标进行投资决策的基本原理是:通过对各投资项目或方案投资总额和预计现金流量之间相互关系的计算,确定需要多长时间可以将初始投资如数收回;然后再比较各相关项目或方案投资回收期的长短,以确定最佳投资项目或方案。一般认为,投资回收期越短,投资效益越好,项目或方案为佳;反之,则项目或方案为差。

投资回收期的计算,因每年的营业净现金流量是否相等而有所不同。

若每年的营业净现金流量(NCF)相等,则投资回收期可按下式来计算:

$$投资回收期 = \frac{初始投资额}{每年\ NCF} \qquad (5-28)$$

若每年 NCF 不相等，则投资回收期需根据每年年末尚未回收的投资额来加以确定。

【例 5-9】某公司目前有 A，B 两个投资方案，A 方案的初始投资额为 42 000 元，B 方案的初始投资额为 45 000 元。2 个方案的营业现金净流量如表 5-6 所示。

表 5-6 某公司营业现金净流量

| | 方案 A | 方案 B |
|---|---|---|
| 初始投资 | 42 000 | 45 000 |
| 年度 | 营业现金净流量 | |
| 1 | 14 000 | 28 000 |
| 2 | 14 000 | 12 000 |
| 3 | 14 000 | 10 000 |
| 4 | 14 000 | 10 000 |
| 5 | 14 000 | 10 000 |
| 平均值 | 14 000 | 14 000 |

方案 A 每年营业现金净流量相等。

回收期$_{(A)}$ = 42 000÷14 000＝3(年)

方案 B 中，每年营业现金净流量不等，应先计算各年尚未回收的投资额，如表 5-6 所示。

回收期$_{(B)}$＝2＋5 000÷10 000＝2.5(年)

显然，方案 B 的回收期较方案 A 短，B 方案为优。

使用回收期法作为投资决策标准时，如果备选方案的回收期大于可接受的最长回收期，那么，应当放弃该方案；反之，可以接受该方案。

回收期法计算简便，并且容易为决策人所正确理解。它的缺点在于不仅忽视了资金的时间价值，而且没有考虑回收期以后的收益。事实上，有战略意义的长期投资，往往早期收益较低，而中后期收益较高。回收期法优先考虑急功近利的项目，可能导致放弃长期成功的方案的做法。

(2) 平均报酬率

平均报酬率(average rate of return，ARR)，是指投资项目或方案寿命周期内平均的年投资报酬率，又称平均投资报酬率或平均投资收益率。

采用平均报酬率这一指标进行投资决策的基本原理是：按有关投资项目或方案的有效期限，计算它们的平均现金流量及其与投资总额的比值，确定各项目或方案在未来期限内的平均投资报酬率；然后再在有关投资项目或方案之间进行比较。一般认为，投资的平均报酬率越高，说明有关投资项目或方案的投资效果越好；反之，则投资效果越差。

平均报酬率最常见的计算公式为：

$$平均报酬率 = \frac{平均现金流量}{投资总额} \times 100\% \qquad (5-29)$$

【例 5-10】以例 5-8 的数据资料为例,计算该投资项目的平均报酬率。

$$平均报酬率 = \frac{(4\ 250 + 3\ 950 + 3\ 650 + 3\ 350 + 8\ 050)/5}{15\ 000} \times 100\% = 31\%$$

在采用平均报酬率进行决策分析时,应事先确定一个企业希望达到的平均报酬率,或称必要平均报酬率。进行决策时,若投资项目或方案的平均报酬率等于或超过必要平均报酬率,则投资项目或方案可行;反之,则不可行。在多个投资项目或方案决策时,如有两个或两个以上投资项目或方案的平均报酬率超过了必要平均报酬率,则选择平均报酬率最高的项目或方案。

平均报酬率也是一个静态的指标,且这个指标越高,往往说明投资方案的获利能力越强。虽然平均报酬率的计算过程较为简单,但由于没有考虑资金时间价值因素,不能正确反映建设期、投资方式和回收期等因素对投资项目或方案的影响,有时会做出错误的决策。所以,在进行投资决策时,一般把它作为辅助指标来考虑。

2. 贴现评价指标

(1) 净现值

净现值(net present value,NPV),是指投资项目或方案投入使用后的净现金流量,按资金成本或企业要求达到的报酬率折算为现值,减去初始投资以后的余额。

采用净现值这一指标进行投资决策的基本原理是:将投资项目或方案投产后的现金流量按照预定的贴现率折算到该项目或方案开始建设的当年,以确定折算后的现金流入的现值;然后将折算后的现金流入的现值减去该项目或方案的初始投资额。一般认为,若净现值大于或等于零,表明该投资项目或方案可行;若净现值小于零,则表明项目或方案不可行。在有多个备选项目或方案的互斥选择决策中,应选择净现值是正值中的最大者。

净现值的计算公式为:

$$\text{NPV} = \sum_{t=1}^{n} \frac{NCF_t}{(1+k)^t} - C \qquad (5-30)$$

式中,NPV 为净现值;$NCF_t$ 为第 $t$ 年的净现金流量;$k$ 为贴现率(即资金成本或企业要求的报酬率);$n$ 为项目或方案的预计使用年限;$C$ 为初始投资额。

具体计算净现值时,可按以下步骤来进行:

① 计算每年的营业净现金流量。

② 计算未来报酬的总现值,又可分三步来完成:第一,将每年的营业净现金流量折算为现值:若每年的 NCF 相等,则按年金现值系数来折算;若每年的 NCF 不相等,则先按复利现值系数对每年的营业净现金流量进行折算,再加以合计。第二,将终结现金流量折算为现值。第三,计算未来报酬的总现值。

③ 计算净现值,并对方案进行决策。

【例 5-11】以【例 5-9】的方案来进行分析。假设公司预定的投资报酬率为 10%,则方案 A、方案 B 的净现值计算如表 5-7 所示。

**表 5-7 方案 A、方案 B 的净现值计算**

方案 A

| 年营业现金净流量 | 14 000 |
| --- | --- |
| ×年金现值系数 | 3.791 |
| 营业现金净流量现值 | 53 074 |
| 初始投资 | 42 000 |
| 净现值 | 11 074 |

方案 B

| 年度 | 现金净流量 | 复利现值系数 | 现值 |
| --- | --- | --- | --- |
| 1 | 28 000 | 0.909 | 25 452 |
| 2 | 12 000 | 0.826 | 9 912 |
| 3 | 10 000 | 0.751 | 7 510 |
| 4 | 10 000 | 0.683 | 6 830 |
| 5 | 10 000 | 0.621 | 6 210 |
| 营业现金净流量现值 | | 55 941 | |
| 初始投资 | | 45 000 | |
| 净现值 | | 10 941 | |

（2）获利指数

获利指数（profitability index，PI），是投资项目未来报酬的总现值与初始投资额的现值之比，也称为利润指数或现值指数。

采用获利指数这一指标进行投资决策的基本原理是：将某投资项目或方案投产后的现金流量，按照预定的投资报酬率折算到该项目或方案开始建设的当年，以确定贴现后的现金流入的现值；然后将折算后的现金流入的现值除以该项目或方案的初始投资额。一般认为，若获利指数大于或等于1，表明该投资项目或方案可行；若获利指数小于1，则表明项目或方案不可行。在有多个备选项目或方案的互斥选择决策中，应选择获利指数超过1最多的项目或方案。

获利指数的计算公式为：

$$PI = \sum_{t=1}^{n} \frac{NCF_t}{(1+k)^t} / C \qquad (5-31)$$

式中，$PI$ 为获利指数；$NCF_t$ 为第 $t$ 年的净现金流量；$k$ 为贴现率（即资金成本或企业要求的报酬率）；$n$ 为项目或方案的预计使用年限；$C$ 为初始投资额。

具体计算获利指数时，可按以下步骤来进行：① 计算未来各期现金流入量的现值；② 计算现值指数，即根据未来各期现金流入量现值之和与现金流出量（即初始投资额）之比，算出获利指数。

【例 5-12】在【例 5-11】中，根据表 5-7 的数据，A，B 两个方案的现值指数计算如下

现值指数$_{(A)}$＝53 074÷42 000＝1.26

现值指数$_{(B)}$＝55 941÷45 000＝1.24

根据现值指数来进行投资决策时,标准是:当只有一个备选方案时,如果现值指数大于1,则采纳;反之,则放弃。如果存在 2 个或 2 个以上的方案备选,应选择现值指数最大的一个。

计算结果表明,A,B 两个方案现值指数都大于 1,2 个方案都可以采纳。如果二者只能选其一,那么应当选择方案 A,因为方案 A 的现值指数高于方案 B。

使用现值指数法进行长期投资决策,既考虑了资金的时间价值,又能真实地反映投资方案的获利水平,有利于在原始投资额不同的方案之间进行对比。

(3) 内部报酬率法

内部报酬率(internal rate of return, IRR),是指能够使投资项目或方案的净现值等于零的贴现率,也称为内部收益率或内含报酬率。

采用内部报酬率这一指标进行投资决策的基本原理是:在任何一个投资项目或方案中,客观存在着一个报酬率,它能使投资方案各年的净现金流量折算后的未来报酬的总现值等于该投资项目或方案的原始投资额。也就是说,内部报酬率实际上反映了投资项目或方案的真实报酬,目前越来越多的企业使用该项指标来进行投资决策。一般认为,若计算出的内部报酬率大于或等于企业的资金成本或必要报酬率,则表明项目或方案可行;若计算出的内部报酬率小于企业的资金成本或必要报酬率,则表明项目或方案不可行。在有多个备选项目或方案的互斥选择决策中,应选用内部报酬率超过资金成本或必要报酬率最多的投资项目或方案。

内部报酬率的计算公式为:

$$\sum_{t=1}^{n} \frac{NCF_t}{(1+r)^t} - C = 0 \tag{5-32}$$

式中,$NCF_t$ 为第 $t$ 年的净现金流量;$r$ 为内部报酬率;$n$ 为项目或方案的使用年限;$C$ 为初始投资额。

具体计算内部报酬率时,因每年净现金流量是否相同而有所不同。

① 每年的 $NCF$ 相等,则按下列步骤来计算:

第一步:计算年金现值系数,具体的计算公式为:

$$年金现值系数 = \frac{初始投资额}{每年的 NCF} \tag{5-33}$$

第二步:查年金现值系数表,若能直接查到上面所计算的年金现值系数,其对应的贴现率即为内部收益率;若不能直接查到,则在相同的期数内,找出与上述年金现值系数相邻的两个临界系数和临界贴现率,然后用插值法求出该投资项目或方案的内部报酬率。

② 每年的 $NCF$ 不等,则按下列步骤来计算:

第一步:先预估一个贴现率,并按此贴现率计算净现值。若计算出的净现值等于零,则此贴现率即为内部收益率;若计算出的净现值大于零,则表明预估的贴现率小于该投资项目或方案的实际内部报酬率,应提高贴现率,再进行测算;若计算出的净现值小于零,则表明预估的贴现率大于该投资项目或方案的实际内部报酬率,应降低贴现率,再进行测算。经过如此反复测算,找到净现值由正到负且最接近于零的两个贴现率。

第二步:根据上述两个邻近的贴现率,再使用插值法计算出投资项目或方案的实际内部报酬率。

【例5-13】在【例5-9】中,方案A各期营业现金净流量相等,符合年金形式。内部报酬率可以直接利用年金现值系数表来确定,不需要进行逐步测试。

设现金流入的现值与原始投资相等:

每年现金流入量 $x$ 年金现值系数$(P/A,i,n)$＝原始投资

14 000 $x(P/A,i,5)$＝42 000(元)

$(P/A,i,5)$＝42 000÷14 000＝3.000

查阅年金现值系数表,寻找 $n$＝5时,系数3.000对应的贴现率。查表知,与3.000最接近的现值系数是3.058和2.991,对应的利率分别为19%和20%。用内插法确定方案A的内部报酬率为19.86%。

内含报酬率$_{(A)}$＝19%＋(3.058－3.000)＋(3.058－2.991)×(20%－19%)

＝19%＋0.86%

＝19.86%

在前面的计算中,投资报酬率为10%时,方案B的净现值大于0。因此,应提高贴现率进一步测试。分别以贴现率为19%,21%,22%进行测算,结果如表5-8所示。

表5-8 插值法测算内含报酬率

| 年度 | 现金净流量 | 19% | | 21% | | 22% | |
|---|---|---|---|---|---|---|---|
| | | 现值系数 | 现值 | 现值系数 | 现值 | 现值系数 | 现值 |
| 0 | －45 000 | 1.000 | －45 000 | 1.000 | －45 000 | 1.000 | －45 000 |
| 1 | 28 000 | 0.840 | 23 520 | 0.826 | 23 128 | 0.820 | 22 960 |
| 2 | 12 000 | 0.706 | 8 472 | 0.683 | 8 196 | 0.672 | 8 064 |
| 3 | 10 000 | 0.593 | 5 930 | 0.564 | 5 640 | 0.551 | 5 510 |
| 4 | 10 000 | 0.499 | 4 990 | 0.467 | 4 670 | 0.451 | 4 510 |
| 5 | 10 000 | 0.419 | 4 190 | 0.386 | 3 860 | 0.370 | 3 700 |
| 净现值 | | | 2 102 | | 494 | | －256 |

经过以上测算,发现贴现率为21%时,净现值大于0;贴现率为22%时,净现值小于0,说明方案B的内部报酬率在21%～22%。用内插法计算,方案B的内部报酬率为21.66%。

内含报酬率$_{(B)}$＝21%＋(494－0)÷[494－(－256)]×(22%－21%)

＝21.66%

运用内部报酬率法进行投资决策,主要是确定一个合适的资金成本。如果内部报酬

率大于资金成本,则方案可行;如果内部报酬率小于资金成本,则方案不可行。如果多个方案的内部报酬率均大于资金成本,则选择内部报酬率最高的方案。

从计算结果看,假设公司资金成本为 10%,则 A,B 两个方案均可选择。但方案 B 的内部报酬率高于方案 A,应优先考虑方案 B。

内部报酬率法考虑了资金的时间价值,反映了投资项目的真实报酬率,概念也易于理解。但该方法计算过程比较复杂,特别是每年营业现金净流量不等的投资项目,一般要经过多次测算才能算出。

### 5.4.3  固定资产投资决策指标的应用

#### 1. 固定资产更新决策

二战以来,随着科学技术的不断发展,固定资产的更新周期不断加快,陈旧设备尽管还能使用,但消耗原材料、燃料动力多,维护费用大,经济上并不合算,所以,企业应适时对固定资产进行更新,用先进技术、消耗小的高效能设备替代旧设备。可见,固定资产更新决策是企业固定资产投资决策的一项重要内容。

【例 5-14】某企业准备用一台新设备代替目前正在使用的一台旧设备。旧设备的原始成本为 200 000 元,使用年限为 10 年,已使用了 5 年,已计提折旧 10 000 元,使用期满后无残值。若现在出售旧设备可得价款 10 000 元;若继续使用,每年可获收入 208 000,每年付现成本 124 000 元。已知新设备的买价和安装费共计 380 000 元,可使用 5 年,5 年后的残值为 20 000 元,使用新设备每年可得收入 360 000 元,每年的付现成本为 168 000 元。假设该企业的资金成本为 10%,所得税按 25% 计算,新旧设备均采用直线法计提折旧。问是否应更新设备?

先分别计算新旧设备的年折旧额:

旧设备的年折旧额 = 200 000 ÷ 10 = 20 000(元)

新设备的年折旧额 = (380 000 - 20 000) ÷ 5 = 72 000(元)

再计算新旧设备的年营业净现金流量,如表 5-9 所示:

**表 5-9  新旧设备的营业净现金流量计算表**                                    单位:元

| 项　　目 | 旧　设　备 | 新　设　备 |
|---|---|---|
| 销售收入 | 208 000 | 360 000 |
| 付现成本 | 124 000 | 168 000 |
| 年折旧额 | 20 000 | 72 000 |
| 税前净利 | 64 000 | 120 000 |
| 所得税 | 16 000 | 30 000 |
| 税后净利 | 48 000 | 90 000 |
| 营业净现金流量 | 68 000 | 162 000 |

则可将新旧设备的现金流量表绘制如表 5-10 所示:

表 5－10　新旧设备现金流量计算表　　　　　　　　　　　单位:元

| 项目 | 0 | 1 | 2 | 3 | 4 | 5 |
|---|---|---|---|---|---|---|
| 旧设备: 初始投资 营业净现金流量 | －200 000 | 68 000 | 68 000 | 68 000 | 68 000 | 68 000 |
| 现金流量合计 | －200 000 | 68 000 | 68 000 | 68 000 | 68 000 | 68 000 |
| 新设备: 初始投资 营业净现金流量 固定资产残值 | －380 000 | 162 000 | 162 000 | 162 000 | 162 000 | 162 000 20 000 |
| 现金流量合计 | －380 000 | 162 000 | 162 000 | 162 000 | 162 000 | 182 000 |

再分别计算新旧设备的净现值:

旧设备的净现值 $=68\,000\times(P/A,10\%,5)-200\,000=68\,000\times3.791-200\,000=57\,788$(元)

新设备的净现值 $=162\,000\times(P/A,10\%,5)+20\,000\times(P/F,10\%,5)-380\,000$

$=162\,000\times3.791+20\,000\times0.621-380\,000=146\,562$(元)

∵146 562 元＞57 788 元,即固定资产更新后,可增加净现值 88 774 元(146 562－57 788)

∴应更新设备。

2. 资本限量决策

资本限量,是指企业资金是有限的,无法投资于所有可以获利的项目。在资金有限的情况下,投资哪些项目,既能满足对资金的要求,又能使企业获得最大的利益呢? 这时需要对所有可供选择的项目采用一定的方法进行有效组合,以使选择的一组投资项目的净现值最大。常用的方法有两种:净现值法和获利指数法。

(1) 净现值法的操作步骤为:第一步,计算所有项目的净现值,并列出项目的初始投资;第二步,根据计算结果,接受所有净现值大于等于零的项目,若所有可接受的项目都有足够的资金,则说明资本没有限量,这一过程即完成;第三步,若资金不能满足所有的净现值大于等于零的投资项目,则需对第二步进行修正,即对所有的项目都在资本限量内进行各种可能的组合,再计算出各种组合的净现值总额;第四步,接受净现值的合计数最大的组合。

(2) 获利指数法的操作步骤为:第一步,计算所有项目的获利指数,不能略掉任何项目,并列出每一个项目的初始投资;第二步,根据计算结果,接受所有获利指数大于等于1的项目,若所有可接受的项目都有足够的资金,则说明资本没有限量,这一过程即完成;第三步,若资金不能满足所有的净现值大于等于零的投资项目,则需对第二步进行修正,即对所有的项目都在资本限量内进行各种可能的组合,再计算出各种组合的加权平均获利指数;第四步,接受加权平均获利指数最大的组合。

【例 5－15】假设某公司有五个可供选择的项目:A、B、C、D 和 E,其中 B 和 C,D 和 E 是不能同时选的项目,已知该公司的资本的最大限量为 400 000 元,详细资料如表 5－11 所示:

表 5 - 11　某公司有关投资项目资料表　　　　　　　　单位:元

| 投资项目 | 初始投资 | 净　现　值 | 获利指数 |
|---|---|---|---|
| A | 120 000 | 67 000 | 1.56 |
| B | 150 000 | 79 500 | 1.53 |
| C | 300 000 | 111 000 | 1.37 |
| D | 125 000 | 21 000 | 1.17 |
| E | 100 000 | 18 000 | 1.18 |

为了选出最优项目组合,需列出在资本限量内的所有可能项目组合,因此,需计算所有可能的项目组合的净现值合计数和加权平均获利指数,如表 5 - 12 所示:

表 5 - 12　投资组合净现值合计数和加权平均获利指数计算表　　　　单位:元

| 项　目　组　合 | 初　始　投　资 | 净现值合计 | 加权平均获利指数 |
|---|---|---|---|
| ABD | 395 000 | 167 500 | 1.420 |
| ABE | 370 000 | 164 500 | 1.412 |
| AB | 270 000 | 146 500 | 1.367 |
| AD | 245 000 | 88 000 | 1.221 |
| AE | 220 000 | 85 000 | 1.213 |
| BD | 275 000 | 100 500 | 1.252 |
| CE | 400 000 | 129 000 | 1.323 |

表 5 - 12 中,ABD 组合还有 5 000 元(400 000－395 000)未用完,一般假设这 5 000 元可投资于有价证券,获利指数为 1(以下其他组合也如此),则 ABD 组合的加权平均获利指数可按下式来计算:

$$\frac{120\ 000}{400\ 000}\times 1.56+\frac{150\ 000}{400\ 000}\times 1.53+\frac{125\ 000}{400\ 000}\times 1.17+\frac{5\ 000}{400\ 000}\times 1.00\approx 1.420$$

从表 5 - 12 可以看出,该公司应选用 A、B、D 三个项目组成的投资组合,该组合的净现值为 167 500 元。

## 5.5　固定资产的日常管理

为了提高固定资产的使用效率,保证固定资产的安全完整,必须做好固定资产的日常管理工作。固定资产的日常管理,即在固定资产使用期内的经常性管理工作,主要包括以下几个方面:

1. 实行固定资产的归口分级管理

企业的固定资产种类繁多,数量较大,用途各异,使用地点分散。根据管和用相结合的原则搞好固定资产管理,不仅要依靠职能部门,而且要将管理权限落实到具体使用部门及有关人员,明确责权关系,加强各部门、各级单位及职工的责任感。

固定资产归口分级管理,就是在企业总经理(厂长)的领导下,按照固定资产的类别,由厂部和职能部门负责具体管理,并进一步落实到班组和个人,实行用管结合,建立固定资产的岗位责任制。

（1）固定资产归口管理

固定资产归口管理，即按照固定资产的类别将其分别交由各有关职能部门管理。如生产设备交由设备部门管理；运输工具交由运输部门管理；房屋建筑物交由行政或总务部门管理，等等。归口以后，固定资产管理职能部门的主要职责有：

① 制定固定资产使用、保管、维修、保养制度，并监督使用部门执行；

② 对各类固定资产进一步统一调配和管理，按照规定的手续处理，严格管理固定资产的内部转移、清理、报废等事项；

③ 根据企业的实际情况，合理安排固定资产的修理和更新改造，适时对所管固定资产的增减变动和分布情况进行登记并与财务部门进行核对；

④ 检查使用单位对固定资产保管和使用情况，参与固定资产的清查工作。

（2）固定资产分级管理

固定资产分级管理，即在归口管理的基础上，进一步将固定资产交由各级使用单位、部门或个人进行管理。根据谁使用谁管理、谁管理谁负责的原则，将固定资产的使用与管理的责任及效果纳入各级岗位责任制的范围，具体落实到每个班组和个人，实行定岗、定机、定人、定责、定罚，使固定资产的保管和使用得到可靠的保证。固定资产使用保管单位和个人的主要职责有：

① 严格执行固定资产的管理制度，遵守规程和设备维修保护条例；

② 严格按设备的性能安排生产任务，防止超负荷运转，科学操作所使用的机器设备，保证机器正常运转；

③ 经常对使用的机器设备进行维修保养，防止过早磨损和损坏。

2. 加强财务部门对固定资产的日常管理

企业财务部门是固定资产管理的综合部门，它应全面组织和切实保证固定资产的安全管理和有效使用。财务部门应会同各有关职能部门制定固定资产管理制度和财务管理办法，规定各类固定资产的增减变动、维修更新的手续，协助有关单位执行。具体应做好以下几项工作：

（1）参与固定资产投资的使用、项目建设和验收的预测与决策

这是对固定资产的事前控制。固定资产是企业的重要财产，投资大、建设周期长，财务管理部门不仅应参与固定资产投资的预测与决策，还应参与固定资产投资的使用、项目建设的监督与验收工作，以保证固定资产投资按计划使用，缩短建设周期，提高固定资产的投资效果。

具体工作有：按建设项目工程进度拨付资金，监督固定资产投资按计划使用；预测建设项目完成程度及项目建设工期提前或延期对产量和利润的影响；加强在建工程的成本核算，预测投资计划完成情况；核算竣工项目的建设成本，监督办理竣工项目交接手续，妥善处理结余资金，分析竣工项目建设成本计划的完成情况。

（2）监督固定资产的调出调入、报废清理和清查盘点

由于生产任务和经营方向的变化等原因，企业会形成一些闲置不用的固定资产，对于这些闲置的固定资产，企业应及时加以处理，或有偿转让，或出租。而对于一些因长期参加生产周转而损耗以致不能再用的固定资产，企业应及时进行清理报废。财务部门应监督企业按规定手续办理固定资产的有偿转让和清理报废，并严格执行国家有关规定。

企业还应定期或不定期地对固定资产进行清查盘点，并按规定对盘盈、盘亏的固定资产进行处理。财务部门应设置固定资产的总账和明细账，按规定手续办理核算手续，对清查盘点结果查明原因，分清责任，妥善处理，切实做到有物有账、有账有物、账实相符。

（3）促使企业不断提高固定资产的利用效果

固定资产日常管理的主要目的在于，提高固定资产的利用效果，而提高固定资产利用的效果，主要在于改进固定资产的使用状况，提高固定资产的利用效率。财务部门应根据固定资产的占用情况和企业完成的经济指标，分析固定资产的利用效果，找出影响固定资产利用效果的原因，进而提出切实可行的改进措施，提请有关部门克服消极因素，改进固定资产的状况，提高固定资产的利用效率。

## 复习思考题

**一、单项选择题**

1. 投资回收期是指回收（　　　）所需的全部时间。

    A. 建设投资　　　　　　　　　　　B. 原始总投资

    C. 固定资产原值　　　　　　　　　D. 投资总额

2. 存在所得税的情况下，以"利润＋折旧"估计经营期净现金流量时，"利润"是指（　　　）。

    A. 利润总额　　　　　　　　　　　B. 净利润

    C. 营业利润　　　　　　　　　　　D. 息税前利润

3. 若净现值为负数，表明该投资项目（　　　）。

    A. 为亏损项目，不可行

    B. 投资报酬率小于 0，不可行

    C. 投资报酬率没有达到预期的贴现率，不可行

    D. 以上都不正确

4. 下列不属于静态评价指标的是（　　　）。

    A. 投资利润率　　　　　　　　　　B. 投资利税率

    C. 净现值　　　　　　　　　　　　D. 静态投资回收期

5. 设备负荷系数小于 1，表明（　　　）。

    A. 设备多余　　　　　　　　　　　B. 设备不足

    C. 设备正好够用　　　　　　　　　D. 不能确定

6. 能使投资方案的净现值等于零的贴现率称为（　　）。

    A. 平均报酬率               B. 投资收益率

    C. 内部报酬率               D. 资金成本率

7. 企业对取得的固定资产可以采取（　　）。

    A. 专人管理                 B. 归口管理

    C. 分级管理                D. 归口分级管理

## 二、多项选择题

1. 固定资产的特点有（　　）。

    A. 使用时间长              B. 价值较大

    C. 投资回收期限较长      D. 投资的收回是分次的

2. 能够使企业前期多提折旧、后期少提折旧的方法有（　　）。

    A. 直线折旧法              B. 工作量法

    C. 双倍余额递减法        D. 年数总和法

3. 采用净现值法评价投资项目可行性时,所采用的贴现率通常是（　　）。

    A. 投资项目的资金成本率     B. 投资项目的机会成本率

    C. 行业平均资金收益率       D. 投资项目的内部收益率

4. 投资项目在经营期末（即终结点）发生的现金流量包括（　　）。

    A. 营业净现金流量        B. 固定资产的残值

    C. 固定资产折旧           D. 垫支流动资金的回收

5. 下列说法正确的有（　　）。

    A. 净现值指标能反映各种投资方案的净收益

    B. 净现值指标不能反映投资方案的实际报酬

    C. 平均报酬率指标没有考虑资金的时间价值

    D. 获利指数指标有利于在初始投资额不同的投资方案之间进行对比

6. 净现值法的优点有（　　）。

    A. 考虑了投资风险

    B. 考虑了资金时间价值

    C. 可以动态上反映项目的实际收益率

    D. 考虑了项目计算期的全部净现金流量

## 三、判断题

1. 投资利润率与投资回收期的共同缺陷是均没有考虑资金时间价值。  （　　）

2. 现金净流量是指一定期间现金流入量和现金流出量的差额。  （　　）

3. 在对单一投资方案进行评价时,利用净现值法、现值指数法、内部收益率法会得出完全相同的结论,而采用投资回收期法则有可能得出与前述指标相反的结论。  （　　）

4. 某一投资方案按 10％ 的贴现率计算的净现值大于零,那么该方案的内部收益率大于 10％。  （　　）

5. 内部收益率的大小与事先设定的折现率的高低有关。　　　　　　（　　）

**四、计算题**

1. 某企业用甲设备生产 A 产品，现行单位产品的定额台时为 4，估计计划年定额改进系数为 90%。计划年 A 产品生产任务为 10 000 件，计划工作日数为 200 天，每天开工 2 班，每班设备运转 7.5 台时。

　　要求：① 计算完成生产任务需要的甲设备数量。

　　　　　② 如果甲设备现有 10 台，计算设备负荷系数。

2. 某企业拟更新一台尚可使用 3 年的旧设备，旧设备的原值为 90 000 元，账面价值为 56 000 元，期满残值为 5 000 元，目前旧设备的变价净收入为 30 000 元。已知旧设备每年能带来 100 000 元的销售收入，每年的付现成本为 82 000 元。新设备的投资总额为 150 000 元，可用 3 年，期满净残值为 30 000 元。使用新设备后每年可增加销售收入 30 000 元，并降低付现成本 12 000 元。若该企业的资金成本为 10%，所得税按 25% 来计算，问该企业是否应更新旧设备？

# 第6章 对外投资管理

![学习目标图标] **学习目标**

学习对外投资的基础知识,包括对外投资的概念与特点,对外投资的种类与程序,明确各项投资的基本内容和提高投资效果的措施,掌握各项投资决策的方法和技能。

![学习要求图标] **学习要求**

▷ 了解:对外投资的程序,对外直接投资的种类,对外直接投资应考虑的因素和决策程序。

▷ 掌握:对外投资的概念、特点和种类,证券投资的风险内容及收益率的计算,证券投资决策,对外直接投资的方式和决策。

## 6.1 对外投资管理概述

### 6.1.1 对外投资的概念与特点

1. 对外投资的概念

对外投资,是指企业以货币资金、实物资产、无形资产等方式或以购买其他企业的股票、债券等有价证券方式向企业以外的经济实体进行的投资。其目的是为了获取投资收益、分散经营风险、加强企业间联合、控制或影响其他企业。

企业的对外投资活动,实质上是企业资产的流动和重新组合过程,它对于合理配置资源、推动和促进产业结构调整、发展横向经济联合和提高经济效益起着重要的作用。

2. 对外投资的特点

企业的对外投资种类繁多、形式多样,与对内投资相比,在投资收益、投资风险、投资变现能力等方面都具有较大的差异,每一种投资都各有特点。概括地讲,企业的对外投资主要有以下几个特点:

(1) 对外投资的对象多样化

与对内投资相比,企业对外投资的对象更为多样化。企业的对外投资包括对外直接投资和对外间接投资。所谓对外直接投资,是指将资金直接投向被投资企业,并参与其经营管理的理财活动,主要包括对外合作投资、对外合资投资、对外合并投资等具体方式。所谓对外间接投资,主要是指通过购买被投资企业的各种有价证券所进行的理财活动,又称证券投资,主要包括国债投资、企业债券、公司股票或债券投资、短期融资券投资等具体方式。

　　企业对外投资的对象十分广泛,就可供投资的企业而言,有国内企业,也有国外企业;有制造企业,也有商品流通企业。就可供选择的证券来看,有国库券、企业债券,也有股票、短期融资券等。这种投资对象上的多样性和复杂性,一方面给企业提供了更多的投资机会和选择余地;另一方面使得投资决策难度更大,决策程序更加复杂。

　　(2) 对外投资的收益高、风险大

　　投资收益和投资风险是紧密关联的,高收益通常伴随着高风险。一般而言,企业进行对外投资的风险要大于对内投资的风险。因为企业对自己内部的情况较为熟悉,信息比较真实、全面,而外部的不确定因素较多,风险势必加大。因此,企业对外投资所要求的收益也必然提高。但这只是从整体而言,事实上,不同的对外投资对象,其风险是不同的,而且许多风险是可以通过适当的对外投资策略予以减小或消除的。企业对外投资的根本问题,就是综合地考虑投资收益与风险之间的关系,在收益与风险之间权衡利弊。

　　(3) 对外投资的变现能力差别较大

　　不同种类的对外投资变现能力具有较大的差别。如国债投资、上市公司的股票投资、可流通转让的企业债券投资等,变现能力很强,几乎能随时变现;又如合资投资等,变现能力很差,一般在合同期满时才能收回,合同期内不能或只能有条件地转让,难以随时变现。企业应当合理安排不同变现能力投资的比重,使之既能获得较多的投资收益,又不影响企业的支付能力和资产的流动性。

　　(4) 对外投资的回收时间差别较大

　　企业的对外投资有短期和长期之分。对于中、长期投资,其投资回收期从几年、十几年到几十年不等,如合资投资、长期股票投资等;对于短期投资,其投资回收期通常不超过1年,如短期的融资券投资等。企业对外投资回收的时间长短不一,加大了对外投资管理的难度,企业应考虑本企业未来现金的流动情况,事先安排好长期投资和短期投资的比例,使之不影响企业内部资金运行及相关经营决策的总体安排。

### 6.1.2　对外投资的种类

1. 按投资时间和目的,可将对外投资分为短期投资与长期投资

　　(1) 短期投资,是指能够随时变现、持有时间不超过1年的有价证券及不超过1年的其他投资。短期投资的目的主要是为了利用闲置的资金,谋取较高的收益,以提高资金的使用效率。所以,进行短期投资时,应保证投入资金的及时收回,而且尽可能获得比一般市场利率高的收益。加强对短期投资的管理,有利于加速企业资金周转,扩大企业收益。

　　(2) 长期投资,是指不准备随时变现、持有时间超过1年的有价证券及超过1年的其他投资。长期投资与短期投资的区别,除了投资持有时间上的不同,更主要的在于长期投资往往有其特定的目的。除谋取一定的投资收益外,长期投资的目的还包括以下三个:
① 影响或控制其他企业。企业在生产经营过程中或多或少地在某些方面依赖其他企业,

为加强与其他企业的经济联系,投资者购入并长期持有相关企业一定份额的股票(或投入其他资金),以保证本企业生产所需要的原材料、零配件的供应,或是扩大产品的销售等。② 扩大经营规模。扩大经营规模除了资金条件外,还需要很多配套条件,如生产经营场所、经营范围、生产技术等,当某些条件自身无法具备时,可通过对外长期投资来实现。③ 分散经营风险。不同行业之间的经营风险有很大差别,投资者往往通过将一部分资金投向那些风险较低的投资对象,来降低自身经营风险的总体水平。

2. 按投资方式,可将对外投资分为对外证券投资和对外直接投资

(1) 对外证券投资,是指以购买有价证券(如股票、债券等)的方式对其他企业进行的投资。该种投资并不直接形成生产经营的能力,被投资企业在取得资金并以一定方式投入后,才能形成生产经营的能力。正是由于证券投资不直接参与被投资企业的经营活动,且一般需要借助中介机构才能完成,因而又称为间接投资。

(2) 对外直接投资,又称实物投资,是指企业以货币资金、实物资产、无形资产等直接投入其他企业进行的投资。该种投资直接形成生产经营的能力,并为从事某种生产经营活动创造必要条件。可见,对外直接投资属于参与性投资。

### 6.1.3  对外投资的程序

企业对外投资对象复杂,回收期长短不一,高收益与高风险并存。为了保证企业对外投资决策的正确无误,必须遵循科学的投资程序。

1. 分析企业生产经营情况,明确投资目的

企业开展对外投资活动的目的是多种多样的,有的是为了控制供销渠道,有的是为了分散经营风险,有的是为了获取闲置资金的高效回报,有的是为了降低偿债风险,等等。投资目的不同,企业寻找投资对象和判断投资效果的具体标准也不同。因此企业进行对外投资时,首先应分析自身的经营现状,明确投资目的,才能使投资活动具有较强的针对性。

2. 认真进行可行性分析,科学选择投资对象

企业挑选对外投资对象时,不仅要考虑有关投资项目或有价证券本身的发展前景和赢利能力,要对其进行经济上的合理有效性和技术上的先进可行性的分析研究工作,还要综合考虑各种投资项目或有价证券在投资期限上的配合情况以及在投资风险方面的抵消能力,以实现企业资源配置的整体优化。

3. 根据投资对象的特点,正确选择出资方式

被投资企业虽然各有优势,但也有其薄弱之处,如有的企业虽技术力量较强,但缺乏足够的资金和先进的设备;而有的企业虽资金较充裕,但缺乏市场知名度。这说明被投资对象的筹资需求是多样的,而企业对外投资既可以采取货币资金的形式,如购买股票、债券等,也可以采取实物资产或无形资产的形式,如与其他企业进行合作、合资等。至于具体采取何种形式,应遵循这样的基本原则:企业投资方式既是投资对象所需的,又不影响本企业正常的生产经营。

4. 根据国家有关规定,合理确定投资资产的价值

企业对外投资的形式是多种多样的,应按以下原则确定投资资产的价值:① 以现金、银行存款等货币资金方式向其他单位直接投资或以购买债券、股票方式对外投资的,按实

际支付的金额计价；② 以实物资产、无形资产方式向其他单位投资的，按评估确认或合同、协议约定的价值计价。

**5. 加强对被投资企业的监控，不断提高投资效益**

企业的对外直接投资大多属于所有权投资。对这类投资，企业应积极参与被投资单位的重大生产经营决策，帮助其提高生产经营和管理水平，以创造更高的投资效益。而对于间接投资，企业则需成立专门的机构（如总公司下属财务部门的证券投资组等），或邀请证券投资专家，进行专业化的研究与管理，以获得高效回报。

**6. 认真评价投资业绩，及时反馈各种信息**

企业对外投资业绩的评价，主要应考虑以下几个方面：① 赢利能力；② 风险状况；③ 变现能力；④ 发展前景。具体操作时，可采用实际投资效果与预期投资效果相比较或实际投资效果与替代项目的投资效果相比较等方法来评价投资业绩的好坏。企业通过对目前对外投资状况的分析，找出利弊得失，及时反馈各种信息，适时修订投资计划，寻求更好的投资对象，开拓更宽的投资渠道，进行更好的投资组合，从而更好地实现企业对外投资的目标。

## 6.2　对外证券投资管理

证券，是根据一国政府的有关法律法规发行的，代表财产所有权或债权的一种信用凭证或金融工具。证券投资，是指企业通过购买证券的形式所进行的投资，是企业对外投资的重要组成部分。科学地进行证券投资管理，可以充分地利用企业的闲置资金，增加企业收益，减少风险，从而有利于企业财务管理目标的实现。

### 6.2.1　证券投资的种类

企业证券投资的种类直接取决于有价证券的种类。最常见的有价证券的划分方法有以下两种：

（1）按证券发行主体的不同，可将证券划分为政府证券、金融证券和公司证券。

政府证券，是中央政府或地方政府为筹集资金而发行的证券；金融证券，是银行或其他金融机构为筹集资金而发行的证券；公司证券，是工商企业发行的证券。

一般而言，与金融证券和公司证券投资相比，政府证券投资具有交易费用小、收益稳定、风险小、信誉高的特点。

（2）按证券所体现的权益关系，可将证券划分为所有权证券和债权证券。

所有权证券，是指证券的持有人是证券发行单位的所有者的证券，如股票；债权证券，是指证券的持有人是证券发行单位的债权人的证券，如债券。

可见，股票投资属于权益性投资，投资人作为权益所有者，有权参与被投资企业的经营管理和按所占股份分享利润，但当被投资人发生经营亏损或损失时，投资人需以出资额为限承担其损失；债券投资属于债权性投资，投资人有权要求债券发行者按期偿还本息，否则可通过法律程序要求补偿。

（3）按证券投资对象的不同，可将证券划分为债券投资、股票投资、基金投资和组合投资。

债券投资是指企业将资金投向各种各样的债券,例如,企业购买国库券、公司债券和短期融资券等都属于债券投资。与股票投资相比,债券投资能获得稳定收益,投资风险较低。

股票投资是指企业将资金投向其他企业所发行的股票,将资金投向优先股、普通股都属于股票投资。企业投资于股票,尤其是投资于普通股股票,要承担较大风险,但在通常情况下,也会取得较高收益。

基金投资是一种利益共享、风险共担的集合投资方式,即通过发行基金股份或受益凭证等有价证券聚集众多的不确定投资者的出资,交由专业投资机构经营运作,以规避投资风险并谋取投资收益的证券投资工具。与股票相比,企业投资基金,能在风险较低的情况下获得较高收益。

组合投资又叫证券投资组合,是指企业将资金同时投资于多种证券,例如,既投资于国库券,又投资于企业债券,还投资于企业股票。组合投资可以有效地分散投资风险,是企业等法人进行证券投资时常用的有效方式。

### 6.2.2　证券投资的风险与收益率

企业是否进行证券投资,应投资于何种证券,只有在对证券投资的风险和收益率做出分析后才能决策。研究风险和收益率的关系,是证券投资决策中最重要的问题之一。

1. 证券投资的风险

证券投资的风险,是证券投资的基本特征之一,即投资者在证券投资过程中遭受损失或达不到预期收益的可能性,主要来源于以下五个方面:

(1) 违约风险

违约风险,是指证券的发行人不能履行合约规定的义务,无法按期支付利息或偿还本金的风险。

一般而言,政府发行的证券违约风险最小,金融机构发行的证券次之,工商企业发行的证券风险最大。因为政府证券是以国家财政为担保,通常被视为无违约风险的证券。造成企业证券违约的原因主要有以下几点:① 政治、经济形势发生重大变化;② 发生自然灾害(如水灾、火灾、风灾等)或其他非常事故;③ 企业在市场竞争中失败,丧失主要顾客等生存和发展的机会;④ 企业经营管理不善,成本高,浪费大;⑤ 企业财务管理失误,不能及时清偿到期债务。

(2) 利息率风险

利息率风险,是指由于利息率的变动引起证券价格的波动而使投资者遭受损失的风险。

证券的价格将随利息率的变动而变动。一般而言,二者成反比的关系,即银行利率下降,则证券价格上升;银行利率上升,则证券价格下降。不同期限的证券,利息率风险不一样,期限越长,通常风险越大。

(3) 流动性风险

流动性风险,是指在投资者想出售有价证券获取现金时,证券不能立即出售的风险。

一般认为,一种能在较短期内按市价大量出售的资产,是流动性较高的资产,其流动性风险较小;反之,若一种资产不能在较短时间内按市价大量出售,则属于流动性较低的资产,其流动性风险较大。证券流动性的高低主要取决于市场的成熟与否和积极的市场参与者的数量。通常可用证券的买卖价差来衡量,买卖价差大,表明市场参与者较少,有行无市,证券的流动性较低;反之,则说明证券的流动性较高。一般而言,政府证券以及一些著名的大公司发行的证券的流动性较高。

（4）购买力风险

购买力风险,是指由于通货膨胀而使债券到期或出售时所获得的货币资金的购买力降低的风险。

在通货膨胀时期,购买力风险对投资者有重要影响。一般认为,预期报酬率会上升的资产,其购买力风险会低于报酬率固定的资产。因此,房地产、普通股等投资被认为比公司债券和其他有固定收益的投资能更好地避免购买力风险,更适合作为减少通货膨胀损失的避险工具。

（5）期限性风险

期限性风险,是指由于证券期限长而给投资者带来的风险。一般认为,一项投资到期日越长,投资人遭受的不确定性因素就越多,承担的风险就越大。例如,同一家企业发行的 10 年期债券的风险,通常要比 1 年期债券的风险大。

在整个证券的投资过程中,都蕴含着风险因素,一切回避风险的企图几乎都是徒劳的,风险是客观存在的。证券投资风险也是对投资证券行为的一种约束,但它提供了一种获取风险收益的机会,投资者必须树立风险价值观念。另外,不同对象的证券投资、不同证券投资的目的、不同的证券投资方式与技术,所面临的证券投资风险也各不相同,投资者应注重投资时机的选择、投资方式的运用,提高投资收益,降低投资风险。

**2. 证券投资的收益率**

企业进行证券投资的主要目的是为了获得投资收益。证券投资的收益包括两个部分:一部分是购买债券按期获得的利息收入,或购买股票按期获得的股息、红利收入,称之为经常收益;另一部分是证券交易现价与原价的价差收入,称之为当前收益。证券投资收益的高低是影响证券投资的主要因素。既可以用绝对数也可以用相对数来表示证券的投资收益,财务管理中通常用相对数,即用投资收益率(投资收益额与投资额的比率)来表示。

（1）短期证券投资收益率

由于投资期限短,所以短期证券投资通常不需考虑资金时间价值,因而其收益率的计算较为简单,具体的计算公式为:

$$K = \frac{S_1 - S_0 + P}{S_0} \times 100\% \qquad (6-1)$$

式中:$K$ 为证券投资收益率;$S_1$ 为证券出售价格;$S_0$ 为证券购买价格;$P$ 为证券投资报酬(股利或利息)。

【例 6-1】湘龙公司于 2016 年 2 月 1 日以每股 20 元的价格购买大华公司的股票,2017 年 1 月 1 日,湘龙公司每 10 股获现金股利 5 元。2017 年 1 月 31 日,湘龙公司以每股 24 元的价格出售该股票。则湘龙公司该项对外投资的收益率为：

$$K = \frac{24 - 20 + 5/10}{20} \times 100\% = 22.5\%$$

（2）长期证券投资收益率

由于投资期限长，所以长期证券投资通常应考虑资金时间价值，因而其计算较为复杂，这里只介绍两种典型情况的收益率的计算。

① 债券投资收益率的计算

企业进行债券投资，通常每年可以获得固定的利息，并在债券到期时收回本金或在中途出售时收回资金。债券投资收益率，是指能够使未来现金流入量的现值等于债券买入价格的贴现率，它是按复利计算的，具体的计算公式为：

$$V = \frac{I}{(1+i)^1} + \frac{I}{(1+i)^2} + \cdots + \frac{I}{(1+i)^n} + \frac{F}{(1+i)^n} = I \times (P/A, i, n) + F \times (P/F, i, n)$$

$$(6-2)$$

式中：$V$ 为债券的购买价格；$I$ 为债券每年能获得的固定利息；$F$ 为债券到期收回的本金或中途出售收回的资金；$i$ 为债券的投资收益率；$n$ 为债券的投资期限。

具体计算长期债券投资收益率时，可以用逐步测试法结合插值法。

【例 6-2】某公司 2017 年 1 月 1 日用平价购买面值为 1 000 元，票面利率为 5%，期限为 3 年的公司债券，每年 1 月 1 日计算并支付一次利息，试计算该公司持有到期时的年投资收益率是多少？

根据公式我们要求的是使未来现金流入现值等于债券买入价格的贴现率的原理，可建立等式如下：

1 000 = (1 000 × 5%) × (P/A, i, 3) + 1 000 × (P/F, i, 3)

可以采用逐次测算法测算。估计贴现率 5% 试算：

等式右边 = 50 × (P/A, 5%, 3) + 1 000 × (P/F, 5%, 3)

= 50 × 2.723 2 + 1 000 × 0.863 8

= 1 000 元

由上述计算结果可知，平价发行每年支付一次利息的债券，其到期年收益率正好等于债券票面利率。

如果债券的市场价格高于或低于债券面值，情况则有所不同。假设上例中债券的市场价格为 1 050 元，则所建立的等式为：

1 050 = (1 000 × 5%) × (P/A, i, 3) + 1 000 × (P/F, i, 3)

由上述计算已知，当市场利率为 5% 时，债券的价格为 1 000 元，现在债券的价格为 1 050 元，其到期年收益率一定低于 5%，我们可进一步降低贴现率进行测试。

先估计贴现率 4% 试算：

P = (1 000 × 5%) × (P/A, 4%, 3) + 1 000 × (P/F, 4%, 3)

= 50 × 2.775 1 + 1 000 × 0.889 0

= 1 027.76 元

由于计算结果小于 1 050 元，说明 4% 的贴现率还高，需进一步降低，估计贴现率 3% 试算：

$$P = 50 \times (P/A, 3\%, 3) + 1\ 000 \times (P/F, 3\%, 3)$$
$$= 50 \times 2.828\ 6 + 1\ 000 \times 0.915\ 1$$
$$= 1\ 056.53\ 元$$

由于计算结果大于 1 050 元,说明债券到期的年投资收益率在 3%~4%,采用插值法计算求

$$\frac{X}{4\% - 3\%} = \frac{1\ 050 - 1\ 056.53}{1027.76 - 1056.53}$$

$$X\% = \frac{1\% \times 6.53}{28.77}$$

$$X\% = 0.23\%$$

故该债券持有到期时的年投资收益率为:3%+0.23%=3.23%

上面用逐步测试法结合插值法计算的长期债券的到期收益率,比较麻烦。如果要求的精度不高时,可以用简便算法求得近似值,具体的计算公式为:

$$i = \frac{I + (M - P)/N}{(M + P)/2} \times 100\% \qquad (6-3)$$

式中,$I$ 为债券每年能获得的固定利息;$M$ 为到期归还的本金;$P$ 为买价;$N$ 为年数。其实,式中的分母为平均的资金占用,分子是每年的平均收益,则根据例 6-2 中数据计算:

$$债券到期收益率 = \frac{50 + (1\ 000 - 1\ 050)/3}{(1\ 000 + 1\ 050)/2} \times 100\% = 3.25\%$$

从上述计算可以看出,如果债券的市场价格与债券面值不相等,则债券的到期收益率与债券的票面利率就不同。

债券的到期收益率是企业进行债券投资决策的基本标准,它可以反映债券投资按复利计算的真实收益率,若高于投资人要求的报酬率,则应买进债券;反之,则不应购买。

② 股票投资收益率的计算

企业进行股票投资,每年获得的股利是经常变动的,在企业出售股票时,也可收回一定的资金。股票的投资收益率,就是能使未来现金流入量的现值等于目前购买价格的贴现率,具体的计算公式为:

$$V = \sum_{j=1}^{n} \frac{D_j}{(1+i)^j} + \frac{F}{(1+i)^n} \qquad (6-4)$$

式中:$V$ 为股票的购买价格;$D_j$ 为股票的投资报酬(即各年获得的股利);$F$ 为股票的出售价格;$i$ 为股票投资的收益率;$n$ 为股票的投资期限。

计算股票投资的收益率与计算债券投资的收益率相类似,也是用逐步测试法和插值法进行计算。

【例 6-3】大华公司 2014 年 3 月 10 日投资 600 万元购买了红光公司 100 万股普通股股票,在 2015 年、2016 年、2017 年的 3 月 9 日每股各分得现金股利 0.6 元、0.8 元和 1 元,该股票在 2017 年的 3 月 9 日以每股 8 元的价格全部出售,要求计算该股票投资的收益率。

$D_1 = 0.6 \times 100 = 60$（万元）

$D_2 = 0.8 \times 100 = 80$（万元）

$D_3 = 1 \times 100 = 100$（万元）

假设要求的收益率为 18%，即 $i = 18\%$ 时，

$V = 60 \times (P/F, 18\%, 1) + 80 \times (P/F, 18\%, 2) + 100 \times (P/F, 18\%, 3) + 8 \times 100 \times$
$(P/F, 18\%, 3)$

$= 60 \times 0.847 + 80 \times 0.718 + 100 \times 0.609 + 800 \times 0.609 = 656.36$（万元）

由于 656.36 万元＞600 万元，说明该股票的到期收益率大于 18%，所取的收益率较小，需进一步提高测试的收益率。

假设要求的收益率为 20%，即 $i = 20\%$ 时，

$V = 60 \times (P/F, 20\%, 1) + 80 \times (P/F, 20\%, 2) + 100 \times (P/F, 20\%, 3) + 8 \times 100 \times$
$(P/F, 20\%, 3)$

$= 60 \times 0.833 + 80 \times 0.694 + 100 \times 0.579 + 800 \times 0.579 = 626.6$（万元）

由于 626.6 万元＞600 万元，说明该股票的到期收益率大于 20%，所取的收益率较小，还需进一步提高测试的收益率。

假设要求的收益率为 25%，即 $i = 25\%$ 时，

$V = 60 \times (P/F, 25\%, 1) + 80 \times (P/F, 25\%, 2) + 100 \times (P/F, 25\%, 3) + 8 \times 100 \times$
$(P/F, 25\%, 3)$

$= 60 \times 0.800 + 80 \times 0.640 + 100 \times 0.512 + 800 \times 0.512 = 560$（万元）

由于元 577.6 万元＜600 万元，说明该股票的收益率小于 25%，所取的贴现率较大，由此可以得出该股票的到期收益率应介于 20%～25% 之间，再用插值法计算该股票的到期收益率：

| 购买价格 | | | 收益率 | | |
|---|---|---|---|---|---|
| 626.6 | | | 20% | | |
| | 26.6 | 66.6 | | ?% | x% |
| 600 | | | ?% | | 5% |
| 560 | | | 25% | | |

$\dfrac{x}{5} = \dfrac{26.6}{66.6}$，则 $x \approx 2$

则 $i = 20\% + 2\% = 22\%$，即该股票的到期收益率为 22%。

### 6.2.3 证券投资决策

企业究竟选择何种证券种类、何时进行投资，需要企业的理财人员在权衡风险与收益两大基本因素的基础上，参考国民经济形势、通货膨胀状况、金融市场利率水平以及被投资企业所处行业特征和企业自身经营管理情况等几方面的影响因素，进而做出科学、合理的证券投资决策。

#### 1. 债券投资决策

债券投资就是投资者通过购买各种债券进行的对外投资，它是企业证券投资的一个重要组成部分。与股票投资相比，债券投资具有风险小、投机能力不强的特点，因而较适

合于资金性质不适宜冒险的投资。

（1）债券投资的目的

企业的债券投资通常有短期债券投资和长期债券投资之分。企业进行短期债券投资的目的主要是为了合理利用暂时闲置的资金，调节现金余额，使现金余额达到合理水平，以配合企业对资金的需求。而企业进行长期债券投资的目的主要是为了获得稳定的收益。

（2）债券的估价

债券估价就是对债券的价值进行评估，它是投资者在进行债券投资时首先遇到的问题，也是企业进行债券投资决策的重要依据：只有债券的价值不小于其购买价格时，该债券才值得投资；否则，不值得进行投资。

债券的价值是由其未来现金流入量的现值决定的，未来的现金流入量主要包括将来收回的本金和利息。这样，债券的目前价值就是按投资者要求的必要收益率对未来收入的贴现值。

债券价值实际上表达了投资者为取得未来的货币收入目前希望投入的资金，它不同于债券市场价格，后者是当前债券市场上形成的债券交易价格。若债券价值大于或等于债券市场价格，则表明投资于该债券是可行的，达到了投资者所要求的投资收益率。因此，债券价值主要由两个因素决定：债券的预期货币收入和投资者要求的必要投资收益率。债券的预期货币收入主要包括到期前定期支付的利息和到期时兑付的票面金额。投资者要求的必要投资收益率一般可以比照具有可比风险的其他金融工具的收益率来确定。债券价值的计算公式因不同的计息方法，可以有以下几种表示方式：

① 债券估价的基本模型

债券估价的基本模型，是指对典型债券所使用的估价模型。所谓典型债券，是指票面利率固定，每年末计算并支付利息、到期偿还本金的债券，具体的计算公式为：

$$P = \sum_{t=1}^{n} \frac{M \cdot i}{(1+K)^t} + \frac{M}{(1+K)^n} = I \cdot (P/A, K, n) + M \cdot (P/F, K, n) \quad (6-5)$$

式中，$P$ 是债券价值；$I$ 为每年利息；$K$ 是贴现率（可以用当时的市场利率或投资者要求的必要收益率来替代）；$M$ 是债券面值；$i$ 是票面利率；$n$ 是债券期限（即偿还年数）。

【例 6-4】某公司拟于 2017 年 11 月 1 日发行面额为 1 000 元的债券，其票面利率为 12%，每年 11 月 1 日计算并支付一次利息，并于 5 年后的 11 月 1 日到期。市场利率为 14%，则该债券的价值为：

$P = I \cdot (P/A, K, n) + M \cdot (P/F, K, n)$

　$= 1\,000 \times 12\% \times (P/A, 14\%, 5) + 1\,000 \times (P/F, 14\%, 5)$

　$= 120 \times 3.433 + 1\,000 \times 0.519 = 930.96（元）$

② 到期一次还本付息的债券估价模型

到期一次还本付息的债券估价模型，是指用于估算到期一次还本付息、不计复利的债券价格的模型，具体的计算公式为：

$$P = \frac{M \cdot i \cdot n + M}{(1+K)^n} = (M \cdot i \cdot n + M) \cdot (P/F, K, n) \quad (6-6)$$

式中的字母含义与债券估价的基本模型的一致。

【例 6-5】如例 6-4，若市场利率为 10%，债券到期仍按面值收回，则该债券的价值为：

$$P=(M \cdot i \cdot n+M) \cdot (P/F,K,n)=(1\,000 \times 12\% \times 5+1\,000) \times (P/F,10\%,5)$$
$$=1\,600 \times 0.621=993.6(\text{元})$$

③ 零票面利率债券的估价模型

零票面利率，即以贴现方式发行债券，没有票面利率，到期按面值偿还，具体的计算公式为：

$$P=\frac{M}{(1+K)^n}=M \cdot (P/F,K,n) \qquad (6-7)$$

式中的字母含义与前两个模型的一致。

【例 6-6】某债券面值为 1 000 元，期限为 5 年，期内不计利息，到期按面值偿还，当时市场利率为 10%，则该债券的价值为：

$$P=M \cdot (P/F,K,n)=1\,000 \times (P/F,10\%,5)=1\,000 \times 0.621=621(\text{元})$$

（3）债券投资的优缺点

我国债券发行有较为严格的发行条件，信用等级较高，大部分债券都上市交易，主要有以下几个优点：

① 本金安全性高。与股票投资相比，债券投资的风险较小：政府发行的债券有国家财力作保障，其本金的安全性非常高，通常被视为无风险债券；金融债券的信用度较高，一般也不存在本金不能偿还的问题；企业债券的持有者有优先求偿权，即当发行债券的企业破产时，债券投资者优先于股东分得企业资产，因而其本金损失的可能性也较小。

② 利息收入稳定。债券票面一般都标有固定的利息率，债券的发行人有按时支付利息的法定义务，所以，正常情况下，债券投资者都能获得比较稳定的利息收入。

③ 市场流动性好。发行债券的企业一般都是资产条件较好、信用度较高的企业，其发行的债券一般都能在金融市场上出售或抵押，流动性好。

当然，债券投资也有缺点，主要有以下几点：

① 购买力风险较大。债的面值和利息率在发行时即已确定，若投资期间的通货膨胀率较高，则本金和利息的购买力将不同程度地受到侵蚀，在通货膨胀非常高时，投资者虽然名义上有收益，但实际上却有损失。

② 没有经营管理权。投资债券是一种债权投资行为，难以对债券发行企业施加影响和控制。

2. 股票投资决策

股票投资是企业进行证券投资的一个重要方面，随着我国股票市场的发展，将变得越来越重要。

（1）股票投资的目的

企业进行股票投资的目的主要有两个：① 获利，即把股票投资作为一般证券投资，获取股利收入及股票的买卖价差;② 控股,即通过购买某一企业的大量股票达到控制该企业的目的。第一种情况下,企业仅将某种股票作为它证券组合的一个部分,不应冒险将大量资金投资于某一企业的股票上;第二种情况下,企业应集中资金投资于被控企业的股票上,这时考虑更多的不应是股票投资收益高低的目前利益,而应是占有多少股权才能达到控制目的的长远利益。

(2) 股票的估价

与债券投资一样,股票投资也需要对股票进行估价。股票估价实际是对股票的投资价值进行评估,其目的是为了确定股票的内在价值,并将其与股票市价进行比较,视其低于、高于或等于市价,决定买入、卖出或继续持有。

对股票价值的评估类似于债券,即求股票预期的未来现金流入量的现值。股票预期的未来现金流入包括每期的预期股利和将来出售股票时的变价收益两部分。但由于股票没有固定的股息,也没有一定的期末价值,因此,股票价值的评估方法不同于债券。下面介绍几种最为常见的股票估价模型。

① 股票估价的基本模型

一般情况下,投资者投资于股票,不仅希望得到股利收入,还希望在未来出售股票时获得涨价收入,即资本利得。此时股票的内在价值为:

$$P = \sum_{t=1}^{n} \frac{d_t}{(1+K)^t} + \frac{P_n}{(1+K)^n} \qquad (6-8)$$

式中:$P$ 为股票内在价值;$P_n$ 为未来出售时预计的股票价格;$K$ 为投资人要求的必要投资收益率;$d_t$ 为第 $t$ 期的预期股利;$n$ 为持有股票的期数。

【例 6-7】2016 年 4 月长江公司欲投资民生银行普通股,短期持有,现行股价为每股5.80 元,计划于 2017 年 4 月份出售,估计售价为 6.20 元;预计 2017 年 4 月每股能分得红利 0.3 元,期望报酬率为 10%。则民生银行普通股的内在价值为多少? 长江公司是否应购买?

$$P = \frac{0.3}{(1+10\%)^1} + \frac{6.2}{(1+10\%)^1} = 5.91(元)$$

即民生银行普通股购买日的内在价值应为 5.91 元,高于现行股价 5.80 元,则长江公司应该购买,这样可以得到 10% 以上的收益。

② 零成长股票的估价模型

零成长股票,是指发行公司未来每年提供的股利是固定的。该股票的估价是在股票估价的基本模型的基础上计算的,即当 $t \to \infty$ 时,$\frac{P_n}{(1+K)^n} \to 0$,而 $\sum_{t=1}^{n} \frac{d_t}{(1+K)^t}$ 则可近似地看作是永续年金。此时,股票的估价模型可简化为:

$$P = \frac{d}{K} \qquad (6-9)$$

式中,$d$ 为每年的固定股利。

【例 6-8】某公司购买一批股票,该股票每股年分配股利 3 元,该公司最低收益率为

10%,则该批股票的价值为:

$$P = \frac{d}{K} = \frac{3}{10\%} = 30(元)$$

这个计算结果意味着:该批股票的内在价值为 30 元,只有在市价不高于 30 元的时候,该股票才值得投资,才能获得不低于 10% 的收益率。

③ 固定成长股票的估价模型

固定成长股票,是指发行公司未来每年提供的股利是稳定增长的,且每年的增长率是固定的。此类股票有两个假设:股利按固定的年增长率增长;股利增长率总是低于企业的期望收益率。股票的内在价值也是未来股利按投资者所期望的收益率折成的现值总额。

设 $d_0$ 为上年股利,$d_t$ 为第 $t$ 年的股利,$K$ 为期望收益率,则第 $t$ 年的股利为:

$$d_t = d_0(1+g)^t$$

则 $P = \dfrac{d_0(1+g)}{1+K} + \dfrac{d_0(1+g)^2}{(1+K)^2} + \cdots + \dfrac{d_0(1+g)^n}{(1+K)^n} = \displaystyle\sum_{t=1}^{\infty} \dfrac{d_0(1+g)^t}{(1+K)^t}$

当 $K > g$ 时,$t \to \infty$,则上式为:

$$P = \frac{d_0(1+g)}{K-g} = \frac{d_1}{K-g}$$

【例 6-9】某公司普通股上年股利为 0.2 元,估计年增长率为 3%,期望收益率为 10%。求该普通股的内在价值;假定现行市价为 2.50 元,能否投资?

$$P = \frac{0.2 \times (1+3\%)}{10\% - 3\%} = 2.94(元)$$

该普通股的内在价值 2.94 元,高于现行市价 2.50 元,应该投资。

④ 非固定成长股票的估价模型

现实生活中,有些公司的股利是不固定的,这时应分段计算,才能确定股票的价值。

【例 6-10】某投资者持有某公司的某种股票,他投资的最低收益率为 15%,预计该公司未来 3 年股利将高速增长,且成长率为 20%,此后即转为正常增长,成长率为 12%,公司最近支付的股利是 2 元,试计算该股票的价值。

先计算高速增长阶段的股票价值,如表 6-1 所示:

表 6-1　该公司高速增长阶段的股利现值计算表　　　　　　　　　单位:元

| 年　度 | 第 $t$ 年的股利 | 股利现值 |
|---|---|---|
| 1 | $2 \times (1+20\%) = 2.4$ | $2.4(P/F, 15\%, 1) = 2.088$ |
| 2 | $2.4 \times (1+20\%) = 2.88$ | $2.88(P/F, 15\%, 2) = 2.177$ |
| 3 | $2.88 \times (1+20\%) = 3.456$ | $3.456(P/F, 15\%, 3) = 2.274$ |
| 合计 | | 6.539 |

再计算第三年底的股票价值:

$$P = \frac{d_3(1+g)}{K-g} = \frac{3.456 \times (1+12\%)}{15\% - 12\%} = 129.024(元)$$

再将第三年底的股票价值贴现：

$129.024 \times (P/F, 15\%, 3) = 129.024 \times 0.658 = 84.9 (元)$

最后将前面的计算结果相加，即为该公司该股票的价值，即：

$P = 6.539 + 84.9 = 91.439 (元)$

需要说明的是，这里讨论的预期股价和收益率，往往和后来的实际发展有较大差别，因为计算时使用的数据都是预计的，可能不十分准确；且影响股票市价的某些因素，如未来利率的变化、整个股市兴衰等，计算时都被忽略了。但是，不能因此而否定预测和分析的必要性和有用性。根据股票价值的差别来进行投资决策，预测的误差影响绝对值，往往不影响其优先次序。被忽略的不可预见因素通常影响所有股票，而不是个别股票，对选择决策的正确性往往影响较小。

（3）股票投资的优缺点

股票投资是一种最具挑战性的投资，其收益和风险都较高。但股票投资的优点也是显而易见的，主要表现为以下几点：

① 投资收益高。普通股票的价格虽变动频繁，但从长期来看，优质股票的价格总是上涨的居多，只要选择得当，就能取得优厚的投资回报；同时股票市场也可进行适度的投机活动，操作得当，也能带来较高的收益。

② 购买力风险低。普通股的股利不固定，在通货膨胀率较高时，由于物价普遍上涨，股份公司赢利增加，股利的支付也随之增加；且普通股股东是企业的所有者，通货膨胀情况下，企业的资产价格会上升，尤其是不动产，这样普通股股东的权益也随之增加。因此，与固定收益证券相比，普通股能有效地降低购买力风险。

③ 拥有经营控制权。普通股股东是公司的所有者，有权监督和控制企业的生产经营情况。若要控制一家企业，最好是收购这家企业的股票，从而控制这家企业的生产经营状况，优化资源，整合资产，获取资本运作的相应收益。

当然，股票投资也有缺点，主要有以下几点：

① 资本利得不稳定。普通股的价格受众多因素的影响，很不稳定。政治、经济、心理、投机、战争、自然灾害、企业经营状况等都会影响股价的变动，导致资本利得极不稳定。

② 收入不稳定。企业经营受多种因素的影响，赢利状况不够稳定，分红多少受企业赢利状况的影响；股利不仅受发行企业赢利状况的影响，也受制于公司采取什么样的股利政策，其有无股利、分红多少，一般没有法律上的强制规定。所以相对于固定收益证券而言，股利收入不够稳定。

③ 求偿权居后。企业清算时，普通股的求偿权居于债权人、优先股股东的后面，相应的投资可能得不到全额补偿，甚至一无所有。

④ 不易操作。投资普通股风险极大，普通投资者难以操作。既要懂宏观经济、行业经济、公司基本知识，如 GDP、CPI、财税政策走势、汇率变化趋势等；又要熟悉技术走势分析指标，熟悉电脑操作，如 K 线指标、趋势指标、超买超卖指标等。既要有稳定的、随机应变的心理素质，还要有搜集、鉴别、整合各种信息并做出正确判断的能力。所以相对于实

体投资而言,操作难度极大。

　　3. 证券组合投资决策

　　(1) 证券组合投资的目的

　　证券组合投资,是指在进行证券投资时,不是将所有的资金都投向单一的某种证券,而是有选择地投向一组证券。

　　由于证券投资存在着较高的风险,而各种证券的风险大小也不相同,企业在进行证券投资时,不应将所有的资金都集中投资于某一种证券,而应进行证券的组合投资。证券组合投资对分散和降低投资风险具有重要的作用,正因为如此,许多国家的法律和制度规定银行、保险公司、各类共同基金、信托公司等其他金融机构都必须将其投资分散,形成高度多角化的投资组合,以起到避免风险的作用。从投资者的角度来看,某一特定股票价格的涨跌并不重要,重要的是对它们所组成的证券组合的风险和收益的影响。可见,企业进行证券组合投资的主要目的是为了帮助投资者捕捉投资机会,降低投资风险。

　　(2) 证券组合投资的风险及收益

　　第二章中,已对证券组合投资的风险及收益作了详细介绍,这里便不再赘述了。下面就证券组合投资的策略与方法作一探讨。

　　(3) 证券组合投资的类型与方法

　　① 证券组合投资的类型。投资者究竟选择什么样的投资组合,主要取决于投资者对风险的偏好程度及承受能力。由于投资者厌恶风险的程度不同,就形成了各种不同类型的证券组合投资。常见的证券组合投资类型主要有以下三种:

　　第一,保守型证券组合投资,即尽量模拟市场现状,将尽可能多的证券包括进来,以便分散掉全部可分散风险,获得与市场平均报酬相同的投资报酬。这种证券组合所承担的风险是市场上的系统风险,非系统风险基本上能够消除,其投资收益也不会高于市场的平均收益,因此是较为保守的组合投资类型。1976 年,美国先锋基金公司创造的指数信托基金,就是这一证券组合投资的最典型代表。该基金投资于标准—普尔(Standardand Poor's)中所包含的 500 种股票,其投资比例与 500 家企业价值比重相同。保守型证券组合投资,不需要太高深的证券投资知识,只要尽可能模拟某种市场现状即可。加之该类型投资的管理费较低,又几乎能分散掉全部可分散风险,因而较能赢得投资者的青睐。

　　第二,进取型证券组合投资,即以资本升值为主要目标,尽可能多地选择一些成长性较好的证券,而少选择低风险低报酬的证券,这样就可以使投资组合的收益高于证券市场的平均收益。采用这种投资组合,若做得好,可以取得远远高于市场平均报酬的投资收益,但若是投资失败,会造成较大的损失,因此是较为冒险的组合投资类型。进取型证券组合投资,要求投资者具备较好的证券投资知识,还要对企业进行深入细致的分析,如行业发展前景、产品的市场需求状况、竞争情况、企业的经营状况、财务状况等。

　　第三,收入型证券组合投资,即以追求低风险和稳定收益为主要目标,选择一些风险不大、收益较好的公司的证券作为投资对象。收入型证券组合投资,风险较低,但收益较为稳定,是最常见的一种投资组合类型,比较适合于老年投资者、需要负担生活费用或子女教育费用的投资者以及有定期支出的机构投资者,例如养老基金等。选择这种投资组合的投资者一般认为,证券的价格,特别是股票的价格,是由特定企业的经营业绩来决定的。市场上股票价格的一时沉浮并不重要,只要企业经营业绩好,股票的价格终究会体现其优良的业绩。所以,在进行证券投资时,应进行全面深入的证券投资分析,选择高质量的股票和债券,组成投资组合,这样既可以获得较高的投资收益,又不会承担太大的投资风险。

　　② 证券组合投资的方法。证券投资是一个充满风险的投资领域,投资者在入市时必须懂得防范风险,这是一个十分复杂的问题。因为风险是复杂多样的,且时刻与投资如影相随,而防范风险最有效的方法便是进行证券组合投资,以尽可能分散风险。人们经过长期的证券投资实践,总结出了许多证券组合投资的方法,最常见的通常有以下几种:

　　第一,选择不同行业、区域和市场的证券进行组合,这是最简单的证券组合投资方法。具体操作时,一般不是进行有目的的组合,而是随机选择证券。随着证券数量的增加,可分散风险会逐渐减少,当数量足够多时,几乎所有的非系统风险都被分散掉了。据投资专家们的估算,一般随机购买 20 种以上的证券,基本就能有效地分散全部非系统风险。另外,选择证券的行业也应分散,以避免因行业不景气而使投资者遭受重大损失;选择证券的区域也应分散,以避免因地区市场衰退而使投资者遭受重大损失;选择证券的市场也应分散,以避免同一证券市场的系统风险。

　　第二,将风险大、风险中等、风险小的证券放在一起进行组合,即采用 1/3 投资组合法,把全部资金的 1/3 投资于风险大的证券、1/3 投资于风险中等的证券、1/3 投资于风险小的证券。一般认为,风险大的证券对经济形势的变化较为敏感,在经济繁荣时期,通常能获得高额收益,但在经济衰退时期,却易遭受巨额损失;风险小的证券则对经济形势的变化不十分敏感,无论经济繁荣或衰退,通常都能获得稳定收益,而不致遭受损失。可见,1/3 投资组合法是一种进可攻、退可守的组合法,虽不会获得太高的收益,但也不会承担巨大风险,是一种常用的组合方法。

　　第三,将投资收益成负相关的证券放在一起进行组合。一种证券的收益上升,而另一种证券的收益下降,则这两种证券即为负相关证券。将收益成负相关的证券组合在一起进行投资,能有效分散非系统风险。例如,某企业同时持有一家汽车制造公司的股票和一家石油公司的股票,当石油价格大幅度上升时,这两种股票便成负相关。因为油价上涨,石油公司的收益会增加,但油价的上涨也会影响汽车的销量,使汽车公司的收益下降。可见,只要选择得当,这样的组合对降低风险有十分重要的意义。

　　第四,选择不同期限的证券进行组合,即根据投资者未来的现金流量来安排各种证券不同的投资期限,进行长、中、短期相结合的投资组合。投资者对现金的需求总是有先有后,长期不用的资金可以进行长期投资,以获得较大的投资收益;近期就可能使用的资金,则最好投资于风险较小、能随时变现的有价证券。

## 6.3　对外直接投资管理

企业对外直接投资,是指企业以货币资金、实物资产、无形资产对其他企业直接进行投资,以取得投资收益或实现对被投资企业控股的目的。在市场经济条件下,对外直接投资是企业投资的一种重要的投资方式,它通常是一种长期的战略性投资,与企业对内投资相比,具有投资对象较为复杂、投资回收时间长短不一、投资变现能力差别很大、投资风险大而收益高等特点。从现代理财的角度看,企业对外直接投资,有利于充分利用企业的资产,提高企业资金的利用率,扩大企业的生产经营规模,加快企业的发展,提高企业投资报酬,降低企业经营风险,还有利于企业实现兼并。

### 6.3.1　对外直接投资应考虑的因素

由于企业的对外直接投资活动通常是为实现企业一定的投资目的服务的,且具有投资期限长、金额大、风险高的特点,投资的成败往往会对企业的长远发展具有重要的影响,所以,在进行投资决策时,必须充分考虑各方面的因素。

1. 企业当前的财务状况

企业当前的财务状况是制约企业对外投资的一项重要因素,企业进行对外直接投资时应首先考虑这一因素,具体包括企业资产的利用情况、偿还债务的能力、未来几年的现金流动状况以及企业的筹资能力等。一般认为,若企业目前的资产利用情况良好、偿债能力以及未来几年的现金流量预期状况都较为良好,且没有闲置资产或资金,则一般不必考虑对外进行投资;若有一定的闲置资产或资金,则可以考虑对外进行直接的投资。

2. 企业整体的经营目标

企业的对外直接投资必须服从企业整体的经营目标,对外直接投资的目标应与企业的整体经营目标相一致,或者有利于实现企业的整体经营目标。例如,若企业自身的某种品牌产品在竞争中处于优势,在市场上有较高的知名度,则为了进一步扩大销售量和市场份额,就需要寻找与自己产品相配套的合作伙伴,进行合作投资,形成以本公司为核心、以自身品牌产品为龙头、以投资资本为纽带的经济实体;若企业的资本雄厚,管理水平高,也可采用对外直接投资的方式,进一步扩大企业其他品牌产品的实力,扩大市场份额,从而达到最大赢利的目的。另外,企业也可出于降低长远经营风险的目的,来进行长期对外投资,以分散资产的结构,实现多角化经营。总之,企业的对外直接投资,必须根据企业经营的需要来选择投资项目和投资方式,根据不同的投资项目做出相应的投资决策。

3. 投资对象的收益与风险

企业进行的任何一种对外直接投资,都是期望获得丰厚的投资收益。为此,企业应认真考虑投资对象的收益和风险,在保证实现投资目的的前提下,尽可能选择投资收益较高、风险较小的投资项目。某些特定的情况下,也可以将投资投放于个别回报率虽低但对企业整体或长远有利的项目上,以谋求企业的整体或长远收益的最大化。

### 6.3.2　对外直接投资的决策程序

对外直接投资是企业的一种长期的战略性投资，必须按照科学的程序进行分析论证，以免因决策的失误而造成重大的经济损失。一般按以下程序进行决策：

1. 提出投资方案

企业应认真分析本企业的生产经营状况，明确投资目的，根据企业的实际需要，提出对外直接投资的方案。企业对外直接投资的目的可以是单纯地为了取得投资报酬，也可以是为了分散经营风险或控制被投资企业。不同的投资目的，选择投资对象的标准不同，所以，企业必须首先明确投资的目的，再据以提出投资方案。

2. 分析、评价投资方案，并选出最优的投资方案

一般由专家小组拟定企业对外直接投资的多种方案，分析评价各种投资方案时，主要分析其收益和成本，计算其现金流量；具体选择最优投资方案时，不仅要考虑投资项目的赢利能力和发展前景，还要考虑各种投资项目在投资期限上的合理配合及对投资风险的抵御能力，以达到合理的投资组合。前面介绍的企业对内投资决策的基本原理和方法，也适用于对外投资，只是相比于企业对内投资，对外投资决策更为复杂，风险更大。

3. 拟定投资计划，选择合理的出资方式和时间

投资计划是企业进行投资活动的具体依据，它详细规定了投资预算总额、出资方式、出资时间、投资的进度和期限等。企业在选出最优投资方案之后，就应做出投资决策，拟定投资计划。企业在选择出资方式和出资时间时，应综合考虑企业的总体现金流量及筹资能力，以避免因资金短缺而影响投资的进度。

4. 实施投资方案

投资计划拟定后，就应由具体的业务部门来加以实施。具体执行时，应严格按照投资计划进行，财务管理部门需进行财务监督，对投资活动加以控制，以及时发现和解决问题。

5. 评价投资效果

对投资效果进行评价，可以总结经验教训，分析利弊得失，为以后的投资决策提供依据。所以，在投资计划执行过程中和投资完成后，应及时分析评价投资情况和投资结果，以及时反馈各种信息，便于发现问题、解决问题。

### 6.3.3　对外直接投资的方式

企业在进行投资决策，拟定投资计划时，就应确定对外直接投资的具体方式。企业对外直接投资的方式主要有以下三种：

1. 对外合资投资

对外合资投资，是指投资企业通过与其他企业共同投资组建合资经营企业所进行的对外直接投资。这里的合资经营企业，是指由投资各方按照共同出资、共同经营、共享利润、共担风险的原则而设立的企业。

合资经营企业是由两个或两个以上的投资者共同出资设立的有限责任公司，它具有

独立的法人资格,并以其全部财产作为企业从事经营活动的经济担保;合资各方以其出资额为限对企业债务承担有限责任,且合资各方必须将其出资折成相应股份,并根据各自出资额在注册资本中所占的股权比例享受权利和承担义务,共享利润,共担风险。

2. 对外合作投资

对外合作投资,是指投资企业与其他企业组建合作经营企业所进行的对外直接投资。这里的合作经营企业,是指投资企业与其他企业通过签订合同、协议等形式来规定各方面权利和义务而组建的企业,又称契约式合营企业。

合作经营企业在法律形式上可以是法人,也可以不是法人;各方所投入的资本一般也不必折成股份,而完全由投资协议来确定投资各方的责任。可见,与对外合资投资相比,对外合作投资方式较为灵活、简便,适应面较宽,但合作经营企业也不像合资经营企业那样规范,对合同中的条款易产生歧义和争执,从而制约合作经营企业的正常发展。

3. 对外合并投资

对外合并投资,是指投资企业通过合并的方式所进行的对外直接投资。

合并有新设式合并与吸收式合并之分。所谓新设式合并,是指两家或两家以上的公司通过合并,在新的基础上形成一家新公司,而原来所有相关公司的法人地位均消失,也称改组合并;所谓吸收式合并,是指在两家或两家以上的公司合并中,其中一家公司因吸收(兼并)了其他公司而成为存续公司,而被吸收公司则因丧失法人地位而不复存在,又称兼并或存续合并。严格来讲,兼并与合并在概念上是有差别的,但两者的财务问题并无差异,所以一般可将二者混用。在我国证券市场上,以上市公司合并未上市公司或上市公司之间的合并较为常见,而上市公司与上市公司的合并则不太多见,因为上市公司的股票流动性高,以收购股权方式进行即可,没有必要将公司合并消灭。

从投资的动机来看,企业一般是出于以下几点考虑来进行对外合并投资的:① 取得规模经济效益;② 控制资源或产品销售市场;③ 贯彻多元化的经营方针;④ 抵免税金,以达到合法避税的目的;⑤ 以合并刺激股价波动,形成股票投资机会。另外,单从理财角度而言,企业的对外合并投资也具有经济上的可行性,即企业合并后,有利于充分合理地利用合并企业的资产,并通过科学的资源组合,改善企业的财务状况,取得抵税利益等,从而使合并后的企业的获利能力大于合并前两个企业的获利之和,即获得"1+1>2"的效益。

### 6.3.4　对外直接投资决策

前面章节中介绍的企业对内投资的决策方法也适用于对外直接投资决策。但鉴于对外直接投资的特殊性和复杂性,在进行对外直接投资决策时还应注意以下几个问题:

(1) 对外直接投资更应遵循完备的法律程序

对外直接投资不仅涉及企业自身,还涉及与被投资企业之间的关系,这种关系既是经济关系,也是法律关系,所以,必须履行相应的法律手续,以免以后发生法律纠纷。还应特别注意要清晰产权,明确责任。

（2）对外直接投资更应慎重分析、比较投资的风险和收益

在不能取得完全的控股地位的情况下，对外直接投资不易为企业所控制，对投资对方往往具有较大的依附性，造成难以控制投资之后的生产经营活动和难于预测投资回报，从而使投资决策具有较大的不确定性。所以，在进行对外直接投资决策时，应当充分地考虑到可能发生的各种因素，对投资的风险和收益进行慎重的分析、比较。

（3）对外直接投资应使用贴现现金流量方法进行决策

由于对外直接投资的期限一般都较长，决策时应考虑资金时间价值对投资收益的影响，采用贴现现金流量方法来进行投资决策。

（4）对外直接投资前应作充分调查

对外直接投资的变现能力较差，所以，在投资决策时应对被投资企业的信用状况、未来的发展前景、市场形象、经营能力等各方面情况有充分的了解，不能在不了解对方的情况下盲目投资，以免造成投资损失。

# 复习思考题

## 一、单项选择题

1. 下列关于证券投资的说法不正确的是（　　）。

    A. 证券投资可以满足未来的财务需求，满足季节性经营对现金的需求

    B. 证券投资比实物投资的流动性强

    C. 相对于实物投资而言，证券投资的价格不稳定

    D. 相对于实物投资而言，证券投资的交易成本高

2. 企业进行短期债券投资的主要目的是（　　）。

    A. 调节现金余缺，获取适当收益　　　　B. 获得对被投资企业的控制权

    C. 增加资产流动性　　　　　　　　　　D. 获得稳定收益

3. 按证券的发行主体，可分为政府证券、金融证券和（　　）三种。

    A. 公司证券　　　　　　　　　　　　　B. 所有权证券

    C. 债权证券　　　　　　　　　　　　　D. 固定收益证券

4. 在证券投资中，因通货膨胀带来的风险是（　　）。

    A. 利息率风险　　　B. 流动性风险　　　C. 购买力风险　　　D. 违约风险

5. 在证券投资组合中，只选取少量成长型股票进行投资的证券组合投资类型是（　　）。

    A. 保守型　　　　　　B. 进取型　　　　　　C. 收入型　　　　　　D. 冒险型

6. 下列证券中，能够更好地避免证券投资购买力风险的是（　　）。

    A. 普通股　　　　　　B. 优先股　　　　　　C. 公司债券　　　　　D. 国库券

7. 证券发行人无法按期支付债券利息或偿付本金的风险是（　　）。

    A. 违约风险　　　　　B. 利息率风险　　　　C. 流动性风险　　　　D. 期限性风险

## 二、多项选择题

1. 股票投资的缺点有(　　)。

A. 购买力风险高
B. 求偿权居后
C. 价格不稳定
D. 收入稳定

2. 证券投资的目的包括(　　)。

A. 暂时存放闲置资金
B. 与筹集长期资金相配合
C. 满足季节性经营对现金的需求
D. 获得对相关企业的控制权

3. 投资于证券需要承担的风险有(　　)。

A. 购买力风险
B. 利息率风险
C. 违约风险
D. 期限性风险

4. 对外间接投资的主要形式包括(　　)。

A. 债券投资
B. 股票投资
C. 基金投资
D. 联营投资

5. 确定债券价值的要素包括(　　)。

A. 债券面值
B. 偿还期限
C. 票面利率
D. 发行价格

## 三、判断题

1. 债券的价格会随着市场利率的变化而变化。当市场利率上升时,债券价格下降;当市场利率下降时,债券价格上升。(　　)

2. 股票的价值是未来股利和资本利得所形成的现金流入的现值。(　　)

3. 债券投资额是投资时购买债券的金额,包括购买价格和购买时发生的佣金、手续费等。(　　)

4. 国库券的利率是固定的,并且没有违约风险,因而也没有利率风险。(　　)

5. 某生产企业用闲置资金购买股票属于直接投资行为。(　　)

## 四、计算题

1. 某公司刚刚发放的普通股每股股利 5 元,预计股利每年增长 5%,投资者要求的收益率为 10%。要求:计算该普通股的内在价值。

2. A 企业于 2016 年 1 月 5 日以每张 1 020 元的价格购买 B 企业发行的利随本清的企业债券。该债券的面值为 1 000 元,期限为 3 年,票面年利率为 10%,不计复利。购买时市场年利率为 8%,不考虑所得税。

要求:① 利用债券估价模型评价 A 企业购买此债券是否合算?

② 如果 A 企业于 2017 年 1 月 5 日将该债券以 1 130 元的市价出售,计算该债券的投资收益率。

# 第7章 收入和利润管理

学习目标

学习收入的概念及分类,商品销售价格的确定,收入预测及日常管理,利润的概念、预测、计划及控制,利润分配的内容和顺序,确定利润分配政策应考虑的因素,股利政策的类型,股利支付的程序和方式。

学习要求

◨ 了解:收入和利润管理的意义,收入的日常管理,确定利润分配政策应考虑的因素,股利支付的程序。

◨ 掌握:收入的概念及分类,收入及利润管理的要求,商品销售价格的确定方法,收入和利润的预测,利润的概念、计划及控制,利润分配的内容和顺序,股利政策的类型,股利支付的方式。

利润及其分配的管理是财务管理的第四项基本内容,而利润是企业一定时期内全部收入抵减全部支出后的余额(若为负数则表示亏损),它是企业生产经营的最终成果,是衡量企业经济效益好坏的综合指标之一。

## 7.1 收入管理

### 7.1.1 收入管理概述

1. 收入的概念

收入,是指企业在销售商品、提供劳务及让渡资产使用权等日常活动中所形成的经济利益的总流入。这里的日常活动,是指企业为完成其经营目标而从事的所有活动以及与之相关的其他活动。因此,收入属于企业主要的、经常性的义务收入,它具有以下几个特点:

(1)收入从企业的日常活动中产生,而不是从偶发的交易或事项中产生。有些交易或事项也能为企业带来经济利益流入,但不属于企业的日常活动,其流入的经济利益是利得,而不是收入。例如出售固定资产,因为固定资产通常是为使用而不是为出售而购入的,将固定资产出售并不是企业的经营目标,也不属于企业的日常活动,所以出售固定资产获得的收益就不能作为收入来核算。

（2）收入可能表现为企业资产的增加,如增加现金、应收账款等;也可能表现为企业负债的减少,如以商品或劳务抵偿债务;也可表现为前两者的兼而有之,如商品销售的货款中部分抵偿债务,部分收取现金。

（3）收入会导致企业所有者权益的增加。如前所述,收入能增加资产、减少负债或兼而有之,根据"所有者权益＝资产－负债"公式,企业取得收入一定会增加所有者权益（这里仅指收入本身导致的所有者权益的增加）。

（4）收入是本企业经济利益的总流入,不包括为第三方或者客户代收的款项,如增值税销项税额、代收利息等。代收的款项,一方面增加企业的资产,一方面增加企业的负债,最终不会增加企业的所有者权益,也不属于本企业的经济利益,因此不能作为本企业的收入。

2. 收入的分类

企业的收入有不同的分类,最常见的便是按其在企业中的重要性分为主营业务收入和其他业务收入。

（1）主营业务收入

主营业务收入,又称基本业务收入,是指企业在其主要的或主体业务活动中所取得的收入。主营业务收入在企业收入中所占的比重较大,对企业的经济效益有着举足轻重的影响,是企业收入管理的重点。主营业务收入的范围随着企业性质的不同而不同,如工业企业的主营业务收入主要包括销售产成品、自制半成品、代制品、代修品、提供工业性劳务等取得的收入;商品流通企业的主营业务收入则主要是与商品销售收入相对应等。

（2）其他业务收入

其他业务收入,又称附营业务收入,是指企业在其次要的或者附带的业务活动中所取得的收入。与主营业务相比,其他业务收入一般占企业收入的比重较小,在企业中相对处于次要地位。例如,对一般企业而言,固定资产出租、无形资产转让、包装物及低值易耗品的出租和出售、储运业务收入、商品出租等,均属于其他业务收入的范畴。

实际工作中,主营业务收入与其他业务收入的划分,应视企业的具体情况而定。例如,作为生产产品的工业企业,对外出租多余资产的收入,应列为其他业务收入;而在租赁公司,此项收入则属于主营业务收入。有时,在实务中,也可根据各种业务活动的性质和营业金额的大小来划分主营业务收入和其他业务收入。例如,代客户加工和装配等业务属于工业性作业,应包括在工业企业的产品销售收入范围内;而代客户运输商品,属非工业性作业,应列为其他业务收入。

将企业的收入划分为主营业务收入和其他业务收入,目的是为了加强收入的管理,据以向管理部门和外界提供有用的决策信息,从而对生产经营和其他投资活动进行有效的控制和管理,也便于考察国民经济各部门的发展情况。

3. 收入管理的意义

在市场经济条件下,企业是独立的商品生产者和经营者,为了在激烈的市场竞争中立于不败之地,必须要增加企业收入,提高经济效益。收入管理是企业财务管理的一个重要方面,它关系到企业的生存和发展,加强收入管理对企业具有重要的意义。

(1) 收入是企业再生产顺利进行的必要条件

企业在生产经营过程中,为了取得收入,要耗费许多人力、物力和财力,这些耗费都需要从收入中得到补偿,因此,收入的实现关系到企业再生产活动的正常进行,加强收入管理,可以使企业的各种耗费得到合理补偿,有利于再生产活动的顺利进行。

(2) 收入是企业现金流入量的重要组成部分

企业在生产经营过程中,为了购入存货、支付费用、缴纳税金和偿还债务等,必须经常维持一定量的现金流入,以保证企业生产经营活动的正常进行。作为增加企业现金流入量的辅助措施,举债的作用是毋庸置疑的,但举债要付出支付利息费用的代价,且增加了企业的财务风险。而收入的实现相对轻松些,只要企业的产品适销对路,价格具有竞争力,便可以将其销售出去并收回现金,改善企业的财务状况。

(3) 收入是企业的主要经营成果

企业取得了收入,才表明企业的产品或劳务真正地实现了其价值,因此,收入是衡量企业经营业绩的一个重要指标,无论是管理当局,还是企业的所有者和债权人都十分重视企业的收入状况。

(4) 收入是企业取得利润的重要保障

企业生产经营的最终目的是获取利润,尽管企业的对外投资也可以获取利润,但对投资公司、控股公司以外的普通企业而言,对外投资分得的利润在其利润总额中毕竟不占主要比重,企业获得的收入在补偿成本、费用和其他开支以后,才是企业利润最主要的来源。可以说,企业利润是企业向国家缴纳所得税的来源,也是企业扩大再生产的来源。正是从这个角度出发,加强企业收入管理,对企业有着十分重要的意义。

此外,企业的收入主要是通过市场取得的,在市场经济条件下,企业必须根据市场需求来调整自己的生产经营活动。加强企业的收入管理,可以促使企业深入研究和了解市场需求的变化,以便做出正确的经营决策,避免盲目生产,这样可以提高企业的素质,增强企业的竞争力。

4. 收入管理的要求

企业收入管理的重大意义决定了加强企业收入管理的必要性。随着社会主义市场经济体制的逐步完善,企业的生存环境已发生了根本性的转变,竞争日益激烈,市场、销售、收入日益成为企业关注的焦点。相应地,企业收入管理的任务也日趋复杂,地位日趋重要,要求日趋提高。就目前而言,企业的收入管理一般应遵循以下几点要求:

(1) 合理地制定商品价格

作为最有效的一种理性竞争工具,价格对企业具有重要的战略意义。合理的价格可以保证企业在保持市场地位的同时,获得满意的利润。企业应在抓好内部成本控制的同时,制定适当的价格策略,实现收入的最优化。具体制定价格策略时,应考虑市场供求状况、竞争激烈程度、消费心理以及市场定位等因素。

（2）正确预测收入

收入的预测分析,实际上就是市场动态与销售情况的预测分析,在市场经济体制下,企业依靠市场生存,以销促产,销售预测极为重要。加之,销售预测是财务预测的前提,企业的财务部门、销售部门应根据历史资料并结合现有市场行情进行深入调研,掌握大量信息,把握市场动态和变化趋势,采用科学方法对销售情况和相应的收入做出尽可能合理的预测,以便企业组织各项生产经营活动,做出各种财务决策。

（3）有效地进行收入的日常管理

要保证企业销售活动有计划地进行,并取得预计的收入,必须加强收入的日常管理控制,即企业主要根据市场需求组织安排生产,及时签订并严格履行销售合同,加快组织货款回笼,节约销售费用,建立健全销售岗位责任制度和控制制度,经常组织销售及收入的考核与分析,并与奖惩措施挂钩,从而使销售管理工作逐步实现科学化和规范化。

## 7.1.2　销售价格管理

企业的商品销售收入与商品价格有着密切的联系,即销售收入＝商品销售量×商品销售价格。在商品销售量和成本费用一定的情况下,销售价格的高低直接影响企业的销售收入和赢利水平。在市场经济条件下,企业拥有商品的定价权,应根据各自的定价目标选择科学可行的定价方法,合理确定商品的销售价格。常用的定价方法主要有:

### 1. 工业品价格的制定

工业品价格按照产品在流通过程中经过的主要阶段,分为出厂价格、批发价格和零售价格三种。出厂价格是工业企业将商品销售给商品流通企业和其他生产单位所使用的价格,它由商品的生产成本、销售税金和销售毛利三部分构成。批发价格是工业企业自行批量销售或由商品流通批发企业将产品销售给零售商店所使用的价格,是在出产价格的基础上加上批发环节的流通费用、销售税金和利润构成的。零售价格是零售商店或工业企业直接将商品销售给消费者所使用的价格,是在批发价格的基础上加上零售环节的流通费用、销售税金和利润构成的。如表7-1所示:

表 7-1　工业品价格构成表

| 产品成本 | 销售税金 | 销售毛利 | 商业批发机构或工业企业自销 | | | 零售商店或工业企业自销 | | |
|---|---|---|---|---|---|---|---|---|
| | | | 流通费用 | 销售税金 | 利润 | 流通费用 | 销售税金 | 利润 |
| 出厂价格 | | | | | | | | |
| 商业批发价格 | | | | | | | | |
| 商业零售价格 | | | | | | | | |

从表7-1可以看出,工业品的三种价格中出厂价格是基础,它的高低直接影响批发

价格和零售价格的高低。下面便重点介绍一下商品出厂价格的制定方法。

　　根据税法确定,增值税是价外税,因此,计算销售商品收入采用的出厂价格应该是不含增值税的出厂价格。不含增值税的出厂价格的制定方法,主要有以下几种:

　　(1) 成本加成定价法

　　成本加成定价法,即在商品生产成本的基础上,加上单位商品的毛利,从而确定商品价格的方法,具体的计算公式为:

$$商品出厂价格 = 单位商品生产成本 + 单位商品毛利 \qquad (7-1)$$

　　式中,单位商品生产成本是指直接材料、直接人工和制造费用;单位商品毛利是指单位商品销售利润以及应负担的管理费用、财务费用和销售费用。

　　成本加成定价法的出发点是,所确定的商品售价除需补偿全部成本费用外,还应取得一定的目标利润。单位商品毛利可以按生产成本毛利率来计算,具体的计算公式为:

$$单位商品毛利 = 单位商品生产成本 \times 生产成本毛利率 \qquad (7-2)$$

　　故商品的出厂价格可按以下公式计算:

$$商品出厂价格 = 单位商品生产成本 \times (1 + 生产成本毛利率) \qquad (7-3)$$

　　【例 7-1】新华公司生产新产品,预计单位生产成本为 150 元,生产毛利率要求达到 30%,则新产品的出厂价格为:

　　商品出厂价格 = 150 × (1 + 30%) = 195(元)

　　成本加成定价法是工业企业普遍使用的定价方法,其优点是计算简便,所需资料容易取得;缺点是没有考虑市场需求状况。

　　(2) 损益平衡定价法

　　损益平衡定价法,即在预先确定可以实现的销售量的基础上,根据企业生产成本计算出保本销售价格,然后再加上一定的加成率计算出商品售价的方法,具体的计算公式为:

$$保本价格 = 单位变动成本 + 固定费用总额 / 预计销售量 \qquad (7-4)$$

$$加成价格 = 保本价格 \times (1 + 加成率) \qquad (7-5)$$

　　【例 7-2】新华公司经市场预测全年可销售新产品 50 000 件,生产该商品的计划单位变动成本为 100 元,全年发生的固定成本总额为 250 000 元。则:

　　保本价格 = 100 + 250 000 / 50 000 = 105(元)

　　如企业设定的加成率为 30%,则:

　　加成价格 = 105 × (1 + 30%) = 136.5(元)

　　若企业生产的商品为应税消费品,则在计算保本价格时还应考虑需交纳的消费税,具体的计算公式为:

$$保本价格 = (单位变动成本 + 固定费用总额 / 预计销售量) \div (1 - 消费税率) \qquad (7-6)$$

　　加成价格的计算方法与前相同。

损益平衡定价法能同时提供保本价格和实际价格两种资料,便于企业在降价促销时掌握使用。

2. 新产品价格的制定

一般而言,市场上已经出现而在本企业属于投产的新产品,其定价工作相对简单,企业可以根据市场上其他企业同种产品的售价来对比确定。但对于市场上从未出现过的新产品,其定价工作就复杂得多。因为新产品具有较多的不确定性:消费者能接受什么样的商品价格? 商品的推销费用是多少? 销量是多少? 销量与价格、利润之间的关系怎样? 等等。这里介绍两种常用的企业对新产品的定价方法:

(1)"撇油性"定价

"撇油性"定价是一种高价策略,又称"刮脂"定价,即在产品生命周期的最初阶段,利用消费者求新求奇的心理,在产品价格的可行范围内尽可能制定高价,以迅速从市场吸取高额利润,有如从鲜奶中撇取奶油。一般认为,具备以下四个条件的新产品,可以采用"撇油性"定价方法:① 短期内不会遇到竞争压力,如具有专利权保护、市场进入障碍很高或不易模仿的新科技产品;② 由于产品具有独特性,产品的价格需求弹性不大;③ 在产品普及前,市场需求极为有限;④ 企业希望能快速收回所投入的资金。

(2)"渗透性"定价

"渗透性"定价是一种低价策略,即企业向市场推出新产品时,利用顾客的求廉心理,在产品价格的可行范围内,采取保本微利、薄利多销、尽量低价的方法,是一种考虑未来利益的长远的定价方法。一般认为,具备以下四个条件的新产品,可以采用"渗透性"定价方法:① 想迅速在市场上占有一席之地;② 防止竞争者进入;③ 估计竞争者不会展开价格大战;④ 以扩大市场占有率与投资报酬率为目的。

3. 特殊情况下价格的制定

这里所说的特殊情况,主要是指企业尚有剩余生产能力未被充分利用、市场需求发生特殊变化、遇到强劲的竞争对手等,此时,前述的定价方法都无法应用,可按边际贡献定价法来确定价格。

边际贡献,是指销售收入总额减去相应的变动成本总额后的差额,即:

$$边际贡献＝销售收入－变动成本总额 \tag{7-7}$$

单位边际贡献,是指产品的单位售价减去单位变动成本的余额,即每增加一个单位产品销售可提供的贡献,即:

$$单位边际贡献＝销售单价－单位变动成本 \tag{7-8}$$

若将边际贡献放入利润基本公式,则有:

$$利润＝边际贡献－固定成本总额 \tag{7-9}$$

可见,边际贡献的大小直接影响企业产品销售盈亏水平的高低,产品销售能否保本以及产品销售利润的高低,取决于边际贡献能否"吸收"全部固定成本,并有剩余额及剩余的大小。在固定成本不变的情况下,边际贡献的增减意味着利润的增减,只有当边际贡献大于固定成本时才能为企业提供利润,否则企业会亏损。当企业有多余的生产能力,暂时又不能作为其他利用,此时的订货价格,只要所确定的价格不低于单位变动成本,即边际贡献大于变动成本,其超过部分的收益可用于补偿固定成本,只要边际贡献能用于补偿固定成本或形成利润,该价格即为可行。

若企业遇到较强的竞争对手,为了增强产品的竞争能力,也可以以变动成本为基础而把价格暂时定在全部成本之下;若市场上某产品需要突然减少,迫使企业不得不降价出售时,只要价格略高于变动成本就能补偿一部分固定成本,比完全停产的损失要小些。

**【例 7-3】**某企业生产 A 产品的年设计生产能力为 20 000 件,销售单价为 120 元,单位制造成本为 80 元,其中:直接材料费用 40 元,直接人工费用 10 元,制造费用中的变动制造费用为 12 元,制造费用中的固定费用 18 元。该企业目前每年尚有 30% 的生产能力闲置。一客户欲与该企业签订订货合同,条件如下:以每件 70 元的价格为其生产 5 000 件 A 产品。接受该批订货,需购置一台专用设备,价值为 6 000 元。则该企业能否接受这批订货?

按传统观念来看,该批订货不可接受,因为每件产品的单位制造成本为 80 元,而订货价格只有 70 元,每件亏损 10 元,同时还要额外增加 6 000 元的固定资产投资,这样一共会产生 56 000 元的损失。但按边际贡献法来分析,该批订货则可以接受。因为该企业在目前的情况下,无论是否接受合同,固定制造费用都是要发生的,因而企业在决策时,固定制造费用便不是相关成本,只要定价高于该批产品的相关成本(即产品变动成本和专用固定成本)即可。

该批订货提供的利润

＝该批订货的销售收入－该批订货的变动成本额－该批订货追加的固定成本额

＝70×5 000－5 000×(40＋10＋12)－6 000＝34 000(元)

即该批订货可使企业增加利润或减少损失 34 000 元,所以该企业应该接受这批订货。

从理论上来讲,只要订货价格高于单位变动成本 63.2 元(40＋10＋12＋6 000÷5 000)即为可行。

### 7.1.3　收入的预测

收入的预测,是指企业运用一定的方法,通过历史资料对企业生产经营条件和市场变化情况进行分析研究,总结发展趋势,对企业未来一定期间的收入进行预计和预算。企业为了加强对收入的管理,必须做好收入的预测工作,而企业的收入主要是由销售收入构成的,因此,收入的预测主要是销售收入的预测。常用的销售收入预测方法主要有趋势预测分析法、线性回归预测法和市场调查法等。

1. 趋势预测分析法

趋势预测分析法,是指企业运用一定的方法,通过历史资料对企业生产经营条件和市场变化情况进行分析研究,总结发展趋势,对企业未来一定时期的收入进行预计和预算。趋势预测分析法主要包括算术平均数法和指数平滑法。

(1) 算术平均数法

算术平均数法,是指以一定时期的预测对象的时间序列的算术平均数作为未来预测值的一种方法,其算术平均数的取值方法有两种,即:简单算术平均数和加权算术平均数。其中,加权算术平均数计算中的权数大小通常与时间序列中的序数一致,离预测期近的权数大些,离预测期远的权数小些。

【例 7-4】某企业某商品某年度 1~5 月份实际销售收入如表 7-2 所示,试预测该企业 6 月份的销售收入。

表 7-2 某商品 1~5 月份销售量资料表

| 月 份 | 1 月 | 2 月 | 3 月 | 4 月 | 5 月 |
|---|---|---|---|---|---|
| 销售收入(万元) | 120 | 140 | 160 | 150 | 140 |

采用简单算术平均法:

该企业 6 月份的预测销售收入=(120+140+160+150+140)÷5=142(万元)

采用加权算术平均数法,需设定各月的权数,本例中假设 1~5 月的权数依次为 0.1、0.1、0.2、0.3 和 0.3,则:

该企业 6 月份的预测销售收入=(120×0.1+140×0.1+160×0.2+150×0.3+140×0.3)÷(0.1+0.1+0.2+0.3+0.3)=145(万元)

从上面的计算可以看出,两种方法的过程和结果有一定的差异。简单算术平均数法的计算简单明了,但准确性较低,通常适用于销售收入各期较为稳定、随机波动不大的情况;加权算术平均数法的计算需要设定权数,将历史资料与未来预计值按关联程度是否密切做出区别,其计算结果是否准确可行,主要取决于权数设定是否科学合理。

(2)指数平滑法

指数平滑法,是根据前期销售量的实际数和预测数,以加权因子为权数进行加权平均来预测下一期销售量的一种方法,具体的计算公式为:

$$预测期销售量=\alpha×上期实际销售量+(1-\alpha)×上期预测销售量 \qquad (7-10)$$

式中,$\alpha$ 为指数平滑系数,即加权因子($0 \leqslant \alpha \leqslant 1$),为上期实际销售量的权数;而($1-\alpha$)为上期预测值的权数。$\alpha$ 的数值可由过去的数据经测试和调整得来,一般数值为 0.3~0.7。

【例 7-5】某公司 2017 年 7 月份的实际销售额为 10 500 元,假定原来预测 7 月份的销售额为 11 000 元,指数平滑系数为 0.7,则 2017 年 8 月份的预测销售额为:

2017 年 8 月份的销售额=0.7×10 500+(1-0.7)×11 000=10 650(元)

采用指数平滑法时,指数平滑系数 $\alpha$ 值越大,则近期实际销售情况所占的权数越大,对预测影响也大;$\alpha$ 值越小,近期实际销售情况对预测影响也较小。因此,在实际工作中,可以根据企业历史上销售情况,确定适当的指数平滑系数。此法只需设定一个平滑系数,比较灵活方便,较多地考虑近期实际值的影响,符合不断发展的实际情况,适用于波动不大的商品销售预测。

2. 线性回归预测法

线性回归预测法,是运用直线回归方程式,根据各期销售额的实际数额,确定一条可以反映销售变动趋势的直线,并将此直线加以延伸,进而求出销售预测值的一种预测方法,又称为直线回归分析法。

回归分析的直线方程一般用 $y=a+bx$ 表示,式中 $y$ 代表销售预测值,$x$ 代表时间的间隔期(即观察值,如年份或月份),常数 $a$ 为基期销售数,$b$ 为销售量变动趋势的平均数。

只要确定了常数 $a$、$b$，就可以用上述公式预测销售收入。常数 $a$、$b$ 的确定可按下列公式计算：

$$a = \frac{n\sum x^2 \sum y - \sum x \cdot \sum xy}{n\sum x^2 - (\sum x)^2} \qquad (7-11)$$

$$b = \frac{n\sum xy - \sum x \cdot \sum y}{n\sum x^2 - (\sum x)^2} \qquad (7-12)$$

由于 $x$ 通常为时间序列数，间隔期相等，因此可采用简捷方法，令 $\sum x = 0$ 来求回归直线。这样 $a$、$b$ 值的计算公式可简化为：

$$a = \frac{\sum y}{n}, b = \frac{\sum xy}{\sum x^2} \qquad (7-13)$$

【例 7-6】某公司上半年 6 个月的销售资料如表 7-3 所示，按直线回归分析法预测 7 月份的销售收入。

表 7-3  销售资料表      单位：万元

| 月 份 | 1 | 2 | 3 | 4 | 5 | 6 |
|---|---|---|---|---|---|---|
| 销售收入 | 50 | 45 | 55 | 60 | 62 | 65 |

根据资料编制计算表，如表 7-4 所示：

表 7-4  有关数据计算表      单位：万元

| 月 份 | 间隔期($x$) | 销售收入($y$) | $xy$ | $x^2$ |
|---|---|---|---|---|
| 1 | $-5$ | 50 | $-250$ | 25 |
| 2 | $-3$ | 45 | $-135$ | 9 |
| 3 | $-1$ | 55 | $-55$ | 1 |
| 4 | 1 | 60 | 60 | 1 |
| 5 | 3 | 62 | 186 | 9 |
| 6 | 5 | 65 | 325 | 25 |
| N=6 | $\sum x = 0$ | $\sum y = 337$ | $\sum xy = 131$ | $\sum x^2 = 70$ |

根据表 7-5 可计算出 $a$、$b$ 的值：

$$a = \frac{\sum y}{n} = \frac{337}{6} \approx 56.2$$

$$b = \frac{\sum xy}{\sum x^2} = \frac{131}{70} \approx 1.87$$

则 $y=56.2+1.87x$

7月份的 $x$ 值为 $7=(5+2)$，则 $y=56.2+1.87\times7=69.29$（万元）

即 7 月份的销售收入为 69.29 元。

在实际计算中，若实际预测的次数（即 $n$）为偶数时，可取 $x$ 的间隔数为 2，即将 $x=-1$ 和 $x=1$ 置于所有预测期的当中上下两期，其余上下均以 2 递增，这样也可使 $\sum x=0$，如表 7-5 所示。

**表 7-5 销售量预测计算表**

| 月份（$n$） | 1 | 2 | 3 | 4 | 5 | 6 |
|---|---|---|---|---|---|---|
| 间隔期（$x$） | $-5$ | $-3$ | $-2$ | 1 | 3 | 5 |

线性回归预测法一般多用于长期销售预测。

3. 市场调查法

市场调查法，是根据某种商品在市场上的供需情况的变动或消费者购买意向的详细调查等市场动态信息资料，来预测其销售量或销售金额的一种专门方法。

一般可从以下几个方面展开市场调查：

（1）调查商品目前在市场上的供需情况，即了解商品目前处于哪种销售阶段（即畅销、平销或滞销）并预计其变化趋势，因为不同销售阶段的销售情况是不相同的。

（2）调查消费者的情况。消费者的经济情况、个人爱好、对商品的要求、消费动机、消费方式及他们选择销售厂商的标准、习惯和购买力变化情况等，都会对商品销售产生影响。

（3）调查市场竞争情况，即了解同行业同类商品在品种、质量、包装、装潢、广告和价格等方面采取的改进措施对销售情况的影响。

（4）调查国内外和本地区经济发展的趋势，即了解各方面政治、经济形势变动对商品销售情况的影响。

将以上四个方面的调查资料进行整理、综合、加工、分析，即可做出销售预测。

实际操作中，市场调查法可以采用的具体方法很多，常用的有以下三种：

（1）意见综合法，即通过各种形式收集有关专业人员，如营销人员、专家或外聘信息员等的意见，加以综合汇总，从而形成有关的市场调查资料；

（2）抽样询问法，即采用访问调查、电话信函调查、座谈会调查等形式来获取市场信息；

（3）实验法，即通过小规模、小范围的实验性销售、试用、展销等方式来获取购买或试用对象反馈的信息。

市场调查法属于定性预测方法，一般适用于缺乏历史统计资料的商品或影响预测对象的主要因素难以做出定量分析的商品。实际工作中，一般将其与前面介绍的几种定量预测方法结合使用，以提高销售预测的准确性。

### 7.1.4　收入的日常管理

1. 销售合同的签订与履行

销售合同,是企业为取得收入而与购货人或劳务接受人就双方在购销或服务过程中的权利义务关系所签订的具有法律效力的书面文件。除采用钱货两讫等即时结清的销售方式外,企业在向购买方销售货物或向劳务接受人提供劳务时,都应与对方签订合同。

为保证合同的顺利履行,企业财务人员应掌握合同的签订情况,有条件的应参与合同的签订工作。对于那些对企业财务状况有较大影响的销售合同,在签订前财务部门和经营部门应事先协商以达成一致意见。具体的财务部门和财务人员在销售合同的签订和履行中要做好以下几个方面的工作:

(1) 审查对方的资信状况

合同签约对方的资信状况的好坏,通常会对合同的签订和未来的履约产生重大影响,财务部门应掌握有关企业资信状况的第一手资料。若对方是企业的老客户,财务部门应检查该客户在过去交易中的记录;若对方是新客户,则应留意搜集该客户公布的经注册会计师审计的财务报告,或设法调查了解该客户最近以来与别的企业交易的履约情况。一旦发现客户的资信状况有可疑之处,财务部门应立即提醒经营部门选择采取相应措施,如要求钱货两清,向对方即时结清货款;或收取一定数额或比例的定金;或要求客户提供抵押担保物品;或要求客户提供履约保证人,并出具该保证人具有保证能力的有关证明文件等。

(2) 检查合同价格,控制商业折扣

实际中,经营部门为追求经营实绩,有时会在合同签约过程中对客户作不适当的让步。对于经营部门在其职权范围内的必要的妥协,财务部门应当予以支持,但若在价格方面让步过多或给予的商业折扣比例过大,就会影响企业既定的商品定价策略的实施,减少企业的收入,所以,财务部门若发现上述情况,应及时与经营部门联系,提请更正,必要时可要求企业行政负责人出面协调。

(3) 控制信用规模和信用期限

为了促进销售,绝大多数企业都会对客户提供一定的商业信用,如赊销、分期收款、接受商业汇票等。但商业信用本身会在一定程度上占用企业资金,影响企业营运资金的周转,导致企业利息费用增加,加大企业的财务风险。所以,企业对外提供的商业信用规模不宜过大,期限也不宜太长。为此,企业财务部门应在和经营部门协调一致的基础上,对信用销售有一个总体上的安排,一旦发现经营部门对外提供的信用量过大或信用期限过长,或是对不适当的客户提供了信用,应立即提请更正。

(4) 监督结算方式的选择

不同结算方式的安全性是不一样的。一般认为,现金销售,钱货两清,安全性最高,但除商业零售外,绝大多数企业都不可能完全做到这一点。现金销售中,银行本票和银行汇票的安全性取决于出票银行的信誉状况,支票只有在开户银行收妥款项以后才没有问题,否则就有可能因对方账户空头而遭到对方银行拒付;现金销售以外,商业汇票的结算方式也相对安全,其中由付款银行担保的银行承兑汇票更可靠;委托银行收款结算方式,要视信用证签发银行的银行资信状况而定,通常认为,国际著名的大银行、在我国设有分行或办事处的银行资信状况较佳,其签发的信用证较为安全可靠。

企业的销售合同应规定款项的结算方式,财务部门应提醒经营部门尽可能选择对本企业有利、能及时收回货款的结算方式。

(5) 及时收回货款

货款回收关系到企业资金周转速度,如果货款拖欠太多,以致发生坏账损失,就会影响企业经营目标的实现。为减少坏账数量,企业在产品销售时,一定要在合同中明确双方的责任和货款结算方式,在改善本企业的商品发运工作的情况下,也要认真审查对方的信誉情况。

(6) 监督解除合同的善后处理

销售合同签订以后,因己方或对方原因致使合同无法履行时,应解除合同。对解除合同的处理过程,财务部门应实施监督,以保证本企业合法利益不受侵害。

2. 销售市场的扩展

稳定的市场是取得稳定收入的可靠保证。但在激烈的市场竞争中,稳定只是相对的,企业唯有不断进取,才能保住现有市场。为了扩大企业收入,企业必须不断开拓新市场。通常可采取以下措施来扩展市场:

(1) 进行市场细分,选定商品目标市场

市场细分,是企业在市场调查的基础上,根据开户的需求、购买行为、购买习惯等,将本企业商品的整体市场划分为具有明显区分标准的若干个“小市场”。市场细分为企业选择目标市场指明方向,有助于企业发掘新的市场,使企业以较少的营业费用支出获取较多的营业收入。

(2) 正确进行广告宣传

广告,是企业利用一定的媒体向公众宣传企业产品的一种营销手段。适当的广告宣传可以提高企业知名度,诱导潜在客户购买本企业商品,但广告宣传通常需支付客观的广告费用,因此必须重视广告的效果。为此,企业应量力而行,讲求实效,选择适当的广告媒体,精心制作广告内容,并选择适宜的广告发布时间和频率,以确保能收到实在的宣传效果。

(3) 搞好售后服务工作

企业的售后服务包括送货、安装、调试、退换、修理等许多方面。完善的售后服务可以解除客户的后顾之忧,不但对巩固现有市场不可或缺,也可以招揽新客户,提高企业的市场占有率。企业应对担任售后服务工作的人员进行专门的培训,使用户放心、满意,树立企业的良好信誉和增强产品的竞争能力。

## 7.2 利润管理

### 7.2.1 利润管理概述

**1. 利润的概念**

利润,是指企业在一定时期内的经营成果,包括营业利润、利润总额和净利润。

营业利润,是指主营业务收入减去主营业务成本和主营业务税金及附加,加上其他业务利润,减去营业费用、管理费用和财务费用后的金额。

利润总额,是指企业在一定时期所获得的利润总数,是营业利润加上投资收益、补贴收入、营业外收入,减去营业外支出后的金额。其中,投资收益是指企业对外投资所取得的收益,减去发生的投资损失和计提的投资减值准备后的净额。补贴收入是指企业按规定实际收到退还的增值税,或按销量或工作量等依据国家规定的补助定额计算并按期给予的定额补贴,以及属于国家财政扶持的领域而给予的其他形式的补贴。营业外收入和营业外支出是指企业发生的与其生产经营活动无直接关系的各项收入和支出。

净利润,是指利润总额减去所得税后的金额。其中,所得税是指企业计入当期损益的所得税费用。净利润是归企业所有者的利润,是企业进行利润分配的基础。在股份制公司中,它是制约股份公司发展、影响股东收益高低的首要因素,对实现股东财富最大化目标,具有十分重要的意义。

**2. 利润管理的意义**

搞好利润管理,不断提高企业的利润水平,无论对企业还是国家,都具有十分重要的意义:

(1) 利润是衡量企业生产经营水平的一项综合性指标

企业利润的多少反映了企业生产经营水平的高低,企业所获利润越多,越说明企业经营管理有方,生产经营活动中的消耗较少,产品成本较低;产品适销对路、质量好、产销数量多。

(2) 利润是国家财政收入的重要来源

企业作为国民经济的基本单位,有义务将其实现的利润在国家和企业之间进行分配,即依法向国家缴纳所得税。由于所得税具有强制性、无偿性、固定性和及时性等特点,所以构成了国家财政收入的重要来源。

(3) 利润是企业实现财务目标的基础

现代企业财务管理的总体目标是企业价值最大化,而企业价值最大化是利润与风险的最佳组合,因而企业只有实现足够的利润,才能完成企业财务目标,企业债权人、股东的利益才会得到保障。利润是一项综合性很强的指标,企业经营管理的质量、市场开拓能力、成本费用的开支、各种财务风险最终都会在企业利润上体现出来,因而,利润也是对企业做出评价的最重要的指标。

（4）利润是企业扩大再生产的资金保障

在激烈的市场竞争中，企业要想发展壮大，站稳脚跟，必须积累充裕的资金以扩大再生产。企业的资金来源是多方面的，其中利润是一项重要的资金来源。企业要扩大生产经营规模，提高生产技术，主要应依靠企业自身的内部积累，这不仅能给企业带来更多的未来利润，也有利于提高企业的安全性。

3. 利润管理的要求

企业利润是国家财政收入的主要来源，是企业扩大再生产的重要资金保证，是实现职工物质利益的前提条件。因此，企业不仅要为社会提供更多更好的商品和服务，而且要不断增加利润，并加强对利润的管理。利润管理的要求主要包括：

（1）树立正确的赢利观念，不断提高赢利水平

在社会主义市场经济条件下，企业生产经营的主要目的是满足社会主义现代化建设的需要，企业增加赢利必须服从这一目的。必须反对那种不顾社会生产和人民生活，不顾国家的法律和政策不择手段、唯利是图的经营观念；必须反对不讲核算、不讲效益、浪费社会财富、蚀掉企业老本的做法。

（2）实行利润目标分管责任制，保证利润目标的完成

利润既是生产经营结果的反映，又对企业生产经营活动起着一定的制约作用。为了实现利润目标，企业要完善内部的责任制，将利润目标和其他各项经济技术指标分解，落实到企业有关部门和个人，明确他们的经济责任，且将责权利结合起来，组织和动员各方面的力量来增加利润，保证利润目标的顺利完成。

（3）严格执行有关财经法规，正确进行利润分配

企业采取各种措施增加利润，必须从全局出发，严格执行国家的有关财经法规。企业一定时期内的利润必须首先用以纳税，然后才能用于企业生产经营发展和企业各项福利支出。

### 7.2.2 利润的预测

利润预测是企业经营预测的一个重要方面，它是在收入预测的基础上，通过对产品的销售数量、价格水平、成本状况以及其他对利润发生影响的因素进行分析和测算，预测出企业未来一定时期的利润水平。正确的利润预测可以为企业未来的经营找到利润目标，便于按利润目标对企业经营效果进行考核。

利润预测要在了解企业过去和现在的生产经营状况及所处经济环境的基础上，运用一定的科学方法，对影响利润的各种因素进行分析，测算出企业未来的利润水平。常用的利润预测方法有量本利分析法、相关比率法和因素测算法。

1. 量本利分析法

量本利分析法，又称损益平衡分析法，是根据商品销售数量、成本和利润三者之间的变化关系，分析某一因素的变化对其他因素的影响。其数学模型主要有以下三种表达方式：

（1）损益方程式

$$利润＝单价×销量－单位变动成本×销量－固定成本 \qquad (7-14)$$

注意：上述公式中的利润一般是指未扣除利息和所得税以前的利润，即息税前利润（$EBIT$）。

（2）边际贡献方程式

在量本利分析中，边际贡献是一个非常重要的概念。所谓边际贡献是指销售收入与相应变动成本之间的差额，可用下列公式表示：

$$边际贡献＝销售收入－变动成本 \qquad (7-15)$$

单位产品的销售价格减去产品的单位变动成本就是单位边际贡献，其性质是反映某种产品的赢利能力，即每增加一个单位产品销售可提供的贡献毛益，具体的计算公式为：

$$单位边际贡献＝销售单价×单位变动成本 \qquad (7-16)$$

也可以用边际贡献率来反映某种产品的边际贡献。边际贡献率是边际贡献在销售收入中所占的百分率。它反映每 1 元的销售收入所提供的边际贡献，具体的计算公式为：

$$边际贡献率＝边际贡献/销售收入×100\%＝单位边际贡献率/单价×100\%$$

$$(7-17)$$

根据边际贡献的概念，量本利的损益方程式可以变换成边际贡献方程式。即：

$$利润＝销售收入－变动成本－固定成本＝边际贡献－固定成本 \qquad (7-18)$$

也可以用下列公式表示：

$$利润＝销售量×单位边际贡献－固定成本 \qquad (7-19)$$

上述边际贡献方程式也可以用边际贡献率来表示：

因为：边际贡献＝销售收入×边际贡献率

所以：利润＝销售收入×边际贡献率－固定成本

（3）量本利图

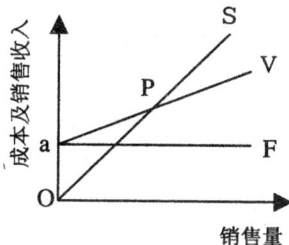

图 7-1　基本的量本利图

基本的量本利图主要表示的意义为：

● 固定成本线 F 与横轴之间的距离为固定成本，它不随销售量的变化而变化；

● 变动成本线 V 与固定成本线 F 的距离为变动成本，它随销售量的变化而成正比例变化；

● 变动成本线 V 与横轴之间的距离为总成本，即固定成本与变动成本之和；

● 销售收入线 S 与变动成本线 V 的交点 P 为盈亏临界点，也称保本点。当销售量大于 P 时为赢利，当销售量小于 P 时为亏损。

$$保本销售量 = \frac{固定成本总额}{销售单价 - 单位变动成本} \qquad (7-20)$$

$$保本销售额 = 保本销售量 \times 销售单价 \qquad (7-21)$$

【例 7-7】某公司生产甲产品，根据成本分解，甲产品的单位变动成本为 100 元，固定成本总额为 200 000 元，甲产品的市价为 150 元/件。要求预测该产品的保本销售量和保本销售额。

$$保本销售量 = \frac{固定成本总额}{销售单价 - 单位变动成本} = \frac{200\,000}{150-100} = 4\,000（件）$$

$$保本销售额 = 保本销售量 \times 销售单价 = 4\,000 \times 150 = 600\,000（元）$$

也可以用边际贡献公式来预测甲产品的保本销售量和保本销售额：

① 计算甲产品的单位边际贡献和边际贡献率

$$单位边际贡献 = 销售单价 - 单位变动成本 = 150 - 100 = 50（元）$$

$$边际贡献率 = \frac{单位边际贡献}{销售单价} = \frac{50}{150} = 33.33\%$$

② 再计算甲产品的保本销售量和保本销售额

$$保本销售量 = \frac{固定成本总额}{单位边际贡献} = \frac{200\,000}{50} = 4\,000（件）$$

$$保本销售额 = \frac{固定成本总额}{边际贡献率} = \frac{200\,000}{33.33\%} = 600\,000（元）$$

量本利分析法还可进行目标利润的预测。目标利润是企业生产经营活动的一个重要目标，对于编制企业生产经营计划、控制企业的生产经营活动具有重要的意义。

企业可以根据计划期的生产能力、技术条件、市场环境等因素确定企业的目标利润。然后根据目标利润，利用量本利分析法预测出实现目标利润的销售量——目标销售量和实现目标利润的销售额——目标销售额。具体的计算公式为：

$$目标销售量 = \frac{固定成本总额 + 目标利润}{销售单价 - 单位变动成本} = \frac{固定成本总额 + 目标利润}{单位边际贡献} \qquad (7-22)$$

$$目标销售额 = \frac{固定成本总额 + 目标利润}{边际贡献率} \qquad (7-23)$$

【例 7-8】同例 7-7，假设该公司欲达到 1 000 000 元的目标利润，则：

$$目标销售量 = \frac{固定成本总额 + 目标利润}{销售单价 - 单位变动成本} = \frac{200\,000 + 1\,000\,000}{150-100} = 24\,000（件）$$

$$目标销售额 = \frac{200\,000 + 1\,000\,000}{33.33\%} = 3\,600\,000(元)$$

2. 相关比率法

相关比率法就是根据利润与销售收入、资金总额等指标之间的内在关系,对计划期间的利润进行预测的一种方法。常用的相关比率主要有销售收入利润率、资金利润率等。销售收入利润率和资金利润率一般以基期数为依据并考虑达到计划期有关变动因素加以确定,也可以根据同行业的平均先进水平来确定,具体的计算公式为:

$$利润 = 预计销售收入 \times 销售收入利润率 \tag{7-24}$$

$$利润 = 预计平均资金占用额 \times 资金利润率 \tag{7-25}$$

【例 7-9】某公司计划年度预计销售收入为 1 000 000 元,上年销售收入利润率为 12%,试预测计划年度的利润。

利润 = 1 000 000 × 12% = 120 000(元)

3. 因素测算法

因素测算法,是在基期利润水平的基础上,考虑预测期影响销售利润增减变动的各种因素,来预测企业产品销售利润的一种方法。该种方法以量本利分析法的基本原理为基础,主要用于可比产品销售利润的测算,具体的计算公式为:

计划期利润 = 基期利润 ± 计划期各种因素的变动而增加或减少的利润 (7-26)

根据量本利的关系可知,影响利润的主要因素有:销售量、销售价格、变动成本、固定成本总额和所得税率等。那么采用因素测算法进行利润预测时,就必须首先对这些因素进行测算,然后将变化了的各种因素代入量本利方程式,测算出对利润的影响结果。现举例说明各项因素的变化对企业利润的影响。

【例 7-10】某公司上一年度 A 产品的销售量为 50 000 件,销售单价为 20 元,该产品的单位变动成本为 12 元,固定成本为 50 000 元,该年度的利润总额为 320 000 元。经过对市场供需状况的调查,本年度 A 产品的预计销售量为 55 000 件,销售单价为 19 元。据预测,该企业因改进产品设计,单位变动成本可降低至 10 元,但固定成本会增加到 90 000 元。请用因素测算法计算各因素的变化对利润的影响。

① 销售量增加对利润的影响:(55 000 − 50 000) × 20 = 100 000(元)

② 销售单价降低对利润的影响:(19 − 20) × 55 000 = −55 000(元)

③ 单位变动成本降低对利润的影响:50 000 × 12 − 55 000 × 10 = 50 000(元)

④ 固定成本增加对利润的影响:80 000 − 90 000 = −10 000(元)

以上各种因素对利润的综合影响为:100 000 − 55 000 + 50 000 − 10 000 = 85 000(元)

计划年度企业利润为:320 000 + 85 000 = 405 000(元)

上例是先预测各项因素的变化,然后再根据各项因素来预测企业的利润。但有时则是先确定目标利润,再预测为了实现目标利润需要采取的各项措施,如降低单位变动成本或固定成本、增加销售量、提高销售价格等措施。现举例如下:

【例 7-11】在例 7-10 中,若确定计划年度 A 产品的目标利润比上一年度的利润总额增加 20%,即达到 384 000 元,则需要采取哪些措施?

为了实现 384 000 元的目标利润,可采取以下几项单项措施,即在其他各因素不变的情况下,只变动一个因素就可使利润达到 384 000 元。

① 提高销售价格

$$销售价格=\frac{固定成本+目标利润}{销售量}+单位变动成本=\frac{80\ 000+384\ 000}{50\ 000}+12=21.28(元)$$

即在其他因素不变的情况下,只要 A 产品的销售单价提高到 21.28 元,即可实现 384 000 元的目标利润。

② 增加销售量

$$销售量=\frac{固定成本+目标利润}{单价-单位变动成本}=\frac{80\ 000+384\ 000}{50\ 000}=58\ 000(件)$$

即在其他因素不变的情况下,只要 A 产品的销售量增加到 58 000 件,即可实现 384 000 元的目标利润。

③ 降低单位变动成本

$$单位变动成本=单价-\frac{固定成本+目标利润}{销售量}=20-\frac{80\ 000+384\ 000}{50\ 000}=10.72(元)$$

即在其他因素不变的情况下,只要 A 产品的单位变动成本降低到 10.72 元,即可实现 384 000 元的目标利润。

④ 降低固定成本

$$固定成本=(单价-单位变动成本)\times销售量-目标利润=(20-12)\times50\ 000-$$
384 000=16 000(元)

即在其他因素不变的情况下,只要固定成本降低到 16 000 元,即可实现 384 000 元的目标利润。

上述措施都是在假设其他因素不变的情况下所采取的单项措施,但现实中,往往不止一个因素发生变化,这时就需采取综合措施。如上例中,假设采用薄利多销的策略,若 A 产品的销售价格降低 10%,则在成本不变的情况下,为实现 384 000 元的目标利润,销售量应为:

$$销售量=\frac{固定成本+目标利润}{单价-单位变动成本}=\frac{80\ 000+384\ 000}{20\times(1-10\%)-12}\approx77\ 333(件)$$

即若 A 产品的销售价格降低 10%,在成本不变的情况下,销售量增加到 77 333 件,才能实现目标利润。

又如假设 A 产品的销售价格降低 10%,销售量只能增加到 75 000 件,但由于产销量的增加,固定成本需追加 6 000 元,为了实现 384 000 元的目标利润,还需采取什么措施?

$$单位变动成本=单价-\frac{固定成本+目标利润}{销售量}=20\times(1-20\%)-\frac{(80\ 000+6\ 000)+384\ 000}{75\ 000}\approx$$
9.73(元)

即若 A 产品的销售价格降低 10%,在成本不变的情况下,还需将单位变动成本降低到 9.73 元才能实现目标利润。

### 7.2.3　利润的计划

利润计划,是根据利润预测的结果,利用一定的表格形式,以货币量度对预测营业活动用财务结果的形式反映,是企业用于控制未来经营活动并使之达到预定财务成果的一种重要手段。编制好企业的利润计划对企业的生产经营活动具有重要的意义。

利润是由营业利润、投资净收益和营业外收支净额组成,因此在编制利润计划时,应先编制营业利润计划、投资收益计划和营业外收支计划,然后在这些计划的基础之上汇总编制利润计划。

营业利润计划是在销售预测的基础上编制的;投资收益计划应根据企业的投资计划以及投资收益预测来编制;营业外收支计划是根据企业过去营业外收支资料及对未来营业外收支的预测分析编制的。这些计划的编制方法在这里就不再具体介绍,下面举例说明企业利润计划的编制。

【例 7-12】某企业根据销售预测,计划期间可实现营业收入 1 200 万元,营业成本820 万元,销售费用为 8 万元,应上交的营业税金及附加为 80 万元,预计投资收益为 30万元,投资损失为 6 万元,根据国家有关规定以及企业过去情况预测营业外收入为 2 万元,营业外支出 3 万元,计划期管理费用预计为 50 万元,财务费用预计 30 万元。根据以上预测资料可以编制计划期利润计划,如表 7-6 所示:

表 7-6　利润计划

20××年度　　　　　　　　　　　　　　　　　　　　　　　　　　　　　单位:万元

| 序　　号 | 项　　目 | 本年计划 |
| --- | --- | --- |
| 1 | 营业收入 | 1 200 |
| 2 | 减:营业成本 | 820 |
| 3 | 营业税金及附加 | 80 |
| 4 | 销售费用 | 8 |
| 5 | 管理费用 | 50 |
| 6 | 财务费用 | 30 |
| 7 | 加:投资收益 | 24 |
| 8 | 营业利润 | 236 |
| 9 | 加:营业外收入 | 2 |
| 10 | 减:营业外支出 | 3 |
| 11 | 利润总额 | 235 |

利润计划确定以后,企业就要组织生产经营活动,做好销售工作,管理好对外投资活动,尽量扩大收入,控制各种成本、费用,努力完成企业的计划指标,实现企业的经营目标。在计划执行过程中,若因为各种因素发生变化,使计划不切实际,就应及时调整计划,对计划指标进行修改。

### 7.2.4　利润的控制

利润控制,是根据利润计划的要求,对影响利润计划实现的各种因素进行管理,以便增加企业收入,压缩各种费用支出。利润是一项综合指标,能集中体现企业的生产经营活动的财务成果。为了实现利润计划,必须全面完成各项生产经营计划,提高企业的总体经济效益。因此,进行利润控制必须做好企业各方面的工作。一般认为,利润控制主要包括以下六个方面:

(1) 企业应充分挖掘潜力,降低产品成本,压缩各项费用支出,提高产品质量,以增强产品的市场竞争力;

(2) 企业应面向市场,了解市场的需求变化,努力开发新产品,以满足市场的需求;

(3) 企业应注意经常收集各种市场信息,积极调整生产经营策略,调整计划中不切实际之处,以保证企业经营目标的圆满实现;

(4) 企业应加强各环节的管理,建立责任制,将责权利结合起来,充分调动全体职工的积极性,以保证各项生产经营计划的实现;

(5) 企业应充分利用闲置资金进行对外投资,以增加投资收益,减少投资损失;

(6) 企业应加强管理,充分利用各类资产,严格控制各种营业外支出,尽量减少各类损失。

## 7.3　利润分配政策

利润分配政策,是企业对利润分配有关事项所做出的方针和政策。由于税法规定的强制性、严肃性和固定性,任何企业对纳税政策都是无方案可以选择的。因此,利润分配政策从根本上说就是净利润分配政策,就股份制企业而言,就是股利分配政策。

利润分配是企业财务管理的重要内容,它是企业与企业所有者之间利益关系的集中体现,因为企业所有者的利益主要是通过利润分配加以实现;对企业而言,它既是分配过程,又是筹资过程,因为企业的利润分配政策,一方面受企业发展规划及筹资、投资计划的影响,另一方面又反过来影响企业未来的发展。所以,对企业利润分配的管理,需兼顾所有者利益的实现及企业长远发展两个方面的需要,在保护所有者利益的基础上谋求企业的发展;必须根据国家的相关法律和政策,坚持公开、公平、公正的原则,处理好国家、集体、个人三者的关系。

### 7.3.1　利润分配的内容和顺序

#### 1. 利润分配的内容

按照我国《公司法》的规定,公司利润分配的项目包括:

(1) 盈余公积金。盈余公积金从净利润中提取形成,用于弥补公司亏损、扩大公司生产经营或转为增加公司资本。它分为法定盈余公积金和任意盈余公积金。

(2) 公益金。公益金也从净利润中提取形成,专门用于职工集体福利设施建设。

(3) 股利(即向投资者分配的利润)。公司向股东(投资者)支付股利(分配利润),要在提取盈余公积金、公益金之后。股利(利润)应以股东(投资者)持有股份(投资额)的数额为依据,每一股东(投资者)取得的股利(分得的利润)与其持有的股份数(投资额)成正比。股份有限公司原则上应从累计赢利中分派股利,无赢利不得支付股利,即所谓"无利不分"的原则。但若公司用盈余公积金弥补亏损以后,为维护其股票信誉,经股东大会特别决议,也可用盈余公积金支付股利,但支付股利后留存的法定盈余公积金不得低于注册资本的 25%。

### 2. 利润分配的顺序

利润分配的顺序是指企业根据适用法律、法规或有关规定,对企业一定期间实现的净利润进行分配必须经过的步骤。

（1）非股份制企业的利润分配顺序。根据我国《公司法》等有关规定,非股份制企业当年实现的利润总额应按国家有关税法的规定作相应的调整,然后依法缴纳所得税。缴纳所得税后的净利润除法律、行政法规另有规定外,按下列顺序进行分配。

① 弥补以前年度的亏损。企业发生的年度亏损,可以用下一年度的利润弥补;下一年度利润不足弥补的,可以在五年内用所得税前利润延续弥补;延续五年未弥补的亏损,用缴纳所得税后的利润弥补。

② 提取法定盈余公积金。法定盈余公积金是按照有关法规制度的要求强制性提取的,其主要目的是为了保全资本,防止企业滥分税后利润。法定盈余公积金按照税后利润扣除弥补亏损后余额的 10% 提取,当企业的法定盈余公积金累计达到注册资本的 50% 时,可不再提取。法定盈余公积金是企业的一项内部积累,这部分资金提取出来后继续留在企业内部,可用于弥补亏损或转增资本金,以满足扩大再生产的需要。但企业用盈余公积金转增资本金后,法定盈余公积金的余额不得低于企业注册资本的 25%。

③ 向投资者分配利润。企业以前年度未分配的利润,并入本年度利润,在充分考虑现金流量状况后,向投资者分配。属于各级人民政府及其部门、机构出资的企业,应当将应付国有利润上缴财政。

国有企业可以将任意公积金与法定公积金合并提取。股份有限公司依法回购后暂未转让或者销注的股份,不得参与利润分配;已回购股份对经营者及其他职工实施股权激励的,在拟定利润分配方案时,应当预留回购股份所需利润。

（2）股份制企业的利润分配顺序。对股份有限公司而言,在弥补以前年度亏损、提取法定盈余公积金之后,向投资者分配利润还需要按以下步骤进行。

① 支付优先股股息。企业应按事先确定的股息率向优先股股东支付股息。如果公司的优先股股东为可参与优先股,那么在向股东支付固定股息后,还应该按约定的条款允许优先股股东与普通股股东一起参与剩余利润的分配。

② 提取任意盈余公积金。任意盈余公积金由企业根据章程的有关规定或董事会决议所确定的比例自愿提取。提取任意盈余公积金可以起到控制向普通股股东分配股利及调节各年股利分配波动的作用。任意盈余公积金的用途和法定盈余公积金一样,可用于弥补亏损或转增企业资本金。

③ 支付普通股股利。企业应按已经确定的利润分配方案向普通股股东支付股利。

我国修订后的《企业财务通则》规定,企业弥补以前年度亏损和提取盈余公积后,当年没有可供分配的利润时,不得向投资者分配利润,但法律、行政法规另有规定的除外。

### 7.3.2　确定利润分配政策应考虑的因素

企业的利润分配政策虽说是由企业管理者制定的,但实际上它的决定范围是有一定限度的,即企业的利润分配政策在客观、主观上受许多因素的制约,决策人只能遵循当时的经济环境和法律环境做出有限的选择。一般认为,企业在制定具体的利润分配政策时,应考虑以下主要相关因素:

**1. 法律约束因素**

法律约束,是指为保护债权人和股东的利益,国家法律对企业的投资分红进行的硬性限制。这些限制主要体现在以下几个方面:

(1)资本保全的约束,即公司不能用资本(包括股本和资本公积)发放股利,其目的是防止企业任意减少资本结构中所有者权益的比例,以保护债权人的利益。

(2)资本积累的约束,即公司在分配股利之前,应按法定的程序先提取各种公积金,其目的是增强企业抵御风险的能力,维护投资者的利益。

(3)企业利润的约束,即只有在企业以前年度的亏损全部弥补完之后,若还有剩余利润,才能用于分配股利,否则不能分配股利。

(4)偿债能力的约束,即企业在分配股利时,必须保持充分的偿债能力,其目的是维护公司的信誉和借贷能力,以保证公司的正常资金周转。

**2. 公司自身因素**

公司自身因素,是指股份公司内部的各种因素及其面临的各种环境、机会而对其股利政策产生的影响。主要包括现金流量、投资需求、筹资能力、资产的流动性、赢利的稳定性、筹资成本、股利政策惯性、其他因素等。公司出于长期发展与短期经营考虑,需要综合考虑上述因素,并最终制定出切实可行的分配政策:

(1)现金流量。公司资金的正常周转,是公司生产经营得以有序进行的必要条件,所以,保证企业正常的经营活动对现金的需求是确定利润分配政策最重要的限制因素。企业在进行利润分配时,应充分考虑企业的现金流量,而不仅仅是企业的净收益。由于会计规范的要求和核算方法的选择,有一部分项目增加了企业的净收益,但并未增加企业可供支配的现金流量,在确定利润分配政策时,企业应充分考虑这方面的影响。

(2)投资需求。一般认为,有着良好投资机会的公司,需要有强大的资金支持,因而往往少发放股利,而将大部分盈余用于投资;缺乏良好投资机会的公司,保留大量现金会造成资金的闲置,于是倾向于支付较高的股利。所以,处于成长中的公司多采取低股利政策;陷于经营收缩的公司多采取高股利政策。

(3)筹资能力。若公司具有较强的筹资能力,随时能筹集到所需资金,则通常认为该公司具有较强的股利支付能力。

(4)资产的流动性。企业现金股利的支付能力,在很大程度上受其资产变现能力的限制。较多地支付现金股利,会减少公司的现金持有量,使资产的流动性降低。而保持一定的资产流动性,则是企业正常运转的基础和必备条件。一般认为,若一个公司的资产有较强的变现能力,现金的来源较充裕,则它的股利支付能力也较强。

(5)赢利的稳定性。这是股利政策的重要基础。一般认为,赢利相对稳定有利于公司较好地把握自己,并有可能支付比赢利不稳定的公司较高的股利;而盈余不稳定的公司则一般采取低股利政策。

(6) 筹资成本。一般而言,与发行新股相比,用保留盈余再投资,不需花费筹资费用,有利于降低筹资的外在资本。所以,从筹资成本考虑,若公司有扩大资金的需要,也应当采取低股利政策。

(7) 股利政策惯性。一般认为,企业不宜经常改变其股利分配政策。企业在确定股利分配政策时,应充分考虑股利政策调整可能带来的负面影响。若企业历年采取的股利政策具有一定的连续性和稳定性,则重大的股利政策调整有可能对企业的声誉、股票价格、负债能力、信用等多方面产生影响。且靠股利来生活和消费的股东通常也不愿意投资于股利波动频繁的股票。

(8) 其他因素。其他因素,即企业的利润分配政策的确定还会受到其他公司因素的影响。例如,上市公司所处行业会影响公司的股利政策。一般认为,朝阳行业处于调整成长期,甚至能以数倍于经济发展速度的水平发展,所以就可能进行较高比例的股利支付;夕阳行业则因处于发展的衰退期,会随着经济的高增长而萎缩,就难以进行高比例的分红;对公用事业来说,则往往有及时、充裕的现金来源,且可选择的投资机会有限,所以发放现金股利的可能性较大。又如,企业可能有意地多发股利使股价上升,使已发行的可转换债券尽快地实现转换,从而达到调整资本结构的目的或达到兼并、反收购的目的等。

3. 投资者因素

投资者因素,又称股东因素,即股东在收入、控制权、税赋、风险及投资目的等方面的考虑对企业的利润分配政策产生的影响。

(1) 稳定的收入。有些股东依赖公司发放的现金股利维持生活,如一些退休者,他们往往要求公司能够定期地支付稳定的现金股利,反对公司留利太多。还有些股东是"一鸟在手"的支持者,他们认为留用利润而使股票价格上升所带来的收益具有较大的不确定性,还是取得现实的股利较为稳妥,可以规避风险,所以这些股东也倾向于多分配股利。

(2) 控制权。所有者权益由资本金、资本公积金和留存收益等组成。如果公司支付较高的股利,就会导致留存收益的减少,这又意味着将来发行新股(主要指普通股)的可能性加大,而发行新股可能使公司的控制权旁落其他公司。所以,投资者宁愿不分配利润,也要反对追加投资、募集新股。

(3) 税赋。一般而言,股利收入税率要高于资本利得的税率,很多股东会由于对税赋因素的考虑而偏好于低股利支付水平。所以,低股利政策会使他们获得更多纳税上的好处。

(4) 投资目的。企业投资者的投资目的通常有两种:收益和稳定购销关系。作为接受投资的企业,在进行投资分红时,必须事先了解投资者的投资目的,结合投资动机,选择其分配方案。若属于收益性目的,在分配时应考虑投资者的收益预期;若属于通过投资稳定购销关系,加强分工协作,则投资分红就处于次要地位,从而分配政策就侧重于留存而不是分红。

4. 其他因素

(1) 债务契约。一般而言,股利支付水平越高,留存收益越少,公司的破产风险加大,就越有可能损害到债权人的利益。所以,为了保证自己的利益不受损害,债权人通常都会在公司的借款合同、债务契约以及租赁合约中加入关于借款公司股利政策的条款,以限制公司股利的发放。这些限制条款通常包括以下几个方面:① 未来的股利只能以签订合同之后的收益来发放,即不能以过去的留存收益来发放股利;② 营运资金低于某一特定金额时不得发放股利;③ 将利润的一部分以偿债基金的形式留存下来;④ 利息保障倍数低于一定水平时不得发放股利等。

(2) 通货膨胀。在通货膨胀的情况下,公司折旧基金的购买力水平下降,会导致没有足够的资金来源重置固定资产。这时盈余会被当作弥补折旧基金购买力水平下降的资金来源,因此在通货膨胀时期公司股利政策往往偏紧。

由于存在上述种种影响股利分配政策的因素,股利政策与股票价格就不是无关的,公司的价值或者说股票价格不仅仅由其投资的获利能力所决定,而且还受到股利分配政策的影响。

### 7.3.3　股利政策的类型

股利政策受多种因素的影响,并且不同的股利政策对公司的股票价格也会产生不同的影响。所以,对于股份公司来说,制定一个正确合理的股利政策非常重要。股利政策的核心问题是确定分配与留利的比例,即股利支付比率问题。长期以来,通过对股利政策实务的总结,归纳出以下四种常用的股利政策类型:

1. 剩余股利政策

剩余股利政策,是在企业确定的最佳资金结构下,税后净利润首先应满足投资的需求,然后若还有剩余才用于分配股利。这是一种投资优先的股利政策。

采用剩余股利政策的先决条件是企业必须有良好的投资机会,且该投资机会的预计报酬率要高于股东要求的必要报酬率,这样才能被股东接受。

实行剩余股利政策,一般应遵循以下四个步骤:

(1) 设定目标结构,即确定权益资本与债务资本的比率,在此资本结构下,加权平均资本成本将达到最低水平;

(2) 确定目标资本结构下投资所需的股东权益数额;

(3) 最大限度地使用保留盈余来满足投资方案所需的权益资本数额;

(4) 投资方案所需权益资本已经满足后若有剩余盈余,再将其作为股利发放给股东。

【例 7 - 13】假定某公司 2017 年提取了公积金、公益金后的税后净利润为 600 万元,第二年的投资计划所需资金 800 万元,公司的目标资本结构为权益资本占 60%、债务占 40%,那么,按照目标资本结构的要求,公司投资方案所需的权益资本数额为:800×60% ＝480(万元)

公司当年全部可用于分配股利的盈余为 600 万元,可以满足上述投资方案所需的权益资本数额并有剩余,剩余部分再作为股利发放。当年发放的股利额即为:600－480＝ 120(万元)

假定该公司当年流通在外的只有普通股 1 000 万股,那么每股股利即为:120÷1 000 ＝0.12(元)

剩余股利政策的优点是：留存收益先保证再投资的需要，从而有助于降低再投资的资金成本，保持最佳的资本结构，实现企业价值的长期最大化。

缺点是：若完全遵照执行剩余股利政策，每年的股利发放额就会随投资机会和赢利水平的波动而波动。即使在赢利水平不变的情况下，股利也将与投资机会的多寡呈反方向变动，即投资机会越多，股利越少；反之，投资机会越少，股利发放越多。而在投资机会维持不变的情况下，股利发放额将因公司每年赢利的波动而同方向波动。所以，剩余股利政策不利于投资者安排收入与支出，也不利于公司树立良好的形象，一般适用于处于初创阶段的公司。

2. 固定或稳定增长的股利政策

固定或稳定增长的股利政策，是指公司将每年派发的股利额固定在某一特定水平或是在此基础上维持某一固定比率逐年稳定增长。只有在确信公司未来的赢利增长不会发生逆转时，才会宣布实施固定或稳定增长的股利政策。在固定或稳定增长的股利政策下，首先应确定的是股利分配额，且该分配额一般不随资金需求的波动而波动。

近年来，为了避免通货膨胀对股东收益的影响，最终达到吸引投资的目的，很多公司开始实行稳定增长的股利政策。即为了避免股利的实际波动，公司在支付某一固定股利的基础上，还制定了一个目标股利增长率，依据公司的赢利水平按目标股利增长率逐步提高公司的股利支付水平。

固定或稳定增长的股利政策的主要目的是避免出现由于经营不善而削减股利的情况。其优点是：

（1）稳定的股利向市场传递着企业正常发展的信息，有利于树立企业的良好形象，增强投资者对企业的信心，稳定股票的价格；

（2）稳定的股利额有利于投资者安排收入和支出，特别是对那些对股利有着很高依赖性的股东更是如此；

（3）稳定的股利政策考虑到了股票市场会受到多种因素的影响，如股东的心理状态和要求等，所以为了使股利维持在稳定的水平上，即使推迟某些投资方案或暂时偏离目标资金结构，也可能要比降低股利或降低股利增长率更为有利。

实践证明，一个有固定的股利发放记录且稳步发展的企业，必然会受到银行、退休养老金、保险公司等各类投资者的青睐。

其缺点主要在于股利的支付与盈余相脱节，固定或稳定增长的股利可能会成为企业的一项财务负担，尤其是在公司净利润下降或现金紧张时，公司为了保证股利的照常支付，容易导致资金短缺，财务状况恶化。所以，固定或稳定增长的股利政策一般适用于经营较为稳定的企业。

3. 固定股利支付率政策

固定股利支付率政策，是指企业每年按固定的股利支付率从企业的税后利润中支付股利。在这一股利政策下，各年发放的股利额随公司经营的好坏而上下波动，获得较多盈余的年份股利额高，获得盈余少的年份股利额低。

采用固定股利支付率政策，保持股利与企业利润的一定比率关系，体现了风险投资与风险收益的对等关系。其优点是：

（1）可避免企业在赢利大幅度降低的年份,因支付较多的固定股利而陷入财务困境;

（2）能使股利与企业盈余紧密配合,以体现多盈多分、少盈少分、无盈不分的原则;

（3）对于实行内部职工持股比例较高的企业,若采用这种股利政策,可将职工个人的利益与公司的利益紧密地结合起来,充分调动广大职工的积极性和创造性,增强企业活力,提高企业经济效益。这一方面会使职工股东的财富稳步增加;另一方面会使企业股价上扬,达到股东财富最大化的目的。

其缺点主要是:因各年的股利变动较大,极易造成公司不稳定的感觉,也不利于稳定股票价格。另外,固定股利支付率政策也不像剩余股利政策那样能够保持相对较低的资金成本。

由于公司每年面临的投资机会、筹资渠道都不同,而这些都可以影响到公司的股利分派,因此,一成不变地奉行一种按固定比率发放股利的公司在实际中并不多见,固定股利支付率政策通常只是适用于那些处于稳定发展且财务状况稳定的公司。

4. 低正常股利加额外股利政策

低正常股利加额外股利政策,是指企业事先设定一个较低的正常股利额,每年除了按正常股利额向股东发放现金股利外,还在企业赢利情况较好、资金较为充裕的年度向股东发放高于每年度正常股利的额外股利。

低正常股利加额外股利政策,其实是固定或稳定增长的股利政策与固定股利支付率政策的一种折中。其优点是:

（1）具有较大的灵活性,企业在支付股利方面有充分的弹性。当企业盈余较少或投资需用较多资金时,可维持设定的较低但正常的股利,股东不会有股利跌落感;而当盈余有较大幅度增加时,则可适度增发股利,把经济繁荣的部分利益分配给股东,使他们增强对企业的信心,这有利于稳定股票的价格。

（2）可使那些依靠股利度日的股东每年至少可以得到虽然较低但比较稳定的股利收入,从而吸引住这部分股东。

其缺点主要表现为:若企业经营状况良好,并持续地支付额外股利,很容易提高股东对股利派发的期望水平,从而将额外股利视为正常股利,一旦企业因赢利下降而减少额外股利时,便会招致股东不满。另外,由于各年度公司的赢利波动使得额外股利不断变化,或时有时无,造成分派的股利不同,容易给投资者以公司收益不稳定的感觉。

以上所述的是企业在实际经济生活中常用的几种股利政策,其中固定或稳定增长的股利政策和低正常股利加额外股利政策,是企业普遍使用并为广大投资者所认可的两种基本政策。各种股利政策各有所长,公司在分配股利时应借鉴其基本决策思想,结合企业实际情况,选择适宜的股利分配政策。

### 7.3.4 股利支付的程序和方式

1. 股利支付的程序

股份有限公司向股东支付股利,其过程主要经历:预案公布日、股利宣布日、股权登记日、除息日和股利发放日。

（1）预案公布日,即上市公司分派股利时,由公司董事会向社会公开发布分红预案的日期。分红预案由公司董事会制定,主要包括本次分红的数量、分红的方式、股东大会召开的时间、地点及表决方式等内容。

(2)股利宣布日,即董事会宣布发放股利的日期。股份公司董事会一般根据股东大会发放关于股利的决议,确定股利发放的具体政策及有关事宜。在股利宣告日,公司将决定支付的股利总额作为负债确认,同时通知股东办理必要手续。

(3)股权登记日,即股份公司规定的能获得此次股利分派的最后日期界限。只有在股权登记日前在公司股东名册上有名的股东,才有权分享股利。

(4)除息日,即领取股利的权利与股票相互分离的日期。在除息日前,股利权从属于股票,持有股票者即享有领取股利的权利;除息日始,股利权与股票相分离,新购入股票的人不能分享股利。通常在除息日之前进行交易的股票,其价格高于在除息日之后进行交易的股票价格,其原因在于除息日前股票的价格包含应得的股利收入在内。

(5)股利发放日,即向股东发放股利的日期,也称为付息日。公司应从付息日开始,以各种手段(如邮寄支票、汇款等)将股利付给股东,同时冲销其负债记录。

【例 7-14】某上市公司于 2017 年 4 月 10 日公布 2016 年度的最后分红方案,其公布的公告如下:2017 年 4 月 9 日在南京召开的股东大会,通过了 2016 年 4 月 2 日董事会关于每股分派 0.3 元的 2015 年股息分配方案。股权登记日为 2017 年 4 月 25 日,除息日为 4 月 26 日,股东可在 2017 年 5 月 10 日～25 日之间通过深圳交易所按交易方式领取股息。特此公告。

此例中,2016 年 4 月 2 日即为该公司的预案公布日;2017 年 4 月 10 日为股利宣布日;4 月 25 日为股权登记日;4 月 26 日为除息日;5 月 10 日～25 日为股利发放日。

2. 股利支付的方式

企业在决定发放股利后,便要做出以何种形式发放股利的决策。企业分配股利的形式常用的有以下几种:

(1)现金股利

现金股利,是指用货币资金的形式支付股利。现金股利是股利支付的最常见方式,因为投资者一般都希望得到现金股利,而且企业发放股利的多少直接影响企业股票的市场价格,间接影响企业的筹资能力。但这种形式加大了企业资金流出量,增加企业的支付压力,在特殊情况下,有悖于留存现金用于企业投资与发展的初衷。所以,在采用这种股利支付方式时,企业必须具备两个基本条件:一是企业要有累计盈余(特殊情况下可用弥补亏损后的盈余公积金支付);二是要有足够的现金。

(2)股票股利

股票股利,是指公司以增发的股票作为股利的支付方式,我国实务中通常也称其为"红股"。一般都按现有股东持有股份的比例来分派,对于不满一股的股东,仍采用现金来分派。具体到增发股票,可以是在公司注册资本尚未足额时,以其未认购的股票作为股利支付,也可以是发行新股支付股利。在操作上,有的企业增资发行新股时,预先扣除当年应分配股利,减价配售给股东;也有的企业发行新股时进行无偿增资配股。

股票股利并不直接增加股东的财富,不导致公司资产的流出或负债的增加,因而不是公司资金的使用,同时也并不因此而增加公司的财产,但会引起所有者权益各项目的结构发生变化。严格来讲,股票股利不能直接称作分红,因为它既没有改变企业所有者权益数量,股东也未收到现金,所以是不应征收个人所得税的。

现举例说明如下:

【例 7-15】新华公司在发放股票股利前,股东权益情况如表 7-7 所示:

表 7-7　新华公司发放股票股利前的股东权益　　　　　　　　　　　单位:元

| | |
|---|---|
| 普通股(面额 1 元,已发行 200 000 股) | 200 000 |
| 资本公积 | 400 000 |
| 未分配利润 | 2 000 000 |
| 股东权益合计 | 2 600 000 |

假定该公司宣布发放 10% 的股票股利,即发放 20 000 股(200 000×10%＝20 000)普通股股票,并规定现有股东每持 10 股可得 1 股新发放股票。若该股票当时市价 20 元,随着股票股利的发放,需从"未分配利润"项目划转出的资金为:20×20 000＝400 000(元)

由于股票面额(1 元)不变,发放 20 000 股,普通股只应增加"普通股"项目 20 000元,其余的 380 000 元(400 000－20 000＝380 000)应作为股票溢价转至"资本公积"项目,而公司股东权益总额保持不变。发放股票股利后,公司股东权益各项目如表 7-8所示:

表 7-8　新华公司发放股票股利后的股东权益单位:元

| | |
|---|---|
| 普通股(面额 1 元,已发行 220 000 股) | 220 000 |
| 资本公积 | 780 000 |
| 未分配利润 | 1 600 000 |
| 股东权益合计 | 2 600 000 |

可见,发放股票股利,不会对公司的股东权益总额产生影响,但会发生资金在各股东权益项目间的再分配。需要指出的是,上例中以市价计算股票股利价格的做法,是很多西方国家所通行的。除此之外,也有的按股票面值计算股票股利的价格,我国目前即采用这种做法。

发放股票股利后,如果赢利总额不变,会由于普通股股数增加而引起每股收益和每股市价的下降;但又由于股东所持股份的比例不变,每位股东所持股票的市场价值总额仍保持不变。这可从下例中得到说明。

【例 7-16】假定上述公司本年盈余为 440 000 元,某股东持有 20 000 股普通股,发放股票股利对该股东的影响如表 7-9 所示:

**表 7 - 9  发放股票股利对某股东的影响单位:元**

| 项　　目 | 发　放　前 | 发　放　后 |
|---|---|---|
| 每股收益(EPS) | $440\,000 \div 200\,000 = 2.2$ | $440\,000 \div 220\,000 = 2$ |
| 每股市价 | 20 | $20 \div (1 + 10\%) = 18.18$ |
| 持股比例 | $20\,000 \div 200\,000 = 10\%$ | $22\,000 \div 220\,000 = 10\%$ |
| 所持股总价值 | $20 \times 20\,000 = 400\,000$ | $18.18 \times 22\,000 = 400\,000$ |

发放股票股利对每股盈余和每股市价的影响,可以通过以下公式来计算:

$$发放股票股利后的每股盈余 = \frac{E_0}{1 + D_s} \tag{7-26}$$

式中:$E_0$ 为发放股票股利前的每股盈余,$D_s$ 为股票股利发放率。

$$放股票股利后的每股市价 = \frac{M}{1 + D_s} \tag{7-27}$$

式中:$M$ 为股利分配权转移日的每股市价。

依上例资料:

$$发放股票股利后的每股收益 = \frac{2.2}{1 + 10\%} = 2(元)$$

$$发放股票股利后的每股市价 = \frac{20}{1 + 10\%} = 18.18(元)$$

尽管股票股利不直接增加股东的财富,也不增加公司的价值,但对股东和公司都有特殊的意义。

股票股利对股东的意义在于:

① 现实中,有时公司发放股票股利后其股价并不成比例下降;一般在发放少量股票股利(如 2% ~ 3%)后,大体不会引起股价的立即变化。这可使股东得到股票价值相对上升的好处。

② 发放股票股利通常由成长中的公司所为,因此,投资者往往认为发放股票股利预示着公司将会有较大发展,利润将大幅增长,足以抵消增发股票带来的消极影响。这种心理会稳定住股价甚至略有上升。

③ 在股东需要现金时,还可以将分得的股票股利出售,有些国家税法规定出售股票交纳的资本利得(价值增值部分)税率比收到现金股利所需交纳的所得税率低,这使得股东可以从中获得纳税上的好处。

股票股利对公司的意义主要在于:

① 发放股票股利可使股东分享公司的盈余而无须分配现金,这使公司留存了大量现金,便于进行再投资,有利于公司长期发展。

② 在盈余和现金股利不变的情况下,发放股票股利可以降低每股价值,从而吸引更多的投资者。

③ 发放股票股利往往向社会传递公司将会继续发展的信息,从而提高投资者对公司的信心,在一定程度上稳定股票价格。但在某些情况下,发放股票股利也会被认为是公司

资金周转不灵的征兆,从而降低投资者对公司的信心,加剧股价的下降。

④ 发放股票股利的费用比发放现金股利的费用大,会增加公司负担。

股票股利相比于现金股利有以下优点:

① 在企业现金短缺又难以从外部筹措现金时,股票股利可以达到既节约现金支出,又使股东分享利润,从而对企业感到满意的目的。

② 股票股利有助于企业把股票市价控制在希望的范围内,避免股价过高,而使一些投资者失去购买股票的能力,促进其股票在市场上的交易更为活跃。

③ 股票股利可使企业保持较高的股利支付比率,又可保留现金,可对投资者的心理产生良好的影响,即传播给投资者企业利润将增加的信号。

④ 对股东来说,虽然企业盈余不增加,股票股利不增加其实际财富,但如果在发放股票股利之后,维持现金股利的发放,则股东可以得到现金收入;或者股权增加,但估计并不成比例下降,股东财富会有所增长。

(3) 股票分割

股票分割,是指将面额较高的股票交换成面额较低的股票的行为。例如,将原来的一股股票交换成两股股票。股票分割不属于某种股利方式,但其所产生的效果与发放股票股利近似,故而在此一并介绍。

股票分割时,发行在外的股数增加,使得每股面额降低,每股盈余下降;但公司价值不变,股东权益总额、权益各项目的金额及其相互间的比例也不会改变。这与发放股票股利时的情况既有相同之处,也有不同之处。

【例 7.-17】某公司在股票分割以前的股东权益如表 7-10 所示,假定该公司管理当局决定实施两股换一股的股票分割方案,股票分割后的股东权益将如何变化?

表 7-10　×公司股票分割前的股东权益　　　　　　　　　　　　　单位:元

| | |
|---|---|
| 普通股(400 000 股流通在外,每股面额 2 元) | 800 000 |
| 资本公积 | 4 000 000 |
| 未分配利润 | 4 000 000 |
| 股东权益合计 | 8 800 000 |

实行股票分割后,普通股每股面额从 2 元变为 1 元,股数从 400 000 股变为 800 000 股,普通股总值仍为 800 000 元不变。资本公积、未分配利润均不受影响,股东权益合计也不变。

假定该公司本年净利润 800 000 元,那么股票分割前的每股收益为 2 元(800 000÷400 000)。

假定股票分割后公司净利润不变,分割后的每股收益为 1 元(800 000÷800 000),每股市价也会因此而下降。

可见,除了会计处理不同以外,股票分割与股票股利基本相同。从实务上来看,两者的差别也很小,一般根据证券管理部门的规定来加以区别。

总之,股票分割可以降低股票市价,提高投资者兴趣,有利于股票流通,常为新股发行和公司兼并或合作准备。有的公司认为自己的股票价格过低,还可以通过反分割方式提高股票价格。

（4）股票购回

股票购回，是指公司通过购回股东所持股份的方式将现金分配给股东，是现金股利的一种替代方式。股票购回使发行在外的流通股减少，因而能够促使股价上涨。对不少公司而言，与其确定没把握长期维持的高股利政策，不如把暂时过剩而无适当投资机会的现金以回购的方式分配给股东。但采取回购活动前必须把购回股票的方案公告股东，购回的价格也应合理，否则，股票购回后股价下降，会使因故未出售股票的股东发生损失。

【例 7 - 18】新华公司有赢利 5 000 000 元，流通在外的普通股 1 000 000 股。公司管理当局计划将其中的 2 000 000 元赢利分配给股东，拟以每股 32 元的价格购回62 500 股流通在外的股票。目前股票市价为每股 30 元，预期每股股利 2 元。如果股票购回前后市盈率保持不变、公司赢利保持不变，那么股票购回将对剩余的股东产生什么影响？

具体分析，如表 7 - 11 所示：

表 7 - 11　股票购回对剩余股东的影响分析

| | 股票购回前 | 股票购回后 |
| --- | --- | --- |
| ① 盈余总额 | 5 000 000 元 | 5 000 000 元 |
| ② 流通在外股数 | 1 000 000 股 | 937 500 股 |
| ③ 每股盈余（①／②） | 5 元 | 5.33 元 |
| ④ 市盈率 | 6 | 6 |
| ⑤ 每股市价（③×④） | 30 元 | 32 元 |
| ⑥ 预期每股股利 | 2 元 | 0 元 |

从上表可以看出，若公司选择发放现金股利，则股票每股可得 32 元（30 元市价＋2 元股利），而在股票购回的情况下，股东每股市价也是 32 元。所不同的是，前者所得的 2 元股利在后者是资本利得。若资本利得税率低于股利收入所得税率，则股票购回可使股东得到更多的实惠。当然，市盈率有可能随股票购回而发生变动，剩余的股东是盈是亏，将取决于市盈率的高低走向。另外，股东对于现金股利和资本利得的偏好也不一致，公司在做股利决策时也应考虑。

在西方国家，公司购回的股票一般作为库藏股票处理。我国法律规定，除非公司因减少其注册资本的目的或者谋求与持有本公司股票的公司合并，不得购回发行在外的股份，因而购回股票必须注销。

另外，公司还可采用财产股利、负债股利等股利支付形式。所谓财产股利，是以现金以外的其他资产支付的股利，主要是以公司所拥有的其他公司的有价证券，如公司债券、公司股票等，作为股利发放给股东。所谓负债股利，是以负债方式支付的股利，通常以公司的应付票据支付给股东，有时也以发行公司债券的方式支付股利。具体操作时，各公司应结合各自的实际情况选择合适的股利支付形式。

## 复习思考题

### 一、单项选择题

1. 下列哪个项目不能用于分派股利（　　）。

    A. 盈余公积金                      B. 资本公积金

    C. 税后利润                         D. 上年未分配利润

2. 公司采用固定股利政策发放股利的优点主要表现为（　　）。

    A. 降低资金成本                  B. 维持股价稳定

    C. 提高支付能力                  D. 实现资本保全

3. 一般而言，适应于采用固定股利政策的公司是（　　）。

    A. 负债率较高的公司          B. 盈利波动较大的公司

    C. 盈利稳定或处于成长期的公司      D. 盈利较高但投资机会较多的公司

4. 在下列股利分配政策中，能保持股利与利润之间一定的比例关系，并体现风险投资与风险收益对等原则的是（　　）。

    A. 剩余股利政策                 B. 固定股利比例政策

    C. 正常股利加额外股利政策     D. 固定或持续增长的股利政策

5. 下列有关股票分割的表述中，正确的是（　　）。

    A. 股票分割不影响股票面值

    B. 股票分割的结果会使负债比重下降

    C. 股票分割会使每股收益和每股市价下降

    D. 股票分割的结果会使股数增加，股东权益增加

6. 下列各项中，属于利润分配顺序中优先考虑的项目是（　　）。

    A. 优先股股利                   B. 向股东分配股利

    C. 任意盈余公积金               D. 法定盈余公积金

7. 下列各项中，影响利润分配的法律因素是（　　）。

    A. 盈余的稳定性    B. 通货膨胀     C. 投资机会      D. 偿债能力约束

### 二、多项选择题

1. 公司在制定利润分配政策时应考虑的因素有（　　）。

    A. 通货膨胀因素    B. 股东因素     C. 法律因素      D. 公司因素

2. 制定股利政策时应该考虑的投资者的因素是（　　）。

    A. 投资目的      B. 筹资成本     C. 资产的流动性    D. 控制权

3. 下列各项中，属于股票分割的主要作用的包括（　　）。

    A. 可以降低股票价格

    B. 会在一定程度上巩固内部人既定控制权

    C. 向投资者传递公司发展前景良好的信息

    D. 会在一定程度上加大对公司股票恶意收购的难度

4. 下列各项中,属于股票回购动机的是(　　)。

  A. 现金股利的替代

  B. 降低股价,吸引更多投资者

  C. 传递公司的信息

  D. 改变公司的资本结构,提高财务杠杆比例

5. 下列各项中,属于公司发放股票股利优点的有(　　)。

  A. 有利于吸引投资者

  B. 促进公司股票的交易和流通

  C. 可以降低公司股票的市场价格

  D. 可以传递公司未来发展前景良好的信息

6. 固定或稳定增长的股利政策的优点包括(　　)。

  A. 有利于稳定股价　　　　　　　　B. 有利于吸引投资者

  C. 有利于改善企业资本结构　　　　D. 有利于树立公司良好的形象

### 三、判断题

1. 固定股利支付率政策的主要缺点,在于公司股利支付与其盈利能力相脱节,当盈利较低时仍要支付较高的股利,容易引起公司资金短缺、财务状况恶化。　　　　(　　)

2. 企业发放股票股利将使同期每股收益下降。　　　　　　　　　　　　(　　)

3. 广义的收益分配首先是对企业收入的分配。　　　　　　　　　　　　(　　)

4. 派发股票股利有可能会导致公司资产的流出或负债的增加。　　　　(　　)

5. 发放股票股利会使股东所持的股份比例下降。　　　　　　　　　　　(　　)

6. 采用固定股利比例政策体现了风险投资与风险收益的对等关系。　　(　　)

7. 公司进行利润分配所涉及的项目包括弥补企业以前年度亏损、盈余公积和股利三部分。　　　　　　　　　　　　　　　　　　　　　　　　　　　　　　(　　)

8. 股票协议回购是指公司在特定期间,向市场发出的以高出股票当前市场价格的某一价格,回购既定数量股票的约定。　　　　　　　　　　　　　　　　　　(　　)

### 四、计算题

1. 某企业 2016 年下半年的销售情况如表 7 - 12 所示,分别用简单算术平均法和加权算术平均法预测该企业 2017 年 1 月份的销售收入。

表 7 - 12　2016 年 7—12 月份销售额　　　　　　　　　　　单位:元

| 月份 | 7 月 | 8 月 | 9 月 | 10 月 | 11 月 | 12 月 |
|------|------|------|------|-------|-------|-------|
| 销售额 | 10 000 | 9 000 | 11 000 | 12 000 | 10 500 | 10 500 |
| 权数 | 0.1 | 0.1 | 0.1 | 0.2 | 0.2 | 0.3 |

2. 某公司 2016 年 7 月份的实际销售额为 80 万元,假设原来预测该月的销售额为 75 万元,已知指数平滑系数是 0.6,试预测 2016 年 8 月份的销售额。

3. 某企业生产甲产品,固定成本总额为 10 000 元,单位变动成本为 22 元,单位售价为 30 元,试计算该产品的保本销售量和保本销售额。

# 第8章　财务预算

![学习目标图标] **学习目标**

学习财务预算的含义与作用,全面预算体系,固定预算和弹性预算,增量预算和零基预算,定期预算和滚动预算,掌握财务预算的编制。

**学习要求**

↪ 了解:财务预算的含义及其在全面预算体系中的地位,固定预算和弹性预算,增量预算和零基预算,定期预算和滚动预算。

↪ 掌握:现金预算和预计财务报表的编制方法。

财务预算是预测原理和方法在财务管理中的具体运用,是财务管理的重要环节。编制财务预算,可以指导与控制企业的财务活动,提高预见性,减少盲目性,使企业的财务活动有条不紊地进行。

## 8.1　财务预算概述

### 8.1.1　财务预算的概念和作用

1. 财务预算的概念

预算,是关于企业未来一定预算期内全部经济活动各项目标的行动计划相应措施的预期数值说明,其实质是一套以货币及其他数量形式反映的预计财务报表和其他附表,主要用来规划预算期内企业的全部经济活动及其成果。预算的内容一般包括特种决策预算、日常业务预算与财务预算三大类。

特种决策预算,又称为专门决策预算,是指企业为不经常发生的长期投资决策项目或一次性专门业务所编制的预算。具体包括经营决策预算和投资决策预算两种基本类型。特种决策预算最能直接体现决策的结果,实际上是中选方案的进一步规划,其编制依据可追溯到决策之前搜集到的有关资料,只不过此种预算比决策估算更细致、更精确一些。

日常业务预算,是指与企业日常经营活动直接相关的经营业务的各种预算。具体包括销售预算、生产预算、直接材料消耗及采购预算、直接工资及其他直接支出预算、制造费用预算、产品生产成本预算、销售及管理费用预算等。这些预算前后衔接,相互钩稽,既有实物量指标,又有价值量和时间量指标。

财务预算,是一系列专门反映企业未来一定预算期内预计财务状况和经营成果以及现金收支等价值指标的各种预算的总称,具体包括现金预算、预计资产负债表、预计损益表、预计现金流量表、财务费用预算、预计利润分配表等内容。

实际工作中,由于财务预算可以从价值方面总括地反映经营期决策预算与业务预算的结果,这样,财务预算就成为各项经营业务和专门决策的整体计划,故有"总预算"之称,日常业务预算和特种决策预算则可称为"分预算"。可见,财务预算在企业预算体系中占有举足轻重的地位,它与其他预算紧密联系在一起,构成一个数字相互衔接的、完整的预算体系。可用图 8-1 来反映财务预算与企业其他预算的关系。

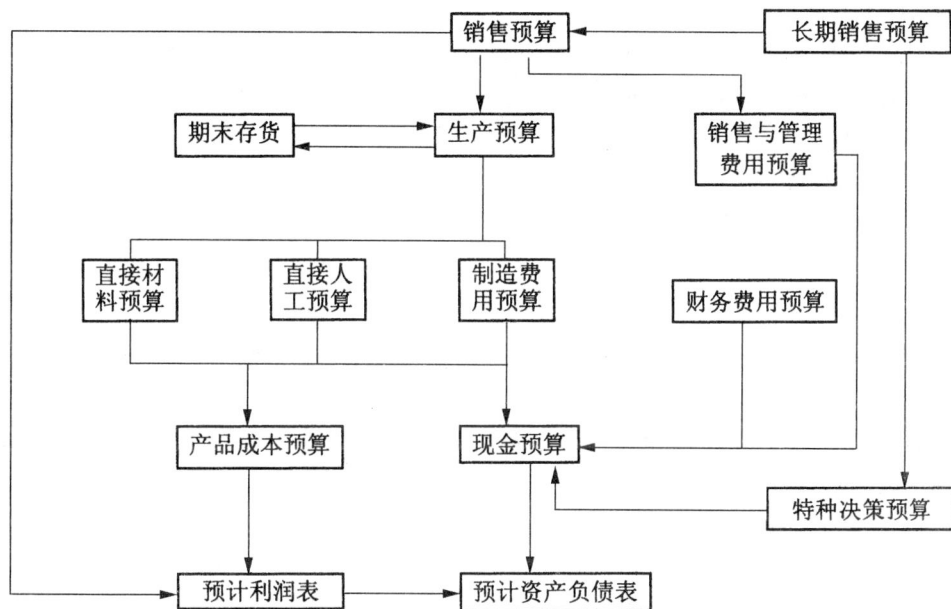

**图 8-1　财务预算与其他预算关系图**

2. 财务预算的作用

财务预算在企业经营管理和实现目标利润中发挥着重大作用,概括起来有以下几点:

(1)明确目标。财务预算,是财务管理目标的具体化、数量化。财务管理目标具有层次性和多元性,必须通过预算将其分解为各级、各部门的具体目标。编制财务预算,将财务管理目标和制定目标所依据的主要设想、意图及达到目标所采取的措施都详细地列举出来,使各部门、各层次了解各自在实现财务管理目标中的地位、作用和责任,在不同工作环节中朝同一目标方向努力。

(2)合理配置财务资源。财务预算的编制过程,也就是财务资源的配置过程。编制财务预算是在合理决策的基础上,围绕财务管理目标的实现,将有限的财务资源在各部门、各层次、各环节进行合理配置,使有限的资金发挥最大的使用效用。

（3）平衡财务收支。编制财务预算，可以在总额上使收入和支出达到一种平衡状态。如果收入大于支出，表明企业拥有的资金不敷使用，存在资金缺口，如不及时筹资补充，必将使企业陷入某种窘境。

（4）控制财务活动。预算一经确定，就要付诸执行，财务管理工作的重心就转入了财务控制。在预算执行过程中，要将实际执行情况和预算进行对比分析，找出它们之间的差异及其原因，并采取必要的措施，保证预算的完成。因此，从某种意义上说，财务预算是控制财务活动的主要依据。

（5）绩效评估。通过预算建立绩效评估体系，可帮助各部门管理者做好绩效评估工作。故编制财务预算是企业财务管理的一项重要工作。

### 8.1.2　财务预算的编制程序和编制期

1. 财务预算的编制程序

编制财务预算应在进行充分预测的基础上进行，具体编制时应自下而上和自上而下的反复修订、平衡、协调，最后由财务部门进行综合平衡，然后报请企业领导或公司董事会批准后再下达执行。在预算执行过程中应严格控制及考核预算执行情况，执行中的预算修订应严格履行有关程序进行。财务预算的具体编制程序如下：

（1）由企业最高领导机构或公司董事会下达企业一定时期的发展目标和规划，并下达有关控制指标。

（2）各有关部门根据企业下达的目标规划和有关指标计划编制出本部门的预算草案。

（3）由企业财务部门或预算委员会对各部门的预算草案进行审核、归集、平衡、汇总，并编制企业总预算草案，将草案下发协调讨论，并进行进一步的修改。经过必要的反复调整后，形成总预算报请企业领导机构。

（4）将经企业负责人或公司董事会批准的预算下达到企业各级部门执行。

2. 财务预算的编制期

财务预算的编制期和会计期应保持一致，一般为1年，这样便于对预算执行情况进行分析、评价和考核。企业资本预算一般要根据投资项目的具体情况而定。按年度编制的财务预算为便于执行，可将其进一步分解为季度、月份的财务预算，还可以编制企业的滚动预算和弹性预算等。

## 8.2　财务预算的编制

### 8.2.1　财务预算的编制方法

编制财务预算，并建立相应的预算管理制度，可以指导与控制企业的财务活动，提高预见性，减少盲目性，使企业的财务活动有条不紊地进行。财务预算的编制按不同的要求，可以有多种方法。

1. 固定预算与弹性预算

弹性预算是与固定预算对称的财务预算编制方法,两者的区别在于业务量基础的数量特征不同。

(1) 固定预算

固定预算,又称静态预算,是把企业预算期的业务量固定在某一预计水平上,并以此为基础来确定其他项目预计数的预算方法。也就是说,不论企业预算期内业务量水平发生怎样变动,编制财务预算所依据的成本费用和利润信息都只是在一个预定的业务量水平的基础上确定的。显然,这种预算赖以存在的前提条件,必须是预计业务量与实际业务量相一致(或相差很小),才比较适合。但是,在实际工作中,如果预计业务量与实际水平相差比较远或相差甚远时,由此必然导致有关成本费用及利润的实际水平与预算水平因基础不同而失去可比性,从而不利于开展控制与考核工作,甚至有时会引起人们的误解。例如,编制财务预算时,预计业务量为生产能力的 90%,其成本预算总额为 40 000 元,而实际业务量为生产能力的 110%,其成本预算总额为 55 000 元,实际成本与预算成本相比,超支很大。实际成本脱离预算成本的差异包括了因业务量增长而增加的成本差异,而业务量差异对成本分析来说是无意义的。

可见,固定预算方法的缺点,一是过于机械呆板,二是可比性差。因此,固定预算只能适用于那些业务量水平较为稳定的企业或非营利组织编制预算时采用。

(2) 弹性预算

弹性预算,是为了克服固定预算的缺点而设计的,其关键在于把所有的成本按其性态划分为变动成本与固定成本两大部分。在编制预算时,变动成本随业务量的变动而予以增减,固定成本则在相关的业务量范围内稳定不变。这种在成本习性分析基础上,以业务量、成本和利润之间的依存关系为依据,以预算期可见的各种业务量水平为基础,编制能够适应多种情况预算的方法,称为弹性预算或变动预算。其特点是预算随着业务量的变动作机动调整,适用面广,可比性强。

弹性预算与固定预算相比,其优点在于两方面:一是预算范围宽,能够适应不同经营活动情况的变化,扩大了预算的适用范围,使预算能真正起到为企业经营活动服务的作用;二是可比性强,能够对预算的实际执行情况进行评价与考核,便于更好地发挥预算的控制作用。

由于未来业务量的变动会影响到成本费用和利润各个方面,因此,弹性预算从理论上讲,适用于与业务量有关的各种预算。但从实用角度看,主要用于编制制造费用、销售及管理费用等半变动成本(费用)的预算和利润预算。

① 弹性成本(费用)预算

编制弹性成本预算应选择适当业务量计量单位,并确定其有效变动范围,按该业务量与有关成本费用项目之间的内在关系进行分析与编制。一般来说,生产单一产品的,可以选用产品实物量;生产多品种产品的部门,可以选用人工工时、机器工时等;修理部门可以选用修理工时等;以手工操作为主的企业,可以选用人工工时;机械化程度高的企业,则选用机器工时更为适宜。业务量范围,是指弹性预算所适用的业务量区间。业务量的选择,应根据企业的具体情况而定。一般来说,可定在正常生产能力的 70%~110% 之间,或以历史上最高或最低业务量为其上下限,间隔 5%～10%。多种产品情况下,一般采用工时标准。

编制弹性成本预算,通常可采用以下几种常用的方法。

方法一:公式法

采用公式法,要把成本划分为固定成本、变动成本和混合成本,再把混合成本近似地分解成固定成本和变动成本。在对业务量、成本、利润之间关系分析的基础上,则可以把任何成本费用近似地表示为:$Y=a+bX$。

式中:$Y$ 为成本总额;$a$ 为固定成本;$b$ 为单位业务量的变动成本;$X$ 为业务量。

当 $b$ 等于零时,$Y$ 为固定成本;当 $a$ 等于零时,$Y$ 为变动成本;当 $a$ 和 $b$ 均不为零时,$Y$ 为混合成本。按照上述公式就可以推算出业务量在允许范围内的各个水平上的各项预算成本。

【例 8-1】ABC 公司根据甲车间制造费用耗费情况,对制造费用中的每一项费用逐一分析,并把每一项费用划分为固定制造费用、变动制造费用和混合制造费用,对混合制造费用又进一步分解为固定制造费用和变动制造费用。在该车间正常生产业务量下,即机械工时为 12 000 台时,预计出该车间制造费用中各项费用的年固定制造费用额和单位变动制造费用额,具体情况如表 8-1 所示。要求采用公式法推算出机械工时为 10 800 台时,甲车间 2017 年总的制造费用预算额和各项制造费用的预算额。

表 8-1　甲车间 2017 年度制造费用弹性预算资料

| 生产业务量范围 | 机械工时在 8 400—13 200 台时 | |
| --- | --- | --- |
| 费用项目 | 固定制造费用(元) | 变动制造费用(元/台时) |
| 电力费 | | 0.4 |
| 运输费 | | 0.2 |
| 消耗材料费 | 600 | 0.8 |
| 修理费 | 900 | 0.6 |
| 水费 | 100 | 0.2 |
| 折旧费 | 125 | 1.8 |
| 设备租金 | 300 | |
| 保险费 | 900 | |
| 管理人员工资 | 450 | |
| 合计 | 3 375 | 4.0 |

电力费年预算额 $=a+bX=0+0.4\times10\ 800=4\ 320$

运输费年预算额 $=a+bX=0+0.2\times10\ 800=2\ 160$

消耗材料费年预算额 $=a+bX=600+0.8\times10\ 800=9\ 240$

修理费年预算额 $=a+bX=900+0.6\times10\ 800=7\ 380$

水费预算额 $=a+bX=100+0.2\times10\ 800=2\ 260$

折旧费预算额 $=a+bX=125+1.8\times10\ 800=19\ 565$

设备租金预算额 $=a+bX=300$

保险费预算额 $=a+bX=900$

管理人员工资 $=a+bX=450$

制造费用年预算额 $=a+bX=3\ 375+4.0\times10\ 800=46\ 575$

制造费用与销售及管理费用的弹性预算,均可按上列预算公式进行计算,但两者略有区别:制造费用的弹性预算是按照生产业务量(生产量、机器工作小时等)来编制;销售及管理费用的弹性预算则是按照销售业务量(销售量、销售收入)来编制。

方法二:列表法

列表法,是指通过列表的方式,在相关范围内,每隔一定业务量间隔进行预算,以反映一系列业务量下的预算成本水平的方法。该方法一般以 5% 业务量为间距(实务中可视具体情况大一些或小一些),按费用项目列出不同业务水平下的弹性预算。

【例 8-2】表 8-2 为 ABC 公司 2017 年 6 月份制造费用弹性预算。

表 8-2　ABC 公司 2017 年度制造费用弹性预算　单位:元

| 机器.小时 | 21 000 | 24 000 | 27 000 | 3 000 | 3 300 |
|---|---|---|---|---|---|
| 生产能力利用率 | 70 | 80 | 90 | 100 | 110 |
| 1. 变动成本项目 | | | | | |
| 燃油 | 1 680 | 1 920 | 2 160 | 2 400 | 2 640 |
| 辅助工资 | 16 800 | 19 200 | 21 600 | 24 000 | 26 400 |
| 2. 混合成本项目 | | | | | |
| 水费 | 13 000 | 14 800 | 16 600 | 18 400 | 20 200 |
| 辅助材料 | 3 770 | 4 130 | 4 490 | 4 850 | 5 210 |
| 检验员工资 | 10 750 | 12 250 | 13 750 | 15 250 | 16 750 |
| 3. 固定成本项目 | | | | | |
| 管理人员工资 | 3 000 | 3 000 | 3 000 | 3 000 | 3 000 |
| 保险费 | 3 000 | 3 000 | 3 000 | 3 000 | 3 000 |
| 设备租金 | 4 000 | 4 000 | 4 000 | 4 000 | 4 000 |
| 制造费用预算额 | 56 000 | 71 800 | 78 600 | 84 900 | 91 200 |

列表法在某种程度上克服了公式法查不到不同业务量下总成本预算数额的局限性,但采用列表法的工作量较大。

另外,实际工作中,有时也采用图示法来编制弹性成本预算,即在平面直角坐标系上把各业务量的预算成本用描绘图像的形式表示出来,以反映弹性预算的水平。此法能较为直观地反映出不同业务量水平下的预算成本,但精度相比于前两种方法差些,这里不再举例介绍。

② 弹性利润预算

在完成弹性成本预算的编制以后,即可编制弹性利润预算。其编制方法是以预算的各种销售收入为出发点,按照成本的形态,扣减相应的成本,从而反映企业预算期内各种业务量水平上应该获得的利润指标。弹性利润预算是以弹性成本预算为基础编制的,具体编制时可采用因素法和百分比法两种方法。

方法一:因素法

因素法,是指根据影响利润的有关因素与收入、成本的关系,列表反映这些因素分别变动时相应的预算利润水平。

【例 8-3】ABC 公司预算年度某产品的销售量在 3 500—6 000 件之间变动,销售单价为 100 元,单位变动成本为 43 元,固定成本总额为 70 000 元。试根据上述资料以 500 件为销售量的间隔单位编制该产品的弹性利润预算。

根据上述资料,编制 ABC 公司的弹性利润预算如表 8-3 所示:

表 8-3 ABC 公司弹性利润预算　　　　　　　　　　单位:元

| 销售量(件) | 3 500 | 4 000 | 4 500 | 5 000 | 5 500 | 6 000 |
|---|---|---|---|---|---|---|
| 单价 | 100 | 100 | 100 | 100 | 100 | 100 |
| 单位变动成本 | 43 | 43 | 43 | 43 | 43 | 43 |
| 销售收入 | 350 000 | 400 000 | 450 000 | 500 000 | 550 000 | 600 000 |
| 减:变动成本 | 150 500 | 172 000 | 193 500 | 215 000 | 236 500 | 258 000 |
| 边际贡献 | 199 500 | 228 000 | 256 500 | 285 000 | 313 500 | 342 000 |
| 减:固定成本 | 70 000 | 70 000 | 70 000 | 70 000 | 70 000 | 70 000 |
| 营运利润 | 129 500 | 158 000 | 186 500 | 215 000 | 243 500 | 272 000 |

若销售价格、单位变动成本、固定成本发生变动,也可参照上述方法,分别编制在不同销售价格、不同单位变动成本、不同固定成本水平下的弹性利润预测,从而形成一个完整的弹性利润预算体系。

因素法,通常适用于单一品种经营或采用分算法处理固定成本的多品种经营的企业。

方法二:百分比法

百分比法,又称销售收入百分比法,是指按不同销售额的百分比来编制弹性利润预算的方法。此法必须假定:固定成本不变,变动成本随销售额的变动成同比例变动。

【例 8-4】ABC 公司预算年度的销售业务量达到 100% 时的销售收入为 800 000 元,变动成本为 660 000 元,固定成本为 50 000 元。试根据上述资料以 10% 为销售收入百分比的间隔单位编制该公司的弹性利润预算。

根据上述资料,编制 ABC 公司的弹性利润预算,如表 8-4 所示:

表 8-4 弹性利润预算　　　　　　　　　　单位:元

| | | | | | |
|---|---|---|---|---|---|
| 1. 销售收入百分比 | 80% | 90% | 100% | 110% | 120% |
| 2. 销售收入=800 000×(1) | 640 000 | 720 000 | 800 000 | 880 000 | 960 000 |
| 3. 变动成本=660 000×(1) | 528 000 | 594 000 | 660 000 | 726 000 | 792 000 |
| 4. 边际贡献=2-3 | 112 000 | 126 000 | 140 000 | 154 000 | 168 000 |
| 5. 固定成本 | 50 000 | 50 000 | 50 000 | 50 000 | 50 000 |
| 6. 利润总额=4-5 | 62 000 | 76 000 | 90 000 | 104 000 | 118 000 |

百分比法,通常适用于多品种经营的企业。

2. 增量预算与零基预算

弹性预算强调的是业务量基础的特征,增量预算与零基预算则是因为预算基础的特征不同而形成的两种成本费用预算的编制方法。

(1) 增量预算

增量预算,又称调整预算方法,是指在基期成本费用水平的基础上,结合预算期业务量水平及有关影响成本因素的未来变动情况,通过调整有关原有成本费用项目而编制预算的一种方法。这种预算方法的长处是比较简单,短处是它以过去的水平为基础,实际上就是承认过去发生的一切都是合理的,无须改进的,因此,往往不加分析地保留或接受原有成本项目,或按主观臆断平均削减,或只增不减,这样容易造成预算的不足,或者是安于现状,造成预算不合理的开支。

(2) 零基预算

零基预算,又称零底预算,是指在编制预算时,对于所有的预算支出均以零为基础,不考虑其以往情况如何,从实际需要与可能出发,研究分析各项预算费用开支是否必要合理,进行综合平衡,从而确定预算费用的一种方法。这种预算方法不以历史为基础进行修修补补,而是以零为出发点,一切推倒重来,零基预算即因此而得名,它弥补了增量预算的不足。

零基预算的编制可分为以下六个步骤:

① 提出预算设想。公司管理当局针对计划年度提出总的预算设想,确定销售、生产等方面的增长率的预计数,作为各业务部门编制预算的依据。

② 编制费用预算方案。公司内部各有关部门根据公司的总体目标,对每项业务说明其性质、目的,以零为基础,详细提出各项业务所需要的开支或费用。

③ 进行成本效益分析。由决策者组成预算委员会,对各部门提出的预算方案进行成本效益分析。首先要考虑该项工作是否有必要,能否避免;若该项工作确属不可避免,还要考虑是否不需另设一个部门或不分配专门人员,还是合并到现有的部门或人员中去完成;进而考虑能否进一步改进工作方法,提高工作效率。待工作确定后,再用对比的方法,权衡每项工作的轻重缓急,区分不可避免成本与可延缓成本。

④ 审核和分配资金,落实预算。在各部门范围内的评级,需报送公司管理当局作最后审定,然后依照所定的等级,结合计划期可动用的资金来源,分配资金,落实预算。

⑤ 编制预算表。在确定资金分配方案以后,公司即可编制财务收支预算表,按部门、项目进行规划,同时要按月编制执行预算。

⑥ 检查总结。

【例 8-5】某公司为深入开展双增双节运动,降低费用开支水平,拟对历年来超支严重的业务招待费、劳动保护费、办公费、广告费、保险费等间接费用项目按照零基预算方法进行编制。

经多次讨论研究,预算编制人员确定上述费用在预算年度开支水平如表 8-5 所示:

表 8 - 5　某公司预计费用项目及开支金额　　　　　　单位:元

| 费用项目 | 开支金额 |
|---|---|
| 业务招待费 | 18 000 |
| 劳动保护费 | 15 000 |
| 办公费 | 10 000 |
| 广告费 | 30 000 |
| 保险费 | 12 000 |
| 合计 | 85 000 |

经过充分论证,得出以下结论:上述费用中除业务招待费和广告费以外都不能再压缩了,即必须得到全额保证。

根据历史资料对业务招待费和广告费进行成本效益分析,得到如表 8 - 6 所示的数据:

表 8 - 6　某公司成本效益分析　　　　　　单位:元

| 成本项目 | 成本金额 | 收益金额 |
|---|---|---|
| 业务招待费 | 1 | 4 |
| 广告费 | 1 | 6 |

再权衡上述各项费用开支的轻重缓急派出层次和顺序:

因为劳动保护费、办公费和保险费在预算期必不可少,需要全额得到保证,属于不可避免的约束性固定成本,所以应列为第一层次;因为业务招待费和广告费可根据预算期间企业财力情况酌情增减,属于可延缓项目;广告费的成本效益较大,应列为第二层次;业务招待费的成本效益相对较小,应列为第三层次。

若该公司预算年度对上述各项费用可动用的财力资源只有 70 000 元,根据以上排列的层次和顺序,分配资源,最终落实的预算金额为:

不可避免项目的预算金额＝15 000＋10 000＋12 000＝37 000(元)

可分配的资金数额＝70 000－37 000＝33 000(元)

按成本效益比重将可分配的资金数额在业务招待费和广告费之间进行分配:

业务招待费可分配资金＝$33\,000 \times \dfrac{4}{4+6} = 13\,200$(元)

广告费可分配资金＝$33\,000 \times \dfrac{6}{4+6} = 19\,800$(元)

可见,零基预算不受现有条条框框限制,对一切费用都以零为出发点,这样不仅能压缩资金开支,而且能切实做到把有限的资金用在最需要的地方,从而调动各部门人员的积极性和创造性,量力而行,合理使用资金,提高效益。但是由于零基预算中一切支出均以零为起点进行分析、研究,势必带来繁重的工作量,有时甚至得不偿失,难以突出重点。为了弥补这一缺点,企业通常不是每年都按零基预算来编制预算,而是每隔若干年进行一次零基预算,以后几年内略作适当调整,这样既减轻了预算编制的工作量,又能适当控制费用。零基预算法通常适用于产出较难辨认的服务性部门的预算编制。

### 3. 定期预算与滚动预算

编制预算的方法按其预算期的时间特征不同,可分为定期预算方法和滚动预算方法。

（1）定期预算

定期预算,就是在编制预算时以不变的会计期间（如日历年度）作为预算期的一种预算编制的方法。其优点在于能够使预算期间与会计年度相配合,便于考核和评价预算的执行结果。但这种预算的缺点也是显而易见的,主要体现在三大方面：

第一,盲目性。因为定期预算多在其执行年度开始前两三个月进行,难以预测预算期后期情况,特别是在多变的市场环境下,许多数据资料只能估计,具有盲目性。

第二,滞后性。由于定期预算在实施过程中不能随情况的变化而及时进行调整,而预算执行中会产生许多不测因素,不仅会妨碍预算的指导功能,甚至使之失去作用。

第三,间断性。定期预算只考虑一个会计年度的经营活动,即使年终修订的预算也只是针对剩余的预算期,对下一个会计年度很少考虑,从而形成人为的预算间断。因此,用定期预算方法编制的预算,不利于企业的长远发展。

（2）滚动预算

滚动预算,又称连续预算或永续预算,是指在编制预算时,将预算期与会计年度脱离,随着预算的执行不断延伸补充预算,逐期（一个月或一个季度）向后滚动,使预算期始终保持一个固定期间（十二个月或四个季度）的一种预算编制方法。

滚动预算的主要特点是：每过去一个月,就根据新的情况进行调整和修订后几个月的预算,并在原预算基础上补充下一个月的预算,从而逐期向后滚动,连续不断地以预算形式规划未来的经营活动。这种预算要求：一年中前几个月的预算要详细完整,后几个月则可以略粗一些。随着时间的推移,原来较粗的预算逐渐由粗变细,后面随之又补充新的较粗的预算,以此不断滚动。

滚动预算按其预算编制和滚动的时间单位不同可分为逐月滚动、逐季滚动和混合滚动三种方式。

① 逐月滚动,即在预算编制过程中,以月份为预算的编制和滚动单位,每个月调整一次预算的方法。

如某企业2016年1月份至12月份的预算执行过程中,需要在1月份末根据当月预算的执行情况,修订2月至12月的预算,同时补充2017年1月份的预算；2月份末根据当月预算的执行情况,修订3月至2017年1月的预算,同时补充2017年2月份的预算；以此类推。逐月滚动的预算比较精确,但工作量较大。

逐月滚动预算示意图如图8-2所示。

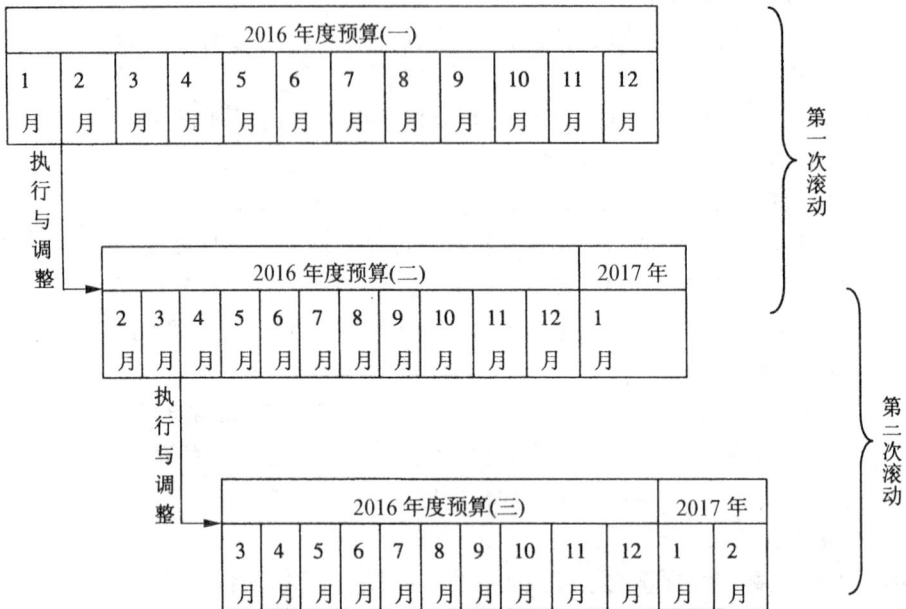

图 8－2　逐月滚动预算示意图

② 逐季滚动，即以季度作为预算编制和滚动的时间单位，每个季度调整一次预算。这种预算虽然工作量比逐月滚动小，但预算精度较差。

如在 2016 年第 1 季度至第 4 季度的预算执行过程中，需要在第 1 季末根据当季预算的执行情况，修订第 2 季度到第 4 季度的预算，同时补充 2017 年第 1 季度的预算；第 2 季度末根据当季预算的执行情况，修订第 3 季度到 2017 年第 1 季度的预算，同时补充 2017 年第 2 季度的预算；以此类推。

③ 混合滚动，即在预算编制过程中，同时使用月份和季度作为预算编制和滚动的时间单位的方法，是滚动预算的一种变通方式。

混合滚动的理论根据是：人们对未来的了解程度具有对近期的预计把握较大、对远期的预计把握较小的特征。为了做到长计划短安排、远略近详，在预算编制的过程中，可以对近期预算提出较高的精度要求，使预算的内容相对详细；对远期预算提出较低的精度要求，使预算的内容相对简单，这样可以减少预算工作量。

如对 2016 年 1 月份到 3 月份的前 3 个月逐月编制详细预算，其余 4 月份至 12 月份分别按季度编制粗略预算；3 月末根据第 1 季度预算的执行情况，编制 4 月份至 6 月份的详细预算，并修订第 3 至第 4 季度的预算，同时补充 2015 年第 1 季度的预算；6 月末根据当季预算的执行情况，编制 7 月份至 9 月份的详细预算，并修订第 4 季度至 2017 年第 1 季度的预算，同时补充 2017 年第 2 季度的预算；以此类推。混合滚动预算示意图如图 8－3 所示。

| 2016 年度预算 | | | |
| --- | --- | --- | --- |
| 第一季度 | 第二季度 | 第三季度 | 第四季度 |
| 1月 \| 2月 \| 3月 | 预算总数 | 预算总数 | 预算总数 |

预算执行

差异对比分析 → 预算调整与修正

第一季度实际数

第一次滚动

| 2016 年度预算 | | | 2017 年 |
| --- | --- | --- | --- |
| 第二季度 | 第三季度 | 第四季度 | 第一季度 |
| 4月 \| 5月 \| 6月 | 预算总数 | 预算总数 | 预算总数 |

预算执行

差异对比分析 → 预算调整与修正

第二季度实际数

第二次滚动

| 2016 年度预算 | | 2017 年 | |
| --- | --- | --- | --- |
| 第三季度 | 第四季度 | 第一季度 | 第二季度 |
| 7月 \| 8月 \| 9月 | 预算总数 | 预算总数 | 预算总数 |

预算执行

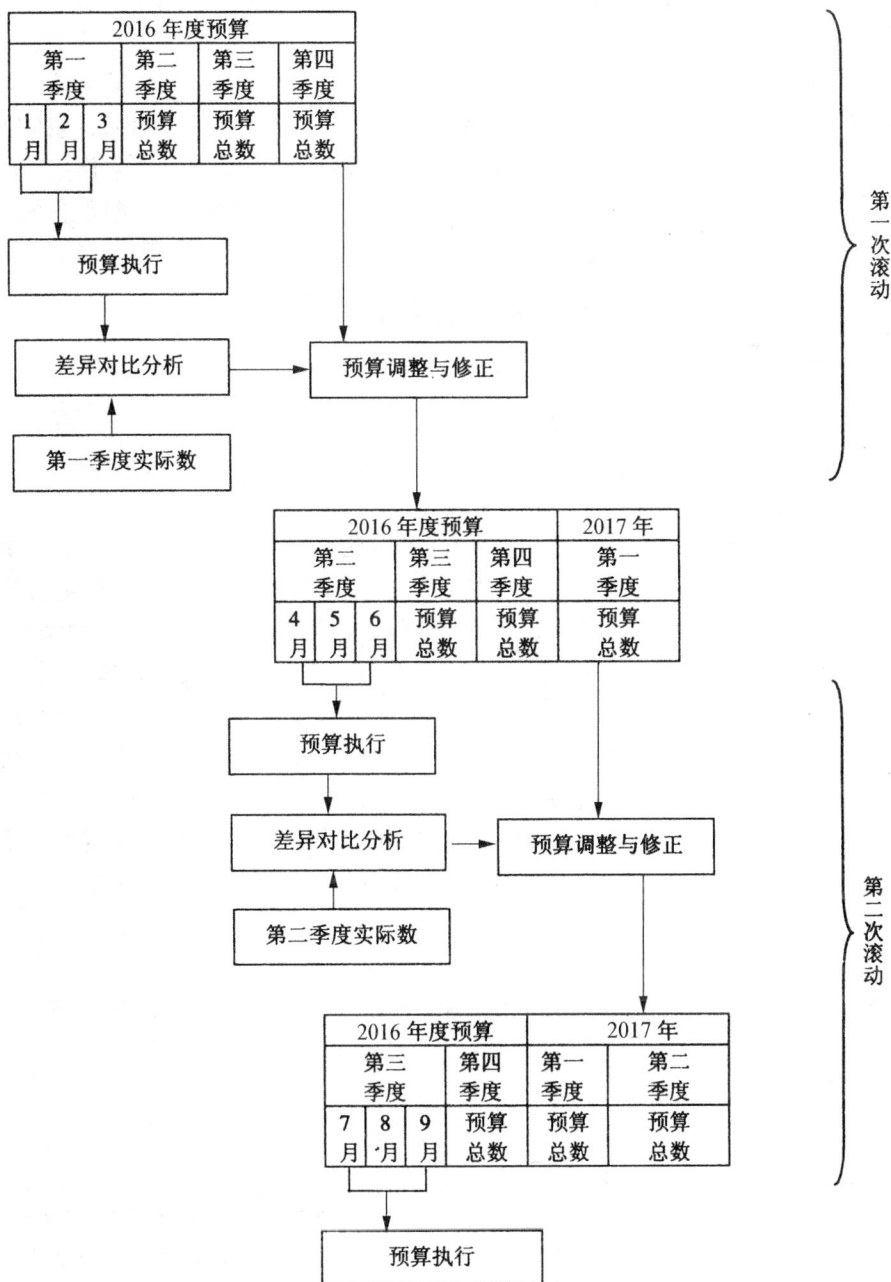

图 8-3 混合滚动预算示意图

相比传统的定期预算方法而言,滚动预算方法的优点在于:

第一,透明度高。滚动预算的编制与企业日常管理紧密衔接,能使管理人员始终掌握企业近期的动态规划目标以及远期的战略变化。

第二,及时性强。滚动预算是根据前期预算的执行情况,结合各种因素的变动及时进行调整和修订,能使预算更加切合实际。

第三,连续性好。滚动预算因脱离了会计年度而不受其限制,所以能够连续不断地规划企业未来的生产经营活动,不会造成预算的人为间断。除此以外,它还具有完整性和稳定性突出等优点。

企业的生产经营活动不仅仅是连续不断的,而且是复杂的,而滚动预算能够随时修订预算,确保企业经营管理工作秩序的稳定性,充分发挥预算的指导与控制作用。不言而喻,滚动预算虽然能克服传统定期预算的盲目性、不变性和间断性,使编制预算的工作变成了与日常管理密切结合的一项措施,但是滚动预算编制工作较为繁重,这是它的缺点。

### 8.2.2　现金预算与预计财务报表的编制

1. 现金预算的编制

现金预算,又称现金收支预算,是以日常业务预算和特种决策预算为基础编制的反映企业预算期间现金收支情况的预算。其内容主要包括现金收入、现金支出、现金余缺和现金融通四个部分。

现金收入包括预算期间的期初现金余额加上本期预计可能发生的现金收入,其主要来源是销售收入和应收账款的回收,可以从销售预算中获得有关资料。现金支出包括预算期间预计可能发生的一切现金支出,包括各项经营性现金支出,用于缴纳税金、股利分配的支出,购买设备等资本性支出,可以从直接材料、直接人工、制造费用、销售及管理费用及特种决策预算等中获得有关资料。现金余缺是将现金收入总额与现金支出总额相抵,若收入大于支出即为现金多余;若收入小于支出即为现金短缺。现金融通是指当出现现金剩余时,企业可用来归还以前的借款或进行短期投资;当出现现金短缺时,企业应向银行或其他单位借款,发行债券、股票等。企业不仅要定期筹措到抵补收支差额的现金,还必须保证有一定的现金储备,应注意保持期末现金余额在合理的上下限度内波动。

现金预算,实际是其他有现金收支部分的预算的汇总,以及收支差额平衡的具体计划。其编制要以其他各项预算为基础,或者说,在编制其他预算时,要为现金预算做好数据准备,所以这里首先介绍一部分日常业务预算和特种决策预算的编制方法。

（1）销售预算

销售预算是企业编制预算的出发点,也是编制现金预算等其他预算的基础。生产、采购、费用等方面的预算,归根结底都要以销售预算为基础。

销售预算的编制依据是销售量、销售单价、产品的销售方式及预计的信用条件、收款方式等资料。编制销售预算,通常应分别按产品的品种,分月份(或季度)、分销售区域反映产品的销售量、销售单价和销售收入。在实际工作中,一般还应包括预计现金收入的计算,以便于为编制现金预算提供资料。

【例8-6】淮海公司2017年度只销售一种产品,单位售价为70元,预计全年产销量为6 000件,其中第一季度1 000件,第二季度1 500件,第三季度2 000件,第四季度1 500件,预计在各季度销售中40%在当季收回现金,其余60%在下季度收回现金。年初应收账款余额40 000元将在第一季度收回。根据上述资料编制淮海公司2017年度销售预算及预计现金收入计算表,如表8-7和8-8所示。

表 8 - 7　　淮海公司 2017 年度销售预算　　　　　　　　单位:元

| 项　　目 | 第一季度 | 第二季度 | 第三季度 | 第四季度 | 全年 |
|---|---|---|---|---|---|
| 预计销售量/件 | 1 000 | 1 500 | 2 000 | 1 500 | 6 000 |
| 销售单价 | 70 | 70 | 70 | 70 | 70 |
| 销售收入 | 70 000 | 105 000 | 140 000 | 105 000 | 420 000 |

表 8 - 8　　预计现金收入表　　　　　　　　　　　　　单位:元

| 项　　目 | 第一季度 | 第二季度 | 第三季度 | 第四季度 | 全年 |
|---|---|---|---|---|---|
| 期初应收账款 | 40 000 | | | | 40 000 |
| 一季度销售收入 | 28 000 | 42 000 | | | 70 000 |
| 二季度销售收入 | | 42 000 | 63 000 | | 105 000 |
| 三季度销售收入 | | | 56 000 | 84 000 | 140 000 |
| 四季度销售收入 | | | | 42 000 | 42 000 |
| 现金收入合计 | 68 000 | 84 000 | 119 000 | 126 000 | 397 000 |

（2）生产预算

生产预算,是规定企业预算期内有关产品生产数量及品种构成的一种业务预算。本预算应在销售预算的基础上,按产品名称、数量分别编制。但由于计划期间除必须备有足够的产品以供销售外,还必须考虑计划期初和期末存货的预计水平,以避免存货太多,形成资金积压、浪费,或存货太少,影响下一季度销售活动的正常进行。可用下列公式来表示上述关系:

$$预计生产量＝预计销售量＋预计期末存货量－预计期初存货量　　　（8-1）$$

式中,预计销售量可在销售预算中找到;预计期初存货量等于上季期末存货量;预计期末存货量应根据长期销售趋势来确定,实践中,一般是按事先估计的期末存货量占下期销售量的比例进行估算。

【例 8-7】淮海公司 2017 年第一季度期初存货数量为 100 件,第四季度期末存货量为 110 件,各季期末存货量按下季度销售量的 10% 计算。根据上述资料编制的淮海公司 2017 年度生产预算,如表 8-9 所示:

表 8 - 9　　淮海公司 2017 年度生产预算　　　　　　　　单位:件

| 项　　目 | 第一季度 | 第二季度 | 第三季度 | 第四季度 | 全　　年 |
|---|---|---|---|---|---|
| 预计销售量 | 1 000 | 1 500 | 2 000 | 1 500 | 6 000 |
| 加:期末存货量 | 150 | 200 | 150 | 110 | 110 |
| 减:期初存货量 | 100 | 150 | 200 | 150 | 100 |
| 预计生产量 | 1 050 | 1 550 | 1 950 | 1 460 | 6 010 |

（3）直接材料预算

直接材料预算,是指为归还一定预算期内因组织生产活动和材料采购活动预计发生的直接材料需用量、采购数量和采购成本而编制的一种经营预算。本预算以生产预算为基础进行编制,并考虑期初、期末材料的存货水平。具体可用下列公式来表示:

$$生产量×单位耗用量=预计期生产用量+预计期末存货量-预计期初存货量$$
$$材料采购金额=材料采购量×预计采购单价$$

而影响采购材料现金支出的因素有应付账款折扣情况等。

【例8-8】淮海公司季度的购料款当季支付50%,其余在下季度付讫,各季度的期末存料按下季生产需要量的20%计算,各季期初存料与上季度期末存料相同。淮海公司预计期期初存料量为420千克,预计期期末存料量为460千克。根据上述资料编制的直接材料预算和预计现金支出计算表,如表8-10和表8-11所示:

表8-10　淮海公司2017年度直接材料预算

| 项　　目 | 第一季度 | 第二季度 | 第三季度 | 第四季度 | 合　　计 |
|---|---|---|---|---|---|
| 预计生产量(件) | 1 050 | 1 550 | 1 950 | 1 460 | 6 010 |
| 单位耗用量(千克/件) | 2 | 2 | 2 | 2 | 2 |
| 总耗用量(千克) | 2 100 | 3 100 | 3 900 | 2 920 | 12 020 |
| 期初库存量(千克) | 420 | 620 | 780 | 584 | 420 |
| 期末库存量(千克) | 620 | 780 | 584 | 460 | 460 |
| 预计采购量(千克) | 2 300 | 3 260 | 3 704 | 2 796 | 12 060 |
| 单价(元/千克) | 5 | 5 | 5 | 5 | 5 |
| 预计采购金额(元) | 11 500 | 16 300 | 18 520 | 13 980 | 60 300 |

表8-11　预计现金支出表　　　　　　　　　　　　单位:元

| 项　　目 | 第一季度 | 第二季度 | 第三季度 | 第四季度 | 合　　计 |
|---|---|---|---|---|---|
| 期初应付账款 | 6 000 | | | | 6 000 |
| 一季度采购支出 | 5 750 | 5 750 | | | 11 500 |
| 二季度采购支出 | | 8 150 | 8 150 | | 16 300 |
| 三季度采购支出 | | | 9 260 | 9 260 | 18 520 |
| 四季度采购支出 | | | | 6 990 | 6 990 |
| 现金支出合计 | 11 750 | 13 900 | 17 410 | 16 250 | 59 310 |

(4)直接人工预算

直接人工预算,是反映企业预算期内人工工时消耗水平,规定人工成本开支数额的一种业务预算。本预算也以生产预算为基础编制,其预算金额都需要使用现金支付。具体可用下列公式来表示:

$$某产品直接人工工时=该产品预计生产量×该产品单位直接人工工时$$
$$某产品直接人工成本=该产品直接人工总工时×小时工资率$$

【例8-9】淮海公司预算期间所需直接人工只有一种,单位产品需耗用直接人工5小时,该工种直接小时工资率为4元。根据上述资料所编制的直接人工预算如表8-12所示。由于人工工资都需要使用现金支付,所以不需另外预计现金支出。

表 8 - 12　淮海公司 2017 年度直接人工预算

| 项　　目 | 第一季度 | 第二季度 | 第三季度 | 第四季度 | 合　　计 |
|---|---|---|---|---|---|
| 预计生产量(件) | 1 050 | 1 550 | 1 950 | 1 460 | 6 010 |
| 单位工时(小时/件) | 5 | 5 | 5 | 5 | 5 |
| 总工时(小时) | 5 250 | 7 750 | 9 750 | 7 300 | 30 050 |
| 平均工资率(元/小时) | 4 | 4 | 4 | 4 | 4 |
| 直接人工成本(元) | 21 000 | 31 000 | 39 000 | 29 200 | 120 200 |

(5) 制造费用预算

制造费用,是生产成本中除直接材料和直接人工以外的其他一切生产费用。制造费用预算,是规定企业预算期内完成生产预算所规定的业务量所需的预期制造费用数额的一种预算。在编制该预算时,应将这些费用按其形态划分为变动性制造费用和固定性制造费用。若有完善的标准成本资料,用单位产品的标准成本与产量相乘,即可得到相应的预算金额;若没有标准成本资料,就需要逐项预计计划生产量需要的各项制造费用。一般而言,变动性制造费用以生产预算为基础来预计,固定性制造费用按实际需要的支付额逐项预计,并要分别确定变动或固定制造费用分配率,将变动或固定制造费用在各种产品之间进行分配。具体的计算公式为:

$$变动(或固定)制造费用分配率 = \frac{预计变动(或固定)制造费用总额}{相关分配标准预算数} \quad (8-2)$$

$$制造费用 = 预计生产量 \times 单位产品耗用工时 \times 变动费用率 + 固定制造费用 \quad (8-3)$$

【例 8 - 10】淮海公司 2017 年度制造费用预算如表 8 - 13 所示。

表 8 - 13　淮海公司 2017 年度制造费用预算　　　　　　　　　　　单位:元

| 变动制造费用预算 | | 固定制造费用预算 | |
|---|---|---|---|
| 间接人工 | 13 000 | 维护费 | 22 000 |
| 间接材料 | 17 000 | 折旧费 | 15 000 |
| 维护费 | 9 000 | 管 理 人 员 | 30 000 |
| 水电费 | 15 000 | 工资 | 5 000 |
| 润滑材料 | 6 100 | 保险费 | 5 000 |
| | | 财产税 | 3 000 |
| 合计 | 60 100 | 合计 | 75 000 |
| 直接人工小时总数 30 050<br>分配率＝60 100/30 050＝2 元/小时 | | 减:折旧 | 15 000 |
| | | 付现固定制造费用 | 60 000 |
| | | 固定制造费用分配率＝75 000/30 050≈2.50 | |
| | | 每季付现数＝60 000/4＝15 000 | |

则该公司的预计现金支出表如表 8-14 所示：

**表 8-14 预计现金支出计算表**

| 项 目 | 第一季度 | 第二季度 | 第三季度 | 第四季度 | 合 计 |
|---|---|---|---|---|---|
| 预计生产量(件) | 1 050 | 1 550 | 1 950 | 1 460 | 6 010 |
| 直接人工(小时) | 5 250 | 7 750 | 9 750 | 7 300 | 30 050 |
| 变动制造费用 | 10 500 | 15 500 | 19 500 | 14 600 | 60 100 |
| 固定制造费用 | 15 000 | 15 000 | 15 000 | 15 000 | 60 000 |
| 现金支出合计 | 25 500 | 30 500 | 34 500 | 29 600 | 120 100 |

(6) 产品生产成本预算

产品生产成本预算,是指为规划一定预算期内每种产品的单位产品成本、生产成本、销售成本等项内容而编制的一种日常业务预算。本预算需要在生产预算、直接材料预算、直接人工预算和制造费用预算的基础上编制,同时也为正确预计利润表中的产品销售成本和预计资产负债表中的期末产成品项目提供相应的成本数据。

具体编制产品成本预算时,单位产品成本的有关数据来自直接材料预算、直接人工预算和制造费用预算,产品生产量、期末存货量的有关数据来自生产预算,产品销售量数据来自销售预算。

【例 8-11】根据淮海公司的有关资料编制其产品单位生产成本及期末存货预算,如表 8-15 所示:

**表 8-15 淮海公司 2017 年度产品成本预算**

| 成本项目 | 全年生产量 6 010 件 | | | |
|---|---|---|---|---|
| | 单 价 | 单 耗 | 单位成本/元 | 总成本/元 |
| 直接材料 | 5 元/千克 | 2 千克/千件 | 10 | 60 100 |
| 直接人工 | 4 元/工时 | 5 工时/件 | 20 | 120 200 |
| 变动制造费用 | 2 元/工时 | 5 工时/件 | 10 | 60 100 |
| 变动生产成本合计 | | | 40 | 240 400 |
| 产成品年末存货 | | | 40 | 4 400 |

(7) 销售及管理费用预算

销售及管理费用预算,是反映企业预算期内为实现销售和进行一般行政管理工作而预计发生的各项费用数据的一种预算。一般将各项费用的明细项目,按成本形态分为变动费用和固定费用两类。具体编制销售及管理费用预算时,不仅要认真分析、考察过去销售费用及管理费用的必要性及其效果,而且要以销售预算或过去的实际开支为基础,考虑预算期可能发生的变化,按预算期实际需要逐项预计销售及管理费用的支付额。

【例 8-12】假定淮海公司的销售及管理费用在各季均衡发生,并假定全部为现金支出。根据该企业预算年度的有关资料,编制其销售及管理费用预算表,如表 8-16 所示:

表 8-16　淮海公司 2017 年度销售及管理费用预算　　　　　　　　单位:元

| 项　　目 | | 预算金额 |
|---|---|---|
| 变动费用 | 销售人员工资 | 12 000 |
| | 办公费 | 3 000 |
| | 保管费 | 15 000 |
| | 变动费用合计 | 30 000 |
| 固定费用 | 广告费 | 9 000 |
| | 管理人员工资 | 24 000 |
| | 保险费 | 6 000 |
| | 财产税 | 3 000 |
| | 固定费用合计 | 42 000 |
| 预计现金支出 | 销售及管理费用全年现金支出总额 | 72 000 |
| | 销售及管理费用每季现金支出总额 | 18 000 |

（8）特种决策预算的编制

企业除了要对营业环节的现金收支做出预算外,还要预计其他环节的现金收支,如资本支出、筹措资金、购买有价证券、发放股利、依法缴纳所得税等。这些现金收支相对于业务预算中的现金收支来说,是不经常发生的。针对这些现金收支所作出的预算,称为特种决策预算,亦称为专门决策预算,主要包括资本支出预算和一次性专门业务预算。

特种决策预算的编制方法、格式及详略程度各不相同,企业可根据具体内容和要求自行设计编制。

【例 8-13】假定淮海公司 2017 年度其他现金收入预算表,如表 8-17 所示(假定无其他现金收入):

表 8-17　淮海公司 2017 年度其他现金收入预算表　　　　　　　　单位:元

| 项　　目 | 第一季度 | 第二季度 | 第三季度 | 第四季度 | 合　　计 |
|---|---|---|---|---|---|
| 购入设备 | | 10 000 | | | 10 000 |
| 支付股利 | 3 000 | 3 000 | 3 000 | 3 000 | 12 000 |
| 支付所得税 | 4 000 | 4 000 | 4 000 | 4 000 | 16 000 |
| 现金支出合计 | 7 000 | 17 000 | 7 000 | 7 000 | 38 000 |

（9）现金预算

前面已经介绍过现金预算的编制,是以各项目日常业务预算和特种决策预算为基础来编制的,其主要目的是为了加强在预算期内对现金流量的控制,使企业财务人员了解企业在预算期间现金收支情况及资金余缺情况,以便今后合理运用或及时筹措资金。

【例 8-14】假定淮海公司期初现金余额为 12 000 元,预算期间的现金最低限额为 10 000 元。现金不足时,需要在季初向银行取得借款,银行借款须是 1 000 元的整数倍;现金多余时,须于季末偿还借款,同时支付的借款年利率为 10%,其他资料见前述各预算。根据以上资料,编制淮海公司的现金预算,如表 8-18 所示。

表 8-18　淮海公司 2017 年度现金预算　　　　　　　　　　单位:元

| 项　目 | 第一季度 | 第二季度 | 第三季度 | 第四季度 | 合　计 |
|---|---|---|---|---|---|
| 期初余额 | 12 000 | 10 750 | 10 350 | 10 090 | 43 190 |
| 销售收入 | 68 000 | 84 000 | 119 000 | 126 000 | 397 000 |
| 合计 | 80 000 | 94 750 | 129 350 | 136 090 | 440 190 |
| 采购材料 | 11 750 | 13 900 | 17 410 | 16 250 | 59 310 |
| 支付直接人工 | 21 000 | 31 000 | 39 000 | 29 200 | 120 200 |
| 支付制造费用 | 25 500 | 30 500 | 34 500 | 29 600 | 120 100 |
| 销售及管理费用 | 18 000 | 18 000 | 18 000 | 18 000 | 72 000 |
| 支付所得税 | 4 000 | 4 000 | 4 000 | 4 000 | 16 000 |
| 支付股利 | 3 000 | 3 000 | 3 000 | 3 000 | 12 000 |
| 购买设备 | | 10 000 | | | 10 000 |
| 合　计 | 83 250 | 110 400 | 115 910 | 100 050 | 409 610 |
| 现金多余或不足 | −3 250 | −15 650 | 13 440 | 36 040 | 30 580 |
| 银行借款 | 14 000 | 26 000 | | | 30 000 |
| 归还借款 | | | 1 000 | 25 000 | 26 000 |
| 利息支出 | | | 2 350 | 975 | 3 325 |
| 期末余额 | 10 750 | 10 350 | 10 090 | 10 065 | 10 065 |

2. 预计财务报表的编制

(1) 预计利润表

预计利润表,是指以货币形式综合反映预算期内企业经营活动成果(包括利润总额、净利润)计划水平的一种财务预算。

预计利润表的编制依据主要是销售预算、生产预算、产品生产成本预算、销售及管理费用预算、其他现金收支预算以及相关资料。

预计利润表的编制方法与实际利润表的编制方法基本一致,只不过前者使用的是预计数。预计利润表可以分季或按年度汇总编制。通过编制预计利润表,可以预测企业的利润水平。如果预计利润水平低于目标利润水平,就应对有关预算进行必要的调整,以设法达到目标。

【例 8-15】根据前面相关资料编制淮海公司 2017 年预计利润表,如表 8-19 所示

表 8 - 19　淮海公司 2017 年度预计利润表　　　　　　　　　　单位:元

| 项　目 | 金　额 |
|---|---|
| 销售收入(表 8 - 7) | 420 000 |
| 减:变动成本 | |
| 变动成本:生产成本(表 8 - 15) | 240 000 |
| 销售及管理费用(表 8 - 16) | 30 000 |
| 贡献毛益 | 150 000 |
| 减:固定成本 | |
| 固定成本:制造费用(表 8 - 13) | 75 000 |
| 销售及管理费用(表 8 - 16) | 42 000 |
| 减:利息费用(表 8 - 18) | 3 550 |
| 税前净利 | 29 450 |

（2）预计资产负债表

预计资产负债表,是指以货币为计量单位,反映企业预算期期末财务状况的总括性财务预算。

预计资产负债表是以预算期期初资产负债表各项目的数字为基础,根据有关预算引起的各项目数据的变动作必要的调整来编制的。其编制依据主要包括预算期期初的预计资产负债表、销售预算、直接材料预算、产品生产成本预算、现金预算、预计利润表等。

预计资产负债表中除上年期末数已知外,其余均应在前述各项日常业务预算和特种决策预算的基础上分析填列。

【例 8 - 16】根据前面的预算资料编制的淮海公司 2017 年年末的资产负债表,如表 8 - 20 所示:

表 8 - 20　淮海公司预计资产负债表

2017 年 12 月 31 日　　　　　　　　　　　　　单位:元

| 资　产 | | | 负债及所有者权益 | | |
|---|---|---|---|---|---|
| 项　目 | 年初数 | 年末数 | 项　目 | 年初数 | 年末数 |
| 流动资产 | | | 流动负债 | | |
| 　现金(表 8 - 18) | 12 000 | 10 065 | 应付账款(表 8 - 10) | 6 000 | 6 990 |
| 　应收账款(表 8 - 7) | 40 000 | 63 000 | | | |
| 材料(表 8 - 10) | 2 100 | 2 300 | | | |
| 产成品(表 8 - 15) | 4 000 | 4 400 | | | |
| 流动资产合计 | 58 100 | 79 765 | 所有者权益 | | |
| 固定资产 | | | 实收资本 | 500 000 | 500 000 |
| 土地 | 40 000 | 40 000 | 留存收益 | 72 100 | 87 775 |
| 房屋及设备(表 8 - 17) | 520 000 | 530 000 | | | |
| 累计折旧(表 8 - 13) | (40 000) | (55 000) | 所有者权益 | 572 100 | 587 775 |
| 固定资产合计 | 520 000 | 515 000 | | | |
| 资产总计 | 578 100 | 594 765 | 负债及所有者权益合计 | 578 100 | 594 765 |

## 复习思考题

**一、单选题**

1. 企业财务总预算的起点是(     )。
     A. 销售预算                       B. 生产预算
     C. 直接材料预算                D. 直接人工费用预算

2. 在下列各项中不属于财务预算内容的是(     )。
     A. 预计资产负债表    B. 现金预算       C. 预计利润表       D. 生产预算

3. 在基期成本费用水平的基础上结合预算期业务及有关降低成本的措施,通过调整有关项目而编制的预算,称为(     )。
     A. 弹性预算法       B. 零基预算法       C. 增量预算法       D. 滚动预算法

4. 不受现有费用项目和开支水平限制,同时可以克服增量预算法缺点的预算方法是(     )。
     A. 弹性预算法       B. 固定预算法       C. 零基预算法       D. 滚动预算法

5. 根据预算期内正常的、可实现的某一业务量水平作为唯一基础来编制预算的方式是(     )。
     A. 弹性预算法       B. 固定预算法       C. 零基预算法       D. 滚动预算法

6. 能够适应多种业务量水平并能克服固定预算方法缺点的是(     )。
     A. 弹性预算法       B. 固定预算法       C. 零基预算法       D. 滚动预算法

7. 预算期不与会计年度挂钩的预算方法是(     )。
     A. 弹性预算法       B. 固定预算法       C. 零基预算法       D. 滚动预算法

8. 下列各项中属于定期预算的优点的是(     )。
     A. 远期指导性强                B. 连续性好
     C. 便于考核预算执行结果       D. 灵活性强

9. 同时以实物量指标和价值量指标分别反映企业经营收入和现金收支的预算是(     )。
     A. 现金预算       B. 销售预算       C. 生产预算       D. 产成品预算

10. 只使用实物量指标的预算是(     )。
     A. 生产预算                   B. 产品成本预算
     C. 直接材料预算              D. 制造费用预算

11. 生产预算是在(     )的基础上,结合预算期期初存量,并考虑预算期期末存量进行编制。
     A. 销售预算                   B. 生产预算
     C. 直接材料预算              D. 直接人工费用预算

12. 在根据销售预算编制生产预算时,生产预算编制的关键是正确地确认(     )。
     A. 销售价格                   B. 销售数量
     C. 期初存货量               D. 期末存货量

13. 直接材料预算是在( )的基础上,结合预算期期初存量,并考虑预算期期末存量进行编制。
    A. 销售预算　　　　　　　　　　　B. 生产预算
    C. 直接材料预算　　　　　　　　　D. 直接人工费用预算

14. 直接材料预算、直接人工预算及变动制造费用预算均是以( )为基础。
    A. 销售预算　　　　　　　　　　　B. 生产预算
    C. 直接材料预算　　　　　　　　　D. 直接人工费用预算

15. 销售费用预算是以( )为基础。
    A. 销售预算　　　　　　　　　　　B. 生产预算
    C. 直接材料预算　　　　　　　　　D. 直接人工费用预算

## 二、多选题

1. 根据预算的编制方法不同,预算可以分为( )。
   A. 固定预算　　　B. 弹性预算　　　C. 零基预算　　　D. 增量预算

2. 根据预算的编制内容不同,预算可以分为( )。
   A. 业务预算　　　B. 专门预算　　　C. 财务预算　　　D. 长期预算

3. 根据预算指标覆盖的时间长短不同,预算可以分为( )。
   A. 业务预算　　　B. 财务预算　　　C. 短期预算　　　D. 长期预算

4. 在下列各项预算中,属于财务预算内容的是( )。
   A. 销售预算　　　B. 生产预算　　　C. 现金预算　　　D. 预计利润表

5. 预算工作的组织包括( )。
   A. 决策层　　　　B. 管理层　　　　C. 执行层　　　　D. 考核层

## 三、判断题

1. 企业正式下达执行的预算,一般不予调整。　　　　　　　　　　　　( )

2. 预增量预算编制方法的缺陷是可能导致无效费用开支项目无法得到有效控制。
   　　　　　　　　　　　　　　　　　　　　　　　　　　　　　　( )

3. 企业在编制零基预算时,需要以现有的费用项目为依据,但不以现有的费用水平为基础。　　　　　　　　　　　　　　　　　　　　　　　　　　　( )

4. 零基预算相比较增量预算具有工作量小,编制时间短的优点。　　　( )

5. 定期预算能够使预算期间与会计年度相配合,便于考核预算的执行结果。( )

# 第9章 财务控制

## 学习目标

学习财务控制的概念、意义、基础、基本原则和种类,成本中心、利润中心、投资中心的概念、特征、类型与评价指标,责任预算及责任报告的编制,内部转移价格及其种类、内部结算方式及责任成本的内部结转。

## 学习要求

⇨ 了解:财务控制的意义、基础及基本原则,各种责任中心的概念,责任预算及责任报告的编制。

⇨ 掌握:财务控制的概念和种类,成本中心、利润中心、投资中心的特征与业绩评价指标的计算与分析,内部转移价格及其种类,内部结算方式及责任成本的内部结转。

财务控制的目的就是要寻求较低的筹资代价,减少企业在生产经营过程中的费用,把成本费用控制在最低的限度内,从而运用好资金,达到最大资金利润率,使企业获得较好的经济效益。

## 9.1 财务控制概述

### 9.1.1 财务控制的概念及意义

1. 财务控制的概念

财务控制,是指对企业财务活动的控制,是按照一定的程序与方法,确保企业及其内部机构和人员全面落实和实现财务预算的过程。

财务控制通常具有以下三个特征:

(1) 财务控制是一种价值控制。财务预算所包含的现金预算、预计利润表和预计资产负债表等,都是以价值形式予以反映的;财务控制所借助的手段,如责任预算、责任报告、业绩考核、内部转移价格等,都是通过价值指标实现的。

(2) 财务控制是一种全面控制。由于财务控制用价值手段来实施其控制过程,所以,它不仅可以将各种不同性质的业务综合起来进行控制,而且可以将不同层次、不同部门的业务综合起来进行控制,体现出财务控制的全面性。

(3) 财务控制以控制企业日常现金流量为主要内容。企业的财务活动归根结底反映的是企业的资金活动,企业日常的财务活动表现为组织现金流量的过程,因此,财务控制的重点应放在现金流量状况的控制上,通过现金预算、现金流量表等保证企业资金活动的顺利进行。

2. 财务控制的意义

财务控制与财务预测、决策、预算和分析等环节共同构成财务管理的循环。其中,财务控制是财务管理循环的关键环节,它对实现财务管理目标具有保证作用。一般而言,财务预测、财务决策和财务预算为财务控制指明方向、提供依据和进行规划;而财务控制则能保证其目标、设想、规划的具体落实。没有控制,任何预测、决策和预算都是无意义的。财务控制是借助货币手段对生产经营活动所实施的控制,因而它具有连续性和全面性,在企业经营控制系统中处于一种特殊的地位,起着保证、促进、监督和协调等重要作用。

### 9.1.2　财务控制的基础及基本原则

1. 财务控制的基础

财务控制的基础,即进行财务控制必须具备的基本条件,主要包括以下几个方面:

(1) 组织基础

围绕控制目标建立的组织机构是财务控制的首要基础,它能保证控制的有效性。例如,为了确定财务预算,应建立相应的决策和预算编制机构;为了组织和实施日常财务控制,应建立相应的监督、协调和仲裁机构;为了便于内部结算,应建立相应的内部结算组织;为了考评预算的执行结果,应建立相应的考评机构。实际工作中,企业可根据需要,将上述机构的职能合并到企业的常设机构中,或者将这些机构的职能进行归并。

(2) 制度基础

企业为了顺利实施控制过程,通常会就组织机构的设计、控制手段的采取等方面制定各种措施及方法。这种企业内部的控制制度,可用于检查财务预算目标的制定、会计信息的准确性和可靠性,提高控制效率。同时,围绕财务预算的执行,建立相应的保证措施或制度,如人事制度、奖惩制度等。

(3) 预算目标

健全的财务预算目标是进行财务控制的依据,财务预算能够满足企业经营目标的要求,同时又能使决策目标具体化、系统化、定量化。而量化的财务预算目标可以成为企业日常控制和业绩考核的依据。企业应将财务预算目标层层分解落实到各责任中心,使之成为各责任中心经济活动的标准。财务预算目标的制定应客观、务实,若财务预算所确定的目标严重偏离实际,财务控制就无法达到预期的目的。

(4) 会计信息

准确、及时、真实的信息是财务控制实施过程中的基本保障,财务控制必须以会计信息为前提。原因在于:首先,财务预算总目标的执行情况必须通过企业的汇总会计核算资料予以反映,通过这些会计资料可以了解、分析企业财务预算总目标的执行情况、存在的差异及其原因,并提出相应的纠偏措施;其次,各责任中心财务预算目标的执行情况也是通过各自的会计核算资料予以反映的,通过这些会计资料可以了解、分析各责任中心财务预算目标的完成情况,为考核各责任中心的工作业绩和正确进行财务控制提供依据。

（5）信息反馈系统

企业的财务控制应是一个动态的控制过程,要确保企业财务预算目标的贯彻实施,必须对各责任中心执行预算的情况进行跟踪监控,不断调整执行偏差,以确保控制过程下情上报、上情下达。此外,为保证信息反馈系统中信息的真实、可靠,还应建立起相应的信息审查机构和责任制度。

（6）奖励制度

奖励制度是保证企业控制系统长期有效运行的重要因素。奖励有正奖励和负奖励之分。正奖励,即通过表扬、提升、加薪等从正面激励人们努力工作;负奖励,即通过批评等方式所进行的惩罚。在利用奖励制度来保证财务控制顺利实施的过程中,应注意结合各责任中心的财务预算目标,建立公平、合理的奖励标准。同时,应建立严格完善的考评机制,以确保奖惩分明。

2. 财务控制的基本原则

财务控制的基本原则主要包括:

（1）目的性原则,即财务控制作为一种财务管理职能,必须具有明确的目的性,为企业理财目标服务。

（2）充分性原则,即财务控制的手段对于目标而言,应当是充分的,应当足以保证目标的实现。

（3）及时性原则,即财务控制应能及时发现偏差,并能及时采取措施加以纠正。

（4）认同性原则,即财务控制的目标、标准和措施必须为相关人士所认同。

（5）经济性原则,即财务控制的手段应当是必要的,没有多余,财务控制所获得的价值应大于所需费用。

（6）客观性原则,即管理者对绩效的评价应当客观公正,防止主观片面。

（7）灵活性原则,即财务控制应当含有足够灵活的要素,以便在出现任何失常情况时,都能保持对运行过程的控制,而不受环境变化、计划疏忽、计划变更等的影响。

（8）适应性原则,即财务控制的目标、内容和方法应与组织结构中的职位相适应。

（9）协调性原则,即财务控制的各种手段在功能、作用、方法和范围方面不能相互制约,而应相互配合,在单位内部形成合力,产生协同效应。

（10）简明性原则,即控制目标应当明确,控制措施与规章制度应当简明易懂,易为执行者所理解和接受。

### 9.1.3　财务控制的种类和方法

1. 财务控制的种类

财务控制可从不同的角度作不同的分类,常见的分类有以下几种:

（1）按控制的时间不同,可划分为事前财务控制、事中财务控制和事后财务控制

事前财务控制,是在企业财务收支活动尚未发生之前所进行的控制,如财务收支活动

发生之前的申报审批制度等。

事中财务控制,是在企业财务收支活动发生过程中所进行的控制,使企业的财务收支活动按既定方向、规模和速度的最佳状态运行,如按财务预算要求监督预算的执行过程,对各项收入的去向和支出的用途进行监督等。

事后财务控制,是对企业财务收支活动的结果所进行的考核及相应的奖罚,如按财务预算的要求对各责任中心的财务收支结果进行评价,并以此实施奖罚。事后财务控制是财务控制的重要组成部分,通过检查和考核,可以了解事前财务控制的科学性和事中财务控制的有效性,也为企业以后的财务控制指明努力的方向。

(2) 按控制的内容不同,可划分为一般控制和应用控制

一般控制,是指对企业财务活动赖以进行的内部环境所实施的总体控制,包括组织控制、人员控制、财务预算、业绩评价、财务记录等项内容。应用控制,是指用于企业财务活动的具体控制,包括业务处理程序中的批准与授权、审核与复核以及为保证资产安全而采取的限制措施等项控制。

(3) 按控制的功能不同,可划分为预防性控制、侦查性控制、纠正性控制、指导性控制和补偿性控制

预防性控制,是指为防范风险、错弊和非法行为的发生,或减少其发生机会所进行的控制;侦查性控制,是指为了及时识别已经存在的风险、已经发生的错弊和非法行为,或增强识别能力所进行的控制;纠正性控制,是指对那些通过侦查性控制查出来的问题所进行的调整和纠正;指导性控制,是指为了实现有利结果而进行的控制;补偿性控制,是指针对某些环节的不足或缺陷而采取的控制措施。

·(4) 按控制的手段不同,可划分为绝对控制和相对控制

绝对控制,是指对企业和责任中心的财务指标采用绝对额进行控制;相对控制,则是指对企业和责任中心的财务指标采用相对比率进行控制。一般而言,对激励性指标通过绝对数控制最低限度,对约束性指标通过绝对数控制最高限度;相对控制则具有反映投入与产出对比、开源与节流并重的特征。比较而言,绝对控制没有弹性,相对控制则具有弹性。

(5) 按控制的主体不同,可划分为出资者财务控制、经营者财务控制和财务部门的财务控制

出资者财务控制,是指资本所有者为了其资本保全和增值目的而对经营者的财务收支活动进行的控制,如对成本开支范围和标准的规定等。经营者财务控制,是指管理者为了实现财务预算目标而对企业的财务收支活动所进行的控制,这种控制通常是通过管理者制定财务决策目标并促使这些目标被贯彻执行而实现的,如企业的筹资、投资、资产运用、成本支出决策及其执行等。财务部门的财务控制,是指财务部门为了有效保证现金供给,通过编制现金预算,对企业日常财务活动所进行的控制。一般而言,出资者财务控制是一种外部控制,经营者财务控制和财务部门的财务控制是内部控制,更能反映出财务控制的作用和效果。

## 9.2 责任控制

企业为了实行有效的内部协调与控制,通常都按照统一领导、分级管理的原则,在其内部合理划分责任单位,明确各责任单位应承担的经济责任、应有的权力和利益,促使各责任单位各尽其职、各负其责;同时,为了保证预算的贯彻落实和最终实现,必须把总预算中确定的目标和任务,按照责任中心逐层进行指标分解,形成责任预算,使各个责任中心据以明确目标和任务。此外,责任预算执行情况的揭示和考评也可以通过责任会计来进行。可见,建立责任中心、编制和执行责任预算、考核和监控责任预算的执行情况是企业实行财务控制的一种有效的手段。

### 9.2.1 责任中心的概念与特征

1. 责任中心的概念

责任中心,是指具有一定的管理权限,并承担相应的经济责任的企业内部单位。换句话说,责任中心就是各个责任单位能够对其经济活动进行严格控制的区域。建立责任中心是实行责任预算和责任会计的基础。

2. 责任中心的特征

(1) 责任中心是一个责、权、利统一的实体。每一个责任中心都要对一定的财务指标的完成情况负责任。同时,责任中心被赋予与其所承担责任的范围与大小相适应的权力。

(2) 责任中心具有承担经济责任的条件。它有两方面的含义:一是责任中心具有履行经济责任中各条款的行为能力;二是责任中心一旦不能履行经济责任,应对其后果承担责任。

(3) 责任中心所承担的责任和行使的权力都应是可控的。责任中心对其职责范围内的成本、收入利润和投资负责。因此,这些内容必定是该责任中心所能控制的内容,在对责任中心进行责任预算和业绩考核时也只能包括该中心所能控制的项目。一般而言,责任层次越高,其控制范围越大,但不论什么层次的责任中心,它一定都具备考核其责任实施的条件。

(4) 责任中心具有相对独立的经营业务和财务收支活动。它是确定经济责任的客观对象,是责任中心得以存在的前提条件。

(5) 责任中心便于进行责任会计核算或单独核算。责任中心不仅要划清责任而且要单独核算,划清责任是前提,单独核算是保证。只有既分清责任又能单独核算的企业内部单位,才是真正意义上的责任中心。

根据企业内部责任单位的权限范围及业务活动的特点不同,通常可将责任中心分为成本中心、利润中心和投资中心三大类。

### 9.2.2 成本中心

**1. 成本中心的含义**

成本中心，是对成本或费用承担责任的中心。它不会形成可以用货币计量的收入，因而不对收入、利润或投资负责。成本中心一般包括负责产品生产的生产部门、劳务提供部门以及给予一定费用指标的管理部门。

成本中心的应用范围最广，从一般意义出发，企业内部凡有成本发生、需要对成本负责并能实施成本控制的单位，都可以成为成本中心。工业企业中上至工厂一级，下至车间、工段、班组甚至个人都可能成为成本中心。由于成本中心的层次、规模不同，其控制和考核的内容也不尽相同，但基本上是逐级控制的局面，即多个较小的成本中心共同组成一个较大的成本中心，多个较大的成本中心又能共同构成一个更大的成本中心。成本中心的职责是用一定的成本去完成规定的具体任务。

**2. 成本中心的类型**

成本中心有技术性成本中心和酌量性成本中心两种基本类型。

技术性成本，是指发生的数额通过技术分析可以相对可靠地估算出来的成本，如产品生产过程中发生的直接材料、直接人工、间接制造费用等。其特点是这种成本的发生可以为企业提供一定物质成果，投入量与产出量之间有着密切的联系。技术性成本可以通过弹性预算予以控制。

酌量性成本，是否发生以及发生数额的多少是由管理人员的决策所决定的，主要包括各种管理费用和某些间接成本项目，如研究开发费用、广告宣传费用、职工培训费用等。这种费用的发生主要是为企业提供一定的专业服务，一般不能直接产生可以用货币计量的成果。投入量与产出量之间没有直接关系。酌量性成本的控制应着重于预算总额的审批上。

**3. 成本中心的特点**

成本中心特点主要表现在以下三个方面：

（1）成本中心只考评成本费用而不考评收益

一般而言，成本中心不具备经营权和销售权，其经济活动的结果不会形成可以用货币计量的收入。有的成本中心可能有少量的收入，但从整体上讲，其产出与投入之间不存在密切的对应关系，因而，这些收入不作为主要的考核内容，也不必计算这些货币收入。概括地说，成本中心只以货币形式计量投入，而不以货币形式计量产出。

（2）成本中心只对可控成本承担责任

成本费用依其责任主体是否能控制分为可控成本和不可控成本。凡是责任中心能控制其发生及其数量的成本，称为可控成本；凡是责任中心不能控制其发生及其数量的成本，称为不可控成本。

具体来说，可控成本必须同时具备以下四个条件：① 可以预计，即成本中心能够事先知道将发生哪些成本以及在何时发生；② 可以计量，即成本中心能够对发生的成本进行计量；③ 可以施加影响，即成本中心能够通过自身的行为来调节成本；④ 可以落实责任，即成本中心能够将有关成本的控制责任分解落实，并进行考核评价。凡不能同时具备上述四个条件的成本,通常为不可控成本。

属于某成本中心的各项可控成本之和即构成该成本中心的责任成本。从考评的角度看,成本中心工作成绩的好坏,应以可控成本作为主要依据,不可控成本核算则只有参考意义。在确定责任中心成本责任时,应尽可能使责任中心发生的成本成为可控成本。

成本的可控与不可控是相对而言的,即以一个特定的责任中心和一个特定的时期作为出发点的,这与责任中心所处管理层次的高低、管理权限及控制范围的大小和经营期间的长短有直接关系。首先,成本的可控与否,与责任中心的权力层次有关;其次,成本的可控与否,与责任中心的管辖范围有关;最后,某些从短期看属不可控的成本,从较长的期间看,又成为可控成本。

另外,在责任控制中,应尽可能把各项成本落实到各成本中心,使之成为各成本中心的可控成本。而对那些一时难以确认作为某一特定成本中心的可控成本,则可以通过各种方式与有关成本中心协商,共同承担风险,借以克服由于风险责任难以控制而产生的种种问题,避免出现相互推诿、扯皮的现象。对确实不能确认为某一成本中心的成本费用,则由企业控制或承担。

(3)成本中心只对责任成本进行考核和控制

责任成本,是各成本中心当期确定或发生的各项可控成本之和,可分为预算责任成本和实际责任成本。前者是指由预算分解确定的各责任中心应承担的责任成本;后者是指各责任中心从事业务活动实际发生的责任成本。对成本费用进行控制,应以各成本中心的预算责任成本为依据,确保实际责任成本不超过预算责任成本;对成本中心进行考核,应通过各成本中心的实际责任成本与预算责任成本进行比较,确定其成本控制的绩效,并采取相应的奖惩措施。

4. 成本中心的考核指标

成本中心的考核指标主要采用相对指标和比较指标,包括成本(费用)变动额和变动率两项指标,具体的计算公式为:

$$成本(费用)变动额=实际责任成本(或费用)-预算责任成本(或费用) \quad (9-1)$$

$$成本(费用)变动率=\frac{成本(费用)变动额}{预算责任成本(费用)}\times100\% \quad (9-2)$$

在进行成本中心考核时,若预算产量与实际产量不一致,应注意按弹性预算的方法先行调整预算指标,然后再按上述公式计算。

【例9-1】ABC公司内部甲车间为成本中心,生产A产品,预算产量30 000件,单位成本为150元,实际产量28 000件,单位成本100元。试计算该成本中心的成本变动额和变动率分别是多少?

成本变动额$=100\times28\ 000-150\times28\ 000=-1\ 400\ 000$

成本变动率$=\dfrac{-1\ 400\ 000}{100\times28\ 000}\times100\%=50\%$

计算结果表示,该成本中心成本降低1 400 000元,降低率为50%。

### 9.2.3　利润中心

**1. 利润中心的含义**

利润中心，是指对利润负责的责任中心。由于利润是收入扣除费用后的余额，因此，利润中心实际上既要对收入负责，又要对成本费用负责。这类责任中心一般是指企业内部有产品经销权或提供劳务服务的部门，往往处于企业内部的较高层次，如分厂、分店、分公司，一般具有独立的收入来源或视同为一个有独立收入的部门，一般还具有独立的经营权。

与成本中心相比，利润中心的权力和责任都相对较大，它不仅要绝对地降低成本，而且更要寻求收入的增长，并使之超过成本的增长。换言之，利润中心对成本的控制是联系着收入进行的，它强调相对成本的节约。

**2. 利润中心的类型**

利润中心有自然利润中心与人为利润中心两种基本类型。

（1）自然利润中心，是指可以直接对外销售产品并取得收入的利润中心。这种利润中心本身直接面向市场，具有产品销售权、价格制定权、材料采购权和生产决策权。它虽然是企业内的一个部门，但其功能同独立企业相近。最典型的形式就是公司内的事业部，每个事业部均有销售、生产、采购的职能，有很大的独立性，能独立地控制成本并取得收入。

（2）人为利润中心，是指只对内部责任单位提供产品或劳务而取得"内部销售收入"的利润中心。这种利润中心一般不直接对外销售产品。

成为人为利润中心通常应具备两个条件：第一，该中心可以向其他责任中心提供产品（含劳务）；第二，能为该利润中心的产品确定合理的内部转移价格，以实现公平交易、等价交换。

工业企业的大多数成本中心都可以转化为人为利润中心。人为利润中心一般也应具备相对独立的经营权，即能自主决定利润中心的产品品种（含劳务）、产品质量、作业方法、人员调配、资金使用等。

**3. 利润中心的成本计算**

利润中心对利润负责，必然要考核和计算成本，以便正确计算利润，作为对利润中心业绩评价与考核的可靠依据。对利润中心的成本计算，通常有两种方式可供选择。

（1）利润中心只计算可控成本，不分担不可控成本，亦即不分摊共同成本。这种方式主要适用于共同成本难以合理分摊或无须进行共同成本分摊的场合，按这种方式计算出的赢利不是通常意义上的利润，而是相当于"边际贡献总额"。企业各利润中心的"边际贡献总额"之和，减去未分配的共同成本，经过调整后才是企业的利润总额。采用这种成本计算方式的"利润中心"，实质上已不完全是原来意义上的利润中心，而是边际贡献中心。一般认为，人为利润中心适合采取这种计算方式。

（2）利润中心不仅计算可控成本，也计算不可控成本。这种方式适合于共同成本易于合理分摊或不存在共同成本分摊的场合。这种利润中心在计算时，若采用变动成本法，应先计算出边际贡献（或称贡献毛益），再减去固定成本，才是税前利润；若采用完全成本法,利润中心可以直接计算出税前利润。各利润中心的税前利润之和,就是企业的利润总额。一般认为,自然利润中心适合采取这种计算方式。

4.利润中心的考核指标

利润中心的考核指标为利润,通过比较一定时期实际实现的利润与责任预算所确定的利润,可以评价其责任中心的业绩。但由于成本计算方式不同,各利润中心的利润指标的表现形式也不相同。

(1)当利润中心不计算共同成本或不可控成本时,其考核指标为:

利润中心边际贡献总额＝该利润中心销售收入总额

　　　　　　　　一该利润中心可控成本总额(或变动成本总额)

$$(9-3)$$

值得说明的是,若可控成本中包含可控固定成本,就不完全等于变动成本总额。但一般而言,利润中心的可控成本是变动成本。

(2)当利润中心计算共同成本或不可控成本并采取变动成本法计算成本时,其考核指标主要有以下几种:

利润中心边际贡献总额＝该利润中心销售收入总额

　　　　　　　　一该利润中心变动成本总额　　　　　　　　$(9-4)$

利润中心负责人可控利润总额＝该利润中心边际贡献总额

　　　　　　　　　　一该利润中心负责人不可控固定成本　　　$(9-5)$

利润中心可控利润总额＝该利润中心负责人可控利润总额

　　　　　　　　一该利润中心负责人不可控固定成本　　　　$(9-6)$

所以,

公司利润总额＝各利润中心可控利润总额之和

　　　　　　一公司不可分摊的各种管理费用、财务费用等　　　$(9-7)$

为了考核利润中心负责人的经营业绩,应对经理人员的可控成本费用进行评价和考核。这就需要将各利润中心的固定成本进一步区分为可控成本和不可控成本。这主要考虑有些成本费用可以划分、分摊到有关利润中心,却不能为利润负责人所控制,如广告费、保险费等。在考核利润中心负责人业绩时,应将其不可控固定成本从中剔除。

【例9-2】ABC公司内部甲车间是个人利润中心。本期实现内部销售收入180 000元,销售变动成本150 000元,该中心负责人可控固定成本为12 000元,中心责任人不可控、应由该中心负担的固定成本为12 000元,试计算该利润中心各项指标。

该中心实际考核指标分别为:

利润中心边际贡献总额＝180 000－150 000＝30 000(元)

利润中心负责人可控利润总额＝30 000－12 000＝18 000(元)

利润中心可控利润总额＝18 000－12 000＝6 000(元)

### 9.2.4 投资中心

1. 投资中心的含义

投资中心,是指既对成本、收入和利润负责,又对投资效果负责的责任中心。投资中心是企业内部最高层次的责任中心,它在企业内部具有最大的决策权,也承担最大的责任。投资中心的管理特征是较高程度的分权管理。一般而言,大型集团所属的子公司、分公司、事业部往往都是投资中心。在组织形式上,成本中心一般不是独立法人,利润中心可以是也可以不是独立法人,而投资中心一般是独立法人。

由于投资中心独立性较高,它一般应向公司的总经理或董事会直接负责。对投资中心不应干预过多,应使其享有投资权和较为充分的经营权。投资中心在资产和权益方面应与其他责任中心划分清楚。如果对投资中心干预过多,或者其资产和权益与其他责任中心划分不清,出现互相扯皮的现象,将无法对其进行准确的考核。

2. 投资中心的考核指标

投资中心主要考核能集中反映利润与投资额之间关系的指标,主要包括投资利润率和剩余收益。

(1) 投资利润率

投资利润率,是指投资中心所获得的利润与投资额之间的比率,又称投资收益率,具体的计算公式为:

$$投资利润率 = \frac{利润}{投资额} \times 100\% \tag{9-8}$$

还可将投资利润率这一指标进一步展开为:

$$投资利润率 = \frac{销售收入}{投资额} \times \frac{成本费用}{销售收入} \times \frac{利润}{成本费用}$$
$$= 资本周转率 \times 销售成本率 \times 成本费用利润率 \tag{9-9}$$

式中,投资额是指投资中心的总资产扣除负债后的余额,即投资中心的净资产。所以,该指标也可称为净资产利润率,它主要说明投资中心运用公司的每一元资产对整体利润贡献的大小,或投资中心对所有者权益的贡献程度。

为了考核投资中心的总资产运用状况,也可以计算投资中心的总资产息税前利润率。它是投资中心的息税前利润除以总资产占用额。具体可用公式表示为:

$$总资产息税前利润率 = \frac{息税前利润}{总资产} \times 100\% \tag{9-10}$$

式中,总资产是指生产经营中占用的全部资产。因资金来源中包含了负债,相应分子也要采用息税前利润,它是利息加利润总额。投资利润率按总资产占用额计算,主要用于评价和考核由投资中心掌握、使用的全部资产的赢利能力。值得说明的是,由于利润或息税前利润是期间指标,故上述投资额或总资产占用额应按平均投资额或平均占用额计算。

投资利润率是被广泛采用的评价投资中心业绩的指标,它具有以下优点:

① 投资利润率能反映投资中心的综合赢利能力。从投资利润率的分解公式可以看

出,投资利润率的高低与收入、成本、投资额和周转能力有关,提高投资利润率应通过增收节支、加速周转、减少投入来实现。

② 投资利润率具有横向可比性。投资利润率将各投资中心的投入与产出进行比较,剔除了因投资额不同而导致利润差异的不可比因素,有利于各投资中心进行经营业绩比较。

③ 投资利润率可以作为选择投资机会的依据,有利于调整资产的存量,优化资源配置。

④ 以投资利润率作为评价投资中心经营业绩的尺度,可以正确引导投资中心的经营管理行为,使其行为长期化。由于该指标反映了投资中心运用资产并使资产增值的能力,如果投资中心资产运作不当,会增加资产或投资占用规模,也降低利润。因此,以投资利润率作为评价与考核的尺度,将促进各投资中心盘活闲置资产,减少不合理资产占用,及时处理过时、变质、毁损的资产。

总的来说,投资利润率能促使管理者像控制费用一样控制资产占用或投资额的多少,综合反映一个投资中心的全部经营成果。但是,该指标也有其局限性,具体表现在以下几个方面:

① 若出现全球性通货膨胀,使用该指标会使企业资产账面价值失真、失实,导致相应的折旧少计、利润多计,使计算的投资利润率无法揭示投资中心的实际经营能力。

② 使用投资利润率往往会使投资中心只顾本身利益而放弃对整个企业有利的投资项目,造成投资中心近期目标与整个企业长远目标的背离。

③ 投资利润率的计算与资本支出预算所用现金流量分析方法不一致,不便于投资项目建成投产后与原定目标作比较。

④ 由于一些共同费用无法为投资中心所控制,投资利润率的计量不全是投资中心所能控制的。

为了克服投资利润率的某些缺陷,应采用剩余收益作为评价指标。

(2) 剩余收益

剩余收益,是指投资中心获得的利润扣减其投资额或净资产占用额按规定或预期的最低收益率计算的最低投资收益后的余额,具体的计算公式为:

$$剩余收益=利润-投资额或净资产占用额×规定或预期的最低投资收益率$$

$$(9-11)$$

若考核指标是总资产息税前利润率时,则剩余收益计算公式应作相应调整,具体的计算公式为:

$$剩余收益=息税前利润-总资产占用额×规定或预期的总资产息税前利润率$$

$$(9-12)$$

这里所说的规定或预期的最低投资收益率或总资产息税前利润率,通常是指企业为保证其生产经营正常持续进行所必须达到的最低收益水平。

以剩余收益作为投资中心经营业绩评价指标,各投资中心只要投资利润率大于规定或预期的最低投资收益率(或总资产息税前利润率大于规定或预期的最低总资产息税前利润率),该项投资(或资产占用)便是可行的。

剩余收益指标具有如下两个特点:

① 体现投入产出关系。由于减少投资(或降低资产占用)同样可以达到增加剩余收益的目的,因而与投资利润率一样,该指标也可以用于全面评价与考核投资中心的业绩。

② 避免本位主义。剩余收益指标避免了投资中心的狭隘本位倾向,即单纯追求投资利润而放弃一些有利可图的投资项目。这是因为以剩余收益作为衡量投资中心工作成果的尺度,投资中心将尽量提高剩余收益,即只要有利于增加剩余收益绝对额,投资行为就是可取的,而不只是尽量提高投资利润率。两个指标的差别,可以举例说明如下。

【例 9-3】ABC 公司设有 A 和 B 两个投资中心,该公司加权平均最低投资利润率为10%,现两中心追加投资。有关资料如表 9-1 所示:

表 9-1 投资中心指标计算表　　　　　　　　单位:万元

| 项　目 | | 投资额 | 利润 | 投资利润率 | 剩余收益 |
|---|---|---|---|---|---|
| 剩余收益 | A | 30 | 1.5 | 5% | $1.5-30\times10\%=-1.5$ |
| | B | 50 | 7.5 | 15% | $7.5-50\times10\%=2.5$ |
| | 合计 | 80 | 9 | 11.25% | $9-80\times10\%=1$ |
| 投资中心 A 追加投资 40 | A | 70 | 4.5 | 6.43% | $4.5-70\times10\%=-2.5$ |
| | B | 50 | 7.5 | 15% | $7.5-50\times10\%=2.5$ |
| | 合计 | 120 | 12 | 10% | $12-120\times10\%=0$ |
| 投资中心 B 追加投资 60 | A | 30 | 1.5 | 5% | $1.5-30\times10\%=-1.5$ |
| | B | 110 | 15.4 | 14% | $15.4-110\times10\%=4.4$ |
| | 合计 | 140 | 16.9 | 12.07% | $16.9-140\times10\%=2.9$ |

根据表 9-1 中资料评价 A、B 两个投资中心的经营业绩可知,如以投资利润率作为考核指标,追加投资后投资中心 A 的利润率由 5% 提升到 6.43%,投资中心 B 的利润率由 15% 下降到 14%,则向 A 投资比向 B 投资好。但以剩余收益作为考核指标,A 的剩余收益由原来的 -1.5 万元变成了 -2.5 万元,B 的剩余收益由 2.5 万元增加到 4.4 万元,所以向 B 投资更有利。从整个公司角度进行评价,就会发现 A 追加投资时总体投资利润率从 11.25% 下降到 10%,剩余收益从 1 万元下降到 0 万元;B 追加投资时总体投资利润率从 11.25% 上升到 12.07%,剩余收益从 1 万元上升到 2.9 万元,这个结果和以剩余收益指标评价各投资中心的业绩的结果是一致的。所以,以剩余收益作为评价指标,可以保持各投资中心获利目标与公司总获利目标的一致。

在以剩余收益作为考核指标时,所采用的规定或预期最低投资收益率的高低对剩余收益的影响很大,通常可用公司的平均利润率(或加权平均利润率)作为基准收益率。

随着市场竞争的日趋激烈,市场销售工作也日趋重要。为了强化销售功能,加强收入管理,及时收回账款,控制坏账,在不少企业设置了以推销产品为主要职能的责任中心——收入中心。这种中心只对产品或劳务的销售收入负责,如公司所属的销售分公司或销售部。尽管这些从事销售工作的机构也发生销售费用,但由于其主要职能是进行销售,因此,以收入来确定其经济责任更为恰当。对销售费用,可以采用简化的核算,只需根据弹性预算方法确定即可。

综上所述,责任中心根据其控制区域和权责范围的大小,分为成本中心、利润中心和投资中心三种类型。它们各自不是孤立存在的,每个责任中心承担相应的经营责任。最基层的成本中心应就其经营的可控成本向其上层成本中心负责;上层的成本中心应就其本身的可控成本和下层转来的责任成本一并向利润中心负责;利润中心应就其本身经营的收入、成本(含下层转来成本)和利润(或边际贡献)向投资中心负责;投资中心最终就其经营的投资利润率和剩余收益向总经理和董事会负责。所以,企业各种类型和层次的责任中心形成一个"连锁责任"网络,这就促使每个责任中心为保证经营目标的一致而协调运转。

### 9.2.5　责任预算、责任报告和业绩考核

1. 责任预算

责任预算,是以责任中心为对象,按可控的成本、收入、利润、投资为内容编制的预算。它是责任中心努力的目标,也是考核责任中心业绩的标准,它能将责任目标量化,可以作为总预算的补充。

责任预算由各种责任指标组成,这些指标包含主要责任指标和其他责任指标,本章前面所涉及的各个责任中心的考核指标就是其主要责任指标,它反映出各种不同类型责任中心之间责任和义务的区别,是必须保证实现的指标;其他责任指标,是根据企业其他奋斗目标分解得到的,或是为了保证主要责任指标的完成而必须完成的指标。

责任预算的编制程序有两种:一种是在总预算的基础上,从责任中心的角度对总预算进行分解,形成各责任中心的具体预算。这种方式能使各责任中心目标与企业总目标一致,便于统一指挥和协调,但可能会抵制各责任中心的工作积极性和创造性。另一种是采取自下而上的方式,即在各个责任中心根据自身情况编制预算的基础上,经过层层汇总,最终由企业专门管理机构汇总和调整,进行企业总预算的编制。这种方式有利于发挥各责任中心的积极性,并且考虑了各责任中心的实际能力,但是各责任中心往往只从自身考虑问题,使各责任中心之间难以协调,加大了工作难度,影响了预算的质量和编制的及时性。

责任预算编制程序与企业组织机构设置和经营管理方式的不同有密切联系,在集权的组织结构形式下,企业权力集中,责任预算应当采用自上而下逐级分解的方式来进行;在分权组织形式下,经营管理权分散,为发挥各责任中心的积极性和创造性,责任预算的编制则应当自下而上、层层汇总和协调地编制程序。

2. 责任报告

责任报告,是指根据责任会计记录编制的反映责任预算实际执行情况、揭示责任预算与实际执行差异的内部会计报告,又称业绩报告或绩效报告。

责任报告是对各个责任中心执行责任预算情况的系统概括和总结,其形式有报表、数据分析、文字说明等。将责任预算的实际执行情况及产生的差异用报表列示出来,是责任报告的基本形式。在揭示差异时,还必须对重大差异进行定量和定性分析。通过定量分析了解差异产生的程度,通过定性分析确定差异产生的原因并提出改进意见。

随着企业管理层次的不同,责任报告的侧重点也有所不同。一般而言,层次越低,责

任报告越详细;层次越高,责任报告越概略。责任报告在反映责任预算执行情况时,应重点反映差异突出的部分,使报告的使用者把注意力集中到严重脱离预算的项目或因素上。

由于责任中心是逐级设置的,责任报告也应当自上而下逐级编制。

3. 业绩考核

业绩考核,是责任会计的重要过程,它是以责任报告为依据,分析和评价各责任中心责任管理的实际执行情况,查原因、找差距,考核各责任中心的工作成果,根据考核结果进行奖惩,促使各个责任中心及时纠正偏差、完成责任预算的过程。

责任中心的业绩考核有狭义和广义两种,狭义的业绩考核是对各责任中心的价值指标如收入、成本、利润、资金占用等指标完成情况进行考核;广义的业绩考核除上述内容外,还要对各责任中心的非价值指标的完成情况进行考核。责任中心的业绩考核可以是年终考核和日常考核相结合。年终考核,是指年度终了或预算期结束时对责任预算执行结果的考核,为进行奖惩和编制下一年度或下一预算期的预算提供依据。日常考核,是在年度内或在预算期内对责任执行过程进行考核,通过信息反馈,控制和调节责任预算执行的偏差,保证责任预算的落实。

成本中心是企业最基础的责任中心,只对其可控成本进行业绩考核。成本责任中心业绩考核的内容是将实际可控成本与责任成本进行比较,从而确定两者差异的性质、数额及形成的原因,并根据差异分析的结果对成本中心进行奖惩,以督促成本中心努力降低成本。

利润中心的业绩考核应以销售收入、边际贡献、息税前利润为重点进行分析和评价。特别是应通过一定期间的实际利润与预算利润目标进行比较,分析差异及其产生的原因,对经营上存在的问题和取得的成绩进行全面、公正的评价。此外,在自然利润中心,不属于本中心的收入或成本,即使发生实际收付行为,在考核时也应当剔除。

投资中心是企业的最高一级责任中心,其业绩考核包括投资中心的收入、成本、利润、资金占用指标的完成情况,特别应注意考核投资利润率和剩余收益两项指标,将投资中心的实际数和预算数进行对比,分析差异,查找原因,进行奖惩。投资中心层次高、管理范围广、内容复杂,考核时应仔细深入、依据充分,责任落实具体,这样才会起到应有的作用。

### 9.2.6 责任结算与核算

1. 内部转移价格

内部转移价格,是指企业内部各责任中心之间进行内部结算和责任结转时所采用的价格标准。

制定内部转移价格时,应遵循全局性原则、公平性原则、自主性原则和重要性原则。其中,全局性原则强调企业整体利益高于各责任中心利益,当各责任中心利益发生冲突时,企业和各责任中心应本着企业价值最大化的要求来制定内部转移价格。公平性原则要求内部转移价格的制定应公平合理,充分体现各责任中心的经营努力或经营业绩,防止某些责任中心因价格优势而获得额外的利益、某些责任中心因价格劣势而遭受额外损失。自主性原则是在确保企业整体利益的前提下,尽可能通过各责任中心的自主竞争或讨价还价来确定内部转移价格,以真正在企业内部实现市场模拟,使内部转移价格能为各责任中心所接受。重要性原则是在制定内部转移价格时,体现"大宗细,零星简"的要求,对原材料、半成品、产成品等重要物资的内部转移价格制定从细,而对劳保用品、修理用备件等数量繁多、价值低廉的物资从简来制定其内部转移价格。

内部转移价格的类型主要有以下几种:

(1)市场价格

简称"市价",是根据产品或劳务的市场价格作为基价的价格。采用市场价格,一般假定各责任中心处于独立自主的状态,可自由决定从外部或内部进行购销,同时产品或劳务有客观的市价可采用。因此,现实中,能采用市场价格作为内部转移价格的责任中心一般具有独立法人地位,能自主决定产品生产的数量、产品出售或购买的数量及相应价格。

(2)协商价格

又称"议价",是企业内部各责任中心以正常的市场价格为基础,通过定期共同协商所确定的为双方所接受的价格。采用协商价格的前提是,责任中心转移的产品应有在非竞争性市场买卖的可能性,在这种市场内买卖双方有权自行决定是否买卖这种中间产品。若买卖双方不能自行决定,或价格协商的双方发生矛盾而又不能自行解决,或双方协商定价不能导致企业最优决策,企业高一级的管理层要进行必要的干预。这种干预应以有限、得体为原则,而不能使整个谈判变成上级领导完全决定一切。

协商价格的上限为市价,下限为单位变动成本,具体价格应由各责任中心在这一范围内协商议定。当产品或劳务没有适当的市价时,也只能采用议价方式来确定。通过各相关责任中心的讨价还价,形成企业内部的模拟"公允市价",作为计价的基础。

(3)双重价格

指针对责任中心各方面分别采用不同的内部转移价格所制定的价格。如,对产品(半成品)的供应方,可按协商的市价计价;对使用方则可按供应方的产品(半成品)的单位变动成本计价,二者之间的差额由会计最终调整。采用双重价格,主要是因为内部转移价格主要是为了对企业内部各责任中心的业绩进行评价、考核,故各相关责任中心所采用的价格并不需要完全一致,可分别选用对责任中心最有利的价格为计价依据。

双重价格通常有两种形式:一是双重市场价格,即当某种产品或劳务在市场上出现几种不同价格时,供应方采用最高市价,使用方采用最低市价;一是双重转移价格,即供应方按市场价格或议价作为基础,而使用方按供应方的单位变动成本作为计价的基础。

可见,双重价格既能较好满足供应方和使用方的不同需要,又能激励双方在经营上充分发挥主动性和积极性。

(4)成本加成

成本加成,即以产品或劳务的成本为基础而制定的内部转移价格。由于成本的概念不同,成本加成有多种不同的形式,其中用途较为广泛的有三种:标准成本、标准成本加成和标准变动成本。所谓标准成本,即以产品(半成品)或劳务的标准成本作为内部转移价格;所谓标准成本加成,即按产品(半成品)或劳务的标准成本加计一定的合理利润作为计价的基础;所谓标准变动成本,即以产品(半成品)或劳务的标准变动成本作为内部转移价格。一般认为,标准成本适用于成本中心产品或半成品的转移;标准成本加成具有能分清"买""卖"双方相关责任的优点,但确定加成利润率时需稳妥慎重,以保证加成利润率确定的科学性和合理性;标准变动成本能够明确揭示成本与产量的关系,便于考核各责任中心的业绩,也有利于经营决策,但由于产品(半成品)或劳务中不包含固定成本,不能反映劳动生产率变化对固定成本的影响,不利于调动各责任中心提高产量的积极性。

2. 内部结算

企业内部各责任中心之间发生经济业务往来,需要按照一定的方式进行内部结算。所谓内部结算,是指企业各责任中心清偿相互提供产品或劳务所发生的、按内部转移价格计算的债权、债务。

按照结算手段的不同,通常可采取以下内部结算方式:

(1) 内部支票结算方式,即由付款一方签发内部支票通知内部银行从其账户中支付款项的结算方式。这种方式分为签发、收受和银行转账三个环节。所谓签发,即由付款方根据有关原始凭证或业务活动证明签发内部支票交付收款方;所谓收受,即收款方经过审核无误后接受付款方的支票;所谓银行转账,即收款方将支票送存内部银行办理收款转账。内部支票一式三联,第一联为收款凭证,第二联为付款凭证,第三联为内部银行的记账凭证。内部支票结算方式主要适用于收、付款双方直接见面进行经济往来的业务结算,它可使收付双方明确责任。

(2) 转账通知单方式,即由收款方根据有关原始凭证或业务活动证明签发转账通知单,通知内部银行将转账通知单转给付款方,让其付款的一种结算方式。转账通知单一式三联,第一联为收款方的收款凭证,第二联为付款方的付款凭证,第三联为内部银行的记账凭证。转账通知单方式主要适用于质量与价格较为稳定的往来业务,手续简便、结算及时,但因转账通知单是单向发出指令,付款方若有异议则可能拒付,此时便需要交涉。

(3) 内部货币结算方式,即使用内部银行发行的限于企业内部流通的货币(包括内部货币、资金本票、流通券、资金券等)进行内部往来结算的一种方式。这种结算方式是典型的"一手钱,一手货"的结算方式,比银行支票结算方式更为直观,可强化各责任中心的价值观念、核算观念、经济责任观念。但也具有携带不便、清点麻烦、保管困难的问题。因此,通常情况下,小额零星的往来业务以内部货币结算,大宗业务则以内部银行支票结算。

另外,上述各种结算方式都与内部银行有关,所谓内部银行,是指将商业银行的基本职能与管理方法引入企业内部管理而建立的一种内部资金管理机构。内部银行主要处理企业日常的往来结算和资金调拨、运筹,旨在强化企业的资金管理,更加明确各责任中心的经济责任,完善内部责任核算,节约资金使用,降低筹资成本。

3. 责任成本的内部结转

责任成本的内部结转,是指在生产经营过程中,对于因不同原因造成的各种经济损失,由承担损失的责任中心对实际发生或发现损失的责任中心进行损失赔偿的账务处理过程。

企业内部各责任中心在生产经营过程中,常常会发生责任成本发生的责任中心与应承担责任成本的中心不是同一责任中心的情况,为划清责任、合理奖罚,就需要将这种责任成本相互结转。例如,企业内的生产车间与供应部门都是成本中心,若生产车间所耗用的原材料是由于供应部门购入不合格的材料所致,则多耗材料的成本或相应发生的损失,应由生产车间成本中心转给供应中心负担。

责任转账的目的是划清各责任中心的成本责任,使不应承担损失的责任中心在经济上得到合理补偿,在责权上明确界限,为业绩考核、评价及奖惩奠定合理的基础。

进行责任转账的依据是各种准确的原始记录和合理的费用定额。在合理计算出损失金额后,应编制责任成本转账表,作为责任转账的依据。

责任转账的方式有直接的货币结算方式和内部银行转账方式,前者是以内部货币直接支付给损失方,后者是在内部银行所设立的账户之间划转。

实际工作中,各责任中心在往来结算和责任转账过程中,有时会因意见不一致而产生一些责、权、利不协调的纠纷,为此,企业应建立内部仲裁机构,从企业整体利益出发对这些纠纷做出裁决,以保证各责任中心正常、合理地行使权力,保证其权益不受侵犯。

## 复习思考题

**一、单选题**

1. 甲公司某成本中心 2017 年预算责任成本 200 000 元,实际责任成本为 220 000 元,成本变动额和成本变动率分别为(    )。
   A. 20 000 元,20%　　　　　　　B. 10 000 元,20%
   C. 10 000 元,10%　　　　　　　D. 20 000 元,10%

2. 拥有最大的决策权,最高层次的责任中心是(    )。
   A. 收入中心　　B. 成本中心　　C. 利润中心　　D. 投资中心

3. 考核利润中心部门经理业绩的最好指标是(    )。
   A. 剩余收益　　　　　　　　　　B. 部门边际贡献
   C. 可控边际贡献　　　　　　　　D. 部门税前利润

4. 下列各项不属于影响剩余收益的因素的是(    )。
   A. 部门边际贡献　　　　　　　　B. 部门资产
   C. 资本成本　　　　　　　　　　D. 利润留存比率

5. 责任成本所具有的特点不包括(    )。
   A. 计算责任成本的目的是为了控制成本
   B. 责任成本的计算范围是各责任中心的可控成本
   C. 责任成本的计算对象是各个责任中心
   D. 共同费用的分摊原则是谁受益谁承担

6. 投资中心的投资额为 20 万元,最低投资贡献率为 20%,剩余收益为 2 万元,则该中心的投资贡献率为(    )。
   A. 10%　　　　B. 20%　　　　C. 30%　　　　D. 40%

7. 已知某公司加权平均的最低投资贡献率20%,其下设的 A 投资中心投资额为 500 万元,剩余收益为 50 万元,则该中心的投资贡献率为(    )。
   A. 10%　　　　B. 20%　　　　C. 30%　　　　D. 40%

8. 具有独立或相对独立的收入和生产经营决策权,并对成本、收入和利润负责的责任中心是(　　)。

    A. 成本中心　　　　B. 利润中心　　　　C. 投资中心　　　　D. 预算中心

## 二、多选题

1. 责任中心可以分为(　　)。

    A. 收入中心　　　　B. 成本中心　　　　C. 利润中心　　　　D. 投资中心

2. 成本中心的特点包括(　　)。

    A. 成本中心也要考核收入　　　　　　B. 成本中心不考核收入

    C. 成本中心只考虑成本费用　　　　　D. 成本中心只对可控成本承担责任

3. 成本中心的考核指标主要包括(　　)。

    A. 投资利润率　　　　　　　　　　　B. 成本(费用)变动额

    C. 成本(费用)变动率　　　　　　　　D. 剩余收益

4. 对于成本中心一般而言,下列说法正确的有(　　)。

    A. 变动成本大多是可控成本　　　　　B. 固定成本大多是不可控成本

    C. 直接成本大多是可控成本　　　　　D. 间接成本大多是不可控成本

5. 可控成本的确定应具备的条件包括(　　)。

    A. 成本中心可以确认所发生耗费的性质

    B. 成本中心可以对发生耗费进行控制和调节

    C. 成本中心可以对发生耗费可靠计量

    D. 成本中心的可控性具有绝对性

## 三、判断题

1. 部门边际贡献与资本成本有关。　　　　　　　　　　　　　　　　　(　　)

2. 利润中心是企业最高层次的责任中心。　　　　　　　　　　　　　　(　　)

3. 利润中心分为自然利润中心和人为利润中心两种形式。　　　　　　　(　　)

4. 剩余收益就是投资中心的利润。　　　　　　　　　　　　　　　　　(　　)

5. 利润中心和投资中心都拥有投资决策权。　　　　　　　　　　　　　(　　)

## 四、计算题

1. 某公司具有 A、B 两个投资中心。A 投资中心的部门平均资产为 3 000 万元,投资报酬率为 12%;B 投资中心的投资报酬率为 10%,剩余收益为 250 万元。

    要求:计算 A 投资中心的剩余收益和 B 投资中心的部门平均资产。

2. 某百货公司下设鞋帽部,2017 年销售收入为 200 万元,变动成本率为 60%,固定成本为 30 万元,其中折旧 10 万元。

    (1) 若鞋帽部为利润中心,其固定成本只有折旧不可控,评价该部门经营业绩,评价该部门对百货公司的贡献有多大?

    (2) 若该部门为投资中心,其占用的平均净经营资产为 100 万元,该公司要求的最低报酬率为 15%,计算该部门的部门投资报酬率和剩余收益。

# 第 10 章　财务分析

## 学习目标

初步学习财务分析的基本理论和基本方法,包括财务分析的目的、意义和内容,财务分析的基本方法,企业偿债能力分析、运营能力分析、获利能力分析及发展能力分析指标的计算和评价,财务综合分析与评价等。

## 学习要求

⇨ 了解:财务分析的概念、意义与目的,明确财务分析的原则与步骤。

⇨ 掌握:财务分析的基本方法,各种财务指标的经济意义与计算方法,财务综合分析的主要方法。

财务分析是企业财务管理的重要内容之一。企业作为一个独立的商品经营者,面对激烈的市场竞争,必须对自己的营运能力、财务状况、发展趋势有清醒的认识和正确的判断,以便及时调整企业经营策略和对经营管理进行不断改进,以利于市场竞争。财务分析作为对企业理财活动过程和结果进行观察、控制的手段,能够以其真实的数据来诊断企业的财务状况及企业的发展趋势。

## 10.1　财务分析概述

财务分析,是指以企业财务报告反映的财务指标及其他相关资料为主要依据,采用专门方法对企业的财务状况和经营成果进行评价和剖析,反映企业在运营过程中的利弊得失和发展趋势,从而为改进企业财务管理工作和优化经济决策提供重要的财务信息。

### 10.1.1　财务分析的目的及意义

1. 财务分析的目的

财务分析的主要目的一般可概括为:评价企业过去的经营业绩,反映企业在运营过程中的利弊得失,衡量现在的财务状况,预测未来的发展趋势,为财务报表使用者做出相关决策提供可靠的依据。

具体来说,财务分析按分析主体的不同,可分为内部分析和外部分析。内部分析是企业经营管理人员所进行的分析,外部分析主要是投资者(股东)、债权人或其他利益相关的单位进行的分析。不同主体由于利益倾向的差异,在对企业进行财务分析时的目的也有所不同。

(1) 企业经营管理人员进行财务分析的目的

企业的经营管理者又称为企业的经理人员,他们是企业生产经营的指挥者和组织者。他们有责任保证企业的全部资产合理使用,并得到保值和增值。在生产经营活动中,他们既要保持企业雄厚的偿债能力和良好的资产管理能力,又要为投资者赚取较多的利润。因此,为改善财务决策,搞好企业经营管理,他们对企业财务分析的内容和要求是全面的、广泛的,几乎包括外部使用人关心的所有问题。

(2) 企业投资者进行财务分析的目的

企业的投资者(股权投资人)向企业投入资本,是企业的所有权人。由于企业所有权和经营权相分离,公司的投资者往往不是公司的经营者,不直接参与企业的经营管理。因此只有通过对财务活动进行分析获得其所关心的企业经营情况、财务风险大小、资产赢利水平等情况,以便做出保持投资规模、扩大投资规模或减少投资规模的投资决策。同时,也需要通过对财务活动的分析来评价企业经营管理者的业绩,评价企业资金的赢利能力、各种投资的发展前景、投资的风险程度等内容,以作为进行投资决策的依据。

(3) 企业债权人进行财务分析的目的

债权人与企业之间存在着借贷关系,债权人主要包括为企业提供融资服务的银行或其他金融机构、向企业提供商品或服务的赊销商、企业债券的持有人等。债权人的利益与企业的财务成果不挂钩,与企业的关系不如投资者那么密切。尽管如此,企业经营管理的好坏,对债权人的利益也会产生很大的影响。若企业经营不好,就不能及时偿还债务,对债权人的资金和经营就会产生影响;若企业发生亏损,资不抵债,债权人就会发生坏账损失甚至无法收回借款。因此,债权人为决定是否给公司贷款,需要分析贷款的报酬和风险;为了解债务人的短期偿债能力,要分析其流动状况;为了解债务人的长期偿债能力,需要分析其赢利状况和资本结构等。

(4) 政府有关管理部门进行财务分析的目的

政府有关管理部门包括国家国有资产管理部门、财政部门、税收部门、工商部门、证券监督机构、社会保障部门等。为履行政府职能,它们对企业进行宏观经济管理并开展业务监督。因此,政府考核企业经营状况,不仅需要了解企业资金占用的使用效率,预测财政收入增长情况,有效地组织和调整社会资源的配置,而且还要借助财务分析,检查企业是否存在违法违纪、浪费国有资产的问题,了解公司纳税情况、遵守政府法规和市场秩序的情况及职工的收入和就业状况等。最后通过综合分析,对企业的发展潜力以及对社会的贡献程度进行分析考察。

(5) 其他有关方面进行财务分析的目的

其他有关方面主要包括:会计师事务所、企业的供应商和客户、企业员工和工会等。为减少审计风险,会计师事务所的注册会计师需要评估公司的赢利性和破产风险,为确定审计的重点,需要分析财务数据的异常变动;为建立长期合作关系需要,企业的供应商和客户需要分析企业的长期赢利能力和偿债能力;为决定信用政策,需要分析企业的短期偿债能力;企业员工和工会也可以通过财务分析,明确员工工资、保险、福利等是否符合劳务合同及政府法规的要求,等等。

2. 财务分析的意义

财务分析既是对已完成的财务活动的总结,又为企业下一阶段的财务预测和财务决策提供依据,在财务管理的循环中起着承上启下的作用,对于企业经营管理工作具有重要意义,主要表现在以下三个方面:

(1) 财务分析是正确评价企业财务状况、考核其经营业绩的依据

通过对企业财务报表和其他相关资料的分析,可以了解企业资产、负债和所有者权益的情况;了解企业的偿债能力、资产管理效率及赢利能力等;可以考核企业财务计划的完成程度及经营目标的实现程度,便于企业管理当局及其他报表使用人了解企业财务状况和经营成果、发现问题并找出可借鉴的经验或教训,划清经济责任,合理评价各部门的经营业绩,并据此进行奖优罚劣,以促使经营者不断改进工作。

(2) 财务分析是进行财务预测与决策的基础

财务预测与决策是企业财务管理的重要环节。财务决策是财务管理的关键,财务预测是财务决策的前提。要做好财务预测与决策,必须首先进行财务分析。搞好财务分析工作,可以掌握经济活动的规律,确保财务预测与决策的正确性,避免因决策错误给企业经营者、投资者、债权人等带来重大损失。因此,正确做好财务分析工作,一方面可以有利于企业制定战略策略,提高市场竞争力;另一方面可以帮助了解企业赢利能力的高低、偿债能力的强弱及资产管理效率的好坏,为投资决策提供必需的信息。

(3) 财务分析是挖掘企业潜力、实现企业财务管理目标的手段

企业财务管理的目标是实现企业价值最大化。在市场经济条件下,每个企业都面临着激烈的市场竞争,为了谋生存、求发展,实现企业价值最大化,企业必须通过财务分析了解自己,对现有的财务状况和经营成果进行评价,对企业的赢利能力和资金周转状况进行分析,研究财务管理中存在的薄弱环节,分析其产生的原因,不断挖掘企业改善财务状况、扩大财务成果的内部潜力,充分利用人力资源和物质资源,进一步提高资源使用效率,以便从各方面入手,采取有力措施,找出差距,促进企业生产经营活动按照财务管理的目标实现良性运行。

## 10.1.2　财务分析的内容及步骤

### 1. 财务分析的内容

在现代企业制度条件下,企业投资多元化,企业经营者及不同的投资者对财务分析有着不同的要求,但概括而言,财务分析的内容不外乎以下几个方面:

(1) 偿债能力分析

偿债能力,是指企业对债务的清偿能力或保证程度。偿债能力或保证程度具体是指企业的资产拥有量和是否有足够的现金流入量来偿付各种到期债务。偿债能力大小的分析是判断企业财务状况稳定与否的重要内容。一般认为,企业偿债能力强,说明企业可以举债筹集资金来获取利益;反之,偿债能力差,则说明企业资金紧张,难以偿还到期应付债务,甚至危及企业生存。

（2）运营能力分析

运营能力，是指企业资金的利用效率。企业运用资金是否有效是决定企业经营水平的前提。企业资金的多少可以表现为经营能力的大小，有效地经营可以提高资金利用效率，使企业增加收入，加速资金周转。所以，要判断企业经营理财水平如何，就需要分析企业是否有效地运用了资金。运营能力的大小对企业获利能力的持续增长与偿债能力的不断提高有着决定性影响。

（3）获利能力分析

获利能力，是指企业赚取利润和使企业的资金增值的能力。它通常体现为企业收益数额的大小与水平的高低。获利是企业经营理财的核心，获利能力的大小是衡量企业经营好坏的重要标志。一般认为，经营好、管理有方的企业有较强的获利能力。

（4）发展能力分析

发展能力，是指企业在生存的基础上，扩大规模、壮大实力的潜在能力。较高的发展能力通常体现为营业收入、资本积累、财务成果等指标的增长。通过对企业的发展能力进行分析，可以发现问题，以便规划和调整企业的市场定位目标、策略，使企业提高经营管理水平，增强市场竞争实力。

（5）财务综合分析

财务综合分析，是指将上述四种分析纳入一个有机的整体之中，以求全面揭示、披露企业的经营状况、财务状况，从而对企业经济效益的优劣做出准确的评价与判断。可见，财务综合分析其实是前面四种分析的综合，是对它们进行的相互关联的分析，可以达到全面评价企业财务状况和经营成果的目的。

2. 财务分析的步骤

为了保证企业财务分析的有效进行，提高分析工作的效率，保证分析工作的质量，达到期望的分析目的，财务分析人员的工作应按以下步骤进行：

（1）明确财务分析的目的与范围

在进行财务分析之前，应明确通过分析要达到的目的，在此基础上确定财务分析的具体内容和范围，即确定分析范围是企业经营活动的全过程还是企业经营活动的某一方面。如前所述，不同的主体在进行财务分析时的目的是不同的，财务分析人员应了解各主体的具体要求和需要，并据此明确财务分析的目的。财务分析的目的不仅是财务分析的出发点，而且还决定财务分析范围的大小、搜集资料的数量以及财务分析方法的选择。因此，在进行财务分析之前首先要明确财务分析的目的与范围。

（2）搜集、整理、加工有关信息资料

企业财务分析的深度、广度和质量的高低，在很大程度上取决于所掌握的信息资料的真实程度和是否全面。为此，在进行财务分析时，应根据分析的目的与范围系统地搜集有关的数据、信息和资料，如企业的计划资料、财务会计报告和日常核算资料、同行业同类型企业的有关资料，等等。

财务分析的基本资料是企业的财务会计报告，包括资产负债表、利润表和现金流量表等会计报表，以及会计报表附注、财务情况说明书等。为最大限度地满足信息使用者的决策需要，财务分析人员应尽可能地搜集财务会计报告以外的相关资料。

在取得相关资料的基础上,财务分析人员还应对所搜集的资料进行加工,即对于不正确的资料和没有可比性的资料进行剔除或调整;对于需要核实的资料作进一步的核实;为便于利用分析资料,还需对资料进行分组、归类等整理工作。

（3）选择恰当的财务分析方法

由于企业财务分析的目的和范围不同,所选用的财务分析方法也不尽相同。常用的财务分析方法有趋势分析法、比率分析法、因素分析法等。这些方法各有特点、用途和适用范围,财务分析人员在进行财务分析时可根据分析目的和所搜集的资料对财务分析方法进行选择。

（4）进行财务分析并提供财务分析报告

根据经过检查和整理后的分析资料,按照分析的目的和要求即可,利用选定的财务分析方法进行财务分析,即对相关的财务指标进行定量分析与定性分析,进而与标准对比,以找出差异及其形成的原因。待财务分析完成后,还应将全部分析资料、观点进行综合概括,总结经验,发现不足,提出改进建议,写出分析报告,提交信息使用者,以帮助有关方面做出决策。

### 10.1.3　财务分析的基本原则与局限

1. 财务分析的基本原则

财务分析的基本原则,是指各类企业财务报告使用者在进行财务分析时应遵循的一般规范。无论出于什么分析目的,企业进行财务分析一般都应遵循以下基本原则:

（1）实事求是原则

实事求是原则,是指财务分析要从实际出发,坚持实事求是,反对主观臆断、结论先行,不能搞数字游戏。负责财务分析的人员,绝不能为达到既定目的而利用拼凑数据得出不符合实际的结果。

（2）全面分析原则

全面分析原则,是指财务分析主体要全面看问题,坚持一分为二,反对片面地看问题。财务分析人员应同时注意财务问题与非财务问题、有利因素与不利因素、主观因素与客观因素、经济问题与技术问题、外部问题与内部问题等。

（3）系统分析原则

系统分析原则,是指财务分析主体要注重事物之间的联系,坚持相互联系地看问题,反对孤立地看问题。财务分析人员应注意局部与全局的关系、报酬与风险的关系、偿债能力与获利能力的关系等,以从总体上把握企业的状况。具体分析时要有层次的展开,逐步深入。

（4）动态分析原则

动态分析原则,是指财务分析主体应当发展地看问题,反对静止地看问题,要求财务分析人员应关注所分析对象的过去、现在和将来之间的联系。

（5）定量分析与定性分析结合原则

定量分析与定性分析结合原则,是指财务分析主体在进行分析时要同时使用定量分析方法和定性分析方法。在财务分析中,定性的判断和定量的计算都很重要,定性分析是基础和前提,没有定性分析就弄不清本质、趋势和与其他事物之间的联系;定量分析是工具和手段,没有定量分析就弄不清数量界限、阶段性和特殊性。财务分析人员应努力做到透过数字看本质。

2. 财务分析的局限

财务分析是一个判断过程,由于所依据的数据资料和所采用的技术方法等的局限性,财务分析所计算出来的数据不一定能全面完整地反映企业的真实情况,这就要求分析者依赖自己的经验和其他非财务信息,根据计算结果加以主观判断。财务分析的局限主要表现在以下几个方面:

(1) 财务报表本身的局限性

财务报表是企业会计的产物。由于每个企业的会计系统,受到会计环境和企业会计战略的影响,再加上会计本身有其特定的假设前提,所以使得财务报表不能揭示企业的全部实际情况。

会计的环境因素包括会计规范和会计的管理、税务和会计的关系、外部审计、会计争端处理的法律系统、资本市场结构、企业治理结构等。这些因素是决定企业会计系统质量的外部因素。会计环境的缺陷会导致会计系统的缺陷,使之不能反映企业的实际状况。会计环境的重要变化会导致会计系统的变化,影响财务数据的可比性。例如,会计规范要求以历史成本报告资产,使财务数据不代表其现行成本或变现价值;会计规范要求假设币值稳定不变,使财务数据不按通货膨胀或物价水平调整;会计规范要求遵循谨慎性原则,使会计预计损失而不预计收益等。

企业战略是企业根据环境和经营目标做出的主观选择,各企业会有不同的会计战略。企业会计战略包括决定会计政策的选择、会计估计的选择、补充披露的选择以及报告具体格式的选择。不同的会计战略会导致不同企业财务报告的差异,并影响其可比性。

由于以上两方面的原因,使得财务报表自身存在局限性,主要表现在以下几个方面:

① 财务报告没有披露企业的全部信息,管理层拥有更多的信息,得到披露的只是其中的  部分。

② 已经披露的财务信息存在会计估计误差,不一定是真实情况的准确计量。

③ 管理层的各项会计政策选择,使财务报表会扭曲企业的实际情况。

④ 按年度分期报告,只报告了短期信息,不能提供反映长期潜力的信息。

(2) 财务报表的真实性问题

财务报表的分析不能解决报表的真实性问题,其真实性问题要靠审计来解决。只有根据符合规范的、真实的财务报表,才能得到正确的财务分析结论。因此,财务分析人员必须自己关注财务报表的可靠性和真实性,对于可能存在的问题保持足够的警惕,在分析时需要注意以下几个问题:

① 财务报告的形式是否规范。不规范的报告其真实性也应受到怀疑。要注意财务报告是否有遗漏,不能违背充分披露原则。还要注意财务报告的提供是否及时等。

② 财务报告数据是否有反常现象。如无合理的反常原因,则要考虑数据的真实性和一贯性是否有问题。例如:原因不明的会计调整,可能是利用会计政策的灵活性"修饰报表";与销售相比,应收账款异常增加,可能存在提前确认收入问题等。

③ 审计报告是否有异常。要注意审计报告是否出现了异常情况,例如无正当理由更换注册会计师、注册会计师在审计报告中附有保留意见,或注册会计师的声誉等。

④ 要注意大额的关联方交易。这些交易的价格缺乏客观性,会计估计有较大的主观性,可能存在转移利润的动机。

(3)企业会计政策的不同选择影响报表数据的可比性

《企业会计准则》允许企业对同一会计事项的账务处理有多种不同的规则和程序,企业可以自行选择。例如,存货的计价方法、固定资产的折旧计算方法、对外投资收益的确认方法等。虽然财务报表附注对会计政策的选择有一定的表述,但在企业间进行横向对比分析时,报表使用人未必能完成可比性的调整工作。

(4)对比基础问题

在进行比较分析时,必然要选择比较的参照标准,例如本企业的历史数据、同类企业指标、计划预算数据等。由于对比基础又受到各种情况变化影响的局限性,所以对比分析时就会产生局限。

横向比较时需要使用同业标准,通常选一组有代表性的企业求其平均数,作为同业标准,可能比整个行业的平均数更有代表性。而整个行业的平均数,只起一般性指导作用,不一定有代表性,不是合理性标准。

趋势分析应以本企业历史数据作为对比基础。历史数据代表过去,并不代表合理性。由于经营环境是经常变化的,今年比去年利润提高了,不一定说明已经达到应该达到的水平,甚至不一定说明管理有了进步。

实际与计划的差异分析,以计划预算作为对比基础。实际和预算的差异,可能是执行中出现了问题,也可能是预算不合理造成的。

总之,财务分析受以上限定因素的影响,财务分析结论应在限定意义上使用,避免简单化和绝对化。

## 10.2 财务分析的方法

开展财务分析,首先应采用合适的方法,选择与分析目的有关的信息,找出这些信息之间的重要联系,研究并揭示企业的经营状况及财务变动趋势,获取高质量的有效财务信息。可以说,财务分析的方法恰当,可以获得事半功倍的效果。企业常用的财务分析的方法主要有趋势分析法、比率分析法和因素分析法。

### 10.2.1 趋势分析法

趋势分析法,是指通过对两期或连续数期财务报告中相同指标进行对比,确定其增减变动的方向、数额和幅度,揭示企业财务状况和经营成果变动趋势的一种方法,又称水平分析法。采用这种方法可以分析引起变化的主要原因、变动的性质,并预测企业未来的发展前景。

趋势分析法的具体应用,主要有以下三种方式:

1. 重要财务指标的比较

重要财务指标的比较,即将不同时期财务报告中的相同指标或比率进行比较,直接观察其增减变动情况及变动幅度,考察其发展趋势,预测其发展前景。

对不同时期财务指标的比较,又有以下两种方法:

(1) 定基动态比率

定基动态比率,是以某一时期的数值为固定的基期数值而计算出来的动态比率。具体的计算公式为:

$$定基动态比率＝\frac{分析期数值}{固定基期数值}×100\%　　　　　　　　　(10-1)$$

(2) 环比动态比率

环比动态比率,是以每一分析期的前期数值为基期数值而计算出来的动态比率。具体的计算公式为:

$$环比动态比率＝\frac{分析期数值}{前期数值}×100\%　　　　　　　　　(10-2)$$

2. 会计报表的比较

会计报表的比较,即将连续数期的会计报表的金额并列起来,比较其相同指标的增减变动金额和幅度,据以判断企业财务状况和经营成果发展变化的一种方法。具体又包括资产负债表比较、利润表比较和现金流量表比较等。具体比较时,既要计算出表中有关项目增减变动的绝对额,又要计算出其增减变动的百分比。

3. 会计报表项目构成的比较

会计报表项目构成的比较,是在会计报表比较的基础上发展而来的,即以会计报表中的某个总体指标作为 100%,再计算出其各组成指标占该总体指标的百分比,从而来比较各个项目百分比的增减变动,以此来判断有关财务活动的变化趋势。这种方法比前面两种方法更能准确地分析企业财务活动的发展趋势,它既可用于同一企业不同时期财务状况的纵向比较,又可用于不同企业之间的横向比较。同时,它还能消除不同时期或不同企业之间业务规模差异的影响,有利于分析企业的耗费水平和赢利水平。

具体应用趋势分析法时,应注意以下几个问题:① 用于进行对比的各个时期的指标,在计算口径上须一致;② 剔除偶发性项目的影响,使作为分析的数据能反映正常的经营状况;③ 应运用例外原则,对某项有显著变动的指标作重点分析,研究其产生的原因,以便采取对策,扬长避短。

## 10.2.2　比率分析法

比率分析法,是指通过计算各种比率指标来确定经济活动变动程度的分析方法。由于比率是相对数,而相对数的适用性较广,因此,采用这种方法,能够把某些条件下的不可比指标变为可以比较的指标,以利于进行分析。

比率指标可以有不同的类型,主要有以下三类:

1. 构成比率

构成比率,即某项财务指标的各组成部分数值占总体数值的百分比,反映部分与总体

的关系,又称结构比率,具体的计算公式为:

$$构成比率 = \frac{某个组成部分数值}{总体数值} \times 100\% \qquad (10-3)$$

利用构成比率,可以考察总体中某个部分的形成和安排是否合理,以便协调企业的各项财务活动。

2. 效率比率

效率比率,即某项财务活动中所费与所得的比例,反映投入与产出的关系。利用效率比率指标,可以进行得失比较,考察经营成果,评价经济效益。例如,将利润项目与销售成本、销售收入、资本金等项目加以对比,可计算出成本利润率、销售利润率及资本金利润率等利润率指标,可以从不同角度观察比较企业获利能力的高低及其增减变化情况。

3. 相关比率

相关比率,即以某个项目和与其有关但又不同的项目加以对比所得的比率,反映有关经济活动的相互关系。利用相关比率指标,可以考察企业有联系的相关业务的安排是否合理,以保障运营活动的顺畅进行。例如,将流动资产与流动负债加以对比,计算出流动比率,据以判断企业的短期偿债能力。

比率分析法具有计算简便,计算结果较易判断的优点,且便于某些指标在不同规模的企业之间进行比较,甚至是在一定程度上超越行业间的差别进行比较。但具体采用这种方法时应注意以下几个问题:

(1) 对比项目的相关性,即计算比率的子项和母项必须具有相关性,具体表现为,构成比率指标中,部分指标必须是总体指标这个大系统中的一个小系统;效率比率指标中,投入与产出必须有因果关系;相关比率指标中,两个对比指标得有内在联系,才能评价有关经济活动之间是否协调均衡,安排是否合理。

(2) 对比口径的一致性,计算比率的子项和母项必须在计算时间、范围等方面保持口径一致。

(3) 衡量标准的科学性,即运用比率分析,需要选用一定的标准与之对比,以便对企业的财务状况做出评价。

一般而言,科学合理的对比标准有以下四个:预定目标,如预算指标、设计指标、等额指标、理论指标等;历史标准,如上期实际、上年同期实际、历史先进水平以及具有典型意义时期的实际水平等;行业标准,如主管部门或行业协会颁布的技术标准、国内外同类企业的先进水平、国内外同类企业的平均水平等;公认标准。

## 10.2.3 因素分析法

企业的经济活动是一个有机整体,每个综合性财务指标的变动通常会受到很多因素的影响。其中,有些因素起积极作用,有些因素起消极作用。起相同作用的因素中,也有主次之分和影响程度的不同。

因素分析法,是指根据财务分析与其影响因素之间的关系,按照一定的程序,从数量上确定各因素对财务指标影响程度的一种方法。通过因素分析法的运用,可以对构成综合性财务指标的各项因素进行分解,测定这些因素变动的影响程度,查明原因,明确责任,帮助人们抓住问题的主要矛盾,或更有说服力地评价企业的经营状况,提出改进的措施。

因素分析法根据其分析特点又可分为以下两种:

1. 连环替代法

连环替代法,即将分析指标分解为若干个可以计量的因素,并根据各个因素之间的依存关系,顺次用各因素的比较值(通常为实际值)替代基准值(通常为标准值或计划值),据以测定各因素对分析指标的影响。

【例 10-1】某企业 2016 年度销售 A 产品的实际销售收入为 400 000 元,计划销售收入为 432 000 元。销售收入由销售量与销售单价两者的乘积构成,所以把销售收入分解成两因素,分别分析它们对 A 产品销售收入的影响程度。有关资料如表 10-1 所示:

表 10-1　A 产品实际销售收入与计划销售收入对比表

| 项　　　目 | 单　　位 | 计　　划　　数 | 实　　际　　数 |
|---|---|---|---|
| 销售量 | 件 | 90 000 | 80 000 |
| 销售单价 | 元/件 | 4.8 | 5 |
| 销售收入 | 元 | 432 000 | 400 000 |

根据上述资料,A 产品的实际销售收入比计划销售收入减少了 32 000 元,这是分析对象。运用连环替代法,可以计算各因素影响程度如下:

计划指标:90 000×4.8=432 000(元)　　　　　　　　　　　①

第一次替代:80 000×4.8=384 000(元)　　　　　　　　　　②

第二次替代:80 000×5=400 000(元)　　　　　　　　　　　③

销售量减少对销售收入的影响:②-①=384 000-432 000=-48 000(元)

销售单价增加对销售收入的影响:③-②=400 000-384 000=16 000(元)

最后,汇总两项因素变动对 A 产品销售收入的综合影响结果。

销售量的减少使 A 产品销售收入减少:48 000 元

销售单价的增加使 A 产品销售收入增加:16 000 元

各因素影响之和:-48 000+16 000=-32 000(元)

2. 差额分析法

差额分析法,是连环替代法的一种简化形式,即利用各个因素的实际数与基期数之间的差额,依次按顺序替换直接计算出各个因素变动对分析指标的影响程度。

【例 10-2】以表 10-1 所列数据为例,采用差额分析法确定各因素变动对销售收入的影响。

A 产品实际销售收入=80 000×5=400 000(元)

A 产品计划销售收入=90 000×4.8=432 000(元)

实际销售收入与计划销售收入差额=400 000-432 000=-32 000(元)

由于销售量的减少对销售收入的影响为:(80 000-90 000)×4.8=-48 000(元)

由于销售单价的增加对销售收入的影响为:(5-4.8)×80 000=16 000(元)

各因素影响之和＝－48 000＋16 000＝－32 000（元）

产品销售收入实际数比计划数减少了 32 000 元,这是产品销售量减少 10 000 件和产品销售单价提高 0.2 元这两个因素综合影响的结果。计算的结果表明,由于产品销售量的减少使产品销售收入减少了 48 000 元;由于产品销售单价的提高使产品销售收入增加了 16 000 元。这两项因素综合影响的结果是产品销售收入实际比计划减少了 32 000 元。

因素分析法既可以全面分析各因素对某一经济指标的影响,又可以单独分析某个因素对某一经济指标的影响,在财务分析中应用较为广泛。但在具体应用时,应注意以下几个问题:

(1) 因素分解的关联性,即分析指标与其影响因素之间必须真正相关,通过分析影响因素的变动确实能说明分析指标差异的内在构成原因。

(2) 因素替代的顺序性,即必须按照各因素的依存关系,排列成一定的顺序依次替代各因素,否则就会得出不同的计算结果。一般而言,因素排列的顺序应根据事物之间的内在联系加以确定。通常,各因素替代的顺序一般是:先替代数量因素,后替代质量因素;先替代实物量、劳动量因素,后替代价值量因素;先替代主要因素,后替代次要因素。

(3) 注意替代顺序的连环性,连环性是指在计算各因素变动对分析指标的影响时,都是在前一次计算的基础上进行,将某因素替代后的结果与该因素替代前的结果对比,一环套一环。因为只有保持计算程序上的连环性,才能使各因素影响之和等于分析指标变动的差异,以全面说明分析指标变动的原因。

(4) 计算结果的假定性,连环替代法是在假定一个因素有变动、其他因素不变的情况下进行测算的,具有一定的假定性。为此,分析时财务人员应力求使这种假定是合乎逻辑的假定,是具有实际意义的假定。

## 10.3　财务指标分析

总结和评价企业财务状况与经营成果的分析指标包括偿债能力指标、运营能力指标、获利能力指标和发展能力指标。

为了便于说明财务指标的计算与分析,本章将使用甲股份有限公司(以下简称甲公司)的财务报表数据为例。该公司的资产负债表、利润表和现金流量表分别如表 10 - 2、表 10 - 3、表 10 - 4 所示:

表 10 - 2　资产负债表

编制单位:甲股份有限公司　　　　　　　2016 年 12 月 31 日　　　　　　　　　　单位:万元

| 资　　产 | 年初数 | 年末数 | 负债及股东权益 | 年初数 | 年末数 |
|---|---|---|---|---|---|
| 流动资产: | | | 流动负债: | | |
| 货币资金 | 25 | 50 | 短期借款 | 45 | 60 |
| 交易性金融资产 | 12 | 6 | 交易性金融负债 | 0 | 0 |
| 应收票据 | 11 | 8 | 应付票据 | 4 | 5 |

| 资　产 | 年初数 | 年末数 | 负债及股东权益 | 年初数 | 年末数 |
|---|---|---|---|---|---|
| 应收账款 | 199 | 398 | 应付账款 | 109 | 100 |
| 预付账款 | 4 | 22 | 预收账款 | 4 | 10 |
| 应收股利 | 0 | 0 | 应付职工薪酬 | 1 | 2 |
| 应收利息 | 0 | 0 | 应交税费 | 4 | 5 |
| 其他应收款 | 22 | 12 | 应付利息 | 16 | 12 |
| 存货 | 326 | 119 | 应付股利 | 10 | 28 |
| 待摊费用 | 7 | 32 | 其他应付款 | 13 | 14 |
| 一年内到期的非流动资产 | 4 | 45 | 预提费用 | 5 | 9 |
| 其他流动资产 | 0 | 8 | 预计负债 | 4 | 2 |
| 流动资产合计 | 610 | 700 | 一年内到期的非流动负债 | 0 | 50 |
|  |  |  | 其他流动负债 | 5 | 3 |
|  |  |  | 流动负债合计 | 220 | 300 |
|  |  |  | 非流动负债： |  |  |
| 非流动资产： |  |  | 长期借款 | 245 | 450 |
| 可供出售金融资产 | 45 | 0 | 应付债券 | 260 | 240 |
| 持有至到期投资 | 0 | 0 | 长期应付款 | 60 | 50 |
| 长期股权投资 | 0 | 30 | 专项应付款 | 0 | 0 |
| 长期应收款 |  |  | 递延所得税负债 | 0 | 0 |
| 固定资产 | 955 | 1238 | 其他非流动负债 | 15 | 0 |
| 在建工程 | 35 | 18 | 非流动负债合计 | 580 | 740 |
| 固定资产清理 | 12 | 0 | 负债合计 | 800 | 1040 |
| 无形资产 | 8 | 6 | 股东权益： |  |  |
| 开发支出 | 0 | 0 | 股本 | 100 | 100 |
| 商誉 | 0 | 0 | 资本公积 | 10 | 10 |
| 长期待摊费用 | 15 | 5 | 盈余公积 | 40 | 100 |
| 递延所得税资产 | 0 | 0 | 未分配利润 | 730 | 750 |
| 其他非流动资产 | 0 | 3 | 减：库存股 | 0 | 0 |
| 非流动资产合计 | 1 070 | 1 300 | 股东权益合计 | 880 | 960 |
| 资产总计 | 1 680 | 2 000 | 负债及股东权益总计 | 1 680 | 2 000 |

### 表 10-3　利润表

编制单位:甲股份有限公司　　　　　　　2016 年度　　　　　　　　单位:万元

| 项　目 | 上 年 金 额 | 本 年 金 额 |
|---|---|---|
| 一、营业收入 | 2 850 | 3 000 |
| 　减:营业成本 | 2 503 | 2 644 |
| 　营业税金及附加 | 28 | 28 |
| 　销售费用 | 20 | 22 |
| 　管理费用 | 40 | 46 |
| 　财务费用 | 96 | 110 |
| 　资产减值损失 | 0 | 0 |
| 　加:公允价值变动收益 | 0 | 0 |
| 　投资收益 | 0 | 6 |
| 二、营业利润 | 163 | 156 |
| 　加:营业外收入 | 72 | 45 |
| 　减:营业外支出 | 0 | 1 |
| 三、利润总额 | 235 | 200 |
| 　减:所得税费用 | 75 | 64 |
| 四、净利润 | 160 | 136 |

### 表 10-4　现金流量表

编制单位:甲股份有限公司　　　　　　　2016 年度　　　　　　　　单位:万元

| 项　目 | 金　额 |
|---|---|
| 一、经营活动产生的现金流量 | |
| 　销售商品、提供劳务收到的现金 | 2 810 |
| 　收到的税费返还 | 0 |
| 　收到的其他与经营活动有关的现金 | 10 |
| 　经营活动现金流入小计 | 2 820 |
| 　购买商品、接受劳务支付的现金 | 2 363 |
| 　支付给职工以及为职工支付的现金 | 29 |
| 　支付的各项税费 | 91 |
| 　支付的其他与经营活动有关的现金 | 14 |
| 　经营活动现金流出小计 | 2 497 |
| 　经营活动产生的现金流量净额 | 323 |

| 项　　目 | 金　　额 |
| --- | :---: |
| 二、投资活动产生的现金流量 | 0 |
| 　收回投资收到的现金 | 4 |
| 　取得投资收益收到的现金 | 6 |
| 　处置固定资产、无形资产和其他长期资产收回的现金净额 | 12 |
| 　处置子公司及其他营业单位收到的现金净额 | 0 |
| 　收到其他与投资活动有关的现金 | 0 |
| 　投资活动现金流入小计 | 22 |
| 　购置固定资产、无形资产和其他长期资产支付的现金 | 369 |
| 　投资支付的现金 | 30 |
| 　支付的其他与投资活动有关的现金 | 0 |
| 　投资活动现金流出小计 | 399 |
| 　投资活动产生的现金流量净额 | −377 |
| 三、筹资活动产生的现金流量 | |
| 　吸收投资收到的现金 | 0 |
| 　取得借款收到的现金 | 270 |
| 　收到的其他与筹资活动有关的现金 | 0 |
| 　筹资活动现金流入小计 | 270 |
| 　偿还债务所支付的现金 | 20 |
| 　分配股利、利润或偿付利息所支付的现金 | 152 |
| 　支付的其他与筹资活动有关的现金 | 25 |
| 　筹资活动现金流出小计 | 197 |
| 　筹资活动产生的现金流量净额 | 73 |
| 四、汇率变动对现金及现金等价物的影响 | 0 |
| 五、现金及现金等价物净增加额 | 19 |
| 　加:期初现金及现金等价物余额 | 37 |
| 六、期末现金及现金等价物余额 | 56 |

### 10.3.1　偿债能力分析

偿债能力,是指企业偿还各种到期债务(包括本息)的能力。这里的"债务"包括企业各种长短期借款、应付债券、长期应付款、各种短期结算债务和应纳税款。企业的负债按到期时间的长短,可以分为短期债务和长期债务两大类。其中,反映企业偿付短期债务能力的是短期偿债能力分析,反映企业偿付长期债务能力的是长期偿债能力。

1. 短期偿债能力分析

短期偿债能力是指企业流动资产对流动负债及时足额偿还的保证程度,是衡量企业当前财务能力特别是流动资产变现能力的重要标志。

衡量企业短期偿债能力的指标主要有流动比率、速动比率和现金流动负债比率三项。

(1)营运资本

营运资本是指流动资产总额减去流动负债总额后的剩余部分。其计算公式如下:

$$营运资本＝流动资产－流动负债 \tag{10-4}$$

营运资本指标能够直接反映流动资产保障流动负债偿还后还能够剩余的金额,营运资本越多,说明企业可用于偿还流动负债的资金越充裕,企业的短期偿债能力就越强,债权人收回债权的安全性也越高。当营运资本为负时,说明企业营运资本出现短缺,企业的偿债风险较大。

【例 10-3】根据甲公司财务报表数据,计算营运资本如下:

$$年初营运资本＝610-220＝390(万元)$$
$$年末营运资本＝700-300＝400(万元)$$

以上计算可以表明,甲公司的营运资本相对稳定,年初与年末变化幅度不大。

需要注意的是,营运资本是一个绝对数指标,保持多少为宜也没有统一的标准,也不便于进行不同规模企业之间的比较。对于短期债权人说,营运资本越高越好,这样可以提高其债权的保障程度。然而对于企业来说,营运资本虽然流动性强,过多持有营运资本虽然可以提高短期偿债能力,降低财务风险,但获利水平低。因此,对企业来说,营运资本的管理是企业财务管理的一项重要内容,需要在风险与收益之间进行权衡,根据实际情况合理安排企业的营运资本数额。

(2)流动比率

流动比率,是企业全部流动资产与流动负债的比值,它表明企业每 1 元流动负债有多少流动资产作为偿还保证,反映企业用可在短期内转变为现金的流动资产偿还到期流动负债的能力,具体的计算公式为:

$$流动比率＝\frac{流动资产}{流动负债} \tag{10-5}$$

一般认为,流动比率越高,反映企业短期偿债能力越强,债权人的权益越有保证。国际上通常认为,2∶1 的流动比率较为适宜,它表明企业财务状况稳定可靠,除了能满足日常生产经营的流动资金需要外,还有足够的财力偿付到期短期债务。若流动比率过低,则表明企业可能存在财务困难,难以如期偿还债务。当然,流动比率也不宜过高,过高的流动比率表明企业流动资产占用较多,会影响企业资金的使用效率和筹资成本,进而影响企业的赢利能力。究竟应保持多高水平的流动比率,还应视企业对待风险与收益的态度来予以确定。

具体运用流动比率时,应注意以下几个问题:

① 虽然流动比率越高,企业偿还短期债务的流动资产保证程度越强,但这并不等于

说企业就有足够的现金或存款来偿债。因为流动比率高,也可能是存货积压、应收账款增多且收账期延长以及待摊费用和待处理财产损失增加所致,而真正用来偿债的现金和存款却严重短缺。因此,企业应在分析流动比率的基础上,进一步对现金流量予以考察。

② 企业的短期债权人通常都希望企业的流动比率越高越好,但从企业的经营角度看,过高的流动比率通常意味着企业闲置现金的持有量过多,这会增加企业的机会成本和降低企业的赢利能力。因此,企业应尽可能将流动比率维持在不使货币资金闲置的水平。

③ 流动比率是否合理,不同的企业以及同一企业不同时期的评价标准往往是不同的。因此,不应用统一的标准来评价各企业流动比率合理与否。

④ 分析流动比率时还应剔除一些虚假因素的影响。

【例 10-4】根据甲公司财务报表数据,计算流动比率。

$$年初流动比率=\frac{610}{220}=2.77$$

$$年末流动比率=\frac{700}{300}=2.33$$

计算结果表明,该公司年初及年末的流动比率均超过一般公认标准,反映该企业具有较强的短期偿债能力。

注:以上计算的数据均取自于表 10-2 资产负债表。

(3) 速动比率

速动比率,是企业速动资产与流动负债的比值,它表明企业每 1 元流动负债有多少速动资产作为偿还保障。所谓速动资产,是指流动资产减去变现能力较差且不稳定的存货、预付账款、一年内到期的非流动资产和其他流动资产之后的余额。由于剔除了存货等变现能力较弱且不稳定的资产,所以,速动比率比流动比率更能准确、可靠地评价企业资产的流动性及其偿还短期负债的能力。具体的计算公式为:

$$速动比率=\frac{速动资产}{流动负债} \tag{10-6}$$

式中,速动资产=货币资金+交易性金融资产+应收账款+应收票据
　　　　　　=流动资产-存货-预付账款-1 年内到期的非流动资产
　　　　　　-其他流动资产

注:报表中若有应收利息、应收股利和其他应收款项目,可视情况归入速动资产项目。

一般认为,速动比率越高,表明企业偿还流动负债的能力越强。国际上通常认为,1:1 的速动比率较为适当,它表明企业的每 1 元短期负债,都有 1 元易于变现的资产作为抵偿,此时企业具有较好的债务偿还能力,同时流动资产结构也较为合理。若速动比率过低,必使企业面临较大的偿债风险;若速动比率较大,尽管债务偿还的安全性较高,但却会因企业现金及应收账款资金占用过多而大大增加企业的机会成本。

【例 10-5】根据甲公司财务报表数据,计算速动比率。

$$年初速动比率=\frac{25+12+11+199+4+22}{220}=1.24$$

年末速动比率$=\dfrac{50+6+8+398+22+12}{300}=1.65$

计算结果表明,甲公司年末的速动比率比年初的速动比率提高了 $0.41=1.65-1.24$,说明为每1元流动负债提供的速动资产保障增加了 $0.41$ 元。

注:以上计算的数据均取自于表 10-2 资产负债表。

具体运用速动比率时,应注意:尽管速动比率较之流动比率更能反映出流动负债偿还的安全性和稳定性,但并不能认为速动比率较低的企业的流动负债到期绝对不能偿还,实际上,不同行业的速动比率差别较大。例如,采用大量现金销售的商店,几乎没有应收账款,速动比率大大低于1是很正常的。相反,一些应收账款较多的企业,速动比率可能要大于1。影响速动比率可信性的重要因素是应收账款的变现能力,因此,在运用速动比率进行分析时,应特别关注应收账款。账面上的应收账款不一定都能变成现金,实际坏账可能比计提的准备金多。如果较高的速动比率是由于应收账款拖欠太多造成的,甚至还有根本收不回来的坏账,这样的计算结果就不能真实反映企业的偿债能力了。这些情况,外部分析人员不易了解,而内部分析人员却有可能做出估计。

2. 长期偿债能力分析

长期偿债能力是指企业偿付长期债务的能力,它包含了企业对债务的承担能力和对偿还债务的保障能力。

衡量企业短期偿债能力的指标主要有资产负债率、产权比率或有负债比率、已获利息倍数和带息负债比率五项。

(1)资产负债率

资产负债率,是指企业全部负债总额除以全部资产总额的比率,也就是负债总额占资产总额的百分比,又称负债比率。它表明企业资产总额中,债权人提供资金所占的比重以及企业资产对债权人权益的保障程度。具体的计算公式为:

$$资产负债率=\dfrac{负债总额}{资产总额}\times100\% \qquad (10-7)$$

式中,负债总额是指企业的全部负债,不仅包括流动负债,而且包括非流动负债;资产总额是指企业的全部资产总额,包括流动资产和非流动资产。

一般认为,资产负债率越小,表明企业长期偿债能力越强。但也并非就说明该指标对谁都是越小越好。通常,保守的观点认为资产负债率不宜高于 $50\%$,国际上则认为资产负债率等于 $60\%$ 时较为适当。

【例 10-6】根据本章案例甲股份有限公司的财务报表数据,计算资产负债率。

年初的资产负债率$=\dfrac{800}{1\,680}\times100\%=47.62\%$

年末的资产负债率$=\dfrac{1\,040}{2\,000}\times100\%=47.62\%$

计算结果表明,该公司年初和年末的资产负债率均较高,说明公司长期偿债能力不是很强。

注:以上计算的数据均取自于表 10-2 甲股份有限公司的资产负债表。

对于企业而言,负债水平的高低既关系到企业扩大生产经营能力及增加赢利可能性的大小,又关系到企业承担财务风险的大小。对于该指标的分析,可以从以下几个方面进行:

① 从债权人的角度来看,他们最关心的是贷给企业的款项是否能按期足额收回,包括本金和利息。该比率反映了债权人权益的保证程度。这一比率越低,说明企业的债务负担越轻,其总体偿债能力越强;反之,这一比率越高,债权人蒙受损失的可能性越大。通常,资产在破产拍卖时的售价不到账面价值的 50%,因此资产负债率高于 50%,则债权人的利益就缺乏保障。所以,对债权人来说,他们希望企业资产负债率越低越好,以保持较好的支付能力,企业偿债有保证,贷款越安全。

② 从股东的角度来看,他们最关心的是投入资本能否给企业带来好处。当全部资本利润率高于借款利息率时,负债比例越大越好;反之,负债比例越低越好。与权益资本筹资相比,负债的增加不会分散原有股东的控制权,因此,股东希望保持较高的资产负债率,以获取财务杠杆收益,同时也可尽量避免财务风险。

③ 从经营者的角度来看,他们最关心的是在充分利用借入资本给企业带来好处的同时,尽可能降低财务风险。一个企业的资产负债率越低,举债越容易。若企业负债率过高、超出债权人心理承受能力时,债权人会认为风险太大而不愿意提供贷款,企业借不到钱,即举债能力已经用尽。若企业不举债或负债比例很小,说明企业采用保守的财务策略,或者对其前景信心不足,利用债权人资本进行经营活动的能力差。因此,企业应该审时度势,充分估计预期的利润和增加的风险,在二者之间权衡利弊得失,把资产负债率控制在适度的水平。

另外,由于各类资产的变现能力有显著区别,例如,房地产业变现的价值损失小,而生产型企业的专用设备则难以变现,因此,持有不同资产类别的不同企业的资产负债率也会有所区别。

(2) 产权比率

产权比率,是指负债总额与所有者权益的比率,又称资本负债率。它反映企业所有者权益对债权人权益的保障程度,具体的计算公式为:

$$产权比率 = \frac{负债总额}{所有者权益} \times 100\% \qquad (10-8)$$

【例 10-7】根据本章案例甲股份有限公司的财务报表数据,计算产权比率如下:

$$年初产权比率 = \frac{800}{880} \times 100\% = 90.91\%$$

$$年末产权比率 = \frac{1\,040}{960} \times 100\% = 108.33\%$$

计算结果表明,甲公司年末的产权比率与年初相比有所提高,这说明企业的负债受到股东权益的保护程度降低,企业的长期偿债能力有所减弱。

注:以上计算的数据均取自于表 10-2 甲股份有限公司的资产负债表。

一般可从以下几个方面对产权比率进行分析:

① 产权比率是衡量企业长期偿债能力的主要指标之一。它和资产负债率、股东权益

比率具有相同的经济意义,但该指标将负债与股东权益直接对比,更直接地表示出负债受到股东权益的保护程度。这一比率越低,表明企业的长期偿债能力越强,债权人权益的保障程度越高,承担的风险越小。

② 产权比率也反映了经营者运用财务杠杆的程度。当该指标越低时,表明企业的长期偿债能力越强,但企业不能充分发挥负债带来的财务杠杆作用;反之,当该指标过高时,表明企业过度运用财务杠杆,增加了企业财务风险。

③ 从股东的角度来看,企业效益好时,多借债可以获得额外的利润;但企业效益差时,则会增加利息负担和财务风险。因此,产权比率越高,往往表明企业采纳了高风险、高报酬的资本结构。

所以,企业在评价产权比率适度与否时,应从提高获利能力与增强偿债能力两个方面综合进行,即在保障债务偿还安全的前提下,应尽可能提高产权比率。

尽管产权比率与资产负债率都是用于衡量企业长期偿债能力的指标,但两个指标之间是有区别的。其区别主要是反映长期偿债能力的侧重点不同:产权比率侧重于揭示债务资本与权益资本的相互关系,说明企业财务结构的风险性,以及所有者权益对偿债风险的承受能力;资产负债率则侧重于揭示资本中有多少是靠负债取得的,说明债权人权益的受保障程度。对产权比率的分析可以参照对资产负债率的分析。资产负债率分析中应注意的问题,在产权比率分析中也应引起注意。

（3）已获利息倍数

已获利息倍数,是指企业一定时期息税前利润与利息支出的比率,反映了获利能力对债务偿付的保证程度,具体的计算公式为:

$$已获利息倍数＝\frac{息税前利润总额}{利息支出} \tag{10-9}$$

式中,息税前利润总额＝利润总额＋利息支出
　　　　　　　　　＝净利润＋所得税＋利息支出

这里息税前利润是指包括利息支出和所得税前的正常业务经营利润,不包括非正常项目。这是由于负债与资本支持的项目一般属于正常业务经营范围,因此计算已获利息倍数时就应当以正常业务经营的息税前利润为基础。为了更加准确地反映利息的保证程度,利息支出应包括企业在生产经营过程中实际支出的借款利息、债券利息等。

已获利息倍数不仅反映了企业获利能力的大小,而且反映了获利能力对偿还到期债务的保证程度,它既是企业举债经营的前提依据,也是衡量企业长期偿债能力大小的重要标志。一般认为,已获利息倍数越高,表明企业长期偿债能力越强。国际上通常认为,已获利息倍数为3时较为适当。从长期来看,若要维持企业正常的偿债能力,利息保障倍数至少应大于1;若利息保障倍数过小,企业将面临亏损以及偿债的安全性与稳定性下降的风险。究竟企业已获利息倍数应是多少才合理,应根据企业的往年经验并结合行业特点来判断。

【例10-8】根据本章案例甲股份有限公司的财务报表数据,计算已获利息倍数。

$$上年的已获利息倍数=\frac{160+96+75}{96}=3.45$$

$$本年的已获利息倍数=\frac{136+110+64}{110}=2.82$$

计算结果表明,甲公司上年和本年的已获利息倍数都较高,有较强的偿付负债利息的能力,应进一步结合公司往年的情况和行业特点进行判断。

注:以上计算的数据均取自于表 10-3 甲股份有限公司的利润表。

### 10.3.2　运营能力分析

运营能力,是指企业基于外部市场环境的约束,通过内部人力资源和生产资料的配置组合而对财务目标实现所产生作用的大小。企业运营能力的大小对企业获利能力的持续增长与偿债能力的不断提高有决定性作用。

1. 流动资产营运能力分析

反映流动资产周转情况的指标主要有应收账款周转率、存货周转率和流动资产周转率。

(1) 应收账款周转率

应收账款周转率,是企业一定时期内营业收入(或销售收入)与平均应收账款余额的比率,是反映应收账款周转速度的指标,具体的计算公式为:

$$应收账款率(周转次数)=\frac{营业收入}{平均应收账款余额} \tag{10-10}$$

$$应收账款周转天数=\frac{平均应收账款余额×360}{营业收入} \tag{10-11}$$

式中,$应收账款平均余额=\dfrac{应收账款余额年初数+应收账款余额年末数}{2}$

应收账款周转率反映了企业应收账款变现速度的快慢及管理效率的高低,周转率高表明:收账迅速,账龄较短;资产流动性强,短期偿债能力强;可以减少收账费用和坏账损失,从而相对增加企业流动资产的投资收益。同时,借助应收账款周转期与企业信用期限的比较,还可以评价购买单位的信用程度以及企业原订的信用条件是否适当。

应收账款周转次数,表明应收账款 1 年中周转的次数,或者说明 1 元应收账款投资支持的销售收入;应收账款周转天数,也称为应收账款的收现期,表明从销售开始到回收现金平均需要的天数;应收账款与收入比,可以表明 1 元销售收入需要的应收账款投资。

具体在计算和使用应收账款周转率时应注意以下几个问题:

第一,销售收入的赊销比例问题。从理论上说应收账款是赊销引起的,其对应的流量是赊销额,而非全部销售收入。因此,计算时应使用赊销额取代销售收入。但是,外部分析人员往往无法取得赊销的数据,只好直接使用销售收入计算。

第二,应收账款年末余额的可靠性问题。应收账款是特定时点的存量,容易受季节性、偶然性和人为因素影响。在应收账款周转率用于业绩评价时,最好使用应收账款多个时点的平均数,以减少这些因素的影响。

第三,应收账款的减值准备问题。统一财务报表上列示的应收账款是已经提取减值准备后的净额,而销售收入并没有相应减少。其结果是,提取的减值准备越多,应收账款周转天数越少。这种周转天数的减少不是好的业绩,反而说明应收账款管理欠佳。

第四,应收账款分析应与销售额分析、现金分析联系起来。应收账款的起点是销售,终点是现金。正常的情况是销售增加引起应收账款增加,现金的存量和经营现金流量也会随之增加。

【例 10-9】根据本章案例甲股份有限公司的财务报表数据,同时假定该公司 2014 年年末的应收账款余额为 150 万元,该公司 2015 年度和 2016 年度应收账款周转率的计算如表 10-5 所示:

表 10-5   甲公司应收账款周转率计算表

| 项　　目 | 2014 年 | 2015 年 | 2016 年 |
|---|---|---|---|
| 销售收入(万元) | | 2 850 | 3 000 |
| 应收账款年末余额(万元) | 150 | 199 | 398 |
| 平均应收账款余额(万元) | | 174.5 | 298.5 |
| 应收账款周转率(次) | | 16.33 | 10.05 |
| 应收账款周转期(天) | | 22.05 | 35.82 |

可见,甲公司 2016 年的应收账款周转率比 2015 年有所下降,2016 年的周转天数也比 2015 年有所增加,这说明公司的运营能力减弱了,需要加强对流动资产变现能力和周转速度方面的管理。

(2) 存货周转率

存货周转率,是企业一定时期营业成本(或销售比率)与平均存货余额的比率,是反映企业流动资产流动性的一个指标,也是衡量企业生产经营各环节中存货运营效率的一个综合性指标。具体的计算公式为:

$$存货周转率(周转次数) = \frac{营业成本}{平均存货余额} \qquad (10-12)$$

$$存货周转期(周转天数) = \frac{平均存货余额 \times 360}{营业成本} \qquad (10-13)$$

式中,$平均存货余额 = \dfrac{存货余额年初数 + 存货余额年末数}{2}$

存货周转速度的快慢,不仅反映出企业采购、储存、生产、销售各环节管理工作状况的好坏,而且对企业的偿债能力及获利能力产生决定性的影响。一般来讲,存货周转速度越快,表明存货的占用水平越低,流动性越强,存货转换为现金、应收账款等的速度越快。提高企业存货周转率可以提高企业的变现能力,而存货周转速度越慢则变现能力越差。但是,存货周转天数并不是越低越好,因为存货过多会浪费资金,存货过少不能满足流转需要,在特定的生产经营条件下存在一个最佳的存货水平,所以存货不是越少越好。

具体在计算和使用存货周转率时应注意以下几个问题：

第一,存货计价方法对存货周转率具有较大的影响,因此,在分析企业不同时期或不同企业的存货周转率时,应注意存货计价方法的口径是否一致。

第二,分子、分母的数据应注意时间上的对应性。

【例 10-10】根据本章案例甲股份有限公司的财务报表数据,同时假设该公司 2014 年年末的存货余额为 350 万元,该公司 2015 年度和 2016 年度存货周转率的计算,如表 10-6 所示：

表 10-6  甲公司存货周转率计算表

| 项　　目 | 2014 年 | 2015 年 | 2016 年 |
| --- | --- | --- | --- |
| 营业成本(万元) | | 2503 | 2 644 |
| 存货年末余额(万元) | 350 | 326 | 119 |
| 平均存货余额(万元) | | 338 | 222.5 |
| 存货周转率(次) | | 7.41 | 11.88 |
| 存货周转期(天) | | 48.58 | 30.30 |

可见,该公司 2015 年的存货周转率为 7.41 次,周转期为 48.58 天,2016 年的存货周转率上升为 11.88 次,周转期缩短为 30.30 天,表明该公司本年的存货比上年的周转速度加快。

(3) 流动资产周转率

流动资产周转率,是企业一定时期营业收入与平均流动资产总额的比率,是反映企业流动资产周转速度的指标,具体的计算公式为：

$$流动资产周转率(周转次数)=\frac{营业收入}{平均流动资产总额} \qquad (10-14)$$

$$流动资产周转期(周转天数)=\frac{平均资产总额\times360}{营业收入} \qquad (10-15)$$

式中,$平均流动资产总额=\dfrac{流动资产总额年初数+流动资产总额年末数}{2}$

在一定时期内,流动资产周转次数越多,表明以相同的流动资产完成的周转额越多,流动资产利用效果就越好。从流动资产周转天数来看,周转一次所需要的天数越少,表明流动资产在经历生产和销售各阶段时所占用的时间越短。生产经营任何一个环节上的工作改善,都会反映到周转天数的缩短上来。另外,流动资产中应收账款与存货所占比重较大,因此,它们的周转状况对流动资产周转具有决定性影响。

【例 10-11】根据本章案例甲股份有限公司的财务报表数据,同时假设该公司 2014 年年末的流动资产总额为 500 万元,该公司 2015 年度和 2016 年度流动资产周转率的计算如表 10-7 所示：

表 10-7 甲公司流动资产周转率计算表

| 项　目 | 2014 年 | 2015 年 | 2016 年 |
|---|---|---|---|
| 营业收入(万元) | | 2 850 | 3 000 |
| 流动资产年末总额(万元) | 500 | 610 | 700 |
| 平均流动资产总额(万元) | | 555 | 655 |
| 流动资产周转率(次) | | 5.14 | 4.58 |
| 流动资产周转期(天) | | 70.04 | 78.60 |

可见,该公司 2015 年的流动资产周转率为 5.14 次,周转期为 70.04 天,2016 年的流动资产周转率下降为 4.58 次,周转期延长为 78.60 天,表明该公司本年的流动资产比上年的周转速度减慢。

2. 固定资产营运能力分析

反映固定资产周转情况的主要指标是固定资产周转率,它是企业一定时期营业收入与平均固定资产净值的比值,是衡量固定资产利用效率的一项指标,具体的计算公式为:

$$固定资产周转率(周转次数) = \frac{营业收入}{平均固定资产净值} \quad (10-16)$$

$$固定资产周转期(周转天数) = \frac{平均固定资产净值 \times 360}{营业收入} \quad (10-17)$$

式中,平均固定资产净值 $= \dfrac{固定资产净值年初数 + 固定资产净值年末数}{2}$

固定资产净值 = 固定资产原值 - 累计折旧

一般认为,固定资产周转率越高,表明企业固定资产利用充分,同时也能表明企业固定资产投资得当,固定资产机构合理,能够充分发挥效率。反之,若固定资产周转率不高,则表明固定资产使用效率不高,提供的生产成果不多,企业的运营能力不强。

具体在计算和使用固定资产周转率时应注意以下几个问题:

第一,需考虑到固定资产因计提折旧的影响,其净值在不断减少,以及因更新重置其净值突然增加的影响。

第二,由于折旧方法的不同,可能影响固定资产周转率的可比性,分析时,一定要剔除掉不可比因素。

【例 10-12】根据本章案例甲股份有限公司的财务报表数据,同时假设该公司 2014 年年末的固定资产总额为 750 万元,表 10-2 中的固定资产金额均为固定资产净值,该公司 2015 年度和 2016 年度固定资产周转率的计算如表 10-8 所示:

表 10－8 甲公司固定资产周转率计算表

| 项　　目 | 2014 年 | 2015 年 | 2016 年 |
|---|---|---|---|
| 营业收入(万元) | | 2850 | 3 000 |
| 固定资产年末净值(万元) | 750 | 955 | 1 238 |
| 平均固定资产净值(万元) | | 852.5 | 1096.5 |
| 固定资产周转率(次) | | 3.34 | 2.74 |
| 固定资产周转期(天) | | 107.78 | 131.39 |

可见,该公司 2015 年的固定资产周转率为 3.34 次,周转期为 107.78 天,2016 年的固定资产周转率下降为 2.74 次,周转期延长为 131.39 天,表明该公司本年的固定资产比上年的周转速度减慢。

3. 总资产营运能力分析

反映总资产周转情况的主要指标是总资产周转率,它是企业一定时期营业收入与平均资产总额的比值,可以用来反映企业全部资产的利用效率,具体的计算公式为:

$$总资产周转率(周转次数) = \frac{营业收入}{平均资产总额} \qquad (10-18)$$

$$总资产周转期(周转天数) = \frac{平均资产总额 \times 360}{营业收入} \qquad (10-19)$$

式中,$平均资产总额 = \dfrac{资产总额年初数 + 资产总额年末数}{2}$

一般认为,总资产周转率越高,表明企业全部资产的使用效率越高;反之,则说明企业利用全部资产进行经营的效率较差,最终会影响企业的获利能力,这时,企业应采取各项措施来提高企业的资产利用程度,如提高销售收入或处理多余的资产等。

【例 10－13】根据本章案例甲股份有限公司的财务报表数据,同时假设该公司 2014年年末的资产总额为 1 500 万元,该公司 2015 年度和 2016 年度总资产周转率的计算如表 10－9 所示:

表 10－9 甲公司固定资产周转率计算表

| 项　　目 | 2014 年 | 2015 年 | 2016 年 |
|---|---|---|---|
| 营业收入(万元) | | 2 850 | 3 000 |
| 资产年末总额(万元) | 1 500 | 1 680 | 200 |
| 平均资产总额(万元) | | 2 340 | 1 840 |
| 总资产周转率(次) | | 1.22 | 1.09 |
| 总资产周转期(天) | | 295.08 | 330.28 |

可见,该公司 2015 年的总资产周转率为 1.22 次,周转期为 295.08 天,2016 年的总资产周转率下降为 1.09 次,周转期延长为 330.28 天,表明该公司本年的总资产比上年的周转速度减慢。该公司应采取措施提高各项资产的利用效率,提高营业收入或处置多余

的资产。为了进一步找出总资产周转率下降的原因,公司可以运用适当的方法进行深入分析,分析资产中每个项目的变化情况,资产结构是否合理等。

### 10.3.3 获利能力分析

企业是以赢利为目的的组织,对增值的不断追求是企业资金运动的动力源泉与直接目的。获利能力,是指企业资金增值的能力,它通常体现为企业收益数额的大小与水平的高低。分析企业的获利能力,是衡量企业是否有活力和发展前途的重要内容。

由于企业会计的六大要素有机统一于企业资金的运动过程,并通过筹资、投资活动取得收入,补偿成本费用,从而实现利润目标。所以,可以按照会计基本要素设置营业利润率、成本费用利润率、盈余现金保障倍数、总资产报酬率、净资产收益率和资本收益率等六项指标,来评价企业各要素的获利能力及资本保值增值情况。此外,上市公司还经常使用每股收益、每股股利、市盈率和每股净资产等指标来评价企业的获利能力。

**1. 营业利润率**

营业利润率,是企业一定时期营业利润与营业收入的比率,具体的计算公式为:

$$营业利润率 = \frac{营业利润}{营业收入} \times 100\% \qquad (10-20)$$

一般认为,营业利润率越高,表明企业的市场竞争力越强,发展潜力越大,从而获利能力越强。

需要说明的是,从利润表来看,企业的利润包括营业利润、利润总额和净利润三种形式。而营业收入包括主营业务收入和其他业务收入,收入来源有商品销售收入、提供劳务收入和资产使用权让渡收入等。所以,在实务中也经常使用销售净利率、销售毛利率等指标来分析企业经营业务的获利水平,具体的计算公式为:

$$销售净利率 = \frac{净利润}{销售收入} \times 100\% \qquad (10-21)$$

$$销售毛利率 = \frac{销售收入 - 销售成本}{销售收入} \times 100\% \qquad (10-22)$$

此外,通过考察营业利润占整个利润总额比重的升降,可以发现企业经营理财状况的稳定性、面临的危险或者可能出现的转机迹象。

【例10-14】根据本章案例甲股份有限公司的财务报表数据,该公司2015年度和2016年度的营业利润率的计算如表10-10所示:

**表 10-10 甲公司营业利润率计算表**

| 项 目 | 2015 年 | 2016 年 |
|---|---|---|
| 营业利润(万元) | 163 | 156 |
| 营业收入(万元) | 2 850 | 3 000 |
| 营业利润率 | 5.72% | 5.2% |

可见,甲公司的营业利润率略有下降,通过分析可以看到,这种下降趋势主要是由于该公司 2014 年度的成本费用增加所至,由于下降幅度不大,公司的经营方向和产品结构应该还是较符合现有市场的需要的。

2. 成本费用利润率

成本费用利润率,是企业一定时期利润总额与成本费用总额的比率,具体的计算公式为:

$$成本费用利润率 = \frac{利润总额}{成本费用总额} \times 100\% \qquad (10-23)$$

式中,成本费用总额 = 营业成本 + 营业税金及附加 + 销售费用 + 管理费用 + 财务费用

一般认为,成本费用利润率越高,表明企业为取得利润而付出的代价越小,成本费用控制得越好,获利能力越强。

由于成本费用的计算口径与利润一样,也可以分为不同的层次,如主营业务成本、营业成本等,所以,具体在计算和使用成本费用利润率时,应注意成本费用与利润之间在计算层次和口径上的对应关系。

【例 10-15】根据本章案例甲股份有限公司的财务报表数据,该公司 2015 年度和 2016 年度的成本费用利润率的计算如表 10-11 所示:

表 10-11　甲公司成本费用利润率计算表

| 项　　目 | 2015 年 | 2016 年 |
|---|---|---|
| 营业成本 | 2 503 | 2 644 |
| 营业税金及附加 | 28 | 28 |
| 销售费用 | 20 | 22 |
| 管理费用 | 40 | 46 |
| 财务费用 | 96 | 110 |
| 成本费用总额 | 2 687 | 2 850 |
| 利润总额 | 235 | 200 |
| 成本费用利润率 | 8.75% | 7.02% |

可见,甲公司 2016 年的成本费用利润率比 2015 年有所下降,公司应深入检查导致成本费用上升的因素,并改进有关工作,以扭转效益指标下降的状况。

3. 总资产报酬率

总资产报酬率,是企业一定时期内获得的报酬总额与平均资产总额的比率,它是反映企业资产综合利用效果的指标,也是衡量企业利用债权人和所有者权益总额所取得赢利的重要指标,具体的计算公式为:

$$总资产报酬率 = \frac{息税前利润总额}{平均资产总额} \times 100\% \qquad (10-24)$$

式中,息税前利润总额＝利润总额＋利息支出
　　　　　　　　　　　＝净利润＋所得税＋利息支出

　　总资产报酬率全面反映了企业全部资产的获利水平,企业所有者和债权人对该指标都较为关心。一般认为,总资产报酬率越高,表明企业的资产利用效益越好,整个企业的获利能力越强,经营管理水平越高。企业还可将该指标与市场资本利率进行比较,如前者较后者大,则说明企业可以充分利用财务杠杆,适当举债经营,以获得更多的收益。

　　【例10-16】根据本章案例甲股份有限公司的财务报表数据,同时假设表中财务费用全部为利息支出,且该公司2014年年末的资产总额为1 500万元,该公司2015年度和2016年度的总资产现金报酬率的计算如表10-12所示:

表10-12　甲公司总资产报酬率计算表

| 项　　　　目 | 2014 年 | 2015 年 | 2016 年 |
|---|---|---|---|
| 利润总额(万元) | | 235 | 200 |
| 利息支出(万元) | | 96 | 110 |
| 息税前利润总额(万元) | | 331 | 310 |
| 资产年末总额(万元) | 1 500 | 1 680 | 2 000 |
| 平均资产总额(万元) | | 1 590 | 1 840 |
| 总资产报酬率 | | 20.82% | 16.85% |

　　可见,甲公司2016年的资产利用效率不及2015年,应对公司资产的使用情况,增产节约工作等情况做进一步的分析考察,以便改进管理,提高效益。

　　4.净资产收益率

　　净资产收益率,是企业一定时期净利润与平均净资产的比率,它是反映自有资金投资收益水平的指标,是企业获利能力指标的核心,具体的计算公式为:

$$净资产收益率＝\frac{净利润}{平均净资产}×100\%　　　　　　　(10-25)$$

式中,平均净资产$＝\frac{所有者权益年初数＋所有者权益年末数}{2}$

　　净资产收益率是评价企业自由资本及其积累获取报酬水平的最具综合性与代表性的指标,反映企业资本运营的综合效益。该指标通用性强,适应范围广,不受行业局限,在国际上的企业综合评价中使用率较高。通过对该指标的综合对比分析,可以看出企业获利能力在同行业中所处的地位,以及与同类企业的差异水平。一般认为,净资产收益率越高,企业自有资本获取收益的能力越强,运营效益越好,对企业投资人和债权人权益的保证程度越高。

　　【例10-17】根据本章案例甲股份有限公司的财务报表数据,同时假设该公司2014年年末的净资产为7 50万元,该公司2015年度和2016年度的净资产收益率的计算如表10-13所示:

表 10 - 13　甲公司净资产收益率计算表

| 项　　目 | 2014 年 | 2015 年 | 2016 年 |
|---|---|---|---|
| 净利润(万元) | | 160 | 136 |
| 年末净资产额(万元) | 750 | 880 | 960 |
| 平均净资产(万元) | | 815 | 920 |
| 净资产收益率 | | 19.63% | 14.78% |

可见,甲公司 2016 年的净资产收益率比 2015 年有所下降,表明企业自有资本获取收益的能力有所减弱,需进一步分析原因,改善企业的运营效益。

5. 每股收益

每股收益,也称每股利润或每股盈余,是反映企业普通股股东持有每一股份所能享有的企业利润和承担的企业亏损,是衡量上市公司获利能力时最常用的财务分析指标,具体的计算公式为:

$$每股收益 = \frac{净利润 - 优先股股利}{年末普通股股份总数} \qquad (10-26)$$

式中,净利润是指缴纳所得税后的净利润减去优先股股利的剩余额;年末普通股股份总数是指企业发行在外的普通股股份平均数。该指标反映每一普通股的获利水平。一般认为,每股收益越高,表示每一普通股可得的利润越多,表明股东投资效益越好,公司的获利能力越强;反之,则越弱。

6. 每股股利

每股股利,也是衡量上市公司获利能力的指标,它反映每一普通股获取股利的大小,具体的计算公式为:

$$每股股利 = \frac{股利总额}{年末普通股股份总数} \qquad (10-27)$$

一般认为,每股股利越高,表明公司股本获利能力越强;反之,则越弱。

7. 市盈率

市盈率,是衡量上市公司获利能力的另一项指标,它反映投资者对上市公司每元净利润愿意支付的价格,可以用来估计股票的投资报酬和风险,具体的计算公式为:

$$市盈率 = \frac{普通股每股市价}{普通股每股收益} \qquad (10-28)$$

市盈率是反映上市公司获利能力的一个重要财务比率,投资者对这个比率十分重视,它是投资者做出投资决策的重要参考因素之一。一般认为,市盈率越高,表明投资者对该公司的发展前景看好,愿意出较高的价格购买该公司股票,所以一些成长性好的高科技公司股票的市盈率通常要高一些。但若某一种股票的市盈率过高,也意味着该股票的投资风险也较高。

仅从市盈率高低的横向比较看,高市盈率说明公司能够获得社会信赖,具有良好的前景,但这一指标却不适用于不同行业公司间的比较。通常,充满扩展机会的新兴行业市盈率普遍较高,而成熟工业的市盈率则普遍较低,但这并不能说明后者的股票就没有投资价值,在每股收益很小甚至亏损时,很高的市盈率往往不能说明任何问题。投资者应结合其他相关信息,才能准确运用市盈率指标来判断股票的价值。

8. 每股净资产

每股净资产,是上市公司年末净资产(即股东权益)与年末普通股总数的比值,具体的计算公式为:

$$每股净资产 = \frac{年末股东权益}{年末普通股总数} \qquad (10-29)$$

每股净资产也是用于衡量上市公司获利能力的指标之一,一般认为,每股净资产越高,企业的获利能力越强;反之,则越弱。

### 10.3.4　发展能力分析

发展能力,是指企业在生存的基础上,扩大规模、壮大实力的潜在能力。通常可从以下五个指标来考察企业的发展能力。

1. 营业增长率

营业增长率,是反映企业营业收入的增减变动情况,评价企业成长状况和发展能力的重要指标,具体的计算公式为:

$$营业增长率 = \frac{本年营业收入增长额}{上年营业收入总额} \times 100\% \qquad (10-30)$$

式中,本年营业收入增长额=本年营业收入总额-上年营业收入总额

实务中,也可以使用销售增长率来分析企业经营业务收入的增减情况,具体的计算公式为:

$$销售增长率 = \frac{本年销售收入增长额}{上年销售收入总额} \times 100\% \qquad (10-31)$$

营业增长率是衡量企业经营状况和市场占有能力、预测企业经营业务拓展趋势的重要标志。不断增加的营业收入,是企业生存的基础和发展的条件。一般认为,营业增长率大于0,表明企业本年的营业收入有所增长,指标值越高,增长速度越快,企业市场前景越好;营业增长率小于0,则表明产品或服务可能不适销对路、质次价高,或是在售后服务方面存在问题,市场份额萎缩。

实际操作营业增长率这一指标时,应结合企业历年的营业收入水平、企业市场占有情况、行业未来发展及其他影响企业发展的潜在因素进行前瞻性预测,或者结合企业前三年的营业收入增长率做出趋势性分析判断。

【例 10-18】根据表 10-3 的资料,计算甲公司 2016 年的营业增长率为:

(3 000-2 850)÷2 850×100%=5.26%

2. 资本保值增值率

资本保值增值率,反映企业当年资本在企业自身努力下的实际增减变动情况,评价企业成长状况和发展能力的又一重要指标,其具体的计算公式为:

$$资本保值增值率 = \frac{扣除客观因素后的年末所有者权益总额}{年初所有者权益总额} \times 100\% \quad (10-32)$$

一般认为,资本保值增值率越高,表明企业的资本保全状况越好,所有者权益增长越快,债权人的债务越有保障,且通常认为该指标应大于 100% 才好。

【例 10-19】根据表 10-2 的资料,同时假设不存在客观因素,计算甲公司 2016 年的资本保值增值率为:960÷880×100% = 109.09%

### 3. 资本积累率

资本积累率,是表示企业当年资本的积累能力,评价企业发展潜力的重要指标,具体的计算公式为:

$$资本积累率 = \frac{本年所有者权益增长额}{年初所有者权益} \times 100\% \quad (10-33)$$

式中,本年所有者权益增长额=所有者权益年末数-所有者权益年初数

资本积累率是企业当年所有者权益总的增长率,反映了企业所有者权益在当年的变动水平,体现了企业资本的积累情况,是企业发展强盛的标志,也是企业扩大再生产的源泉,展示了企业的发展潜力。资本积累率还反映了投资者投入企业资本的保全性和增长性。一般认为,资本积累率大于 0 且值越高的,表明企业的资本积累越多,应付风险、持续发展的能力越大;资本积累率小于 0 且值越低的,表明企业资本受到侵蚀,所有者权益受到损害,应予以充分重视。

【例 10-20】根据表 10-2 的资料,计算甲公司 2014 年的资本积累率为:
(960-880)÷880×100% = 9.09%

### 4. 总资产增长率

总资产增长率,是反映企业本期资产规模的增长情况,评价企业经营规模总量上的扩张程度的指标,具体的计算公式为:

$$总资产增长率 = \frac{本年总资产增长额}{年初资产总额} \times 100\% \quad (10-34)$$

式中,本年总资产增长额=资产总额年末数-资产总额年初数

总资产增长率是从企业资产总量扩张方面衡量企业的发展能力,表明企业规模增长水平对企业发展后劲的影响。一般认为,总资产增长率越高,表明企业一定时期内资产经营规模扩张的速度越快。但实际操作时,还应注意资产规模扩张的质与量的关系,以及企业的后续发展能力,以避免资产盲目扩张。

【例 10-21】根据表 10-2 的资料,计算甲公司 2014 年的总资产增长率为:
(2 000-1 680)÷1 680×100% = 19.05%

## 10.4 财务综合分析

财务分析的最终目的在于全方位地了解企业经营理财的状况,并借以对企业经济效益的优劣做出系统、合理的评价。前面介绍的财务比率分析方法,虽然可以了解企业各方

面的财务状况,但是不能反映企业各方面财务状况之间的关系,并且单独分析任何一类财务指标,都不足以全面地评价企业的财务状况和经营成果,只有对各种财务指标进行系统地、综合地分析,才能对企业的财务状况做出全面的、合理的评价。因此,必须对企业进行综合的财务分析,深入了解企业财务状况内部因素及其相互关系,才能比较全面地揭示企业财务状况的全貌,进而对企业经济效益的优劣做出准确的评价与判断。

一般而言,一个健全有效的综合财务指标体系必须具备三个基本要素:

(1)指标要素齐全适当,即所设置的评价指标必须能够涵盖企业运营能力、偿债能力和获利能力等诸方面总体考核的要求。

(2)主辅指标功能匹配,即在确立运营能力、支付能力和获利能力诸方面评价的主要指标与辅助指标的同时,应进一步明晰总体结构中各项指标的主辅地位;不同范畴的主要考核指标所反映的企业经营状况、财务状况的不同侧面与不同层次的信息有机统一,应能够全面而详实地揭示企业经营理财的实绩。

(3)满足多方信息需要,即评价指标体系必须能够提供多层次、多角度的信息资料,既能满足企业内部管理当局实施决策对充分而具体的财务信息的需要,同时又能满足外部投资者和政府凭以决策和实施宏观调控的要求。

下面介绍传统的财务综合分析方法,进而就传统财务综合分析方法的局限提出改进。

### 10.4.1　传统的财务分析方法

传统的财务分析方法,是由美国杜邦公司在 20 世纪 20 年代首创,经过多次改进,逐渐把各种财务比率结合成一个体系,利用几种主要的财务比率之间的联系来综合分析企业财务状况的一种方法。因这种分析方法是由美国杜邦公司首创,故称为杜邦分析法。

1. 传统财务分析体系的核心比率

权益净利率是分析体系的核心比率,它是综合性很强的财务比率,有较好的可比性,可以用于不同企业之间的比较。传统财务分析体系将权益净利率作为核心指标,将偿债能力、资产管理效率、赢利能力有机地结合起来,并将核心比率进行层层分解,逐步深入,构成了一个完整的分析系统,其具体分解式如下所示:

$$权益净利益 = \frac{净利益}{股东权益} \times 100\%$$

$$= \frac{净利润}{销售收入} \times \frac{销售收入}{总资产} \times \frac{总资产}{股东权益}$$

$$= 销售净利润 \times 总资产周转率 \times 权益乘数 \qquad (10-35)$$

此分析体系将偿债能力、资产管理能力、赢利能力有机结合起来,无论提高其中的哪一个比率,权益净利率都会提高。其中,"销售净利率"是利润表的概括,"销售收入"在利润表的第一行,"净利润"在利润表的最后一行,两者相除可以概括全部经营成果,是反映企业赢利能力的比率;"权益乘数"是资产负债表的概括,表明资产、负债和股东权益的比例关系,可以反映最基本的财务状况,是偿债能力比率;"总资产周转率"把利润表和资产负债表联系起来,是资产管理比率。三者相结合,使权益净利率可以综合反映整个企业的经营活动和财务活动的业绩。

2. 传统财务分析体系的基本框架

传统财务分析体系的基本框架如图 10－1 所示。

该体系通过几种主要的财务比率之间的关系,直观、明了地反映了企业的财务状况。经过层层分解,各项财务比率在每个层次上与本企业历史或同行业的财务比率进行比较,比较之后向下一级进行分解。逐级向下分解,逐步覆盖企业经营活动的每一个环节,可以实现系统、全面地评价企业经营成果和财务状况的目的。

第一层次的分解,是把权益净利率分解成资产利润率和权益乘数,再将资产利润率分解成销售利润率和总资产周转率。销售利润率、总资产周转率和权益乘数在各企业之间可能存在显著差异,通过进一步的分解,将各企业的差异进行比较,可以观察本企业与其他企业的经营战略、资产结构、赢利能力等有什么不同。

分解出来的销售利润率和总资产周转率可以反映企业的经营战略;分解出来的权益乘数是衡量企业财务杠杆的比率,它可以反映企业的财务政策。

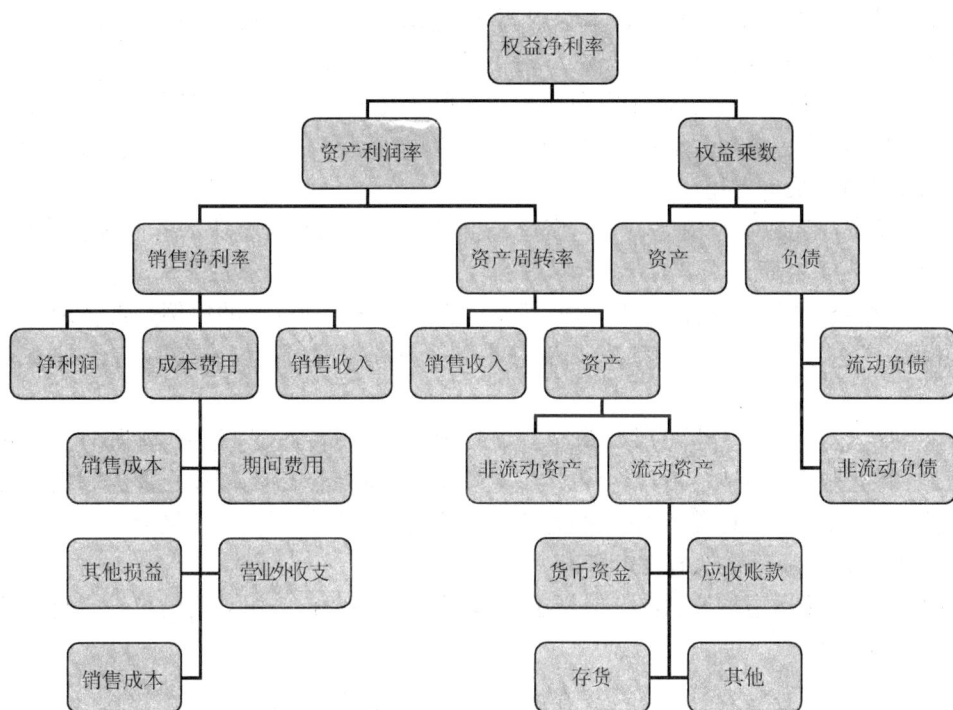

图 10－1　传统财务分析法的基本框架

如上图所示,传统的财务分析体系主要反映了以下几种财务比率之间的关系:

(1) 权益净利率与资产利润率及权益乘数之间的关系

$$权益净利率＝资产利润率×权益乘数 \qquad (10-36)$$

(2) 资产利润率与销售净利率及总资产周转率之间的关系

$$资产利润率＝销售净利率×总资产周转率 \qquad (10-37)$$

（3）销售净利率与净利润及销售收入之间的关系

$$销售净利率＝净利润÷销售收入 \qquad (10-38)$$

（4）总资产周转率与销售收入及资产总额之间的关系

$$总资产周转率＝销售收入÷资产总额 \qquad (10-39)$$

杜邦分析法在揭示了上述几种财务比率之间的关系后，再将净利润、总资产进行层层分解，这样就可以全面、系统地揭示出企业的财务状况以及财务状况系统内部各个因素之间的相互关系。从这种分析法中，我们可以了解到下面的财务信息：

（1）权益净利率是一个综合性很强、具有代表性的财务比率。企业财务管理的重要目标之一就是实现股东财富最大化，权益净利率正是反映了股东投入资金的获利能力，反映了企业筹资、投资和生产运营等各方面的经营活动的效率。

（2）资产利润率是反映企业获利能力的一个重要财务比率，它揭示了企业生产经营活动的效率。企业的销售收入、成本费用、资产结构、资产周转速度以及资金占用量等因素都直接影响到资产利润率的高低。

（3）销售净利率反映了企业净利润与销售收入之间的关系。一般来说，销售收入增加，企业的净利润也会随之增加，但是想要提高销售净利率，必须一方面提高销售收入，另一方面降低各种成本费用。

（4）总资产周转率是销售收入与资产总额的乘积。因此对企业的资产进行分析时，应从两方面入手：

① 分析企业资产的结构是否合理，即流动资产与非流动资产的比例是否合理。资产结构反映了企业资产的流动性，它不仅关系到企业的偿债能力，也会影响企业的赢利能力。

② 结合销售收入，分析企业的资金周转情况，资产周转速度直接影响到企业的赢利能力，如果企业资金周转较慢，就会占用大量资金，增加资金成本，减少企业的利润。资金周转情况的分析，应将总资产周转率、存货周转率与应收账款周转率相结合。

3. 传统财务分析体系的运用实例

【例10-22】运用传统的财务分析法，对本章案例甲股份有限公司的权益净利率进行比较和分解分析。

$$权益净利率＝销售净利率×总资产周转率×权益乘数 \qquad (10-40)$$

甲公司上年的权益净利率18.18％＝5.614％×1.6964×1.9091

甲公司本年的权益净利率14.17％＝4.5333％×1.5×2.0833

权益净利率变动＝14.17％－18.18％＝－4.01％

与上年相比，股东权益的净利率降低了，公司整体业绩不如上年。影响权益净利率变动的不利因素是销售净利率和总资产周转率的下降，有利因素是权益乘数的提高。销售净利率从5.614％下降到4.5333％，说明公司的经营、销售有待加强；总资产周转率从1.6964下降到1.5，说明资产的管理效率有所下降；权益乘数的上升意味着资金结构中负债比重上升，从而导致财务风险的提高，但同时由于财务杠杆的作用，使得股东的收益可见,甲公司的营业利润率略有下降,通过分析可以看到,这种下降趋势主要是由于该公司 2014 年度的成本费用增加所至,由于下降幅度不大,公司的经营方向和产品结构应该还是较符合现有市场的需要的。

2. 成本费用利润率

成本费用利润率,是企业一定时期利润总额与成本费用总额的比率,具体的计算公式为:

$$成本费用利润率 = \frac{利润总额}{成本费用总额} \times 100\% \qquad (10-23)$$

式中,成本费用总额＝营业成本＋营业税金及附加＋销售费用＋管理费用＋财务费用

一般认为,成本费用利润率越高,表明企业为取得利润而付出的代价越小,成本费用控制得越好,获利能力越强。

由于成本费用的计算口径与利润一样,也可以分为不同的层次,如主营业务成本、营业成本等,所以,具体在计算和使用成本费用利润率时,应注意成本费用与利润之间在计算层次和口径上的对应关系。

【例 10-15】根据本章案例甲股份有限公司的财务报表数据,该公司 2015 年度和 2016 年度的成本费用利润率的计算如表 10-11 所示:

表 10-11 甲公司成本费用利润率计算表

| 项 目 | 2015 年 | 2016 年 |
| --- | --- | --- |
| 营业成本 | 2 503 | 2 644 |
| 营业税金及附加 | 28 | 28 |
| 销售费用 | 20 | 22 |
| 管理费用 | 40 | 46 |
| 财务费用 | 96 | 110 |
| 成本费用总额 | 2 687 | 2 850 |
| 利润总额 | 235 | 200 |
| 成本费用利润率 | 8.75% | 7.02% |

可见,甲公司 2016 年的成本费用利润率比 2015 年有所下降,公司应深入检查导致成本费用上升的因素,并改进有关工作,以扭转效益指标下降的状况。

3. 总资产报酬率

总资产报酬率,是企业一定时期内获得的报酬总额与平均资产总额的比率,它是反映企业资产综合利用效果的指标,也是衡量企业利用债权人和所有者权益总额所取得赢利的重要指标,具体的计算公式为:

$$总资产报酬率 = \frac{息税前利润总额}{平均资产总额} \times 100\% \qquad (10-24)$$

式中,息税前利润总额＝利润总额＋利息支出

＝净利润＋所得税＋利息支出

总资产报酬率全面反映了企业全部资产的获利水平,企业所有者和债权人对该指标都较为关心。一般认为,总资产报酬率越高,表明企业的资产利用效益越好,整个企业的获利能力越强,经营管理水平越高。企业还可将该指标与市场资本利率进行比较,如前者较后者大,则说明企业可以充分利用财务杠杆,适当举债经营,以获得更多的收益。

【例 10－16】根据本章案例甲股份有限公司的财务报表数据,同时假设表中财务费用全部为利息支出,且该公司 2014 年年末的资产总额为 1 500 万元,该公司 2015 年度和 2016 年度的总资产现金报酬率的计算如表 10－12 所示:

表 10－12　甲公司总资产报酬率计算表

| 项　　目 | 2014 年 | 2015 年 | 2016 年 |
| --- | --- | --- | --- |
| 利润总额(万元) | | 235 | 200 |
| 利息支出(万元) | | 96 | 110 |
| 息税前利润总额(万元) | | 331 | 310 |
| 资产年末总额(万元) | 1 500 | 1 680 | 2 000 |
| 平均资产总额(万元) | | 1 590 | 1 840 |
| 总资产报酬率 | | 20.82% | 16.85% |

可见,甲公司 2016 年的资产利用效率不及 2015 年,应对公司资产的使用情况,增产节约工作等情况做进一步的分析考察,以便改进管理,提高效益。

4. 净资产收益率

净资产收益率,是企业一定时期净利润与平均净资产的比率,它是反映自有资金投资收益水平的指标,是企业获利能力指标的核心,具体的计算公式为:

$$净资产收益率＝\frac{净利润}{平均净资产}×100\% \qquad (10-25)$$

式中,平均净资产＝$\dfrac{所有者权益年初数＋所有者权益年末数}{2}$

净资产收益率是评价企业自由资本及其积累获取报酬水平的最具综合性与代表性的指标,反映企业资本运营的综合效益。该指标通用性强,适应范围广,不受行业局限,在国际上的企业综合评价中使用率较高。通过对该指标的综合对比分析,可以看出企业获利能力在同行业中所处的地位,以及与同类企业的差异水平。一般认为,净资产收益率越高,企业自有资本获取收益的能力越强,运营效益越好,对企业投资人和债权人权益的保证程度越高。

【例 10－17】根据本章案例甲股份有限公司的财务报表数据,同时假设该公司 2014年年末的净资产为 7 50 万元,该公司 2015 年度和 2016 年度的净资产收益率的计算如表 10－13 所示:

**表 10 - 13 甲公司净资产收益率计算表**

| 项 目 | 2014 年 | 2015 年 | 2016 年 |
|---|---|---|---|
| 净利润(万元) | | 160 | 136 |
| 年末净资产额(万元) | 750 | 880 | 960 |
| 平均净资产(万元) | | 815 | 920 |
| 净资产收益率 | | 19.63% | 14.78% |

可见,甲公司 2016 年的净资产收益率比 2015 年有所下降,表明企业自有资本获取收益的能力有所减弱,需进一步分析原因,改善企业的运营效益。

5. 每股收益

每股收益,也称每股利润或每股盈余,是反映企业普通股股东持有每一股份所能享有的企业利润和承担的企业亏损,是衡量上市公司获利能力时最常用的财务分析指标,具体的计算公式为:

$$每股收益 = \frac{净利润 - 优先股股利}{年末普通股股份总数} \tag{10 - 26}$$

式中,净利润是指缴纳所得税后的净利润减去优先股股利的剩余额;年末普通股股份总数是指企业发行在外的普通股股份平均数。该指标反映每一普通股的获利水平。一般认为,每股收益越高,表示每一普通股可得的利润越多,表明股东投资效益越好,公司的获利能力越强;反之,则越弱。

6. 每股股利

每股股利,也是衡量上市公司获利能力的指标,它反映每一普通股获取股利的大小,具体的计算公式为:

$$每股股利 = \frac{股利总额}{年末普通股股份总数} \tag{10 - 27}$$

一般认为,每股股利越高,表明公司股本获利能力越强;反之,则越弱。

7. 市盈率

市盈率,是衡量上市公司获利能力的另一项指标,它反映投资者对上市公司每元净利润愿意支付的价格,可以用来估计股票的投资报酬和风险,具体的计算公式为:

$$市盈率 = \frac{普通股每股市价}{普通股每股收益} \tag{10 - 28}$$

市盈率是反映上市公司获利能力的一个重要财务比率,投资者对这个比率十分重视,它是投资者做出投资决策的重要参考因素之一。一般认为,市盈率越高,表明投资者对该公司的发展前景看好,愿意出较高的价格购买该公司股票,所以一些成长性好的高科技公司股票的市盈率通常要高一些。但若某一种股票的市盈率过高,也意味着该股票的投资风险也较高。

仅从市盈率高低的横向比较看,高市盈率说明公司能够获得社会信赖,具有良好的前景,但这一指标却不适用于不同行业公司间的比较。通常,充满扩展机会的新兴行业市盈率普遍较高,而成熟工业的市盈率则普遍较低,但这并不能说明后者的股票就没有投资价值,在每股收益很小甚至亏损时,很高的市盈率往往不能说明任何问题。投资者应结合其他相关信息,才能准确运用市盈率指标来判断股票的价值。

8. 每股净资产

每股净资产,是上市公司年末净资产(即股东权益)与年末普通股总数的比值,具体的计算公式为:

$$每股净资产 = \frac{年末股东权益}{年末普通股总数} \tag{10-29}$$

每股净资产也是用于衡量上市公司获利能力的指标之一,一般认为,每股净资产越高,企业的获利能力越强;反之,则越弱。

### 10.3.4　发展能力分析

发展能力,是指企业在生存的基础上,扩大规模、壮大实力的潜在能力。通常可从以下五个指标来考察企业的发展能力。

1. 营业增长率

营业增长率,是反映企业营业收入的增减变动情况,评价企业成长状况和发展能力的重要指标,具体的计算公式为:

$$营业增长率 = \frac{本年营业收入增长额}{上年营业收入总额} \times 100\% \tag{10-30}$$

式中,本年营业收入增长额 = 本年营业收入总额 - 上年营业收入总额

实务中,也可以使用销售增长率来分析企业经营业务收入的增减情况,具体的计算公式为:

$$销售增长率 = \frac{本年销售收入增长额}{上年销售收入总额} \times 100\% \tag{10-31}$$

营业增长率是衡量企业经营状况和市场占有能力、预测企业经营业务拓展趋势的重要标志。不断增加的营业收入,是企业生存的基础和发展的条件。一般认为,营业增长率大于0,表明企业本年的营业收入有所增长,指标值越高,增长速度越快,企业市场前景越好;营业增长率小于0,则表明产品或服务可能不适销对路、质次价高,或是在售后服务方面存在问题,市场份额萎缩。

实际操作营业增长率这一指标时,应结合企业历年的营业收入水平、企业市场占有情况、行业未来发展及其他影响企业发展的潜在因素进行前瞻性预测,或者结合企业前三年的营业收入增长率做出趋势性分析判断。

【例10-18】根据表10-3的资料,计算甲公司2016年的营业增长率为:

(3 000－2 850)÷2 850×100％＝5.26％

2. 资本保值增值率

资本保值增值率,反映企业当年资本在企业自身努力下的实际增减变动情况,评价企业成长状况和发展能力的又一重要指标,其具体的计算公式为:

$$资本保值增值率 = \frac{扣除客观因素后的年末所有者权益总额}{年初所有者权益总额} \times 100\% \quad (10-32)$$

一般认为，资本保值增值率越高，表明企业的资本保全状况越好，所有者权益增长越快，债权人的债务越有保障，且通常认为该指标应大于 100% 才好。

【例 10-19】根据表 10-2 的资料，同时假设不存在客观因素，计算甲公司 2016 年的资本保值增值率为：$960 \div 880 \times 100\% = 109.09\%$

### 3. 资本积累率

资本积累率，是表示企业当年资本的积累能力，评价企业发展潜力的重要指标，具体的计算公式为：

$$资本积累率 = \frac{本年所有者权益增长额}{年初所有者权益} \times 100\% \quad (10-33)$$

式中，本年所有者权益增长额＝所有者权益年末数－所有者权益年初数

资本积累率是企业当年所有者权益总的增长率，反映了企业所有者权益在当年的变动水平，体现了企业资本的积累情况，是企业发展强盛的标志，也是企业扩大再生产的源泉，展示了企业的发展潜力。资本积累率还反映了投资者投入企业资本的保全性和增长性。一般认为，资本积累率大于 0 且值越高的，表明企业的资本积累越多，应付风险、持续发展的能力越大；资本积累率小于 0 且值越低的，表明企业资本受到侵蚀，所有者权益受到损害，应予以充分重视。

【例 10-20】根据表 10-2 的资料，计算甲公司 2014 年的资本积累率为：
$(960-880) \div 880 \times 100\% = 9.09\%$

### 4. 总资产增长率

总资产增长率，是反映企业本期资产规模的增长情况，评价企业经营规模总量上的扩张程度的指标，具体的计算公式为：

$$总资产增长率 = \frac{本年总资产增长额}{年初资产总额} \times 100\% \quad (10-34)$$

式中，本年总资产增长额＝资产总额年末数－资产总额年初数

总资产增长率是从企业资产总量扩张方面衡量企业的发展能力，表明企业规模增长水平对企业发展后劲的影响。一般认为，总资产增长率越高，表明企业一定时期内资产经营规模扩张的速度越快。但实际操作时，还应注意资产规模扩张的质与量的关系，以及企业的后续发展能力，以避免资产盲目扩张。

【例 10-21】根据表 10-2 的资料，计算甲公司 2014 年的总资产增长率为：
$(2\,000-1\,680) \div 1\,680 \times 100\% = 19.05\%$

## 10.4　财务综合分析

财务分析的最终目的在于全方位地了解企业经营理财的状况，并借以对企业经济效益的优劣做出系统、合理的评价。前面介绍的财务比率分析方法，虽然可以了解企业各方

面的财务状况,但是不能反映企业各方面财务状况之间的关系,并且单独分析任何一类财务指标,都不足以全面地评价企业的财务状况和经营成果,只有对各种财务指标进行系统地、综合地分析,才能对企业的财务状况做出全面的、合理的评价。因此,必须对企业进行综合的财务分析,深入了解企业财务状况内部因素及其相互关系,才能比较全面地揭示企业财务状况的全貌,进而对企业经济效益的优劣做出准确的评价与判断。

一般而言,一个健全有效的综合财务指标体系必须具备三个基本要素:

(1) 指标要素齐全适当,即所设置的评价指标必须能够涵盖企业运营能力、偿债能力和获利能力等诸方面总体考核的要求。

(2) 主辅指标功能匹配,即在确立运营能力、支付能力和获利能力诸方面评价的主要指标与辅助指标的同时,应进一步明晰总体结构中各项指标的主辅地位;不同范畴的主要考核指标所反映的企业经营状况、财务状况的不同侧面与不同层次的信息有机统一,应能够全面而详实地揭示企业经营理财的实绩。

(3) 满足多方信息需要,即评价指标体系必须能够提供多层次、多角度的信息资料,既能满足企业内部管理当局实施决策对充分而具体的财务信息的需要,同时又能满足外部投资者和政府凭以决策和实施宏观调控的要求。

下面介绍传统的财务综合分析方法,进而就传统财务综合分析方法的局限提出改进。

### 10.4.1 传统的财务分析方法

传统的财务分析方法,是由美国杜邦公司在 20 世纪 20 年代首创,经过多次改进,逐渐把各种财务比率结合成一个体系,利用几种主要的财务比率之间的联系来综合分析企业财务状况的一种方法。因这种分析方法是由美国杜邦公司首创,故称为杜邦分析法。

1. 传统财务分析体系的核心比率

权益净利率是分析体系的核心比率,它是综合性很强的财务比率,有较好的可比性,可以用于不同企业之间的比较。传统财务分析体系将权益净利率作为核心指标,将偿债能力、资产管理效率、赢利能力有机地结合起来,并将核心比率进行层层分解,逐步深入,构成了一个完整的分析系统,其具体分解式如下所示:

$$权益净利益 = \frac{净利益}{股东权益} \times 100\%$$

$$= \frac{净利润}{销售收入} \times \frac{销售收入}{总资产} \times \frac{总资产}{股东权益}$$

$$= 销售净利润 \times 总资产周转率 \times 权益乘数 \quad (10-35)$$

此分析体系将偿债能力、资产管理能力、赢利能力有机结合起来,无论提高其中的哪一个比率,权益净利率都会提高。其中,"销售净利率"是利润表的概括,"销售收入"在利润表的第一行,"净利润"在利润表的最后一行,两者相除可以概括全部经营成果,是反映企业赢利能力的比率;"权益乘数"是资产负债表的概括,表明资产、负债和股东权益的比例关系,可以反映最基本的财务状况,是偿债能力比率;"总资产周转率"把利润表和资产负债表联系起来,是资产管理比率。三者相结合,使权益净利率可以综合反映整个企业的经营活动和财务活动的业绩。

2. 传统财务分析体系的基本框架

传统财务分析体系的基本框架如图 10-1 所示。

该体系通过几种主要的财务比率之间的关系，直观、明了地反映了企业的财务状况。经过层层分解，各项财务比率在每个层次上与本企业历史或同行业的财务比率进行比较，比较之后向下一级进行分解。逐级向下分解，逐步覆盖企业经营活动的每一个环节，可以实现系统、全面地评价企业经营成果和财务状况的目的。

第一层次的分解，是把权益净利率分解成资产利润率和权益乘数，再将资产利润率分解成销售利润率和总资产周转率。销售利润率、总资产周转率和权益乘数在各企业之间可能存在显著差异，通过进一步的分解，将各企业的差异进行比较，可以观察本企业与其他企业的经营战略、资产结构、赢利能力等有什么不同。

分解出来的销售利润率和总资产周转率可以反映企业的经营战略；分解出来的权益乘数是衡量企业财务杠杆的比率，它可以反映企业的财务政策。

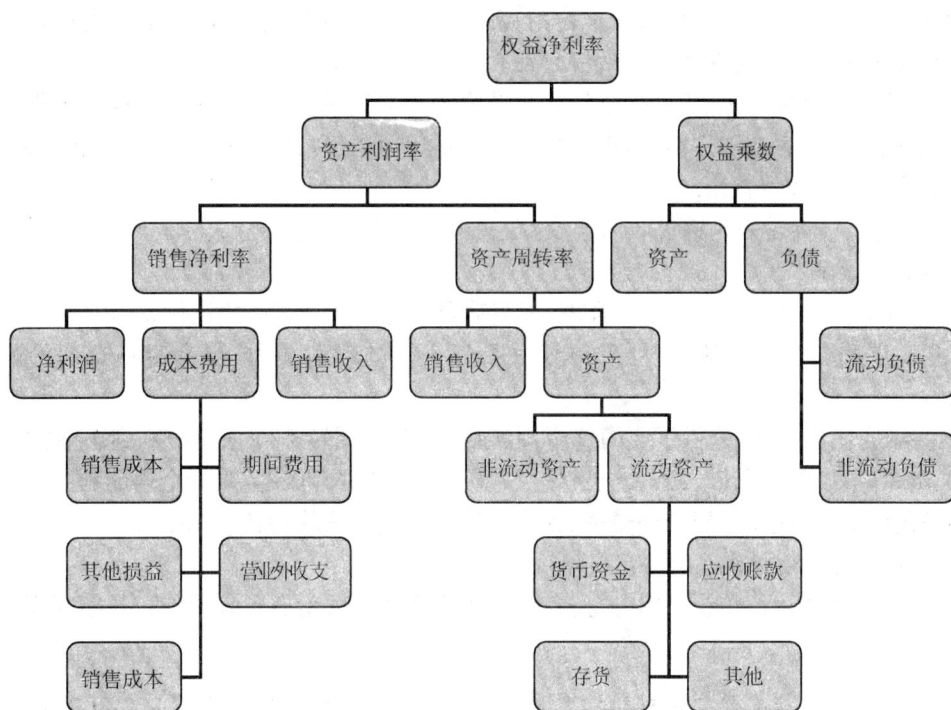

**图 10-1　传统财务分析法的基本框架**

如上图所示，传统的财务分析体系主要反映了以下几种财务比率之间的关系：

（1）权益净利率与资产利润率及权益乘数之间的关系

$$权益净利率＝资产利润率×权益乘数 \qquad (10-36)$$

（2）资产利润率与销售净利率及总资产周转率之间的关系

$$资产利润率＝销售净利率×总资产周转率 \qquad (10-37)$$

（3）销售净利率与净利润及销售收入之间的关系

$$销售净利率＝净利润÷销售收入 \qquad (10-38)$$

（4）总资产周转率与销售收入及资产总额之间的关系

$$总资产周转率＝销售收入÷资产总额 \qquad (10-39)$$

杜邦分析法在揭示了上述几种财务比率之间的关系后，再将净利润、总资产进行层层分解，这样就可以全面、系统地揭示出企业的财务状况以及财务状况系统内部各个因素之间的相互关系。从这种分析法中，我们可以了解到下面的财务信息：

（1）权益净利率是一个综合性很强、具有代表性的财务比率。企业财务管理的重要目标之一就是实现股东财富最大化，权益净利率正是反映了股东投入资金的获利能力，反映了企业筹资、投资和生产运营等各方面的经营活动的效率。

（2）资产利润率是反映企业获利能力的一个重要财务比率，它揭示了企业生产经营活动的效率。企业的销售收入、成本费用、资产结构、资产周转速度以及资金占用量等因素都直接影响到资产利润率的高低。

（3）销售净利率反映了企业净利润与销售收入之间的关系。一般来说，销售收入增加，企业的净利润也会随之增加，但是想要提高销售净利率，必须一方面提高销售收入，另一方面降低各种成本费用。

（4）总资产周转率是销售收入与资产总额的乘积。因此对企业的资产进行分析时，应从两方面入手：

① 分析企业资产的结构是否合理，即流动资产与非流动资产的比例是否合理。资产结构反映了企业资产的流动性，它不仅关系到企业的偿债能力，也会影响企业的赢利能力。

② 结合销售收入，分析企业的资金周转情况，资产周转速度直接影响到企业的赢利能力，如果企业资金周转较慢，就会占用大量资金，增加资金成本，减少企业的利润。资金周转情况的分析，应将总资产周转率、存货周转率与应收账款周转率相结合。

3. 传统财务分析体系的运用实例

【例 10-22】运用传统的财务分析法，对本章案例甲股份有限公司的权益净利率进行比较和分解分析。

$$权益净利率＝销售净利率×总资产周转率×权益乘数 \qquad (10-40)$$

甲公司上年的权益净利率 $18.18\%＝5.614\%×1.6964×1.9091$

甲公司本年的权益净利率 $14.17\%＝4.5333\%×1.5×2.0833$

权益净利率变动＝$14.17\%－18.18\%＝-4.01\%$

与上年相比，股东权益的净利率降低了，公司整体业绩不如上年。影响权益净利率变动的不利因素是销售净利率和总资产周转率的下降，有利因素是权益乘数的提高。销售净利率从 5.614% 下降到 4.5333%，说明公司的经营、销售有待加强；总资产周转率从 1.6964 下降到 1.5，说明资产的管理效率有所下降；权益乘数的上升意味着资金结构中负债比重上升，从而导致财务风险的提高，但同时由于财务杠杆的作用，使得股东的收益提高。从以上分析来看,如果甲公司想提高权益净利率,应多关注生产经营与销售,积极扩展销售规模,加强成本费用的控制,改善资产管理运营的效率。

### 4. 传统财务分析法的局限性

传统的杜邦财务分析法自建立以来,得到了广泛的应用,也取得了较好的应用效果,但是,仍存在一些明显不足。这些不足主要表现在:

(1) 计算总资产利润率的"总资产"与"净利润"不匹配,因为总资产是全部资产提供者享有的权利,而净利润是专门属于股东的,两者不匹配,因而总资产净利率这一指标不能反映实际的回报率。

(2) 没有区分经营活动损益和金融活动损益。

(3) 没有区分有息负债与无息负债。

针对上述问题,人们对传统的财务分析法做了一系列的改进,逐步形成了一个新的分析体系。

## 10.4.2 改进的财务分析体系

### 1. 改进的财务分析体系的主要概念

(1) 区分经营资产和金融资产

经营资产是指用于生产经营活动的资产。与总资产相比,它不包括没有被用于生产经营活动的金融资产。区分经营资产与金融资产的主要标志是有无利息,如企业的应收款项大部分是无息的,应列入经营资产;如果能取得利息则列为金融资产,如短期应收票据如果以市场利率计息,就属于金融资产。

(2) 区分经营负债和金融负债

经营负债是指在生产经营活动中形成的短期和长期无息负债。金融负债是公司筹资活动形成的有息负债。划分经营负债与金融负债的一般标准是有无利息。

(3) 区分经营活动损益和金融活动损益

金融活动的损益是净利息费用,即利息收支的净额。金融活动的收益和成本,不应列入经营活动损益,两者应加以区分。

(4) 经营活动损益内部,可以进一步划分为主要经营利润、其他营业利润和营业外收支。

主要经营利润是指企业日常活动产生的利润,其金额为销售收入减去销售成本及有关的期间费用,是最具有持续性和预测性的收益;其他营业利润包括投资收益、资产减值和公允价值变动,它们的持续性不易判定,但肯定低于主要经营利润;营业外收支是指营业外收入减去营业外支出后的余额,它不具有持续性和预测性。这样的区分,有利于评价企业的赢利能力。

(5) 区分所得税

法定利润表的所得税是统一扣除的。为了便于分析,需要将所得税分摊给经营利润和利息费用。分摊的简便方法是根据实际的所得税税率比例分摊。

上述概念的前两个是与资产负债表有关的概念,后三个则与利润表有关。可将它们用公式表示如下:

$$净经营资产＝净金融负债＋股东权益 \qquad (10-41)$$

$$净利润＝经营利润－净利息费用 \qquad (10-42)$$

式中,净经营资产＝经营资产－经营负债

净金融负债＝金融负债－金融资产

经营利润＝税前经营利润×(1－所得税税率)

净利息费用＝利息费用×(1－所得税税率)

2. 调整资产负债表和利润表

根据上述概念,需要调整资产负债表和利润表中的有关数据。表 10-14 和表 10-15 分别为重新编制后的甲公司的资产负债表和利润表。

**表 10-14　调整后的资产负债表**

编制单位:甲股份有限公司　　　　　2016 年 12 月 31 日　　　　　单位:万元

| 净经营资产 | 年初余额 | 年末余额 | 净负债及股东权益 | 年初余额 | 年末余额 |
|---|---|---|---|---|---|
| 经营资产: | | | 金融负债: | | |
| 应收票据 | 11 | 8 | 短期借款 | 45 | 60 |
| 应收账款 | 199 | 398 | 交易性金融负债 | 0 | 0 |
| 预付账款 | 4 | 22 | 长期借款 | 245 | 450 |
| 应收股利 | 0 | 0 | 应付债券 | 260 | 240 |
| 应收利息 | 0 | 0 | 金融负债合计 | 550 | 750 |
| 其他应收款 | 22 | 12 | 金融资产: | | |
| 存货 | 326 | 119 | 货币资金 | 25 | 50 |
| 待摊费用 | 7 | 32 | 交易性金融资产 | 12 | 6 |
| 一年内到期的非流动资产 | 4 | 45 | 可供出售金融资产 | 45 | 0 |
| 其他流动资产 | 0 | 8 | 金融资产合计 | 82 | 56 |
| 持有至到期投资 | 0 | 0 | 净负债 | 468 | 694 |
| 长期股权投资 | 0 | 30 | 股东权益: | | |
| 长期应收款 | 0 | 0 | 股本 | 100 | 100 |
| 固定资产 | 955 | 1 238 | 资本公积 | 10 | 10 |
| 在建工程 | 35 | 18 | 盈余公积 | 40 | 100 |
| 固定资产清理 | 12 | 0 | 未分配利润 | 730 | 750 |
| 无形资产 | 8 | 6 | 减:库存股 | 0 | 0 |
| 开发支出 | 0 | 0 | 股东权益合计 | 880 | 960 |
| 商誉 | 0 | 0 | 净负债及股东权益总计 | 1 348 | 1 654 |
| 长期待摊费用 | 15 | 5 | | | |
| 递延所得税资产 | 0 | 0 | | | |

续表

| 净经营资产 | 年初余额 | 年末余额 | 净负债及股东权益 | 年初余额 | 年末余额 |
|---|---|---|---|---|---|
| 其他非流动资产 | 0 | 3 | | | |
| 经营资产合计 | 1 598 | 1 944 | | | |
| 经营负债: | | | | | |
| 应付票据 | 4 | 5 | | | |
| 应付账款 | 109 | 100 | | | |
| 预收账款 | 4 | 10 | | | |
| 应付职工薪酬 | 1 | 2 | | | |
| 应交税费 | 4 | 5 | | | |
| 应付利息 | 16 | 12 | | | |
| 应付股利 | 10 | 28 | | | |
| 其他应付款 | 13 | 14 | | | |
| 预提费用 | 5 | 9 | | | |
| 预计负债 | 4 | 2 | | | |
| 一年内到期的非流动负债 | 0 | 50 | | | |
| 其他流动负债 | 5 | 3 | | | |
| 长期应付款 | 60 | 50 | | | |
| 专项应付款 | 0 | 0 | | | |
| 递延所得税负债 | 0 | 0 | | | |
| 其他非流动负债 | 15 | 0 | | | |
| 经营负债合计 | 250 | 290 | | | |
| 净经营资产 | 1 348 | 1 654 | | | |

表 10 - 15　调整后的利润表

编制单位:甲股份有限公司　　　　　　　　2016 年度　　　　　　　　　　单位:万元

| 项　目 | 上年金额 | 本年金额 |
|---|---|---|
| 经营活动: | | |
| 一、营业收入 | 2 850 | 3 000 |
| 减:营业成本 | 2 503 | 2 644 |
| 二、毛利 | 347 | 356 |
| 减:营业税金及附加 | 28 | 28 |
| 销售费用 | 20 | 22 |

| 项 目 | 上年金额 | 本年金额 |
|---|---|---|
| 管理费用 | 40 | 46 |
| 三、主要经营利润 | 259 | 260 |
| 减:资产减值损失 | 0 | 0 |
| 加:公允价值变动收益 | 0 | 0 |
| 投资收益 | 0 | 6 |
| 四、税前营业利润 | 259 | 266 |
| 加:营业外收入 | 72 | 45 |
| 减:营业外支出 | 0 | 1 |
| 五、税前经营利润 | 331 | 310 |
| 减:经营利润所得税费用 | 105.64 | 99.2 |
| 六、经营利润 | 225.36 | 210.8 |
| 金融活动: | | |
| 一、税前利息费用 | 96 | 110 |
| 利息费用减少所得税 | 30.64 | 35.2 |
| 二、净利息费用 | 65.36 | 74.8 |
| 利润合计: | | |
| 税前利润合计 | 235 | 200 |
| 所得税费用合计 | 75 | 64 |
| 税后净利润合计 | 160 | 136 |
| 备注:平均所得税税率 | 31.91% | 32% |

3. 改进的财务分析法的核心公式

改进的财务分析法的核心公式如下:

$$权益净利率 = \frac{经营利润}{股东权益} - \frac{净利息}{股东权益}$$

$$= \frac{经营利润}{净经营资产} \times \frac{净经营资产}{股东权益} - \frac{净利息}{净负债} \times \frac{净负债}{股东权益}$$

$$= \frac{经营利润}{净经营资产} \times \left(1 + \frac{净负债}{股东权益}\right) - \frac{净利息}{净负债} \times \frac{净负债}{股东权益}$$

$$= 净经营资产利润率 + (净经营资产利润率 - 净利息率) \times 净财务杠杆$$

$$(10 - 43)$$

从上述分解式可以看出,权益净利率的高低取决于三个因素:净经营资产利润率、净利息率和净财务杠杆。

4. 改进的财务分析法的运用实例

【例 10-23】运用改进后的财务分析法,对本章案例甲股份有限公司的权益净利率进行比较和分解分析,如表 10-16 所示。

表 10-16　主要财务比率及其变动

| 主要财务比率 | 上　年 | 本　年 | 变　动 |
|---|---|---|---|
| 1. 净经营资产利润率(经营利润/净经营资产) | 16.72% | 12.74% | −3.98% |
| 2. 净利息率(净利息/净负债) | 13.97% | 10.78% | −3.19% |
| 3. 净财务杠杆(净负债/股东权益) | 0.531 8 | 0.722 9 | 0.191 1 |
| 4. 权益净利率 | 18.18% | 14.16% | −4.02% |

根据上述计算结果可以看出,甲公司的权益净利率本年与上年相比降低了 4.02%,表明公司整体业绩不如上年。影响权益净利率变动的主要原因是:① 净经营资产利润率降低了 3.98%＝16.72%−12.74%;② 净利息率降低了 3.19%;③ 净财务杠杆提高了 0.191 1。因此可以说明企业的赢利能力出了问题,有待提高。如果企业分析者想更清楚地了解各财务比率的变动对权益净利率带来的具体影响,可结合本章第二节的因素分析法进行分解分析,本章不再赘述。

总之,不管是运用传统的分析体系还是改进的分析体系,对企业财务进行综合分析时,企业的赢利能力涉及生产经营活动的方方面面。权益净利率与企业的筹资结构、销售规模、成本水平、资产管理等因素密切相关,这些因素构成一个完整的系统,系统内部各因素之间相互作用。只有协调好系统内部各个因素之间的关系,才能使权益净利率得到提高,从而实现公司股东财富最大化的理财目标。

## 复习思考题

**一、单选题**

1. 运用杜邦财务分析体系的核心指标是( )。
   A. 总资产报酬率
   B. 总资产周转率
   C. 净资产收益率
   D. 销售利润率

2. 在财务分析信息时,企业的债权人最关注( )。
   A. 企业的投资报酬率
   B. 企业的经营理财
   C. 社会效益
   D. 债权的安全性

3. 当企业的流动比率小于 1 时,赊购原材料将会( )。
   A. 增大流动比率
   B. 降低流动比率
   C. 降低营运资金
   D. 增大营运资金

4. 属于企业盈利能力分析指标的是( )。
   A. 总资产报酬率
   B. 资本保值增值率

　　　　C. 总资本收益率　　　　　　　　　　D. 盈余现金保障倍数

　　5. 影响速动比率可信性的重要因素是(　　　)。

　　　　A. 固定资产的多少　　　　　　　　　B. 流动负债的多少

　　　　C. 应收账款的变现能力　　　　　　　D. 长期投资的多少

　　6. 用于评价企业盈利能力的总资产报酬率指标中的"报酬"是指(　　　)。

　　　　A. 息税前利润　　　B. 营业利润　　　C. 利润总额　　　D. 净利润

　　7. 下列各项中,可能导致企业资产负债率变化的经济业务是(　　　)。

　　　　A. 收回应收账款　　　　　　　　　　B. 用现金购买债券

　　　　C. 接受所有者投资转入的固定资产　　D. 以固定资产对外投资

　　8. 有关权益乘数,下列说法中错误的是(　　　)。

　　　　A. 权益乘数是指资产总额与所有者权益的比率

　　　　B. 权益乘数越大,表明所有者投入企业的资本占全部资产的比重越小

　　　　C. 权益乘数越小,表明企业的负债程度越高

　　　　D. 权益乘数侧重于揭示资产总额与所有者的倍数关系,倍数越大,说明企业的偿
　　　　　 债风险越大

## 二、多选题

　　1. 应收账款周转率越高,则(　　　)。

　　　　A. 存货周转率越快,流动资金需要量越小

　　　　B. 收账越迅速,账龄期限越长

　　　　C. 资产流动性越强,短期偿债能力越强

　　　　D. 账款收回率越高,收账费用和坏账损失越低

　　2. 上市公司最重要的财务指标包括(　　　)。

　　　　A. 市盈率　　　　　B. 资产负债率　　　C. 每股收益　　　D. 每股净资产

　　3. 财务分析的目的包括(　　　)。

　　　　A. 吸引更多的投资者

　　　　B. 揭示和披露企业经营状况和财务状况

　　　　C. 促进企业所有者财富最大化目标的实现

　　　　D. 投资效率最大化

　　4. 影响净资产收益率的因素有(　　　)。

　　　　A. 流动负债与长期负债的比率　　　　B. 资产负债率

　　　　C. 销售净利率　　　　　　　　　　　D. 资产周转率

　　5. 下列分析方法中,属于财务综合分析方法的有(　　　)。

　　　　A. 趋势分析法　　　　　　　　　　　B. 杜邦分析法

　　　　C. 因素分析法　　　　　　　　　　　D. 沃尔比重分析法

　　6. 在其他条件不变的情况下,会引起总资产周转率指标上升的经济业务是(　　　)。

　　　　A. 用现金偿还负债　　　　　　　　　B. 借入一笔短期借款

　　　　C. 用银行存款购入一台设备　　　　　D. 用银行存款支付一年电话费

### 三、判断题

1. 企业投资者在进行财务分析时,最关心的是企业是否有足够的支付能力,以保证其债务本息能够及时、足额的得以偿还。　　　　　　　　　　　　　　　　（　　）

2. 一般而言,已获利息倍数越大,企业可以偿还债务的可能性也越大。　（　　）

3. 与产权比率比较,用资产负债率评价企业偿债能力的侧重点是揭示权益资本对偿债风险的承受能力。　　　　　　　　　　　　　　　　　　　　　　　（　　）

4. 对于企业来说,存货周转率过高,未必就说明存货管理得好。　　　（　　）

5. 每股收益指标在不同行业、不同规模的上市公司之间不具有可比性。　（　　）

6. 应收账款周转率过低或过高对企业都可能是不利的。　　　　　　　（　　）

### 四、计算分析题

1. 星海公司资产负债表如下表所示。

**星海公司资产负债表**

2016 年 12 月 31 日　　　　　单位:万元

| 资　　　产 | 年初 | 年末 | 负债及所有者权益 | 年初 | 年末 |
|---|---|---|---|---|---|
| 货币资金 | 90 | 100 | 流动负债 | 300 | 450 |
| 应收账款净额 | 180 | 120 | 长期负债 | 400 | 250 |
| 存　　货 | 360 | 230 | 负债合计 | 700 | 700 |
| 流动资产合计 | 630 | 450 | 所有者权益 | 700 | 700 |
| 固定资产合计 | 770 | 950 | | | |
| 总　　　计 | 1 400 | 1 400 | 总　　　计 | 1 400 | 1 400 |

该公司 2015 年度营业净利润为 16%,总资产周转率为 0.5 次,权益乘数为 2.2,净资产报酬率为 17.6%,2015 年度营业收入为 840 万元,净利润为 117.6 万元。

要求:

(1) 计算 2016 年年末的速动比率、资产负债率和权益乘数并进行偿债能力分析。

(2) 计算 2016 年总资产周转率、销售净利率和权益净利率并进行盈利能力和营运能力分析。

2. M 公司 2016 年度销售收入为 800 万元,销售成本率为 60%,赊销比率为销售收入的 90%,销售净利率 10%,期初应收账款 24 万元,期末应收账款 36 万元,期初资产总额 600 万元,其中:存货 50 万元,存货周转率 8 次,期末存货是期初资产总额的 10%,公司现有普通股 100 万股,股利支付率 40%,市场上每股市价为 15 元。

要求:根据上述资料计算:

(1) 应收账款周转率。

(2) 期末存货。

(3) 期末资产总额。

(4) 资产净利率。

# 附表　货币时间价值系数表

| n\i(%) | 1 | 2 | 3 | 4 | 5 | 6 | 7 | 8 | 9 | 10 | 11 |
|---|---|---|---|---|---|---|---|---|---|---|---|
| 1 | 1.010 | 1.020 | 1.030 | 1.040 | 1.050 | 1.060 | 1.070 | 1.080 | 1.090 | 1.100 | 1.110 |
| 2 | 1.020 | 1.040 | 1.061 | 1.082 | 1.103 | 1.124 | 1.145 | 1.166 | 1.188 | 1.210 | 1.232 |
| 3 | 1.030 | 1.061 | 1.093 | 1.125 | 1.158 | 1.191 | 1.225 | 1.260 | 1.295 | 1.331 | 1.368 |
| 4 | 1.041 | 1.082 | 1.126 | 1.170 | 1.216 | 1.263 | 1.311 | 1.361 | 1.412 | 1.464 | 1.518 |
| 5 | 1.051 | 1.104 | 1.159 | 1.217 | 1.276 | 1.338 | 1.403 | 1.469 | 1.539 | 1.611 | 1.685 |
| 6 | 1.062 | 1.126 | 1.194 | 1.265 | 1.340 | 1.419 | 1.501 | 1.587 | 1.677 | 1.772 | 1.870 |
| 7 | 1.072 | 1.149 | 1.230 | 1.316 | 1.407 | 1.504 | 1.606 | 1.714 | 1.828 | 1.949 | 2.076 |
| 8 | 1.083 | 1.172 | 1.267 | 1.369 | 1.478 | 1.594 | 1.718 | 1.851 | 1.993 | 2.144 | 2.305 |
| 9 | 1.094 | 1.195 | 1.305 | 1.423 | 1.551 | 1.690 | 1.839 | 1.999 | 2.172 | 2.358 | 2.558 |
| 10 | 1.105 | 1.219 | 1.344 | 1.480 | 1.629 | 1.791 | 1.967 | 2.159 | 2.367 | 2.594 | 2.839 |
| 11 | 1.116 | 1.243 | 1.384 | 1.540 | 1.710 | 1.898 | 2.105 | 2.332 | 2.580 | 2.853 | 3.152 |
| 12 | 1.127 | 1.268 | 1.426 | 1.601 | 1.796 | 2.012 | 2.252 | 2.518 | 2.813 | 3.138 | 3.499 |
| 13 | 1.138 | 1.294 | 1.469 | 1.665 | 1.886 | 2.133 | 2.410 | 2.720 | 3.066 | 3.452 | 3.883 |
| 14 | 1.150 | 1.320 | 1.513 | 1.732 | 1.980 | 2.261 | 2.579 | 2.937 | 3.342 | 3.798 | 4.310 |
| 15 | 1.161 | 1.346 | 1.558 | 1.801 | 2.079 | 2.397 | 2.759 | 3.172 | 3.643 | 4.177 | 4.785 |
| 16 | 1.173 | 1.373 | 1.605 | 1.873 | 2.183 | 2.540 | 2.952 | 3.426 | 3.970 | 4.595 | 5.311 |
| 17 | 1.184 | 1.400 | 1.653 | 1.948 | 2.292 | 2.693 | 3.159 | 3.700 | 4.328 | 5.055 | 5.895 |
| 18 | 1.196 | 1.428 | 1.702 | 2.026 | 2.407 | 2.854 | 3.380 | 3.996 | 4.717 | 5.560 | 6.544 |
| 19 | 1.208 | 1.457 | 1.754 | 2.107 | 2.527 | 3.026 | 3.617 | 4.316 | 5.142 | 6.116 | 7.263 |
| 20 | 1.220 | 1.486 | 1.806 | 2.191 | 2.653 | 3.207 | 3.870 | 4.661 | 5.604 | 6.728 | 8.062 |
| 21 | 1.232 | 1.516 | 1.860 | 2.279 | 2.786 | 3.400 | 4.141 | 5.034 | 6.109 | 7.400 | 8.949 |
| 22 | 1.245 | 1.546 | 1.916 | 2.370 | 2.925 | 3.604 | 4.430 | 5.437 | 6.659 | 8.140 | 9.934 |
| 23 | 1.257 | 1.577 | 1.974 | 2.465 | 3.072 | 3.820 | 4.741 | 5.872 | 7.258 | 8.954 | 11.026 |
| 24 | 1.270 | 1.608 | 2.033 | 2.563 | 3.225 | 4.049 | 5.072 | 6.341 | 7.911 | 9.850 | 12.239 |
| 25 | 1.282 | 1.641 | 2.094 | 2.666 | 3.386 | 4.292 | 5.427 | 6.849 | 8.623 | 10.835 | 13.586 |
| 26 | 1.295 | 1.673 | 2.157 | 2.773 | 3.556 | 4.549 | 5.807 | 7.396 | 9.399 | 11.918 | 15.080 |
| 27 | 1.308 | 1.707 | 2.221 | 2.883 | 3.734 | 4.822 | 6.214 | 7.988 | 10.245 | 13.110 | 16.739 |
| 28 | 1.321 | 1.741 | 2.288 | 2.999 | 3.920 | 5.112 | 6.649 | 8.627 | 11.167 | 14.421 | 18.580 |
| 29 | 1.335 | 1.776 | 2.357 | 3.119 | 4.116 | 5.418 | 7.114 | 9.317 | 12.172 | 15.863 | 20.624 |
| 30 | 1.348 | 1.811 | 2.427 | 3.243 | 4.322 | 5.744 | 7.612 | 10.063 | 13.268 | 17.449 | 22.892 |

| n\i(%) | 12 | 13 | 14 | 15 | 16 | 17 | 18 | 19 | 20 | 25 | 30 |
|---|---|---|---|---|---|---|---|---|---|---|---|
| 1 | 1.120 | 1.130 | 1.140 | 1.150 | 1.160 | 1.170 | 1.180 | 1.190 | 1.200 | 1.250 | 1.300 |
| 2 | 1.254 | 1.277 | 1.300 | 1.323 | 1.346 | 1.369 | 1.392 | 1.416 | 1.440 | 1.563 | 1.690 |
| 3 | 1.405 | 1.443 | 1.482 | 1.521 | 1.561 | 1.602 | 1.643 | 1.685 | 1.728 | 1.953 | 2.197 |
| 4 | 1.574 | 1.631 | 1.689 | 1.749 | 1.811 | 1.874 | 1.939 | 2.005 | 2.074 | 2.441 | 2.856 |
| 5 | 1.762 | 1.842 | 1.925 | 2.011 | 2.100 | 2.192 | 2.288 | 2.386 | 2.488 | 3.052 | 3.713 |
| 6 | 1.974 | 2.082 | 2.195 | 2.313 | 2.436 | 2.565 | 2.700 | 2.840 | 2.986 | 3.815 | 4.827 |
| 7 | 2.211 | 2.353 | 2.502 | 2.660 | 2.826 | 3.001 | 3.186 | 3.379 | 3.583 | 4.768 | 6.275 |
| 8 | 2.476 | 2.658 | 2.853 | 3.059 | 3.278 | 3.512 | 3.759 | 4.021 | 4.300 | 5.961 | 8.157 |
| 9 | 2.773 | 3.004 | 3.252 | 3.518 | 3.803 | 4.108 | 4.436 | 4.785 | 5.160 | 7.451 | 10.605 |
| 10 | 3.106 | 3.395 | 3.707 | 4.046 | 4.411 | 4.807 | 5.234 | 5.695 | 6.192 | 9.313 | 13.786 |
| 11 | 3.479 | 3.836 | 4.226 | 4.652 | 5.117 | 5.624 | 6.176 | 6.777 | 7.430 | 11.642 | 17.922 |
| 12 | 3.896 | 4.335 | 4.818 | 5.350 | 5.936 | 6.580 | 7.288 | 8.064 | 8.916 | 14.552 | 23.298 |
| 13 | 4.364 | 4.898 | 5.492 | 6.153 | 6.886 | 7.699 | 8.599 | 9.596 | 10.699 | 18.190 | 30.288 |
| 14 | 4.887 | 5.535 | 6.261 | 7.076 | 7.988 | 9.008 | 10.147 | 11.420 | 12.839 | 22.737 | 39.374 |
| 15 | 5.474 | 6.254 | 7.138 | 8.137 | 9.266 | 10.539 | 11.974 | 13.590 | 15.407 | 28.422 | 51.186 |
| 16 | 6.130 | 7.067 | 8.137 | 9.358 | 10.748 | 12.330 | 14.129 | 16.172 | 18.488 | 35.527 | 66.542 |
| 17 | 6.866 | 7.986 | 9.277 | 10.761 | 12.468 | 14.427 | 16.672 | 19.244 | 22.186 | 44.409 | 86.504 |
| 18 | 7.690 | 9.024 | 10.575 | 12.376 | 14.463 | 16.879 | 19.673 | 22.901 | 26.623 | 55.511 | 112.455 |
| 19 | 8.613 | 10.197 | 12.056 | 14.232 | 16.777 | 19.748 | 23.214 | 27.252 | 31.948 | 69.389 | 146.192 |
| 20 | 9.646 | 11.523 | 13.744 | 16.367 | 19.461 | 23.106 | 27.393 | 32.429 | 38.338 | 86.736 | 190.050 |
| 21 | 10.804 | 13.021 | 15.668 | 18.822 | 22.575 | 27.034 | 32.324 | 38.591 | 46.005 | 108.420 | 247.065 |
| 22 | 12.100 | 14.714 | 17.861 | 21.645 | 26.186 | 31.629 | 38.142 | 45.923 | 55.206 | 135.525 | 321.184 |
| 23 | 13.552 | 16.627 | 20.362 | 24.892 | 30.376 | 37.006 | 45.008 | 54.649 | 66.247 | 169.407 | 417.539 |
| 24 | 15.179 | 18.788 | 23.212 | 28.625 | 35.236 | 43.297 | 53.109 | 65.032 | 79.497 | 211.758 | 542.801 |
| 25 | 17.000 | 21.231 | 26.462 | 32.919 | 40.874 | 50.658 | 62.669 | 77.388 | 95.396 | 264.698 | 705.641 |
| 26 | 19.040 | 23.991 | 30.167 | 37.857 | 47.414 | 59.270 | 73.949 | 92.092 | 114.476 | 330.872 | 917.333 |
| 27 | 21.325 | 27.109 | 34.390 | 43.535 | 55.000 | 69.346 | 87.260 | 109.589 | 137.371 | 413.590 | 1192.533 |
| 28 | 23.884 | 30.634 | 39.205 | 50.066 | 63.800 | 81.134 | 102.967 | 130.411 | 164.845 | 516.988 | 1550.293 |
| 29 | 26.750 | 34.616 | 44.693 | 57.576 | 74.009 | 94.927 | 121.501 | 155.189 | 197.814 | 646.235 | 2015.381 |
| 30 | 29.960 | 39.116 | 50.950 | 66.212 | 85.850 | 111.065 | 143.371 | 184.675 | 237.376 | 807.794 | 2619.996 |

### 附表 2　复利现值系数表

| $n\backslash i(\%)$ | 1 | 2 | 3 | 4 | 5 | 6 | 7 | 8 | 9 | 10 | 11 |
|---|---|---|---|---|---|---|---|---|---|---|---|
| 1 | 0.990 | 0.980 | 0.971 | 0.962 | 0.952 | 0.943 | 0.935 | 0.926 | 0.917 | 0.909 | 0.901 |
| 2 | 0.980 | 0.961 | 0.943 | 0.925 | 0.907 | 0.890 | 0.873 | 0.857 | 0.842 | 0.826 | 0.812 |
| 3 | 0.971 | 0.942 | 0.915 | 0.889 | 0.864 | 0.840 | 0.816 | 0.794 | 0.772 | 0.751 | 0.731 |
| 4 | 0.961 | 0.924 | 0.889 | 0.855 | 0.823 | 0.792 | 0.763 | 0.735 | 0.708 | 0.683 | 0.659 |
| 5 | 0.952 | 0.906 | 0.863 | 0.822 | 0.784 | 0.747 | 0.713 | 0.681 | 0.650 | 0.621 | 0.594 |
| 6 | 0.942 | 0.888 | 0.838 | 0.790 | 0.746 | 0.705 | 0.666 | 0.630 | 0.596 | 0.565 | 0.535 |
| 7 | 0.933 | 0.871 | 0.813 | 0.760 | 0.711 | 0.665 | 0.623 | 0.584 | 0.547 | 0.513 | 0.482 |
| 8 | 0.924 | 0.854 | 0.789 | 0.731 | 0.677 | 0.627 | 0.582 | 0.540 | 0.502 | 0.467 | 0.434 |
| 9 | 0.914 | 0.837 | 0.766 | 0.703 | 0.645 | 0.592 | 0.544 | 0.500 | 0.460 | 0.424 | 0.391 |
| 10 | 0.905 | 0.820 | 0.744 | 0.676 | 0.614 | 0.558 | 0.508 | 0.463 | 0.422 | 0.386 | 0.352 |
| 11 | 0.896 | 0.804 | 0.722 | 0.650 | 0.585 | 0.527 | 0.475 | 0.429 | 0.388 | 0.351 | 0.317 |
| 12 | 0.887 | 0.789 | 0.701 | 0.625 | 0.557 | 0.497 | 0.444 | 0.397 | 0.356 | 0.319 | 0.286 |
| 13 | 0.879 | 0.773 | 0.681 | 0.601 | 0.530 | 0.469 | 0.415 | 0.368 | 0.326 | 0.290 | 0.258 |
| 14 | 0.870 | 0.758 | 0.661 | 0.578 | 0.505 | 0.442 | 0.388 | 0.341 | 0.299 | 0.263 | 0.232 |
| 15 | 0.861 | 0.743 | 0.642 | 0.555 | 0.481 | 0.417 | 0.362 | 0.315 | 0.275 | 0.239 | 0.209 |
| 16 | 0.853 | 0.728 | 0.623 | 0.534 | 0.458 | 0.394 | 0.339 | 0.292 | 0.252 | 0.218 | 0.188 |
| 17 | 0.844 | 0.714 | 0.605 | 0.513 | 0.436 | 0.371 | 0.317 | 0.270 | 0.231 | 0.198 | 0.170 |
| 18 | 0.836 | 0.700 | 0.587 | 0.494 | 0.416 | 0.350 | 0.296 | 0.250 | 0.212 | 0.180 | 0.153 |
| 19 | 0.828 | 0.686 | 0.570 | 0.475 | 0.396 | 0.331 | 0.277 | 0.232 | 0.195 | 0.164 | 0.138 |
| 20 | 0.820 | 0.673 | 0.554 | 0.456 | 0.377 | 0.312 | 0.258 | 0.215 | 0.178 | 0.149 | 0.124 |
| 21 | 0.811 | 0.660 | 0.538 | 0.439 | 0.359 | 0.294 | 0.242 | 0.199 | 0.164 | 0.135 | 0.112 |
| 22 | 0.803 | 0.647 | 0.522 | 0.422 | 0.342 | 0.278 | 0.226 | 0.184 | 0.150 | 0.123 | 0.101 |
| 23 | 0.795 | 0.634 | 0.507 | 0.406 | 0.326 | 0.262 | 0.211 | 0.170 | 0.138 | 0.112 | 0.091 |
| 24 | 0.788 | 0.622 | 0.492 | 0.390 | 0.310 | 0.247 | 0.197 | 0.158 | 0.126 | 0.102 | 0.082 |
| 25 | 0.780 | 0.610 | 0.478 | 0.375 | 0.295 | 0.233 | 0.184 | 0.146 | 0.116 | 0.092 | 0.074 |
| 26 | 0.772 | 0.598 | 0.464 | 0.361 | 0.281 | 0.220 | 0.172 | 0.135 | 0.106 | 0.084 | 0.066 |
| 27 | 0.764 | 0.586 | 0.450 | 0.347 | 0.268 | 0.207 | 0.161 | 0.125 | 0.098 | 0.076 | 0.060 |
| 28 | 0.757 | 0.574 | 0.437 | 0.334 | 0.255 | 0.196 | 0.150 | 0.116 | 0.090 | 0.069 | 0.054 |
| 29 | 0.749 | 0.563 | 0.424 | 0.321 | 0.243 | 0.185 | 0.141 | 0.107 | 0.082 | 0.063 | 0.049 |
| 30 | 0.742 | 0.552 | 0.412 | 0.308 | 0.231 | 0.174 | 0.131 | 0.099 | 0.075 | 0.057 | 0.044 |

| $n\backslash i(\%)$ | 12 | 13 | 14 | 15 | 16 | 17 | 18 | 19 | 20 | 25 | 30 |
|---|---|---|---|---|---|---|---|---|---|---|---|
| 1 | 0.893 | 0.885 | 0.877 | 0.870 | 0.862 | 0.855 | 0.848 | 0.840 | 0.833 | 0.800 | 0.769 |
| 2 | 0.797 | 0.783 | 0.770 | 0.756 | 0.743 | 0.731 | 0.718 | 0.706 | 0.694 | 0.640 | 0.592 |
| 3 | 0.712 | 0.693 | 0.675 | 0.658 | 0.641 | 0.624 | 0.609 | 0.593 | 0.579 | 0.512 | 0.455 |
| 4 | 0.636 | 0.613 | 0.592 | 0.572 | 0.552 | 0.534 | 0.516 | 0.499 | 0.482 | 0.410 | 0.350 |
| 5 | 0.567 | 0.543 | 0.519 | 0.497 | 0.476 | 0.456 | 0.437 | 0.419 | 0.402 | 0.328 | 0.269 |
| 6 | 0.507 | 0.480 | 0.456 | 0.432 | 0.410 | 0.390 | 0.370 | 0.352 | 0.335 | 0.262 | 0.207 |
| 7 | 0.452 | 0.425 | 0.400 | 0.376 | 0.354 | 0.333 | 0.314 | 0.296 | 0.279 | 0.210 | 0.159 |
| 8 | 0.404 | 0.376 | 0.351 | 0.327 | 0.305 | 0.285 | 0.266 | 0.249 | 0.233 | 0.168 | 0.123 |
| 9 | 0.361 | 0.333 | 0.308 | 0.284 | 0.263 | 0.243 | 0.226 | 0.209 | 0.194 | 0.134 | 0.094 |
| 10 | 0.322 | 0.295 | 0.270 | 0.247 | 0.227 | 0.208 | 0.191 | 0.176 | 0.162 | 0.107 | 0.073 |
| 11 | 0.288 | 0.261 | 0.237 | 0.215 | 0.195 | 0.178 | 0.162 | 0.148 | 0.135 | 0.086 | 0.056 |
| 12 | 0.257 | 0.231 | 0.208 | 0.187 | 0.169 | 0.152 | 0.137 | 0.124 | 0.112 | 0.069 | 0.043 |
| 13 | 0.229 | 0.204 | 0.182 | 0.163 | 0.145 | 0.130 | 0.116 | 0.104 | 0.094 | 0.055 | 0.033 |
| 14 | 0.205 | 0.181 | 0.160 | 0.141 | 0.125 | 0.111 | 0.099 | 0.088 | 0.078 | 0.044 | 0.025 |
| 15 | 0.183 | 0.160 | 0.140 | 0.123 | 0.108 | 0.095 | 0.084 | 0.074 | 0.065 | 0.035 | 0.020 |
| 16 | 0.163 | 0.142 | 0.123 | 0.107 | 0.093 | 0.081 | 0.071 | 0.062 | 0.054 | 0.028 | 0.015 |
| 17 | 0.146 | 0.125 | 0.108 | 0.093 | 0.080 | 0.069 | 0.060 | 0.052 | 0.045 | 0.023 | 0.012 |
| 18 | 0.130 | 0.111 | 0.095 | 0.081 | 0.069 | 0.059 | 0.051 | 0.044 | 0.038 | 0.018 | 0.009 |
| 19 | 0.116 | 0.098 | 0.083 | 0.070 | 0.060 | 0.051 | 0.043 | 0.037 | 0.031 | 0.014 | 0.007 |
| 20 | 0.104 | 0.087 | 0.073 | 0.061 | 0.051 | 0.043 | 0.037 | 0.031 | 0.026 | 0.012 | 0.005 |
| 21 | 0.093 | 0.077 | 0.064 | 0.053 | 0.044 | 0.037 | 0.031 | 0.026 | 0.022 | 0.009 | 0.004 |
| 22 | 0.083 | 0.068 | 0.056 | 0.046 | 0.038 | 0.032 | 0.026 | 0.022 | 0.018 | 0.007 | 0.003 |
| 23 | 0.074 | 0.060 | 0.049 | 0.040 | 0.033 | 0.027 | 0.022 | 0.018 | 0.015 | 0.006 | 0.002 |
| 24 | 0.066 | 0.053 | 0.043 | 0.035 | 0.028 | 0.023 | 0.019 | 0.015 | 0.013 | 0.005 | 0.002 |
| 25 | 0.059 | 0.047 | 0.038 | 0.030 | 0.025 | 0.020 | 0.016 | 0.013 | 0.011 | 0.004 | 0.001 |
| 26 | 0.053 | 0.042 | 0.033 | 0.026 | 0.021 | 0.017 | 0.014 | 0.011 | 0.009 | 0.003 | 0.001 |
| 27 | 0.047 | 0.037 | 0.029 | 0.023 | 0.018 | 0.014 | 0.012 | 0.009 | 0.007 | 0.002 | 0.001 |
| 28 | 0.042 | 0.033 | 0.026 | 0.020 | 0.016 | 0.012 | 0.010 | 0.008 | 0.006 | 0.002 | 0.001 |
| 29 | 0.037 | 0.029 | 0.022 | 0.017 | 0.014 | 0.011 | 0.008 | 0.006 | 0.005 | 0.002 | 0.001 |
| 30 | 0.033 | 0.026 | 0.020 | 0.015 | 0.012 | 0.009 | 0.007 | 0.005 | 0.004 | 0.001 | 0.000 |

### 附表 3　年金终值系数表

| n\i(%) | 1 | 2 | 3 | 4 | 5 | 6 | 7 | 8 | 9 | 10 | 11 |
|---|---|---|---|---|---|---|---|---|---|---|---|
| 1 | 1.000 | 1.000 | 1.000 | 1.000 | 1.000 | 1.000 | 1.000 | 1.000 | 1.000 | 1.000 | 1.000 |
| 2 | 2.010 | 2.020 | 2.030 | 2.040 | 2.050 | 2.060 | 2.070 | 2.080 | 2.090 | 2.100 | 2.110 |
| 3 | 3.030 | 3.060 | 3.091 | 3.122 | 3.153 | 3.184 | 3.215 | 3.246 | 3.278 | 3.310 | 3.342 |
| 4 | 4.060 | 4.122 | 4.184 | 4.247 | 4.310 | 4.375 | 4.440 | 4.506 | 4.573 | 4.641 | 4.710 |
| 5 | 5.101 | 5.204 | 5.309 | 5.416 | 5.526 | 5.637 | 5.751 | 5.867 | 5.985 | 6.105 | 6.228 |
| 6 | 6.152 | 6.308 | 6.468 | 6.633 | 6.802 | 6.975 | 7.153 | 7.336 | 7.523 | 7.716 | 7.913 |
| 7 | 7.214 | 7.434 | 7.663 | 7.898 | 8.142 | 8.394 | 8.654 | 8.923 | 9.200 | 9.487 | 9.783 |
| 8 | 8.286 | 8.583 | 8.892 | 9.214 | 9.549 | 9.898 | 10.260 | 10.637 | 11.029 | 11.436 | 11.859 |
| 9 | 9.369 | 9.755 | 10.159 | 10.583 | 11.027 | 11.491 | 11.978 | 12.488 | 13.021 | 13.580 | 14.164 |
| 10 | 10.462 | 10.950 | 11.464 | 12.006 | 12.578 | 13.181 | 13.816 | 14.487 | 15.193 | 15.937 | 16.722 |
| 11 | 11.567 | 12.169 | 12.808 | 13.486 | 14.207 | 14.972 | 15.784 | 16.646 | 17.560 | 18.531 | 19.561 |
| 12 | 12.683 | 13.412 | 14.192 | 15.026 | 15.917 | 16.870 | 17.889 | 18.977 | 20.141 | 21.384 | 22.713 |
| 13 | 13.809 | 14.680 | 15.618 | 16.627 | 17.713 | 18.882 | 20.141 | 21.495 | 22.953 | 24.523 | 26.212 |
| 14 | 14.947 | 15.974 | 17.086 | 18.292 | 19.599 | 21.015 | 22.551 | 24.215 | 26.019 | 27.975 | 30.095 |
| 15 | 16.097 | 17.293 | 18.599 | 20.024 | 21.579 | 23.276 | 25.129 | 27.152 | 29.361 | 31.773 | 34.405 |
| 16 | 17.258 | 18.639 | 20.157 | 21.825 | 23.658 | 25.673 | 27.888 | 30.324 | 33.003 | 35.950 | 39.190 |
| 17 | 18.430 | 20.012 | 21.762 | 23.698 | 25.840 | 28.213 | 30.840 | 33.750 | 36.974 | 40.545 | 44.501 |
| 18 | 19.615 | 21.412 | 23.414 | 25.645 | 28.132 | 30.906 | 33.999 | 37.450 | 41.301 | 45.599 | 50.396 |
| 19 | 20.811 | 22.841 | 25.117 | 27.671 | 30.539 | 33.760 | 37.379 | 41.446 | 46.019 | 51.159 | 56.940 |
| 20 | 22.019 | 24.297 | 26.870 | 29.778 | 33.066 | 36.786 | 40.996 | 45.762 | 51.160 | 57.275 | 64.203 |
| 21 | 23.239 | 25.783 | 28.677 | 31.969 | 35.719 | 39.993 | 44.865 | 50.423 | 56.765 | 64.003 | 72.265 |
| 22 | 24.472 | 27.299 | 30.537 | 34.248 | 38.505 | 43.392 | 49.006 | 55.457 | 62.873 | 71.403 | 81.214 |
| 23 | 25.716 | 28.845 | 32.453 | 36.618 | 41.431 | 46.996 | 53.436 | 60.893 | 69.532 | 79.543 | 91.148 |
| 24 | 26.974 | 30.422 | 34.427 | 39.083 | 44.502 | 50.816 | 58.177 | 66.765 | 76.790 | 88.497 | 102.174 |
| 25 | 28.243 | 32.030 | 36.459 | 41.646 | 47.727 | 54.865 | 63.249 | 73.106 | 84.701 | 98.347 | 114.413 |
| 26 | 29.526 | 33.671 | 38.553 | 44.312 | 51.114 | 59.156 | 68.677 | 79.954 | 93.324 | 109.182 | 127.999 |
| 27 | 30.821 | 35.344 | 40.710 | 47.084 | 54.669 | 63.706 | 74.484 | 87.351 | 102.723 | 121.100 | 143.079 |
| 28 | 32.129 | 37.051 | 42.931 | 49.968 | 58.403 | 68.528 | 80.698 | 95.339 | 112.968 | 134.210 | 159.817 |
| 29 | 33.450 | 38.792 | 45.219 | 52.966 | 62.323 | 73.640 | 87.347 | 103.966 | 124.135 | 148.631 | 178.397 |
| 30 | 34.785 | 40.568 | 47.575 | 56.085 | 66.439 | 79.058 | 94.461 | 113.283 | 136.308 | 164.494 | 199.021 |

| $n\backslash i(\%)$ | 12 | 13 | 14 | 15 | 16 | 17 | 18 | 19 | 20 | 25 | 30 |
|---|---|---|---|---|---|---|---|---|---|---|---|
| 1 | 1.000 | 1.000 | 1.000 | 1.000 | 1.000 | 1.000 | 1.000 | 1.000 | 1.000 | 1.000 | 1.000 |
| 2 | 2.120 | 2.130 | 2.140 | 2.150 | 2.160 | 2.170 | 2.180 | 2.190 | 2.200 | 2.250 | 2.300 |
| 3 | 3.374 | 3.407 | 3.440 | 3.473 | 3.506 | 3.539 | 3.572 | 3.606 | 3.640 | 3.813 | 3.990 |
| 4 | 4.779 | 4.850 | 4.921 | 4.993 | 5.067 | 5.141 | 5.215 | 5.291 | 5.368 | 5.766 | 6.187 |
| 5 | 6.353 | 6.480 | 6.610 | 6.742 | 6.877 | 7.014 | 7.154 | 7.297 | 7.442 | 8.207 | 9.043 |
| 6 | 8.115 | 8.323 | 8.536 | 8.754 | 8.978 | 9.207 | 9.442 | 9.683 | 9.930 | 11.259 | 12.756 |
| 7 | 10.089 | 10.405 | 10.731 | 11.067 | 11.414 | 11.772 | 12.142 | 12.523 | 12.916 | 15.074 | 17.583 |
| 8 | 12.300 | 12.757 | 13.233 | 13.727 | 14.240 | 14.773 | 15.327 | 15.902 | 16.499 | 19.842 | 23.858 |
| 9 | 14.776 | 15.416 | 16.085 | 16.786 | 17.519 | 18.285 | 19.086 | 19.923 | 20.799 | 25.802 | 32.015 |
| 10 | 17.549 | 18.420 | 19.337 | 20.304 | 21.322 | 22.393 | 23.521 | 24.709 | 25.959 | 33.253 | 42.620 |
| 11 | 20.655 | 21.814 | 23.045 | 24.349 | 25.733 | 27.200 | 28.755 | 30.404 | 32.150 | 42.566 | 56.405 |
| 12 | 24.133 | 25.650 | 27.271 | 29.002 | 30.850 | 32.824 | 34.931 | 37.180 | 39.581 | 54.208 | 74.327 |
| 13 | 28.029 | 29.985 | 32.089 | 34.352 | 36.786 | 39.404 | 42.219 | 45.245 | 48.497 | 68.760 | 97.625 |
| 14 | 32.393 | 34.883 | 37.581 | 40.505 | 43.672 | 47.103 | 50.818 | 54.841 | 59.196 | 86.950 | 127.913 |
| 15 | 37.280 | 40.418 | 43.842 | 47.580 | 51.660 | 56.110 | 60.965 | 66.261 | 72.035 | 109.687 | 167.286 |
| 16 | 42.753 | 46.672 | 50.980 | 55.718 | 60.925 | 66.649 | 72.939 | 79.850 | 87.442 | 138.109 | 218.472 |
| 17 | 48.884 | 53.739 | 59.118 | 65.075 | 71.673 | 78.979 | 87.068 | 96.022 | 105.931 | 173.636 | 285.014 |
| 18 | 55.750 | 61.725 | 68.394 | 75.836 | 84.141 | 93.406 | 103.740 | 115.266 | 128.117 | 218.045 | 371.518 |
| 19 | 63.440 | 70.749 | 78.969 | 88.212 | 98.603 | 110.285 | 123.414 | 138.166 | 154.740 | 273.556 | 483.973 |
| 20 | 72.052 | 80.947 | 91.025 | 102.444 | 115.380 | 130.033 | 146.628 | 165.418 | 186.688 | 342.945 | 630.166 |
| 21 | 81.699 | 92.470 | 104.768 | 118.810 | 134.841 | 153.139 | 174.021 | 197.847 | 225.026 | 429.681 | 820.215 |
| 22 | 92.503 | 105.491 | 120.436 | 137.632 | 157.415 | 180.172 | 206.345 | 236.439 | 271.031 | 538.101 | 1067.280 |
| 23 | 104.603 | 120.205 | 138.297 | 159.276 | 183.601 | 211.801 | 244.487 | 282.362 | 326.237 | 673.626 | 1388.464 |
| 24 | 118.155 | 136.832 | 158.659 | 184.168 | 213.978 | 248.808 | 289.495 | 337.011 | 392.484 | 843.033 | 1806.003 |
| 25 | 133.334 | 155.620 | 181.871 | 212.793 | 249.214 | 292.105 | 342.604 | 402.043 | 471.981 | 1054.791 | 2348.803 |
| 26 | 150.334 | 176.850 | 208.333 | 245.712 | 290.088 | 342.763 | 405.272 | 479.431 | 567.377 | 1319.489 | 3054.444 |
| 27 | 169.374 | 200.841 | 238.499 | 283.569 | 337.502 | 402.032 | 479.221 | 571.522 | 681.853 | 1650.361 | 3971.778 |
| 28 | 190.699 | 227.950 | 272.889 | 327.104 | 392.503 | 471.378 | 566.481 | 681.112 | 819.223 | 2063.952 | 5164.311 |
| 29 | 214.583 | 258.583 | 312.094 | 377.170 | 456.303 | 552.512 | 669.448 | 811.523 | 984.068 | 2580.939 | 6714.604 |
| 30 | 241.333 | 293.199 | 356.787 | 434.745 | 530.312 | 647.439 | 790.948 | 966.712 | 1181.882 | 3227.174 | 8729.986 |

附表 4　年金现值系数表

| $n\backslash i(\%)$ | 1 | 2 | 3 | 4 | 5 | 6 | 7 | 8 | 9 | 10 | 11 |
|---|---|---|---|---|---|---|---|---|---|---|---|
| 1 | 0.990 | 0.980 | 0.971 | 0.962 | 0.952 | 0.943 | 0.935 | 0.926 | 0.917 | 0.909 | 0.901 |
| 2 | 1.970 | 1.942 | 1.914 | 1.886 | 1.859 | 1.833 | 1.808 | 1.783 | 1.759 | 1.736 | 1.713 |
| 3 | 2.941 | 2.884 | 2.829 | 2.775 | 2.723 | 2.673 | 2.624 | 2.577 | 2.531 | 2.487 | 2.444 |
| 4 | 3.902 | 3.808 | 3.717 | 3.630 | 3.546 | 3.465 | 3.387 | 3.312 | 3.240 | 3.170 | 3.102 |
| 5 | 4.853 | 4.714 | 4.580 | 4.452 | 4.330 | 4.212 | 4.100 | 3.993 | 3.890 | 3.791 | 3.696 |
| 6 | 5.796 | 5.601 | 5.417 | 5.242 | 5.076 | 4.917 | 4.767 | 4.623 | 4.486 | 4.355 | 4.231 |
| 7 | 6.728 | 6.472 | 6.230 | 6.002 | 5.786 | 5.582 | 5.389 | 5.206 | 5.033 | 4.868 | 4.712 |
| 8 | 7.652 | 7.326 | 7.020 | 6.733 | 6.463 | 6.210 | 5.971 | 5.747 | 5.535 | 5.335 | 5.146 |
| 9 | 8.566 | 8.162 | 7.786 | 7.435 | 7.108 | 6.802 | 6.515 | 6.247 | 5.995 | 5.759 | 5.537 |
| 10 | 9.471 | 8.983 | 8.530 | 8.111 | 7.722 | 7.360 | 7.024 | 6.710 | 6.418 | 6.145 | 5.889 |
| 11 | 10.368 | 9.787 | 9.253 | 8.761 | 8.306 | 7.887 | 7.499 | 7.139 | 6.805 | 6.495 | 6.207 |
| 12 | 11.255 | 10.575 | 9.954 | 9.385 | 8.863 | 8.384 | 7.943 | 7.536 | 7.161 | 6.814 | 6.492 |
| 13 | 12.134 | 11.348 | 10.635 | 9.986 | 9.394 | 8.853 | 8.358 | 7.904 | 7.487 | 7.103 | 6.750 |
| 14 | 13.004 | 12.106 | 11.296 | 10.563 | 9.899 | 9.295 | 8.746 | 8.244 | 7.786 | 7.367 | 6.982 |
| 15 | 13.865 | 12.849 | 11.938 | 11.118 | 10.380 | 9.712 | 9.108 | 8.560 | 8.061 | 7.606 | 7.191 |
| 16 | 14.718 | 13.578 | 12.561 | 11.652 | 10.838 | 10.106 | 9.447 | 8.851 | 8.313 | 7.824 | 7.379 |
| 17 | 15.562 | 14.292 | 13.166 | 12.166 | 11.274 | 10.477 | 9.763 | 9.122 | 8.544 | 8.022 | 7.549 |
| 18 | 16.398 | 14.992 | 13.754 | 12.659 | 11.690 | 10.828 | 10.059 | 9.372 | 8.756 | 8.201 | 7.702 |
| 19 | 17.226 | 15.679 | 14.324 | 13.134 | 12.085 | 11.158 | 10.336 | 9.604 | 8.950 | 8.365 | 7.839 |
| 20 | 18.046 | 16.351 | 14.878 | 13.590 | 12.462 | 11.470 | 10.594 | 9.818 | 9.129 | 8.514 | 7.963 |
| 21 | 18.857 | 17.011 | 15.415 | 14.029 | 12.821 | 11.764 | 10.836 | 10.017 | 9.292 | 8.649 | 8.075 |
| 22 | 19.660 | 17.658 | 15.937 | 14.451 | 13.163 | 12.042 | 11.061 | 10.201 | 9.442 | 8.772 | 8.176 |
| 23 | 20.456 | 18.292 | 16.444 | 14.857 | 13.489 | 12.303 | 11.272 | 10.371 | 9.580 | 8.883 | 8.266 |
| 24 | 21.243 | 18.914 | 16.936 | 15.247 | 13.799 | 12.550 | 11.469 | 10.529 | 9.707 | 8.985 | 8.348 |
| 25 | 22.023 | 19.524 | 17.413 | 15.622 | 14.094 | 12.783 | 11.654 | 10.675 | 9.823 | 9.077 | 8.422 |
| 26 | 22.795 | 20.121 | 17.877 | 15.983 | 14.375 | 13.003 | 11.826 | 10.810 | 9.929 | 9.161 | 8.488 |
| 27 | 23.560 | 20.707 | 18.327 | 16.330 | 14.643 | 13.211 | 11.987 | 10.935 | 10.027 | 9.237 | 8.548 |
| 28 | 24.316 | 21.281 | 18.764 | 16.663 | 14.898 | 13.406 | 12.137 | 11.051 | 10.116 | 9.307 | 8.602 |
| 29 | 25.066 | 21.844 | 19.189 | 16.984 | 15.141 | 13.591 | 12.278 | 11.158 | 10.198 | 9.370 | 8.650 |
| 30 | 25.808 | 22.397 | 19.600 | 17.292 | 15.373 | 13.765 | 12.409 | 11.258 | 10.274 | 9.427 | 8.694 |

| n\i(%) | 12 | 13 | 14 | 15 | 16 | 17 | 18 | 19 | 20 | 25 | 30 |
|---|---|---|---|---|---|---|---|---|---|---|---|
| 1 | 0.893 | 0.885 | 0.877 | 0.870 | 0.862 | 0.855 | 0.848 | 0.840 | 0.833 | 0.800 | 0.769 |
| 2 | 1.690 | 1.668 | 1.647 | 1.626 | 1.605 | 1.585 | 1.566 | 1.547 | 1.528 | 1.440 | 1.361 |
| 3 | 2.402 | 2.361 | 2.322 | 2.283 | 2.246 | 2.210 | 2.174 | 2.140 | 2.107 | 1.952 | 1.816 |
| 4 | 3.037 | 2.975 | 2.914 | 2.855 | 2.798 | 2.743 | 2.690 | 2.639 | 2.589 | 2.362 | 2.166 |
| 5 | 3.605 | 3.517 | 3.433 | 3.352 | 3.274 | 3.199 | 3.127 | 3.058 | 2.991 | 2.689 | 2.436 |
| 6 | 4.111 | 3.998 | 3.889 | 3.785 | 3.685 | 3.589 | 3.498 | 3.410 | 3.326 | 2.951 | 2.643 |
| 7 | 4.564 | 4.423 | 4.288 | 4.160 | 4.039 | 3.922 | 3.812 | 3.706 | 3.605 | 3.161 | 2.802 |
| 8 | 4.968 | 4.799 | 4.639 | 4.487 | 4.344 | 4.207 | 4.078 | 3.954 | 3.837 | 3.329 | 2.925 |
| 9 | 5.328 | 5.132 | 4.946 | 4.772 | 4.607 | 4.451 | 4.303 | 4.163 | 4.031 | 3.463 | 3.019 |
| 10 | 5.650 | 5.426 | 5.216 | 5.019 | 4.833 | 4.659 | 4.494 | 4.339 | 4.193 | 3.571 | 3.092 |
| 11 | 5.938 | 5.687 | 5.453 | 5.234 | 5.029 | 4.836 | 4.656 | 4.487 | 4.327 | 3.656 | 3.147 |
| 12 | 6.194 | 5.918 | 5.660 | 5.421 | 5.197 | 4.988 | 4.793 | 4.611 | 4.439 | 3.725 | 3.190 |
| 13 | 6.424 | 6.122 | 5.842 | 5.583 | 5.342 | 5.118 | 4.910 | 4.715 | 4.533 | 3.780 | 3.223 |
| 14 | 6.628 | 6.303 | 6.002 | 5.725 | 5.468 | 5.229 | 5.008 | 4.802 | 4.611 | 3.824 | 3.249 |
| 15 | 6.811 | 6.462 | 6.142 | 5.847 | 5.576 | 5.324 | 5.092 | 4.876 | 4.676 | 3.859 | 3.268 |
| 16 | 6.974 | 6.604 | 6.265 | 5.954 | 5.669 | 5.405 | 5.162 | 4.938 | 4.730 | 3.887 | 3.283 |
| 17 | 7.120 | 6.729 | 6.373 | 6.047 | 5.749 | 5.475 | 5.222 | 4.990 | 4.775 | 3.910 | 3.295 |
| 18 | 7.250 | 6.840 | 6.467 | 6.128 | 5.818 | 5.534 | 5.273 | 5.033 | 4.812 | 3.928 | 3.304 |
| 19 | 7.366 | 6.938 | 6.550 | 6.198 | 5.878 | 5.585 | 5.316 | 5.070 | 4.844 | 3.942 | 3.311 |
| 20 | 7.469 | 7.025 | 6.623 | 6.259 | 5.929 | 5.628 | 5.353 | 5.101 | 4.870 | 3.954 | 3.316 |
| 21 | 7.562 | 7.102 | 6.687 | 6.313 | 5.973 | 5.665 | 5.384 | 5.127 | 4.891 | 3.963 | 3.320 |
| 22 | 7.645 | 7.170 | 6.743 | 6.359 | 6.011 | 5.696 | 5.410 | 5.149 | 4.909 | 3.971 | 3.323 |
| 23 | 7.718 | 7.230 | 6.792 | 6.399 | 6.044 | 5.723 | 5.432 | 5.167 | 4.925 | 3.976 | 3.325 |
| 24 | 7.784 | 7.283 | 6.835 | 6.434 | 6.073 | 5.747 | 5.451 | 5.182 | 4.937 | 3.981 | 3.327 |
| 25 | 7.843 | 7.330 | 6.873 | 6.464 | 6.097 | 5.766 | 5.467 | 5.195 | 4.948 | 3.985 | 3.329 |
| 26 | 7.896 | 7.372 | 6.906 | 6.491 | 6.118 | 5.783 | 5.480 | 5.206 | 4.956 | 3.988 | 3.330 |
| 27 | 7.943 | 7.409 | 6.935 | 6.514 | 6.136 | 5.798 | 5.492 | 5.215 | 4.964 | 3.990 | 3.331 |
| 28 | 7.984 | 7.441 | 6.961 | 6.534 | 6.152 | 5.810 | 5.502 | 5.223 | 4.970 | 3.992 | 3.331 |
| 29 | 8.022 | 7.470 | 6.983 | 6.551 | 6.166 | 5.820 | 5.510 | 5.229 | 4.975 | 3.994 | 3.332 |
| 30 | 8.055 | 7.496 | 7.003 | 6.566 | 6.177 | 5.829 | 5.517 | 5.235 | 4.979 | 3.995 | 3.332 |

# 参考文献

[1] 卢恩平,冯金英.财务管理[M].北京:中国电力出版社,2003 年.

[2] 黄惠玲.财务管理[M].北京:中国金融出版社,2003 年.

[3] 荆新,王化成,刘俊彦.财务管理学[M].北京:中国人民大学出版社,2002 年.

[4] 中国注册会计师协会.财务成本管理[M].北京:经济科学出版社,2007 年.

[5] 财政部会计资格评价中心.财务管理[M].北京:中国财政经济出版社,2007 年.

[6] 袁建国.财务管理[M].大连:东北财经大学出版社,2001 年.

[7] 梁建民.财务管理[M].南京:东南大学出版社,2004 年.